PASSAR DAS MARCAS

Título original:
Overreach: The Inside Story of Putin's War Against Ukraine

Originalmente publicado em língua inglesa por HarperCollins Publishers Ltd.

Tradução:
Desidério Murcho

Revisão:
António Barrancos

Capa:
FBA

Depósito Legal nº 516843/23

ISBN 978-972-44-2695-2

Paginação:
Edições Almedina SA

Impressão e acabamento:
Publito Artes Gráficas - Braga

para
EDIÇÕES 70
junho 2023

EDIÇÕES 70, uma chancela de Edições Almedina, S.A.
Avenida Emídio Navarro, 81, 3D
3000-151 Coimbra
e-mail: editoras@grupoalmedina.net

OWEN MATTHEWS

PASSAR DAS MARCAS

Os bastidores da guerra de Putin contra a Ucrânia

Tradução de Desidério Murcho

70

Para Ksenia, Nikita e Teddy

«Pois com pompa vieram recebê-lo,
Repletos de armas como sangue e fogo,
Os assassinos a soldo, que cantavam:
"Sois Deus, sois Lei e Rei.
Esperámos fracos e em solidão
A Vossa vinda, ó Magnífico!
Vazios temos os bolsos, gélidas as espadas:
Dai-nos glória, sangue e ouro."»

Percy Bysshe Shelley, *A Máscara da Anarquia*, 1819

«O que este país precisa é de uma guerra rápida e vitoriosa.»

Primeiro-ministro Vyacheslav von Plehve
ao Czar Nicolau II, 1904

ÍNDICE

Introdução

> «Toda a gente tem de compreender: aproxima-se a mobilização e uma guerra global pela sobrevivência, para destruir todos os nossos inimigos. A guerra é a nossa ideologia nacional. E a nossa única tarefa, a única tarefa do nosso líder, é explicar ao povo russo que este é o nosso futuro heroico, e convencê-lo.»
>
> Zakhar Prilepin, escritor russo
> e combatente voluntário do Dombás, abril de 2014[1]

— Gostarias de marcar um encontro. — O tom do meu velho amigo Zhenia ao telemóvel era anódino e prudente. Estávamos a 28 de março de 2022. A guerra na Ucrânia decorria há um mês. — Queres encontrar-te comigo só pelo gozo... ou vais tentar explicar-me por que razão estou enganado?

— Talvez possas explicar-me tu por que razão estou eu enganado? Também podemos fazer isso. Estou em Moscovo.

Fez-se silêncio na linha.

— Talvez noutra altura — acabou por responder. — Não é uma boa ideia ser visto contigo nesta ocasião.

Zhenia fora um rebelde. Em vários estádios da sua carreira, trabalhara como operário e como segurança, fora oficial na OMON, a polícia paramilitar, e combatera na Chechénia. Fora diretor da edição de Nijni Novogárdia da *Novaya Gazeta* da oposição e fora um dos membros principais do Partido Nacional Bolchevique. Mas quando o conheci em 2008 num festival literário de Saint-Malo, em França, Zhenia adotara um novo pseudónimo literário — Zakhar Prilepin — e tornara-se um dos maiores e mais controversos romancistas russos. Zhenia rapava o cabelo, tinha um físico imponente e um semblante genericamente ameaçador, o que lhe valera dissabores com a polícia CRS antimotim de Saint--Malo. Ajudei-o a livrar-se de dificuldades. Foi uma experiência de camaradagem.

Zhenia — Zakhar — Prilepin era inteligente, lido, destemido. Era também fervoroso no que diz respeito às suas crenças — que incluíam uma fé radical na grandiosidade do seu país e um desprezo fulminante pela venalidade da sua liderança atual. Num encontro de escritores que teve lugar no Kremlin em 2007, sentara-se à frente de Vladimir Putin e confrontara destemidamente o presidente com respeito à corrupção e à gatunagem. Depois da anexação da Crimeia em fevereiro de 2014, a ideologia do Kremlin sofrera um *volte-face,* e Putin e Zakhar aperceberam-se inesperadamente que estavam de acordo: era tempo de a Rússia combater os seus inimigos. Pouco depois, Zakhar viajou para as repúblicas rebeldes do Dombás, na Ucrânia Oriental, e tornou-se o comandante-adjunto de um batalhão rebelde. Em 2020, tal como Eduard Limonov, o escritor radical seu herói que fundou o Partido Nacional Bolchevique, Zakhar fundou o seu próprio partido. A sua visão era uma Rússia máscula e beligerante, cujo destino era livrar o mundo da decadência, por meio da guerra.

As perspectivas de Zakhar poderão ter sido tóxicas e loucas, e eram sem dúvida perigosas. Mas eram sinceras. E ao contrário de muitos patriotas de poltrona da elite russa que passavam a maior parte do tempo a saquear o país que afirmavam amar, Prilepin arriscou a pele pelas suas crenças. Fora meu amigo. Agora, ao que parece, tornara-se uma espécie de inimigo honesto.

Começo esta história com Zakhar por duas razões. A primeira é que estou interessado no que ele fará a seguir. De momento, o Kremlin vai às costas do tigre do ultranacionalismo alimentado por ortodoxos que, até há relativamente pouco tempo, se escondera nas franjas lunáticas da política russa. O que irá acontecer se Putin for malsucedido, seja devido a um desastre militar no terreno seja por perder o controlo da elite russa ou dos serviços de segurança? Caso isso ocorra, a visão de Zakhar do seu país como um novo tipo de Esparta, implacável, militante e ébria de sagrada retidão, poderá constituir um vislumbre terrível de um dos possíveis futuros da Rússia.

A segunda razão para mencionar Zakhar é a sua recusa do meu convite para nos encontrarmos. Nunca descobri que razões teria ele. Talvez tenha ficado apreensivo com a possibilidade de ser apanhado a falar com alguém que poderia ser visto como um espião ocidental. Talvez pensasse que eu me tornara um espião ocidental. Talvez pressupusesse que eu estaria a ser seguido pelo Serviço Federal de Segurança (SFS). Talvez pensasse que ele estava a ser seguido. Talvez tivesse medo de ouvir uma versão diferente dos acontecimentos vinda de mim, versão essa que abalaria a sua fé na crença de que os guerreiros ortodoxos russos combatiam nazis ucranianos (o que é de admitir que é improvável).

Fossem quais fossem as suas razões, Zakhar apanhara claramente uma dose da generalizada paranoia dos tempos. Era uma paranoia partilhada pela maior parte dos meus amigos, colegas e contactos de Moscovo. Nos dias que se seguiram ao começo da guerra, espalhou-se pela cidade com a rapidez e ousadia do *smog* dos fogos de turfa que todos os verões cobre a capital russa como um lençol. E, tal como o fumo, o aroma persistente da paranoia estava por todo o lado e era impossível evitá-lo.

Com alguns intervalos, passei 27 anos a fazer reportagens na Rússia — primeiro como repórter urbano e temático para o jornal *The Moscow Times,* e depois como correspondente e diretor da secção de Moscovo da revista *Newsweek*. Em mais de um quarto de século, talvez uma meia dúzia de pessoas, no máximo, terão recusado falar comigo por ser estrangeiro ou por temerem repercussões das autoridades.

Isso mudou dramaticamente depois do início da invasão russa da Ucrânia — ou, mais especificamente, depois de a Duma Federal ter aprovado uma lei, no início de março, que tornou a «disseminação de notícias falsas sobre as forças armadas russas» punível com até 15 anos de prisão. Pouco depois, a Duma redefiniu também uma lei que já existia sobre «agentes estrangeiros», para passar a incluir não apenas indivíduos russos e organizações que recebiam efetivamente financiamento estrangeiro mas também os que passaram a ficar «sob influência estrangeira». Todas as semanas se publicava listas de «agentes estrangeiros», que rapidamente passaram a incluir quase todos os jornalistas, profissionais de rádio e televisão, autores de *blogs* e analistas.

Quando comecei a preparar este livro, nos primeiros dias da guerra, fiquei chocado ao ver que amigos e contactos que conhecia há vários anos e décadas me diziam que não podiam arriscar-se a encontrar-se comigo em público ou a fazer declarações. Mesmo os funcionários apoiantes do Kremlin, tanto atuais como reformados, assim como proeminentes figuras patrióticas dos meios de comunicação e da vida política, ganharam cautelas que raiavam o absurdo. Muitas fontes recusaram encontrar-se comigo em locais públicos, onde seriam vistas a falar com um repórter estrangeiro. E muitas das mais reveladoras conversas tiveram lugar à mesa do jantar, em dachas ou — de acordo com o estilo soviético clássico — nas cozinhas de amigos mútuos que, amavelmente, organizavam encontros privados, nem sempre informando previamente os outros convidados de que eu, um perigoso estrangeiro, estaria presente.

Consequentemente, muitas das fontes mencionadas neste livro são, por necessidade, anónimas — em alguns casos, para lhes proteger a identidade, e noutros casos porque os comentários aqui citados surgiram em situações sociais que não foram registadas, ou porque foram feitos em confidência. É frustrante, como leitor, ter de aceitar seja o que for com base na confiança — e é igualmente frustrante que um repórter tenha de pedi-la. Mas foi essa a atmosfera em que este livro foi elaborado, em Moscovo e Quíive*,

* O nome ucraniano da capital do país é «Київ» («Kyiv», na transliteração inglesa), ou «Quíive». Chamar-lhe «Quieve» é como chamar a Lisboa «Lisbonne» no tempo das invasões francesas. [N. do T.]

entre março e setembro de 2022. O que mais me surpreendeu — e aterrorizou — foi a rapidez com que a sociedade russa se fechou. Antes da invasão de Putin de 2022, havia um espaço no ecossistema político da Rússia para a oposição política e para a liberdade de expressão. O espaço era acanhado, mas era definido por uma série de regras implícitas que as autoridades mais frequentemente observavam do que violavam. As opiniões privadas contra o Kremlin, ainda que fossem comunicadas em locais públicos ou nos meios de comunicação sociais, nunca foram proscritas. Antes de 24 de fevereiro de 2022, as histórias de tapar o telefone com uma almofada, em casa, eram memórias rústicas dos dias soviéticos. Depois disso, muitas das minhas fontes insistiam que nos sentássemos à distância de alguns metros dos nossos *smartphones* ou que os deixássemos em casa quando íamos para um encontro.

O medo pega-se. Cresce mais depressa num mundo onde as regras de há muito reconhecidas se desfizeram em pó e as novas ainda não existem. Houve um tempo em que os ativistas e jornalistas da oposição diziam jocosamente que o regime de Putin era «vegetariano», e não carnívoro. Com poucas e notáveis exceções, tinha tendência para intimidar, em vez de destruir. O ideólogo principal do Kremlin, Vladislav Surkov — a propósito, um amigo de Zakhar Prilepin e seu familiar por casamento — presidia a um sistema baseado numa atitude essencialmente pós-moderna, consumista e, em última análise, cínica com respeito à ideologia. Um pouco de igreja ortodoxa aqui, uma pitada de nostalgia soviética acolá — Surkov fazia soar acordes de ideias como o teclado do órgão dos aromas de *Ao Arrepio*, o clássico da literatura decadente de J. K. Huysmans. Esse ecossistema relativamente tolerante, vegetariano, desmoronou-se depois de Surkov ter abandonado o Kremlin em fevereiro de 2020. Foi substituído, como veremos, pela direção exclusiva de antigos agentes paranoicos do KGB, convencidos de que o Ocidente pretende comprometer e destruir a Rússia.

Os opositores de Putin tiveram sempre a tendência de ser fatalistas, e até indiferentes, com respeito à sua segurança. Poucos continuaram a falar abertamente depois da invasão da Ucrânia no dia 24 de fevereiro de 2022 — mas nessa altura já o descaso se tornara um ato de grande coragem. O que mais me surpreendia era como os apoiantes de Putin subitamente descobriram o medo. A *ponyatiye* — o conjunto de «entendimentos» implícitos que regera o seu mundo — foi subitamente substituída por um novo e desconhecido campo gravitacional de patriotismo e guerra. O que se permitia agora na Rússia em tempo de guerra? E o que passava a ser proibido? Ninguém sabia. Em pleno inverno, um antigo major-general do KGB, um amigo íntimo de um dos mais antigos ministros de Putin e seu colega de universidade, arrastou-me lá para fora para conversarmos, perto da cabine de madeira de uma dacha, onde podia ter a certeza de sermos ouvidos nem vistos. A filha de um importante magnata do petróleo próximo de Putin pediu duas vezes para mudar de mesa no restaurante White Rabbit porque não gostava da aparência das pessoas das mesas vizinhas, que poderiam ouvir-nos. E assim por diante.

Menciono estas coisas não para dar a impressão de o trabalho de repórter em Moscovo se ter tornado uma atividade de capa e espada ao estilo de le Carré, mas para sublinhar que as paisagens política e dos meios de comunicação da Rússia mudaram muito depressa e muito profundamente na sequência da invasão de Putin. Alguns velhos amigos tornaram-se patriotas agressivos, e até obnóxios. Outros deram-se conta de que uma Rússia onde se podia fingir viver uma vida europeia aberta e próspera já não existia — ou talvez só tivesse existido nas suas imaginações. Milhares de pessoas, entre as mais qualificadas da Rússia, fugiram para o exílio. Mas a maioria permaneceu e conformou-se — alguns ativamente, a maior parte em silêncio. Se a paranoia da guerra era como o fumo de turfa, então a conformidade era como a neve, cobrindo toda a sociedade como um isolante que abafava o som e o sentir e fazia as pessoas juntar-se para se abrigarem. Alguns russos viram esse abrigo nos tropos reconfortantes das suas infâncias soviéticas. Outros observaram-no na atitude de ignorar e bloquear ativamente a realidade. Até 21 de setembro, com seis meses de guerra, a vida em Moscovo continuava um simulacro quase agressivo da completa normalidade, na qual não se permitia que a guerra entrasse. Nesse dia, Putin apanhou o país de surpresa — e a sua própria elite — ao anunciar uma mobilização parcial. Subitamente, para dezenas de milhares de russos com familiares do sexo masculino em idade militar, uma guerra que fora praticamente invisível tornou-se muitíssimo pessoal. Daí em diante, nenhum russo estava imune ao amargo inverno político que chegara ao país.

A definição de um grande conflito é ter como resultado nações desagregadas e uma reorganização do mundo. Por esse critério, a guerra russo-ucraniana é a crise geopolítica mais séria da Europa desde a Segunda Guerra Mundial, e terá consequências muitíssimo mais globais do que o 11 de Setembro. A arquitetura de segurança do mundo, o fornecimento de comida e energia, o equilíbrio de poder militar e as alianças ficarão para sempre alteradas.

Na melhor das hipóteses, a malograda invasão de Putin à Ucrânia poderá revelar-se a última convulsão do imperialismo expansivo da história europeia e assinalar a morte final da era dos impérios no Ocidente. Poderá também fazer a China parar para repensar as suas ambições de usar o poder militar convencional contra os seus vizinhos. Nas primeiras semanas da guerra, a Ucrânia surpreendeu inimigos e aliados ao mostrar que uma força avassaladora aerotransportada e com carros de combate podia ser derrotada com armas modernas de infantaria, pondo de pés para o ar os cálculos tradicionais da Guerra Fria com respeito a ataque e defesa. A resposta do mundo à invasão russa por meio de sanções mostrou também que o verdadeiro poder económico — incluindo o poder para devastar toda uma economia da noite para o dia — mudou dos estados-nações para as grandes empresas, cujas decisões éticas e políticas podem ter mais força do que as dos governos. E as tentativas da Rússia para ripostar cortando o fornecimento de gás à Europa mostrou, surpreendentemente, que a energia era de facto uma arma menos poderosa do que o Ocidente temera.

Ao mesmo tempo, a guerra na Ucrânia fez o mundo ficar muitíssimo mais perigoso, porque Putin e os seus propagandistas pegaram na ideia de usar armas nucleares no campo de batalha, ou até estrategicamente, e levaram-na firmemente do domínio da teoria para o domínio do possível. Levantou também uma questão fatal — e ainda por responder — quanto às inúmeras dificuldades económicas que as sociedades ocidentais estão dispostas a aceitar em nome da defesa dos princípios sobre os quais essas sociedades se fundam.

A guerra da Ucrânia é o último ato sangrento do colapso da União Soviética. As hostilidades continuam enquanto escrevo, e por isso a história é necessariamente incompleta. Mas apesar de não termos uma ideia precisa de como o conflito chegará ao fim, já sabemos como isso não acontecerá. Não haverá qualquer vitória completa, seja para a Rússia seja para a Ucrânia. A NATO tem demasiados interesses para permitir que Quíive fique sob o domínio do exército russo; o regime de Putin e a sua vida estão em risco, caso ele permita que a Crimeia caia em mãos ucranianas — ou, de igual modo, as repúblicas rebeldes do Dombás. Putin afirmou repetidamente que está disposto a defender aquele território com ataques nucleares, se tal for necessário. Logo, esta guerra irá acabar numa paz negociada — como todas as guerras que não têm como resultado a vitória total.

É provável que Putin declare qualquer resultado final uma vitória, e o controlo que tem sobre os meios de comunicação russos é tão grande que há boas probabilidades de conseguir convencer muitos dos seus cidadãos.

Porém, também é claro que, por mais território anteriormente ucraniano que Putin consiga manter depois do silêncio das armas, a sua tentativa de reverter a deriva ocidental da Ucrânia e de afirmar o novo poder russo e a sua grandeza revelou-se um fracasso catastrófico. Décadas de cuidada planificação económica foram destruídas, os aliados que lhe eram solidários afastaram-se, centenas de milhares dos melhores e mais inteligentes russos fugiram e exilaram-se voluntariamente, e a independência estratégica do país ficou profundamente comprometida devido à involuntária dependência económica e política da China. Putin envenenou a raiz do futuro da Rússia. A sua autodeclarada vitória será uma vitória dos iletrados sobre os letrados, das províncias sobre a metrópole, dos velhos sobre os novos, do passado sobre o futuro.

A invasão de Putin criou também precisamente aquelas mesmíssimas coisas que pretendia evitar. Uniu a Ucrânia e deu ao país um verdadeiro sentido de nação. A guerra também deu um novo vigor à NATO, que encontrou um novo propósito, dinheiro e membros, e também fez recordar à União Europeia os valores antitotalitaristas do pós-guerra, sobre os quais se fundou a integração europeia. A nível mais profundo, Putin fez as democracias do mundo relembrar que a liberdade não se limita a acontecer — a conclusão determinista a que muitas pessoas chegaram no Ocidente depois do colapso do comunismo —, tendo, ao invés, de ser conquistada e defendida.

Este livro foi redigido em Moscovo e Quíive no decurso do primeiro ano da guerra. Não é, consequentemente, a história da guerra, mas sim um primeiro rascunho da história de como a guerra começou — e de como o conflito passou da guerra-relâmpago russa a um impasse com a contraofensiva ucraniana. O meu ponto focal é o mistério mais premente no coração da invasão de Putin da Ucrânia: como é que a ideia de obter pela violência uma Grande Rússia, ideia apoiada pelo nacionalismo ortodoxo místico, passou das franjas mais marginais da política russa para a política oficial do Kremlin? Como e por que razão decidiu Putin deitar pela janela décadas de macroeconomia e de diplomacia cuidadosamente construídas, lançando uma guerra tão irresponsável e arriscada que nem todos os detalhes foram dados a conhecer à maioria dos seus ministros mais antigos mesmo até ao momento da invasão? Quem eram os cães que lutavam debaixo do tapete — para usar a memorável descrição de Churchill das lutas intestinas do Kremlin — que pelejaram e ganharam o ouvido, o coração e o espírito de Putin? E, o mais importante de tudo, qual foi a verdadeira razão que fez Putin decidir-se pela guerra?

Moscovo, 24 de fevereiro de 2023

Prólogo
À beira

Moscovo

Residência oficial do presidente, Novo-Ogarevo, região de Moscovo, 23 de fevereiro de 2022

Pouco depois das 11 da manhã, Vladimir Putin entrou num dos três helicópteros Mi-8 da frota presidencial, no heliporto da sua residência oficial de Novo-Ogarevo, 30 quilómetros a noroeste do centro de Moscovo. Por razões de segurança, dois Mi-8 iguais, de conceção soviética, descolaram com ele, formaram e aceleraram para leste, em direção ao Kremlin.

O pessoal de bordo, tal como todos os outros funcionários de Novo-Ogarevo, tinham vivido em isolamento estrito devido à covid-19, antes de ficar na proximidade física do *Pervoe Litso* russo — literalmente, a «Primeira Pessoa», que é como o presidente é referido no interior da organização. Durante quase dois anos, desde o início da pandemia, exigira-se a todos os visitantes de Novo-Ogarevo e das residências presidenciais perto do Lago Valdai e de Sótchi, onde Putin passara a maior parte do confinamento, que ficassem uma semana de quarentena e que fizessem testes diários, em blocos de hotéis especialmente transformados para esse fim, nos terrenos de cada residência. Sempre intensamente reservado, o contacto pessoal de Putin limitara-se durante anos a um pequeno grupo de não mais de três dúzias de privilegiados. Durante a covid-19, essa bolha encolhera-se ainda mais.

Quinze minutos depois de levantar voo, o helicóptero de Putin aterrou no heliporto da Torre Beklemishevskaya, no canto sudeste do Kremlin. Entrou então na sua limusina ZiL para o breve percurso até ao Grande Palácio do Kremlin de Moscovo. Durante a pandemia, Putin mal visitara Moscovo, e foi ainda menos visto em público. Contudo, esta era a sua terceira visita ao centro de Moscovo em três dias.

A primeira, ao início da tarde de 21 de fevereiro, fora para uma sessão extraordinária — em mais de um sentido — do Conselho de Segurança da Rússia. O espaço era o altivo Salão da Ordem de Santa Catarina, no Grande Palácio do Kremlin, um vasto espaço com colunatas, usado habitualmente para receções oficiais, e não a costumeira sala muitíssimo menor do Palácio do Senado, onde o Conselho habitualmente se reúne. Não houve tempo para os 12 membros permanentes do Conselho ficarem de quarentena durante uma semana, como era obrigatório. O espaço imenso permitia que Putin, sentado sozinho atrás de uma enorme secretária, mantivesse seis metros de distância social dos homens (e de uma mulher) com cargos mais elevados da Rússia — ainda que não sejam necessariamente os mais poderosos. A escolha do local era também altamente simbólica para um acontecimento encenado para a televisão, que pretendia assinalar uma nova fase da afirmação russa.

A razão ostensiva para a reunião do Conselho de Segurança era a discussão de planos submetidos na Duma e na sua Câmara Alta, o Conselho da Federação, para reconhecer os estados de duas repúblicas secessionistas da região ucraniana do Dombás. Segundo uma fonte próxima do porta-voz de Putin, Dmitry Peskov, dissera-se a todos os participantes da reunião do Conselho de Segurança que os trabalhos seriam transmitidos em direto na televisão. Isso não era verdade. Os relógios dos participantes provavam que foram de facto transmitidos cerca de cinco horas depois. Peskov disse à mesma fonte que só quatro pessoas na sala, além do próprio Putin, tinham conhecimento do completo alcance dos planos militares de Putin para lançar uma invasão de larga escala da Ucrânia, cerca de 72 horas depois. Uma delas era o ministro da Defesa, Sergei Shoigu, outra era Nikolai Patrushev, presidente do Conselho de Segurança e colega de Putin dos tempos do KGB, desde 1975, e a terceira era Aleksandr Bortnikov, diretor do SFS, que era um velho colega de Putin dos tempos da Universidade de São Petersburgo, e a quarta era outro colega do KGB, Sergei Naryshkin, diretor dos serviços de segurança exteriores.

Um por um, os membros do Conselho de Segurança ergueram-se para concordar com a proposta da Duma para reconhecer as Repúblicas Populares de Donetsque e de Luansque — coletivamente conhecidas como LDNR — como nações independentes. Naryshkin, diretor dos Serviços Secretos Externos, atrapalhou-se no desempenho do seu papel e foi publicamente humilhado por Putin.[1]

No dia seguinte, 22 de fevereiro, a Duma formalizou o reconhecimento. Putin viajou de novo para o Kremlin para uma rara conferência de imprensa com um grupo de jornalistas, escolhidos a dedo, dos serviços de imprensa do Kremlin. Segundo uma das pessoas presentes na sala, Putin parecia «pálido e com olhos inchados, mas cheio de energia [...], excecionalmente enfático e agressivo».[2] Quando Andrei Kolesnikov, o veterano correspondente do Kremlin para o diário *Kommersant*, lhe perguntou se pensava que «há alguma coisa neste mundo moderno que se consiga resolver pela força», Putin reagiu rispidamente. «Por que razão pensa que o bem nunca deve ser apoiado pela força?» Negou também que as forças russas seriam «imediatamente destacadas» para o Dombás.[3]

Putin mentia. As forças russas já tinham sido mobilizadas. As primeiras unidades — os veículos do grupo do exército baseado na Divisão Militar Meridional, assinalados com o «Z» característico, para os distinguir de carros de combate ucranianos idênticos — atravessaram a fronteira (que, na prática, não existe) entre a Rússia e as LDNR horas depois da conferência de imprensa. A meio da manhã de 23 de fevereiro, as forças russas já se tinham estabelecido ao longo da linha de controlo que os combatentes rebeldes tinham determinado com as forças de Quiive, em 2015, depois de dois verões de combates brutais, que fizeram 14 mil mortos.

O dia 23 de fevereiro — Dia dos Defensores da Pátria — é um feriado importante dos tempos soviéticos. É um dia em que se bebe com os amigos, dando-lhes os parabéns por serem homens (é o homólogo do Dia das Mulheres, a 8 de março), e na televisão vê-se filmes de guerra patrióticos. Mais formalmente, é um dia para celebrar as forças armadas russas, do passado e do presente. O Dia da Vitória — que se celebra em 9 de maio e que tradicionalmente é assinalado com uma imensa parada das forças armadas na Praça Vermelha — é uma celebração mais triunfal da derrota da Alemanha nazi às mãos da URSS na Grande Guerra Patriótica. Mas ao longo da última década do regime de Putin, tanto o 23 de fevereiro como o 9 de maio tornaram-se partes cruciais de um culto alimentado pelo Kremlin que chamou a si a memória da Segunda Guerra Mundial para prestar serviço à glória e legitimidade do atual regime. O ponto alto das duas celebrações é a deposição presidencial de uma coroa de flores na Chama Eterna que arde em frente ao Kremlin.

A comitiva de Putin emergiu do portão da Torre Spassky do Kremlin, atravessou a Praça Vermelha e dirigiu-se para os elaborados portões de ferro forjado do Jardim de Alexandre. Putin passou a pé por uma guarda de honra — que mantinha a distância — e depositou uma coroa de flores na Chama Eterna. Desde o mesmo dia, em 2021, esta foi a primeira ocasião em que há registo de Putin a caminhar numa rua de Moscovo.

Uma mensagem previamente gravada de Putin a celebrar o feriado dos Defensores da Pátria foi transmitida por todo o país. «Respeitados camaradas!», começou Putin, num regresso deliberado à maneira de falar da era comunista. Só fez uma referência oblíqua à ocupação da Rússia das LDNR que ocorrera naquela manhã. «O nosso país está sempre aberto a um diálogo honesto e direto [...]; mas repito: os interesses da Rússia e a segurança do nosso povo não são, para nós, negociáveis.»[4]

De regresso a Novo-Ogarevo, às cinco da tarde, Putin recebeu um telefonema já agendado do presidente turco, Recep Tayyip Erdo an. Segundo o registo oficial da conversa, Putin «expressou desapontamento por os EUA e a NATO terem ignorado as preocupações e exigências legais e razoáveis da Rússia».[5] Apesar de Putin e Erdoğan se conhecerem há mais de duas décadas e se dizerem «amigos», na conversa não se mencionou qualquer iminente invasão de larga escala da Ucrânia. Segundo uma fonte superior do Ministério dos Negócios Estrangeiros da Turquia, que trabalha com Erdoğan desde 2003, «não houve qualquer indicação nem aviso algum do que Putin estava a planear».[6]

A dado ponto, no final da tarde de 23 de fevereiro, Putin sentou-se no estúdio de televisão de Novo-Ogarevo para gravar outra mensagem ao povo, a segunda dos últimos dois dias. Anunciava que dera ordens para começar uma «operação militar especial limitada» contra a Ucrânia. Foi emitida às seis da manhã do dia seguinte. Ao longo de toda a fronteira de dois mil quilómetros que separa a Rússia da Bielorrússia e da Ucrânia, avançou para a guerra uma força de pelo menos 71 batalhões de grupos de combate, totalizando qualquer coisa como 160 ou 190 mil homens — a maior movimentação de tropas russas em solo europeu desde 1945.[7]

Quiive

Palácio Presidencial, Quiive, Rua Bankova, 23 de fevereiro de 2022

Desde novembro de 2021 que os serviços secretos norte-americanos avisavam Volodymyr Zelensky, cada vez com mais urgência, e com pormenores notáveis, que Putin planeava uma invasão da Ucrânia de larga escala e em múltiplas frentes, que incluiria um assalto direto a Quiive. Zelensky e a sua equipa de segurança nacional não «ignoraram propriamente os avisos, mas eram céticos», afirmou Andriy Yermak, conselheiro do chefe de pessoal de Zelensky. «Não tínhamos dúvidas de que Putin seria capaz de uma invasão; essa não era a questão. Temos estado em guerra [com a Rússia] há oito anos».[8] Mas desde a primavera anterior que as concentrações nas fronteiras da Ucrânia — e os avisos de uma possível invasão — se tinham tornado uma espécie de ocorrência regular. Putin aumentara o número de tropas ameaçadoramente em março–abril de 2021, e depois em setembro–outubro, para logo de seguida voltar atrás. A primeira concentração de tropas fora desconsiderada por supostamente ser um teste ao ânimo do novo presidente dos EUA, Joe Biden, e o segundo por ser talvez um protesto contra a participação da Ucrânia em exercícios terrestres e marítimos da NATO, ocorridos no verão. Dado que as fontes de segurança colocadas nos mais altos escalões e os principais funcionários governamentais de Moscovo previam com confiança que não haveria guerra, não era claro que esta concentração de tropas, a terceira, seria a sério.

«Havia sempre a questão de saber se esta seria apenas mais uma operação psicológica de Putin [...] para desestabilizar a Ucrânia», afirmou o conselheiro. «Por um lado, em cada caso, havia obviamente a preocupação de talvez levar à guerra. Por outro lado, havia a ideia de que não podemos deixar Putin pôr-nos em pânico de cada vez que envia tropas para fazer manobras perto das nossas fronteiras.» Quando as embaixadas britânica e dos EUA saíram de Quiive, no dia 12 de fevereiro, Zelensky afirmou que, «neste momento, o maior inimigo do povo é o pânico». Se os poderes ocidentais acaso tinham «alguma prova concreta de uma invasão iminente», ele «não a tinha ainda visto». O ceticismo era tão profundo quanto a uma possível guerra que os membros mais elevados do parlamento da Ucrânia e dos serviços secretos SBU começaram a reencaminhar no Twitter memes humorísticos do Mr. Bean à beira da estrada, com a legenda «À espera da invasão russa».[9]

No dia 23 de fevereiro, contudo, era claro que desta vez era realmente diferente. Na noite anterior, as tropas russas tinham entrado nas repúblicas secessionistas de Donetsque e Luansque. Durante anos, as tropas russas tinham operado em força mais ou menos disfarçadamente nas LDNR. Porém, agora que a Duma russa votara a favor do reconhecimento da sua independência, a ocupação era oficial. Contudo, permanecia a questão: iria Putin parar nas LDNR, ou iria mais além?

Ao meio-dia de 23 de fevereiro, Zelensky convocou uma sessão do Conselho Nacional de Segurança e Defesa (CNSD). À mesa sentaram-se os mais elevados escalões dos diretores militares e dos serviços secretos, assim como ministros civis. Alguns eram soldados de carreira e oficiais dos serviços secretos. Outros eram velhos amigos que Zelensky conhecia desde a infância e com quem trabalhara na indústria do entretenimento durante anos.

Ivan Bakanov, um homem jovial de 47 anos que usava habitualmente óculos azuis e fatos justos de bom gosto, crescera com Zelensky na difícil cidade industrial de Crivií Rie, tendo dirigido mais tarde a empresa de produção televisiva a que chamaram «Estúdio Kvartal 95», que era a designação do velho bairro onde viviam. Zelensky nomeara o seu velho amigo, colega e antigo diretor de campanha para chefiar o SBU, o Serviço de Segurança da Ucrânia, em agosto de 2019. Bakanov — formado em direito, mas que passara a vida como executivo na indústria do entretenimento — não tinha experiência no trabalho dos serviços secretos nem da polícia secreta, mas era totalmente leal a Zelensky. O objetivo era esse. A função de Bakanov era reformar e domesticar um serviço secreto que já tentara várias vezes, na história recente, arruinar o governo — e que se pensava albergar ainda milhares de simpatizantes da Rússia.

Nos seus modos e origens, o tenente-general Valerii Zaluzhny, de 49 anos, vinha de um mundo completamente diferente do mundo de Bakanov. Contudo, o oficial de carreira era também um reformador nomeado por Zelensky. Demasiado novo para ter sido membro do exército soviético, Zaluzhny pertencia a uma das primeiras gerações de oficiais ucranianos a participar em treinos com os aliados da Ucrânia da NATO, incluindo uma passagem pelo Reino Unido. Encorpado, de rosto redondo e rijo, Zaluzhny destacara-se em ação como comandante de uma divisão, aquando dos pesados combates de Debaltseve, no Dombás, em 2015. Zelensky nomeou Zaluzhny diretor do Estado-Maior ucraniano em 2021, com a missão de pôr o exército ao nível dos padrões da NATO e de pôr cobro ao roubo, à intimidação e às rígidas estruturas de comando hierarquizadas que flagelavam os exércitos soviético e russo.

O terceiro membro crucial era o diretor dos serviços secretos do exterior da Ucrânia, Oleksandr Lytvynenko. Formado no Instituto de Criptografia, Telecomunicações e Ciências da Computação do SFS, em Moscovo, e no Colégio Régio de Estudos de Defesa de Londres, a nomeação de Lytvynenko como diretor dos serviços secretos da Ucrânia, em julho anterior, fora controversa. Em 2015, Lytvynenko fora um dos milhares de funcionários que foram proibidos de ter funções no governo devido ao trabalho anteriormente levado a cabo na administração de Viktor Yanukovych, o presidente apoiante de Moscovo caído em desgraça. Contudo, Zelensky considerava que precisava de um oficial dos serviços secretos como Lytvynenko, com a experiência de uma vida, a quem atribuiu a tarefa de responder à mais urgente questão de segurança que o país enfrentava: estava Putin seriamente a pensar invadir ou não?

Na reunião do Conselho de Segurança, «emergiram três pontos de vista básicos», recorda Serhiy Leshchenko, um jornalista e jurista proeminente que era um alto conselheiro do chefe de pessoal de Zelensky. «Um era que Putin se ficaria pelas [repúblicas secessionistas do] Dombás. Outro era que tentaria criar um corredor para ligar a Crimeia ao Dombás e expandir [o território das LDNR]. O terceiro era que iria em frente, lançando uma invasão total da Ucrânia, incluindo a partir da Bielorrússia», o que significaria um ataque a Quiive. Todas as versões se baseavam em dados e análises divergentes dos serviços secretos. A reunião do CNSD foi «inconclusiva», afirmou Leshchenko.

Zelensky passou o resto do dia a falar com embaixadores e a ler relatórios dos serviços secretos — tanto do seu país como dos aliados da NATO. Também elaborou um discurso que visava diretamente o povo russo. Ao fim da tarde, ainda convencido de que

Putin estava indeciso quanto a avançar para lá das fronteiras das LDNR, Zelensky gravou o discurso de uma assentada.

«Quero fazer um apelo a todos os cidadãos da Rússia», afirmou Zelensky em russo — a sua língua nativa, raramente usada em discursos públicos, que são habitualmente em ucraniano. «Não como presidente. Apelo aos cidadãos russos como cidadão da Ucrânia [...]. Hoje, as vossas forças concentram-se nessa fronteira, quase 200 mil soldados e milhares de veículos militares. [Isto] pode tornar-se o início de uma guerra de grandes proporções no continente europeu. Qualquer faísca é suficiente para fazê-la eclodir [...]. Dizem-vos que somos nazis. Mas como poderia um povo que deu mais de oito milhões de vidas pela vitória contra os nazis apoiar o nazismo? Como posso eu ser nazi? Digam isso ao meu avô, que passou toda a guerra na infantaria do Exército Soviético e que morreu como coronel na Ucrânia independente.»

Zelensky não mencionou as suas próprias raízes judaicas. Mas falou em visitar o seu melhor amigo em Donetsque antes da guerra, em aclamar aí a seleção nacional ucraniana de futebol e em beber cerveja num parque com uma multidão de habitantes, unidos como comparsas ucranianos. Concluiu com um apelo emocional aos Russos para «não esquecerem que os Ucranianos e os Russos são diferentes. Mas isso não é uma razão para sermos inimigos [...]. Muitos de vocês visitaram a Ucrânia. Muitos têm família na Ucrânia. Alguns de vocês estudaram nas universidades ucranianas, fizeram amigos entre os Ucranianos. Conhecem o nosso carácter. Conhecem o nosso povo. Sabem dos nossos princípios. Estão cientes do que acarinhamos. Por isso, ouçam a vossa própria voz. A voz da razão. Do senso comum. E ouçam-nos a nós. O povo da Ucrânia quer paz».

Muitos dos assistentes de Zelensky «ficaram quase em lágrimas» aquando da gravação do discurso. «Veio do coração», recorda um conselheiro. «Foi ele próprio que escreveu cada palavra [...]; foi o melhor discurso que alguma vez proferiu.»[10]

No final da tarde, Zelensky juntou-se à esposa Olena e aos filhos Oleksandra, de 17 anos, e Kirilo, de nove, na residência oficial do presidente, no subúrbio de Koncha-Zaspa, na margem direita do Rio Danápris, 15 quilómetros a sul do centro de Quíive. O presidente da Ucrânia não teve qualquer «aviso prévio» do ataque russo que se avizinhava, confirmou Leshchenko. Zelensky foi para a cama na esperança de que o «senso comum» de que falara acabasse por prevalecer. Algumas horas depois, essa esperança foi amplamente frustrada.

Belgroda

Província de Belgroda, Rússia, 23 de fevereiro de 2022

Para os oficiais e homens da Divisão Cantemirovscaia de Tanques, o Dia dos Defensores da Pátria seria habitualmente um feriado importante e muito antecipado. Estacionados em Naro-Fominsque, a 70 quilómetros de Moscovo, a divisão — formalmente conhecida como Divisão Yuri Andropov de Tanques Estandarte Vermelho da Quarta Guarda Cantemirovscaia da Ordem de Lenine — fora uma das unidades de elite do exército desde a sua fundação, durante a Batalha de Estalinegrado. Porém, no dia 23 de fevereiro de 2022, ninguém teve tempo para celebrações. As ordens tinham acabado de chegar para pôr a divisão em ação.

Um mês antes, a Cantemirovscaia fora deslocada para a província de Belgroda, perto da fronteira nordeste da Ucrânia. Oficialmente, estavam em exercícios. Contudo, era bem claro para a maior parte dos homens que estavam ali para invadir a Ucrânia.

«Mãe, o meu telemóvel não vai funcionar durante uma semana. Vou entregá-lo», disse o sargento Vadim Shishimarin, de vinte e um anos, à mãe, Lyubov, no dia 22 de fevereiro. «Poderão dizer-te que fui para a Ucrânia. Não acredites.» Os colegas do filho disseram-lhe depois que os comandantes da unidade lhes tinham assegurado de que «entrariam [na Ucrânia] para logo sair, e que era só isso»[11].

Shishimarin não se parecia muito com um homem das forças armadas. Magrizela e baixo, tinha um rosto quase infantil. «Não dá a impressão de um soldado profissional, quanto mais de um membro de uma divisão de tanques de elite», diria mais tarde à imprensa o seu advogado, Viktor Ovsyannikov. Nasceu no dia 17 de outubro de 2000 em Uste-Ilimsque, uma cidade industrial de 86 mil pessoas, a cerca de 700 quilómetros de Ircutsque, na Sibéria Oriental, subindo pelo Rio Angara. Vadim era o mais velho de cinco filhos — tinha dois irmãos e duas irmãs, a mais nova tinha quatro anos — e foi criado pela mãe e pelo padrasto.

Tal como muitas das tropas enviadas para a Ucrânia, Shishimarin era de uma das mais remotas e empobrecidas províncias da Rússia. Uste-Ilimsque era conhecida pela sua barragem hidroelétrica, pela madeireira e pelos restos de um famigerado Gulag da década de 1930. Um quarto da população abandonara a cidade desde a queda da URSS. Vadim terminou o ensino secundário com 17 anos, depois recebeu formação como mecânico numa escola técnica. Quando mais tarde foram entrevistados por jornalistas, nem o pai nem a mãe sabiam de qualquer passatempo a que o filho se dedicasse ou de qualquer interesse que tivesse. «Do que gostava?» disse o pai, Evgeny Shishimarin, que deixou a família quando o filho era pequeno. «Vivia. Trabalhava arduamente.»[12]

Segundo a mãe, Shishimarin decidiu viajar para Moscovo depois de deixar a escola técnica porque «lá há mais oportunidades de trabalho e ensino». Trabalhou numa oficina de reparação de pneus, na região de Moscovo, e encontrou uma namorada. Então, tal como centenas de milhares de jovens russos que não estudavam a tempo inteiro, Shishimarin foi convocado para o serviço militar obrigatório, no recrutamento anual primaveril de 2019. O *voyenkomat,* ou departamento de recrutamento, da sua região moscovita, enviou-o para a adjacente Divisão Cantemirovscaia. «Estava em forma. Chegara a hora de ir para a tropa», disse a mãe. «E depois? Toda a gente vai.»

Em janeiro de 2020, a nove meses do serviço militar obrigatório de um ano, o padrasto — operador de gruas — foi morto em Uste-Ilimsque. Estava «no lugar errado no momento errado», explicou Lyubov, a mãe de Shishimarin. «Levou um tiro acidental e morreu. Não sabemos o nome completo da pessoa que o matou.» Lyubov e os filhos ficaram sem qualquer fonte certa de rendimento. Shishimarin decidiu alistar-se no exército russo como *kontraktnik* a tempo inteiro, ou soldado profissional, porque «não era preciso preocupar-me com a casa» e ele queria «ajudar a minha mãe e os meus irmãos e irmãs mais novos». Para um homem de 20 anos de Uste-Ilimsque, o ordenado do exército de 40 mil rublos — na altura, cerca de 450 euros por mês — parecia uma boa proposta de carreira. «Decidiu que não tinha o que fazer aqui [em Uste-Ilimsque]», disse a sua mãe. «Não *há* realmente o que fazer aqui.»[13]

Em fevereiro de 2022, já Vadim Shishimarin fora promovido a sargento — que, ao contrário do aparente equivalente do exército britânico ou do norte-americano, é uma patente muito inicial no exército russo. O papel equivalente dos oficiais ocidentais de longa data e sem comissão é desempenhado nas forças armadas russas pelos *praporshiki* ou praças. Apesar disso, Shishimarin liderava uma secção de dez homens num pelotão comandado pelo primeiro-tenente Kalinin.

No final da tarde de 23 de fevereiro, Kalinin recolheu todos os telemóveis dos soldados rasos e sargentos da sua unidade como precaução de segurança. Foram também dados aos homens três dias de *sukhoi paiok* (rações desidratadas), que os comandantes consideravam suficientes para o que esperavam que seria uma curta missão. A Divisão Cantemirovscaia calculava que 200 tanques de combate T-80U e T-80BV estavam armados e abastecidos, assim como aproximadamente 300 veículos BTR-2 de combate de infantaria.

Na madrugada do dia seguinte, o esquadrão comandado por Shishimarin — Unidade Militar n.º 32 010 do 13.º Regimento de Tanques da Guarda da Divisão Cantemirovscaia — deslocou-se das suas posições, nos arredores de Belgroda, e juntou-se a uma vasta coluna de carros de combate que iam para ocidente, em direção à fronteira ucraniana, a cerca de 20 quilómetros de distância.

Por volta das nove da manhã, a unidade de Shishimarin atravessou a fronteira entre a província de Sume e a segunda cidade da Ucrânia, Carquive.

Moscovo

Edifício RIA Novosti, Alameda Zubovsky, Moscovo, 23 de fevereiro de 2022

Anna Bondarenko, uma mulher de quarenta anos que é a principal produtora de um dos grandes canais estatais russos de notícias, tivera um dia horrível. Há poucos dias, a linha editorial da estação — com a qual o seu chefe concordou, no decurso de detalhadas sessões semanais de planificação com a principal equipa de comunicações do Kremlin — era a de que a Rússia não tinha qualquer intenção de atacar a Ucrânia e que os esforços diplomáticos de Putin corriam bem.[14] O ministro dos Negócios Estrangeiros, Sergei Lavrov, era o grandioso pacificador, e apesar da implacável agressão da NATO, a Rússia apostava na paz. Trabalhara-se muitíssimo para planear a cobertura noticiosa, atribuir equipas de jornalistas e reservar ligações via satélite a Washington e Londres. Há vários anos que o canal de Bondarenko insistia que o governo ucraniano estava cheio de fascistas, que tinham na mira, agressivamente, o pacífico povo de língua russa do Dombás. Porém, não houve uma preparação específica da propaganda para uma futura ocupação das LDNR, quanto mais para uma invasão completa da Ucrânia.

Então, no dia 21 de fevereiro, a linha oficial mudou abruptamente. A paz estava fora de questão. Ao invés, a nova linha principal dos serviços noticiosos, vinda de cima, era a de que as repúblicas do Dombás estavam sob ataque ativo dos fascistas ucranianos. Os civis estavam a ser retirados. Subitamente, os serviços noticiosos russos tinham inúmeros vídeos da retirada — assim como de supostos ataques ucranianos com carros armadilhados, nas passagens fronteiriças, a mostrar atacantes mortos de uniforme ucraniano. O suposto recrudescimento da violência vindo do lado da Ucrânia era para ser apresentado como uma agressão «genocida» em desenvolvimento por parte de Quiive contra o povo das LDNR.

Bondarenko, cuja família era de ascendência ucraniana, recorda que ficou furiosa quando viu aquelas imagens. «Como podiam os Ucranianos permitir-se ser dominados por ultranacionalistas?» Qual era o problema deles com as pessoas de língua russa, como ela própria? Bondarenko passara 20 anos a trabalhar nas notícias da televisão russa. Não era ingénua quanto às engrenagens da máquina de propaganda do Kremlin. Porém, não via razão alguma para duvidar das provas à frente dos olhos, à medida que via o vídeo, ainda por editar, que lhe chegava. A NATO estava em marcha. O seu povo — o povo russo — estava a ser atacado, e o Kremlin mobilizara o exército para o salvar. A nova palavra de ordem da operação para ajudar as LDNR era «Onde estiveram vocês nos últimos oito anos?» — juntamente com «Não abandonamos os nossos». A nova linha editorial era que as tropas da Rússia não tinham encetado uma guerra de agressão, mas sim uma missão humanitária urgente para salvar a sua gente do genocídio.

Quando arrumava a secretária para dar lugar ao turno da noite, no final do dia 23 de fevereiro, Bondarenko teve uma breve reunião de dez minutos com o produtor que vinha substituí-la. Passaram em revista uma lista de notícias do costume enviadas por vários correspondentes da RIA Novosti, da TASS e de outras agências da televisão estatal russa, sediados no Dombás, e as incumbências e os relatórios dos seus próprios correspondentes noticiosos no terreno, no sul da Rússia, na Crimeia e no Dombás, assim como correspondentes em tempo parcial de Quiive e Carquive. A linha noticiosa era toda acerca de como as tropas russas estavam a proteger a LNR e a DNR dos ataques nazis ucranianos.

Não havia coisa alguma no elenco noticioso, nem qualquer sugestão dos seus chefes, nem rumores nos boatos dos jornalistas de Moscovo acerca de um ataque contra Quiive ou algo do género.

Quérson, Ucrânia

Nova Cacóvca, Província de Quérson, Ucrânia, 23 de fevereiro de 2022

Larisa Nagorskaya, de 44 anos, estava a tomar o pequeno-almoço com a filha de 11 anos, Masha, quando ouviu na televisão a notícia de que a Rússia enviara tropas para as LDNR. A primeira coisa que lhe ocorreu foi se o marido de 42 anos, Serhii, seria convocado. «Começou de novo», lembra-se Larisa de ter pensado. «Há oito anos que andamos em combates, e agora começou de novo uma guerra total.»[15]

Nova Cacóvca era um modelo de cidade soviética, erigida em meados da década de 1950 para os trabalhadores que construíam a Kakhovskaya GES, mais uma da série de barragens hidroelétricas gigantescas, projetadas para aproveitar a energia do Rio Danápris. Larisa vivera aí toda a vida. A filha, Masha, nunca fora além do centro regional de Quérson, que fica a 50 quilómetros para ocidente. A filha mais velha, Ksenia, de 19 anos, estava a estudar para ser professora primária em Odessa. Apesar de Nova Cacóvca ficar apenas a 70 quilómetros a norte do istmo que liga a Ucrânia à península da Crimeia, que a Rússia ocupara em 2014, não ocorreu a Larisa que a sua cidade — o ponto mais próximo da Crimeia para quem vem pelo rio Danápris e o ponto de ligação de um importante canal que antes de 2014 fornecia a maior parte da água da Crimeia — poderia tornar-se um objetivo militar. «Ouvimos na televisão durante meses que Putin planeava invadir-nos», afirmou. «Mas pressupusemos que isso tinha que ver apenas com o Dombás, e não connosco, na província de Quérson.»

A população de Nova Cacóvca, tal como a das novas cidades multiculturais soviéticas espalhadas por toda a região, viera de todos os cantos da URSS há duas gerações. Larisa falava com a sua família no dialeto local, *surzhik* — uma mistura de russo e ucraniano que, no caso do dialeto específico da província de Quérson, inclui uma mistura predominante de russo. As filhas frequentaram a escola em ucraniano puro, mas a própria Larisa sentia-se mais à vontade falando *surzhik* ou russo. Em casa, a família via em conjunto a televisão de língua russa, apesar de as filhas mudarem para canais de língua ucraniana quando estavam sozinhas.

Antes de 2014, tal como algumas grandes zonas do leste e do sul da Ucrânia, Nova Cacóvca apoiara o Partido das Regiões e o seu líder, Viktor Yanukovych — um ex-presidiário de Donetsque que se tornou um homem de negócios e fez carreira política defendendo os direitos da minoria ucraniana de língua russa e advogando ligações mais íntimas com Moscovo. Quando Yanukovych foi derrubado em fevereiro de 2014 pelos protestos favoráveis à Europa, em Quiive, muitos dos vizinhos de Larisa ficaram com sentimentos contraditórios. «Por um lado, descobrimos que [Yanukovych] era um ladrão e que queria vender a Ucrânia a Putin», afirmou Larisa. «Por outro, as pessoas concordavam com ele em como o governo não devia discriminar as pessoas de língua russa. Muitas pessoas temiam que o russo fosse completamente banido.»

Pessoalmente, Larisa não se interessava muito por política. Porém, ficou zangada quando a Rússia anexou a Crimeia e os «bandidos» apoiados pela Rússia se apoderaram de partes de Donetsque e de Luansque, o que deu origem a dois anos de guerra. «Putin deve deixar-nos resolver os nossos próprios problemas», afirmou. «Que tem ele com isso?»

Ao longo dos últimos meses antes da eclosão da guerra, começaram a acontecer algumas coisas estranhas em Nova Cacóvca. Em dezembro, um administrador local ordenara o abate de um pitoresco pinhal que ficava numa colina de frente para o rio Danápris e para a barragem. Os habitantes locais ficaram zangados, e as autoridades prometeram plantar um novo pinhal. Contudo, não deram qualquer explicação convincente para o abate. Dois meses antes, desaparecera um importante delegado do Conselho Regional de Quérson — um antigo apoiante de Yanukovych e do Partido das Regiões. As pessoas diziam que fora para Sótchi, na Rússia, mas ninguém sabia porquê.

Larisa trabalhava como administradora no serviço local de fornecimento de água. No seu gabinete, na manhã de 23 de fevereiro, a maior parte dos colegas estava «indignada e receosa» com as notícias da ocupação russa das LDNR. Tal como Larisa, também os pais de jovens do sexo masculino estavam preocupados com a possibilidade de os entes queridos serem de novo enviados para a guerra. Assim como a maior parte dos vizinhos e colegas, Larisa «rezava para que não houvesse mais guerra. Era só isso que realmente nos interessava. Tudo, menos guerra».

Oxfordshire, Reino Unido

Wantage, Oxfordshire, 23 de fevereiro de 2022

Um erro tolo mudou a vida de Jimmy S. para sempre. Acabado de sair da escola, em Reading, a sua cidade natal, Jimmy e os amigos decidiram fazer tatuagens só pelo gozo. Para a mão direita escolheu uma coroa, como nos baralhos de cartas, e para a esquerda uma rosa. Não gostava especialmente das tatuagens, nem pensava muito nelas. Mas quando Jimmy tentou alistar-se no Exército Britânico, alguns meses depois, disseram-lhe que havia uma regra estrita — não podia ter tatuagens nas mãos nem no pescoço. «É para o caso de ter de se encontrar com a rainha», disse-lhe o sargento de recrutamento. Jimmy tentou de novo um ano depois, mas não teve sorte. Quando era rapaz, Jimmy gostava muito de filmes de guerra e «adorava coisas militares — armas, acampamentos, bons camaradas». Porém, as tatuagens tinham-lhe inviabilizado o sonho de ser um soldado britânico — «pelo menos até ter dinheiro para mandar removê-las».[16]

Jimmy era de estatura mediana, robusto, razoavelmente bem parecido e com uma barba da moda, algo taciturno. Não abdicava da sua maneira de ser só para gostarem dele, mas era alegre e educado quando não estava de nariz enfiado no TikTok. Sem grande interesse pelas notícias e pela política, gostava mais de futebol, de beber com os camaradas e de cavaquear com as raparigas. O tipo de pardal comum que se encontra em qualquer *pub* de Inglaterra. Depois de não conseguir ir para o exército, Jimmy mudou-se de Reading para Wantage, a 40 milhas de distância, em Oxfordshire, teve uma série de «empregos da treta», empacotando e embrulhando refeições quentes e carne esquartejada. Foi viver com a namorada, que ficou grávida. Porém, a relação não funcionou, de modo que Jimmy saiu de casa e foi viver com um amigo. A criança — um rapaz de nome Isaac — nasceu em janeiro de 2022. Apesar de separados, a sua ex-namorada queria que ele mudasse as fraldas e a ajudasse a tomar conta do bebé.

«Lambie», um camarada de Jimmy, começou a falar da guerra que fermentava na Rússia. Disse que estava a pensar juntar-se ao exército ucraniano como voluntário. Conhecia pessoas que o tinham feito e adoraram. Bom dinheiro, carradas de adoráveis ucranianas, belas e dispostas a ir para a cama com heróis de guerra. Não era preciso ter experiência militar. «Nunca tinha ouvido falar da Ucrânia, para ser sincero», disse-me Jimmy, enquanto partilhávamos um compartimento de comboio, numa longa viagem de Levive para Quiive, em julho de 2022. «Não sabia onde ficava no mapa.» Ficou surpreendido quando lhe disse que a Ucrânia já fizera parte da Rússia.

No dia 23 de fevereiro, Lambie partilhou com Jimmy e outros amigos das redes sociais vídeos de tanques russos a entrar nas LDNR. «Está a começar», escreveu Lambie. «Estou pronto. Mais alguém?»

Mariópolis, Ucrânia

Mariópolis, Província de Donetsque, 23 de fevereiro de 2022

Como adolescente criado na cidade ucraniana de Carquive, a apenas 30 quilómetros da fronteira russa, aprender a manusear uma arma fazia parte do currículo da escola de Mstyslav Chernov.

Parecia-lhe um despropósito. A Ucrânia, pensava, estava rodeada de amigos.

Chernov tornou-se repórter e fotógrafo premiado de agências noticiosas ucranianas e depois da Associated Press. Cobriu guerras no Iraque, no Afeganistão e no Alto Carabaque, assim como no Dombás. Contudo, quando os Norte-Americanos, seguidos dos Europeus, retiraram o pessoal das embaixadas da cidade de Quíive em dezembro, Chernov começou a olhar para os mapas da concentração de tropas russas não muito longe da sua cidade natal. «Meu pobre país!», pensou.

Quando surgiram notícias de que as tropas russas tinham ocupado as LDNR, Chernov teve o pressentimento de que iriam tentar tomar Mariópolis, a cidade portuária de leste, uma conquista estratégica devido à sua localização no Mar de Azove, e uma plataforma para a criação de uma ponte terrestre entre o Dombás e a Crimeia, ocupada pelos Russos. Assim, passou o dia 23 de fevereiro a juntar apressadamente mantimentos e equipamento do seu apartamento e escritório de Quíive. Ao fim da tarde, partiu de carro para Mariópolis, uma viagem de seis horas, com Evgeniy Maloletka, um colega fotógrafo de longa data, numa carrinha Volkswagen. No caminho, Chernov começou a ficar preocupado com os pneus sobresselentes. Enquanto Maloletka conduzia, Chernov conseguiu descobrir na Internet, com o telemóvel, um homem que se encontrava na rota que iriam percorrer e que estava disposto a vender-lhes um conjunto de pneus a meio da noite. Chernov explicou ao dono dos pneus e ao vendedor de uma mercearia que estava aberta toda a noite que iam em direção a sul, para fazer a cobertura da guerra, que estava iminente. «Olharam para nós como se fôssemos malucos.»

Chernov e Maloletka chegaram a Mariópolis às três e meia da madrugada de 24 de fevereiro. Noventa minutos depois, os mísseis russos começaram a cair na Praça da Independência da cidade natal de Chernov, Carquive.

Bucha, Ucrânia

Bucha, Província de Quíive, Ucrânia, 23 de fevereiro de 2022

Algumas coisas não tinham corrido bem na vida de Irina Filkina. Tinha 52 anos, era divorciada, obesa e tinha um emprego mal pago na sala das caldeiras do centro comercial Epitsentr K, no centro de Bucha. Porém, tinha duas filhas lindas, e os amigos e colegas gostavam dela. Era divertida e estava determinada a dar a volta à sua vida. Começara recentemente a tirar cursos de estética com uma maquilhadora profissional de Bucha. Para seu deleite, os colegas estudantes compraram-lhe alguns cosméticos para ela praticar as suas novas técnicas.[17]

Na manhã de 23 de fevereiro, Irina «saltava de alegria, porque, pela primeira vez na vida, tinha os seus próprios cosméticos, que nós lhe comprámos», recorda Anastasia Subacheva, a sua professora de maquilhagem. «Sempre que ela ia para o escritório, sentava-se e praticava as suas aulas [de estética] com mais determinação do que qualquer outro dos alunos.» Irina vinha «para as aulas e dizia como a sua maquilhagem era apreciada por novos admiradores do sexo oposto e como ela se sentia fantástica!».

Bucha, tal como a cidade vizinha Irpino, é um subúrbio de Quíive de inequívoca classe média alta, a meia hora do centro, de comboio. Os dois subúrbios são os preferidos de jovens empregados com famílias que procuram mais espaço e ar livre. Um conjunto de novos prédios de apartamentos — muitos ainda em construção — ergue-se à volta do centro da cidade, que aqui e ali tem cafés frequentados por *hipsters,* lojas de bicicletas caras e restaurantes de bifes e pizas. O centro comercial Epitsentr K é — ou melhor, era — um agregado comercial que abrange todo um quarteirão com um grande jardim, cafés, um depósito de construção e renovações e um supermercado. À parte as bandeiras da Ucrânia e da União Europeia que se encontravam no enorme estacionamento de defronte, o Epitsentr K poderia estar em qualquer subúrbio europeu próspero, de Varsóvia a Dusseldórfia.

Irina Filkina vivia numa parte mais pobre e velha da cidade, num prédio de apartamentos da década de 1950, da Rua Yablonskaya. Os vizinhos eram reformados e trabalhadores com empregos mal remunerados que faziam a limpeza dos escritórios ou tinham posições administrativas menores na cidade. Irina saíra para o trabalho, como era seu costume, de bicicleta. Estava feliz. Subacheva tinha acabado de lhe fazer uma manicure profissional e de lhe pintar as unhas de um vermelho intenso e profundo. A boa aparência animara Irina e dera-lhe um novo sentido de autoestima. «Agarrou-me a mão e disse-me: "Na minha idade avançada, acabei por compreender finalmente o principal — que temos de viver por nós e para nós!"», recordou Subacheva. «E finalmente irei viver como quero! Dei-me conta de que podemos viver como queremos, como ansiamos; não para os homens, mas para nós próprias!»[18]

PARTE I
SANGUE E IMPÉRIO

CAPÍTULO I

Raízes envenenadas

«A história da Pequena Rússia é como um tributário que entra no rio principal da história russa. Os pequenos russos sempre foram uma tribo e nunca um povo — e ainda menos um estado.»

Vissarion Belinsky, crítico literário russo, 1847[1]

Putin, o historiador

Nos últimos anos da sua regência, Vladimir Putin acabou por se ver como uma espécie de historiador. Confinado em isolamento estrito da covid-19, a partir da primavera de 2020, passou meses a trabalhar num ensaio de sete mil palavras, onde expressou a tese histórica que veio a tornar-se o modelo ideológico da guerra. Para Putin, a Rússia, a Bielorrússia e a Ucrânia fazem «parte do que é essencialmente o mesmo espaço histórico e espiritual [...]; uma única grande nação, uma nação triúna». Subjacente a todos os fatores práticos e táticos que levaram à guerra, trata-se de uma visão da história e do destino histórico que Putin, em grande medida, tomou de empréstimo dos historiadores imperiais russos do século XIX e que usa repetidamente para justificar a invasão. A visão de Putin não se baseia em imperialismo, mas antes em etnonacionalismo. Putin afirma que a guerra contra a Ucrânia não será levada a cabo para submeter ao domínio de Moscovo um povo estrangeiro, mas antes para proteger os direitos do povo que ele considera essencialmente russo.

Os «laços espirituais, humanos e civilizacionais» entre a Ucrânia e a Rússia «foram forjados ao longo dos séculos e têm as suas origens nas mesmas fontes», escreveu Putin num ensaio publicado em julho de 2021. «Tornaram-se mais fortes com as provações, os sucessos e as vitórias comuns. A nossa afinidade foi transmitida de geração em geração. Está nos corações e na memória do povo que vive na Rússia e na Ucrânia modernas, nos laços de sangue que une milhões das nossas famílias. Juntos, fomos e sempre seremos muito mais fortes e mais bem-sucedidos. Pois somos um só povo.»[2]

Na perspectiva do próprio Putin, na guerra europeia mais sangrenta desde 1945 combatia-se pela história. Ou, mais especificamente, pela missão histórica que Putin atribuiu a si próprio de reunificar um único povo apartado por metediças forças estrangeiras.

Para muitos ucranianos modernos, assim como para alguns comentadores ocidentais, a resposta à tese de Putin do «povo único» é simples. «O mais importante é saber que os Ucranianos não são russos e que a Ucrânia é uma antiga nação independente», defendeu o historiador israelita Noal Yuval Harari. «A Ucrânia tem uma história de mais de mil anos; Quiive era uma importante metrópole e centro cultural quando Moscovo não era sequer um vilarejo.»[3]

As duas perspectivas são inadequadas. Os nacionalistas ucranianos têm razão quando afirmam que a sua nação é realmente antiga — mas é uma nação que raramente na história foi independente, e nunca com as fronteiras que herdou da União Soviética em 1991. E Putin tem razão quando afirma que os Russos, os Bielorrussos e os Ucranianos descendem todos da unidade política histórica da Rússia de Quiive — mas do mesmo modo que os estados francês e alemão foram conjuntamente os herdeiros do império quase contemporâneo de Carlos Magno, facto esse que dificilmente se revelou uma receita para uma unidade histórica subsequente.

A Ucrânia sempre foi um país fronteiriço, uma fronteira. Foi aí que o mundo eslavo oriental e ortodoxo se encontrou com o mundo ocidental católico. Foi também aí que o Império Russo encontrou o mundo muçulmano dos turcos otomanos e os tártaros da Crimeia, com as suas incursões em busca de escravos.

Apesar da história que os dois povos vizinhos partilham, o erro fundamental de Putin foi imaginar que os ucranianos de língua russa se consideravam naturalmente russos, seja étnica, seja politicamente. A sua invasão não só provou que isso é largamente falso como obrigou muitas pessoas a escolher a favor da sua identidade política ucraniana, em desfavor da identidade étnica russa. Milhões de ucranianos de língua russa fugiram das forças moscovitas, e dezenas de milhares ofereceram-se para combater contra os seus supostos «libertadores». Para o historiador Slava Shvets, um russo étnico nascido em Vinítsia, na Ucrânia Central, a conversa de Putin de «um povo» era o equivalente político de um homem que bate na esposa e afasta os vizinhos preocupados, insistindo zangado que os seus ruidosos maus-tratos não passam de uma «questão doméstica [...]; na nossa casa, quem resolve os nossos problemas somos nós».[4]

Contudo, Putin tinha razão noutro aspeto importante. Para quase qualquer russo ou ucraniano moderno, as relações entre as duas nações não são uma questão abstrata de política, e muito menos de história, mas de sangue e família.

Todos queremos acreditar que pensamos com os nossos espíritos racionais. Porém, uma pequenina parte de nós, uma parte profunda, pensa com o sangue.

A minha mãe, Lyudmila Bibikova, nasceu em 1934, na Carquive — em russo, Kharkov —, uma cidade industrial de língua russa no norte da Ucrânia. O seu pai, Boris, nasceu em 1903, em Simferopol, na Crimeia, e a sua mãe, Martha Shcherbak, em Poltava, na Ucrânia Ocidental, em 1904. Contudo, a família Bibikov não se considerava ucraniana. Muito pelo contrário. Durante dois séculos, os Bibikov desempenharam um papel significativo no domínio imperial russo sobre a Ucrânia, primeiro como servos dos czares e depois como leais tenentes do poder soviético. A conexão não é confortável. Quer eu queira quer não, a história da minha família — o meu sangue — está intimamente ligada não só à Ucrânia e à Rússia mas também à história do Império Russo.

A zona limítrofe

«Ucrânia» quer dizer literalmente «na orla», derivando da palavra do russo antigo *okraina,* ou «periferia». No russo moderno, a filiação política de um orador é instantaneamente visível pela maneira como pronuncia a palavra. Se disser *na ukraine* — literalmente, «na periferia» —, usa a palavra como advérbio. Caso diga *V Ukraine,* ou «na Ucrânia», eleva-a a topónimo. A maior parte dos russos, incluindo, crucialmente, Putin, usa a primeira expressão, depreciativa, que define implicitamente a Ucrânia como uma fronteira da Rússia.

O termo *okraina* surge pela primeira vez em fontes escritas do século XII. Porém, há vários séculos que o território da moderna Ucrânia tem sido, de facto, uma zona fronteiriça entre civilizações. Foi nas costas setentrionais do Mar Negro que a civilização grega da Antiguidade encontrou pela primeira vez os povos selvagens das estepes, a que chamaram *barabaroi,* ou bárbaros, devido à sua linguagem balbuciante. «Foi a primeira fronteira de uma esfera política e cultural que viria a ser conhecida como "mundo ocidental"», escreveu o historiador Serhii Plokhy. «Foi aí que o Ocidente começou a definir-se a si e ao seu outro.»[5] No século I a. C., foi no Rio Don, que hoje corre imediatamente a leste da fronteira ucraniana com a Rússia, que o geógrafo grego Estrabão localizou a fronteira mais oriental da «Europa» — o termo que usava para descrever a vastidão da presença grega no mundo exterior. Para lá ficava a Ásia.

O estado da Rússia de Quíive — considerada não apenas por Putin mas também pelos historiadores moscovitas, a partir do século XVII, a origem do alargado estado eslavo — era de facto um principado *viking*, fundado para defender postos comerciais que iam do Báltico ao Mar Negro. O seu grande fundador, o príncipe Vladimir de Quiive (*c.* 958–1015), não teria reconhecido a versão moderna do seu próprio nome. Tal como o tio, o rei Haakon Sigurdsson da Noruega, ele falava nórdico antigo e chamava-se «Valdemar». Os avós, conhecidos na história russa como «príncipe Igor» e a esposa «Olga», seriam conhecidos pelos seus contemporâneos como «Ingvar» e «Helga».

Uma das obsessões de Putin no ensaio de 2021 é a interferência estrangeira na história russa. Porém, o próprio príncipe maior, Vladimir, o *Grande,* de Quiive (para os ortodoxos, santo) —, a quem Putin erigiu uma estátua de dezassete metros no exterior do Kremlin, em 2016 — era um estrangeiro. Não só era um *viking* escandinavo pelo sangue, pela cultura e pela língua como passou a maior parte do seu reino como pagão, tinha 800 concubinas e erigiu inúmeras estátuas pagãs e santuários. Em 988, Vladimir, depois de conquistar um reino que ia da sua nativa Novogárdia, nas imediações do Báltico, até perto de Quersoneso (a moderna Quérson), na parte inferior do Rio Danápris, mandou os súbditos eslavos adotar o cristianismo, sendo esse o preço do seu casamento com a irmã do imperador bizantino, Basílio II.[6] O filho, Jaroslau, o *Sábio* — neto de um imperador bizantino e marido da filha do rei Olavo, o *Tesoureiro,* da Suécia —, introduziu uma liturgia eslava e traduções dos evangelhos, escritos num alfabeto concebido no século anterior por dois monges gregos, Cirilo e Metódio, embora nenhum dos quais tenha visitado a Rússia de Quiive. O eslavo antigo, a língua da igreja ortodoxa russa desde então, chegou à Rússia de Quiive da Bulgária, cujos governantes tinham aceitado o cristianismo antes dos príncipes de Quiive.[7]

A cristianização da Rússia de Quiive foi citada por Putin como o momento fundador do mundo russo. Porém, começou com príncipes estrangeiros que impuseram aos seus súbditos eslavos uma religião estrangeira, assim como uma língua e um alfabeto, para os trazer para o mundo europeu do cristianismo. Tal como a Inglaterra, a França, a Itália, a Espanha e a Alemanha, a história e a identidade da Rússia não foram constituídas pela marcha inexorável de um só povo em direção ao seu destino histórico, mas por ondas sucessivas de conquista e domínio por parte de quem vinha de fora.

Seriam precisos quase 900 anos para as terras sob o domínio do príncipe Vladimir serem de novo unificadas sob um só estado por outra pessoa estrangeira sem sangue russo — Sofia Frederica Augusta de Anhalt-Zerbst-Dornburg, conhecida como «imperatriz Catarina, *a Grande*». Durante grande parte do período entre esses dois acontecimentos, o território da moderna Ucrânia foi objeto de combates e ocupações por parte de mongóis, de tártaros e da República Polaco-Lituana. A norte, vários príncipes russos guerreiros foram dominados pelo Grão-Ducado de Moscovo, que no final do século XV repelira decisivamente o domínio mongol. Foi durante este período que o primeiro membro da família da minha mãe que a história conhece — e que nasceu com o nome «Bibik Beg», um senhor da guerra tártaro da Horda Dourada — se juntou ao partido vencedor ao jurar fidelidade ao príncipe moscovita Ivan III, em 1477. O novo nobre russo mudou o nome para «Bibikov», que soa a russo. Ao arrepio da narrativa etnonacionalista de Putin da afirmação inexorável do povo russo, no final do século XVI, perto de um terço da nobreza russa era de facto de origem tártara.

Uma vez quebrado o poder dos mongóis, os mais poderosos rivais do Grão-Ducado de Moscovo com respeito às terras da Ucrânia passaram a ser o Grão-Ducado da Lituânia e o seu sucessor, a República Polaco-Lituana, a ocidente, assim como o Império Otomano e os seus aliados tártaros, a sul. As estepes da Ucrânia Central, sem fronteiras naturais que fossem fáceis de defender, tornaram-se uma disputada terra de ninguém. Incursões eslavas dos tártaros da Crimeia — os descendentes túrcicos dos invasores da Ásia Central — faziam das estepes um lugar extremamente perigoso para viver. No decurso dos séculos XVI e XVII, calcula-se que entre um milhão e meio a três milhões de ucranianos e russos foram vendidos nos mercados de escravos da península da Crimeia, um feudo otomano.

Uma escrava ucraniana, Roxelana (1504–1558), tornou-se concubina e depois esposa oficial do sultão Solimão, *o Magnífico.*

O perigo dos caçadores de escravos e a inexistência de um governo central significava que só os homens mais rijos e desesperados arriscavam estabelecer-se nas terras da bacia inferior do rio Danápris. Os primeiros cossacos — a palavra tem origem no termo turco para «homem livre» ou «flibusteiro» — eram bandos nómadas de servos da gleba fugidos que viviam da pesca, da caça com armadilhas e do banditismo. «Alguns fogem da autoridade paterna, ou da escravatura, ou do exército, ou [do castigo] dos crimes, ou de dívidas», escreveu Miguel Lituano, um cronista do início do século XVI. «Outros são atraídos por [...] melhor caça e lugares com mais abundância.»[8] Os cossacos acabaram por ficar mais conhecidos na história popular como as tropas mais leais e reacionárias da cavalaria de choque dos czares russos. Porém, os cossacos originais eram em grande parte servos da gleba de língua ucraniana fugidos das grandes propriedades senhoriais, ou *latifundia,* dos magnatas polaco-lituanos e da nobreza em busca de uma vida livre, ainda que precária, nas perigosas estepes do que é hoje a Ucrânia Central.

A maior parte do que é hoje a Ucrânia moderna fez durante mais tempo parte do estado polaco-lituano do que do Império Russo. No século XVII, os próprios cossacos da Ucrânia Central, que emergiram nas margens da sociedade e em oposição a um sistema político estabelecido, tornaram-se uma força política e militar. Nas tentativas seguintes para estabelecer um estado independente a que chamassem seu, tanto se juntaram aos vizinhos polacos, moscovitas e otomanos como se rebelaram contra eles. Em 1610, e de novo em 1618, integradas num exército polaco, as tropas cossacas apoderaram-se da própria cidade de Moscovo. Contudo, em 1654, Bohdan Khmelnytsky, o *Hetman* ou líder dos cossacos zapórogos, opôs-se aos seus chefes polacos e jurou lealdade ao czar Aleixo Romanov da Rússia. Três séculos depois, o acontecimento seria prodigamente celebrado pelo líder soviético nascido na Ucrânia, Nikita Khrushchev, como a «reunificação» dos «povos fraternos» da Ucrânia e da Rússia. Porém, os dois lados precisaram de intérpretes para se compreenderem mutuamente, e os cossacos viram o juramento como uma aliança e não como um ato de submissão.[9]

O juramento de Khmelnytsky a Aleixo estabeleceu o padrão que durante séculos marcou as relações entre a Ucrânia e a Rússia, até ao século XXI — negociais e ditadas pela expediência face à pressão de poderes externos. Na verdade, o primeiro manual impresso de história da Rússia, publicado no Mosteiro das Cavernas, em Quiive, em 1674, e que aclamava a cidade como «primeira capital» dos czares moscovitas e berço da ortodoxia moscovita, foi publicado quando Quiive se preparava para um ataque otomano e os Polacos exigiam a Moscovo que aquela lhes fosse devolvida. As *Crónicas da Origem da Nação Eslavo-Russa e dos Primeiros Príncipes da Cidade de Quiive de Proteção Divina* foram escritas como um pedido desesperado de apoio militar a Moscovo contra os inimigos de Quiive. O livro que fundou o mito que a maior parte dos russos aceita ainda hoje acerca das origens da sua nação em Quiive foi, de facto, uma das primeiras tentativas de a Malorossiya — Pequena Rússia, como os autores do livro descreviam a Ucrânia — torcer a história para servir as exigências políticas daquele contexto. Nesse sentido, as *Crónicas* são um antecedente direto do ensaio de 2021 de Putin.

Aquando da última grande revolta cossaca, conduzida por Ivan Mazepa em 1708 contra o czar russo Pedro, *o Grande*, os *Hetman* da Ucrânia tinham já uma atitude muito diferente quanto à sua história supostamente comum. «Moscovo, ou seja, a nação da Grande Rússia, sempre odiou a nossa nação, a Pequena Rússia», escreveu Mazepa em dezembro de 1708. «Nas suas intenções maliciosas, decidiu há já muito tempo levar a nossa nação à perdição.» A revolta de Mazepa — que foi apoiada pelo arqui-inimigo da Rússia, o Império Otomano — foi brutalmente esmagada. Com Mazepa morreu a última tentativa séria de os Ucranianos conseguirem um estado independente, até ao próprio Império Russo ter entrado em colapso, dois séculos depois.

Sangue e império

Quem trouxe para o domínio de Moscovo a maior parte do que é hoje a Ucrânia foi a imperatriz Catarina, *a Grande,* cuja visão imperial da Rússia implicava subjugar todos os vizinhos e rivais diretos — incluindo os Polacos, os cossacos e os Otomanos. A completa integração no Império Russo dos restos semi-independentes do estado cossaco de Mazepa, assim como de outros principados independentes, tornou-se uma das primeiras prioridades da imperatriz, depois de ter deposto o marido, o czar Pedro III, em 1762. «A Pequena Rússia [Ucrânia], a Livónia [a Lituânia e a Bielorrússia do Norte] e a Finlândia são províncias governadas por privilégios confirmados», escreveu Catarina em 1764. «Estas províncias, assim como Esmolensco, devem ser russificadas da maneira mais fácil possível, de modo a deixarem de parecer lobos à floresta [...]. Quando os *Hetman* desaparecerem da Pequena Rússia, devem-se fazer todos os esforços para erradicar da memória o período e os *Hetman*, quanto mais promover alguém para esse cargo.»

Catarina atribuiu ao príncipe Gregório Potemkin, o seu maior general e administrador — e também amante e marido secreto —, a tarefa de conquistar aos Otomanos as terras para lá da Pequena Rússia. A faixa de território que se estende ao longo da costa do Mar Negro a partir das terras do Rio Don, a leste, até à Moldova, a oeste, assim como a própria Crimeia, passaria a ser conhecida como Novo-Rossiya, ou Nova Rússia.

Foi sob a imperatriz Catarina que começou a ligação da família Bibikov com a Ucrânia. Aleksandr Aleksandrovich Bibikov era filho do generalíssimo do exército imperial russo. Em 1767, com apenas dois anos, foi alistado no Regimento Izmailovsky da Guarda com a patente de sargento. No verão de 1783, o jovem capitão Bibikov era um dos oficiais russos que acompanharam a imperatriz na primeira visita imperial às novas terras conquistadas do sul e do oeste da Ucrânia. Na Crimeia, Catarina teve a coragem (e a perspicácia) de pôr a sua segurança nas mãos de uma guarda de honra composta pelos seus novos súbditos tártaros da Crimeia.[10]

Suando no pesado uniforme de sarja da Guarda, no calor e pó insuportáveis do verão da Crimeia, Aleksandr Bibikov terá provavelmente visto as grandes terras da Nova Rússia — que agora estavam a salvo dos tártaros que eram caçadores de escravos — como uma pradaria fértil e vazia, pronta para ser colonizada pelos seus conterrâneos. O vale do Rio Donetes, mais tarde conhecido como «Dombás» («Donbas» em ucraniano), não tardaria a tornar-se o Velho Oeste do Império Russo, com milhares de colonos de língua russa, para aí encorajados a deslocarem-se para cultivar os ricos campos. Gregos, búlgaros e moldavos do Império Otomano, assim como menonistas da Prússia, foram também encorajados a estabelecer-se com terras, isenções de impostos e incentivos. Tal como os camponeses ingleses e escoceses protestantes que se estabeleceram na Irlanda do tempo de Oliver Cromwell ou os *sooners* americanos que invadiram as Grandes Planícies, a identidade distinta nada ucraniana destes colonos tornar-se-ia com o tempo uma das raízes de futuros conflitos.

A Nova Rússia era muito diferente da antiga. Tal como os Polacos e os Moldavos, igualmente subjugados ao Império Russo por Catarina, também os Ucranianos não falavam a mesma língua dos seus novos compatriotas. O ucraniano é tão diferente do russo como o inglês do neerlandês — tendo ambas uma divergência linguística de 35 por cento (ou 65 por cento de semelhança, dependendo do ponto de vista) —, tornando as duas línguas semelhantes, mas mutuamente incompreensíveis.

O que é igualmente importante é que a Rússia dos czares era uma sociedade de servos da gleba e dos seus proprietários de escravos, ao passo que a Ucrânia dos *Hetman* fora uma sociedade de camponeses e pequenos proprietários livres, onde eram raros os servos da gleba. O porto de Odessa, no Mar Negro — uma das muitas grandes cidades fundadas por Potemkin —, era um entreposto cosmopolita, onde a Rússia encontrava o Levante e o Mediterrâneo. O vale do Donetes veio a tornar-se, no século XIX, uma terra de trabalhadores e imigrantes da indústria, com os empreendedores engenheiros de minas do País de Gales a extrair carvão para alimentar a tardia revolução industrial russa. A Nova Rússia não era uma extensão da antiga Rússia. Era a janela da antiga Rússia para a Europa do Sul e para a modernidade.

Os Bibikov tornaram-se uma das principais famílias de ascendência russa na Ucrânia — e, por isso, os executores da visão de Catarina, *a Grande,* de russificar o mais novo canto do império. Um decreto emitido por Catarina em maio de 1783 proibia perto de 300 mil camponeses que viviam em propriedades aristocratas de abandonar as suas aldeias e obrigava-os a trabalhar gratuitamente para os proprietários rurais, impondo assim a condição de servos da gleba a inúmeros camponeses ucranianos. Por meio da herança de oferendas de uma imperatriz agradecida, o general Aleksandr Bibikov acabou por ser proprietário de dez mil «almas» (definidas como servos da gleba adultos do sexo masculino), o que significa que mais de 25 mil seres humanos eram propriedade sua.

Contudo, o domínio da Rússia não era uma ocupação colonial inequívoca, ao contrário do que os historiadores ucranianos nacionalistas haveriam mais tarde de afirmar. Muitos membros da elite ucraniana seriam incorporados na elite do império e, com o tempo, acabariam por governar. Oleksandr Bezborodko, que nasceu na família do chanceler geral do Hetmanato e que se formou na Academia de Quiive, tornou-se um dos mais importantes diplomatas de Catarina. No império, havia o dobro dos médicos ucranianos, em comparação com russos, e, nas últimas duas décadas do século XVIII, mais de um terço dos estudantes do colégio de São Petersburgo era oriundo das terras do velho Hetmanato — por outras palavras, do centro da Ucrânia.[11] Daí em diante, a Ucrânia alimentaria uma grande proporção da elite russa e soviética — incluindo líderes soviéticos como Nikita Khrushchev e Leonid Brezhnev, ambos nascidos na Ucrânia em famílias de camponeses russos, e o meio-ucraniano Mikhail Gorbachev. Tal como os Atos da União de 1707, que uniram a Inglaterra e a Escócia sob a coroa britânica e o parlamento de Westminster, a integração da Ucrânia no Império Russo juntou duas nações suficientemente próximas em cultura e língua para permitir que as elites de ambas fossem permutáveis — mas suficientemente distantes para que o novo associado voltasse a exigir independência histórica quando a atração gravítica do império fraquejou.

A ideia de Putin de fazer erigir uma estátua do príncipe Vladimir, *o Grande*, para simbolizar a união dos dois povos eslavos não é original. O governador de Quíive do czar Nicolau I — Dmitry Gavrolovich Bibikov, um sobrinho de Aleksandr — ergueu um monumento gigantesco em homenagem a São Vladimir nas margens do Rio Danápris, em 1853.[12] Traçaram-se novas alamedas neoclássicas em Quíive, e os judeus foram banidos da cidade. O russo tornou-se a língua da administração e do ensino, e também a língua franca da cada vez mais multiétnica população urbana da Ucrânia. Em 1897, o ano do primeiro e único censo imperial russo, cerca de 85 por cento da população total das províncias que hoje fazem parte da maior parte da Ucrânia moderna era constituída por ucranianos étnicos — mas, nas cidades, os Russos estavam em maioria.[13]

Tal como era moda aquando da emergência da idade do nacionalismo romântico, a reação à russificação centrou-se na reafirmação da língua ucraniana, assim como no folclore e na história. Em 1840, em São Petersburgo, Taras Shevchenko, um filho órfão de servos da gleba, publicou uma série de poemas em ucraniano cujo título era *Kobzar* (*O Menestrel*). O tema principal era ligar a noção de «ucranidade» à luta dos camponeses contra a opressão.[14] «Não prestem atenção aos Russos. Que escrevam como quiserem, e nós também como quisermos», escreveu Shevchenko. «Eles são um povo com uma língua, tal como nós. O povo que escolha qual é melhor.»

Em Quíive, o governador-geral Bibikov não tinha grande inclinação para aceitar o conselho de Shevchenko. Na vizinha Polónia, o revivalismo nacional cultural andava de mãos dadas com a rebelião contra o domínio de Moscovo. Bibikov estava determinado em impedir que o mesmo acontecesse na Pequena Rússia. Alargou a rede de escolas russas e dedicou-se à destruição da Confraria Cirilo e Metódio, um grupo de entusiastas da língua e da história ucranianas. Contudo, o último a rir foi Shevchenko. A alameda central da Quiive do século XIX foi batizada em 1855 em homenagem ao general Bibikov. Contudo, os bolcheviques mudaram-lhe o nome para «Alameda Taras Shevchenko», para homenagear o grande poeta nacional ucraniano.

Outro general Bibikov (entre 1760 e 1942 houve 11 generais na família mais chegada) combateu no cerco de Sebastopol, no porto da Crimeia, levado a cabo por britânicos e franceses na guerra da Crimeia de 1853–1856. A derrota da Crimeia foi uma dolorosa prova da incapacidade da Rússia feudal para funcionar no mundo moderno. Cinco anos depois, o czar reformista Alexandre II aboliu o regime de servos da gleba, libertando 23 milhões de pessoas daquela condição. Em comparação, a Proclamação de Emancipação de Abraham Lincoln libertou quatro milhões de almas. Os judeus, contudo — incluindo jovens revoltados como Lev Davidovich Bronshtein, depois mais conhecido pelo nome revolucionário de «Lev Trótsky» —, devido a um estrito sistema de cotas, ficaram excluídos do ensino nas grandes cidades e só podiam viver numa Zona de Assentamento Judaico, que ia desde a Ucrânia Ocidental até à Polónia e Letónia. Aí, as populações russas locais eram periodicamente encorajadas a roubar e violar os judeus, numa série de *pogroms* que os mataram aos milhares.

Império soviético

É com o meu avô, Boris Lvovich Bibikov, que o envolvimento da minha família com a Ucrânia ganha um perfil marcado e pessoal. O pai dele, Lev, tinha escandalizado a família antissemita ao casar com Sofia Naumovna, uma abastada herdeira de uma fortuna da Crimeia que vinha da moagem de farinha e cujos pais se tinham convertido à fé ortodoxa, como muitos judeus ucranianos, para facilitar as suas ambições sociais. O primeiro filho do casal, Boris, nasceu em 1903 na capital da Crimeia, Simferopol. Quando Boris tinha 14 anos, o império do czar desagregou-se devido à pressão da Primeira Guerra Mundial, e em outubro de 1917 um golpe bolchevique derrubou o governo provisório. Com a sua queda, os povos anteriormente sob o jugo do Império Russo, do Turquistão à Ucrânia, decidiram que chegara o momento de romper com o domínio imperial.

Em janeiro de 1918, o Rada Central, o parlamento revolucionário ucraniano, dominado por partidos socialistas e partidos de esquerda, e liderado pelo mais proeminente historiador da Ucrânia, Mykhailo Hrushevsky, declararou a criação da República Popular Ucraniana. Chamava a si — mas na prática não governava — a maior parte da Ucrânia atual, incluindo o Dombás, mas sem incluir as partes da Ucrânia Ocidental ainda sob domínio austro-húngaro.[15] Os bolcheviques, em resposta, criaram a sua própria República Socialista Soviética Ucraniana, com capital em Carquive. Moscovo inventou também um estado-fantoche socialista, em teoria independente, conhecido como a República Soviética de Donetsque-Krivoi Rog, que incluía grande parte do Dombás de língua russa.

Foi com a República Popular Ucraniana que, pela primeira vez, desde o Hetmanato, dois séculos antes, a Ucrânia se tornou um estado-nação. E tal como o Hetmanato, os líderes do inexperiente estado voltaram-se para o exterior para encontrar apoio contra a Rússia. A Ucrânia Central e Ocidental foi primeiro ocupada pelos exércitos alemães, e depois pelos polacos. Uma beligerante manta de retalhos de feudos favoráveis aos bolcheviques, aos czaristas e aos anarquistas combateu pelo território ucraniano. Entre o colapso do exército russo, no final de 1917, e a vitória final dos bolcheviques, em agosto de 1920, Quíive mudou de mãos 16 vezes.

No dia 21 de fevereiro de 2022, no discurso em que reconhecia a independência das Repúblicas Populares de Donetsque e de Luansque, Putin afirmou que «a moderna Ucrânia foi inteiramente criada pela Rússia bolchevique [...]. Lenine e os seus colegas [criaram-na] de um modo que foi muito difícil para a Rússia — separando e amputando o que historicamente é território russo». O estado moderno da Ucrânia, afirmou Putin, «pode corretamente chamar-se "Ucrânia de Vladimir Lenine". Foi ele o seu criador e arquiteto».

Num sentido técnico, Putin tem razão — Lenine realmente desenhou as primeiras fronteiras das Repúblicas Soviéticas da Ucrânia, da Bielorrússia e da República Socialista Soviética Russa. Foi a união formal destes estados supostamente independentes — mais a República Federativa Transcaucasiana — que levou à criação da União das Repúblicas Socialistas Soviéticas em 1922. E foi a decisão das três repúblicas eslávicas de dissolver essa união em Belovezhskaya Pushcha, em dezembro de 1991, que lacrou a morte da URSS. Porém, Putin ignorou a razão fundamental que levou Lenine desde logo a criar uma república ucraniana distinta. As aspirações ucranianas à independência eram tão fortes no rescaldo da guerra civil pós-revolucionária que conceder um certo grau de autonomia e um estatuto de igual face à Rússia no seio da União Soviética era essencial para que os bolcheviques conseguissem manter a Ucrânia sob controlo.[16] Na verdade, durante a primeira década do poder soviético, o ucraniano tornou-se a língua oficial da administração e do ensino na República Socialista Soviética Ucraniana. Centenas de livros — incluindo livros de história — foram publicados em ucraniano, e a língua foi codificada e ganhou pela primeira vez uma gramática oficial.

Apesar de ter nascido numa proeminente família nobre russa — ou talvez numa atitude de deliberada rebeldia —, Boris Bibikov tornou-se um comunista fervoroso. Não é claro por que razão exatamente Boris Bibikov e os dois irmãos mais novos se juntaram aos bolcheviques, ainda que não fossem os únicos membros da sua classe e geração a fazê-lo. Felix Dzerzhinsky, o fundador da polícia secreta soviética, era um conde polaco, e o próprio Lenine era nobre de nascimento.

Bibikov filiou-se no Partido Comunista em 1924, foi comissário no Exército Vermelho em 1926–1928 e depois foi organizador do Partido. Como tal, esteve na linha da frente do mais urgente problema do novo governo soviético, problema esse que ameaçava a sua existência. A Ucrânia era, simultaneamente, o celeiro do império e um foco de resistência anticomunista, tanto ativa como passiva. As novas cidades em rápido crescimento da URSS precisavam dos cereais ucranianos, mas os camponeses da Ucrânia — com muito mais riqueza e independência de espírito do que os seus equivalentes russos — resistiram às primeiras tentativas para que cedessem as suas propriedades privadas e à força se juntassem às quintas coletivas. Além disso, Iosif Estaline — Comissário para as Minorias Nacionais e a estrela em ascensão do Partido — discordava de Lenine, que, por motivos de expediência, acomodava o nacionalismo ucraniano. Para Estaline, uma identidade ucraniana independente era uma ameaça à existência do grande projeto soviético.

A solução de Estaline foi tripla. A rica e fértil terra agrária da Ucrânia seria transformada numa «fábrica cerealífera», na expressão de Lenine, para alimentar as grandes cidades e captar recursos monetários para comprar maquinaria estrangeira. Os camponeses teriam de ser coletivizados à força, para os curar do apego reacionário à propriedade privada e ao empreendedorismo capitalista. E as áreas de produção de carvão e aço do leste da Ucrânia seriam imensamente expandidas, tanto com um influxo de trabalhadores de etnia russa como com camponeses ucranianos tornados desnecessários pela mecanização da agricultura. O trabalho nas fábricas transformaria os subdesenvolvidos camponeses ucranianos em honestos proletários russos.

Em 1929, Estaline publicou o seu plano quinquenal para trazer a agricultura e a indústria soviéticas, a espernear e a gritar, para o século XX. Uma das traves-mestras era a construção de uma enorme nova fábrica de tratores em Carquive, conhecida como KhTZ. Boris Bibikov foi nomeado patrão do Partido na fábrica.

Bibikov usava camisas às listas do exército e apresentava-se como se fosse do proletariado — mas vivia num luxuoso apartamento de quatro quartos, com uma criada interna, e era transportado pela cidade numa gigantesca berlinda americana da Packard. A mulher, Marfa Platonovna Shcherbak, era a mais nova de dezasseis filhos de uma família camponesa de Poltava. Quando nasceu a primeira filha de Bibikov — a minha tia —, em 1925, batizou-a lealmente como Lenina, em homenagem ao grande líder da revolução. Como secretário do Partido na KhTZ, dirigia o jornal da fábrica e organizava «noites de maratona», acompanhadas por uma banda de metais, para cumprir as metas brutais impostas pelos zelosos planificadores do Kremlin. Em 1931, após a fábrica ter sido acabada em tempo recorde, foi condecorado com a Ordem de Lenine pelo trabalho. Tinha 28 anos.

Para Bibikov e os outros que edificaram a KhTZ, os enormes campos da Ucrânia e a nova fábrica gigantesca eram as bigornas onde um novo tipo de sociedade seria forjada. Os tratores que iriam fabricar libertariam milhões de pessoas do trabalho servil, da ignorância, da bebedeira e da depravação da vida de vilarejo. Boris teria esperneado com a comparação, mas a verdade é que se tornara o último de uma longa linha de Bibikovs a impor a visão de progresso e civilização de Moscovo às terras da Ucrânia.

Só que havia um problema. As novas fábricas coletivas não funcionavam, e os camponeses resistiam ferozmente aos seus novos senhores soviéticos. A terra, os cereais e o gado tinham de ser confiscados à força e ao poder da bala. Os documentos soviéticos de 1930 registam 13 794 «incidentes terroristas» e 13 754 «protestos em massa» — provocados, na opinião da polícia secreta, OGPU, pela resistência à coletivização.[17] Os camponeses abatiam e comiam o gado e os cavalos em vez de entregá-los às quintas coletivas. As sementeiras da primavera de 1931 foram dificultadas por uma falta extrema de cereais, cavalos e tratores. Contudo, Estaline e os responsáveis moscovitas pela planificação central continuavam a insistir para que a Ucrânia produzisse uma quantidade irrealista de trigo — grande parte do qual para exportação, de maneira a comprar maquinaria para alimentar a industrialização instantânea. Em 1929, a URSS exportou 170 mil toneladas de cereais, em 1930, 4,8 milhões de toneladas e, em 1931, 5,2 milhões de toneladas.[18]

O resultado foi o mais horrível dos crimes de Estaline — o Holodomor, ou «morte pela fome», que na moderna Ucrânia é recordado como um genocídio análogo ao Holocausto. «Havia um sofrimento desumano e inimaginável, um desastre tão terrível, que começou a parecer quase abstrato; não encaixava nos parâmetros da consciência», escreveu Boris Pasternak, depois de visitar a Ucrânia, no rescaldo da fome planeada. Arthur Koestler, um jovem comunista húngaro, deu com a «terra imensa envolta em silêncio». Os camiões faziam rondas pelas ruas de Carquive, Quíive e Dnipropetrovsque* recolhendo cadáveres de camponeses mortos de fome que se tinham arrastado até às cidades à procura de comida. No inverno de 1933, entre quatro e sete milhões de camponeses ucranianos morreram à fome.

Bibikov sabia certamente das patrulhas diárias enviadas para recolher os corpos emaciados dos camponeses das ruas de Carquive e das implacáveis unidades do Exército Vermelho enviadas para se apoderar dos últimos grãos de cereais do povo esfomeado. Terá de se ter esforçado para racionalizar o seu lugar naquele pesadelo. Talvez acreditasse que a sua grande fábrica de tratores iria ajudar a cultivar comida suficiente para alimentar as cidades cintilantes que Estaline prometia — mas talvez um tudo-nada demasiado tarde para ajudar os milhões de moribundos que o rodeavam. E foi por isso que Boris Bibikov, até então um leal líder do Partido, ao serviço do Império Soviético, tomou a decisão fatídica, e que acabou por ser fatal, de resistir a Estaline.

À medida que se desenrolava o Holodomor, Boris Bibikov, tal como muitos colegas dirigentes do Partido Comunista Ucraniano, começaram a dar voz à oposição às políticas de Estaline. Boris foi ao 17.º Congresso do Partido — o chamado «Congresso dos Vencedores» —, que ocorreu em Moscovo em 1934. Seria a última vez que a oposição aberta a Estaline seria articulada em público. Tal como muitos dos colegas ucranianos, Boris apoiou Sergei Kirov, o principal rival de Estaline, que defendia um abrandamento do ritmo da coletivização. Em dezembro de 1934, Kirov foi assassinado; a ordem secreta veio de Estaline. Quando Boris

* Desde 2016, esta cidade chama-se Dnipro. [N. do T.]

ouviu a notícia, recorda a filha Lenina, atirou-se para o sofá e chorou. «Estamos perdidos», disse o meu avô. E tinha razão. Entre janeiro de 1937 e maio de 1938, um terço do Partido Comunista Ucraniano foi preso — 167 mil pessoas.[19] Dos 1277 delegados do Congresso, mais de 800 que se manifestaram contra Estaline — muitos dos quais ucranianos — acabaram por morrer na Grande Purga do Partido orquestrada por Estaline em 1937. Boris Bibikov foi um deles.

A minha avó, Marfa, foi presa pouco depois do marido, e enviada para um Gulag no Cazaquistão, pelo crime de ser casada com um inimigo do povo. Aí passou 15 anos e enlouqueceu. As filhas de Bibikov, a minha mãe Lyudmila e a sua irmã mais velha, Lenina, de início, foram enviadas para uma prisão infantil e, seguidamente, para um orfanato em Verhne-Dniprovsk, onde Lyudmila quase morreu de tuberculose óssea. «Obrigado, Camarada Estaline, pela nossa infância feliz», foi uma das canções que a minha mãe aprendeu no orfanato.

Do ponto de vista do estado soviético, o Holodomor e o Terror faziam parte do mesmo projeto. Os inimigos da classe, os dissidentes do Partido e os nacionalistas ucranianos dedicavam-se a «fazer guerra contra o poder soviético», como escreveu Estaline na primavera de 1933 ao romancista Mikhail Sholokhov que haveria de ganhar o Prémio Nobel.[20] Essas pessoas atravessavam-se no caminho do grande projeto soviético e tinham de ser eliminadas do rumo da história. «Nenhum deles era culpado fosse do que fosse», escreveu Ilya Ehrenburg, um jornalista leal a Estaline. «Mas pertenciam a uma classe que era culpada de tudo.»[21] Enquanto centenas de milhares de camponeses morriam à fome na província, a polícia secreta soviética arrebanhava sistematicamente as elites intelectuais e políticas. Professores universitários, escritores, artistas, padres, teólogos, funcionários públicos e burocratas — fosse quem fosse que tivesse promovido a língua ucraniana, ou a sua história, ou que tivesse estado ligado à brevíssima República Popular Ucraniana de 1917, era indicado para ser detido. Raphael Lemkin, o advogado polaco judeu que introduziu a palavra «genocídio», falou da Ucrânia daqueles tempos como um «exemplo clássico» deste conceito: «É um caso de genocídio, de destruição não só de indivíduos mas também de uma cultura e de uma nação.»[22]

Quando os principais assistentes de Hitler começaram a debater planos para uma invasão da União Soviética, no outono e inverno de 1940, confiscar as riquezas da Ucrânia era o que mais interessava a quem elaborava os planos económicos do *Führer.* Os cereais da Ucrânia Central, bem como o carvão, o aço e as fábricas do Dombás e de Carquive, seriam essenciais para a máquina de guerra nazi — e a fértil chernozem agrícola daria aos colonos arianos o necessário *Lebensraum.* «A guerra só pode ser ganha se toda a *Wehrmacht* for alimentada a partir da Rússia no terceiro ano da guerra», concluiu Herbert Backe, o funcionário nazi encarregado da alimentação e da agricultura. Porém, Backe calculou também que a *Wehrmacht* só poderia ser alimentada se a população soviética ficasse completamente privada de comida.[23] Tal como Estaline já tinha feito, Hitler planeava usar a fome em massa como arma contra o povo soviético. O objetivo do «Plano da Fome» de Backe — o nome oficial era mesmo esse — era que cerca de 30 milhões de pessoas morressem à fome.

A Operação Barbarossa foi lançada com uma série de bombardeamentos de longo alcance bem no interior do território soviético. Nas palavras de uma popular canção soviética dos tempos de guerra, da autoria do poeta Boris Kovynev: «Na madrugada de 22 de junho / Precisamente às quatro da manhã / Quíive foi bombardeada / E disseram-nos depois / Que tinha começado a guerra.»[24] Oitenta e dois anos depois, na manhã de 24 de fevereiro de 2022, milhões de russos e de ucranianos seriam surpreendidos por quase a mesma notícia chocante de que caíam bombas em Quíive.

A concentração de tropas anterior à guerra-relâmpago de Hitler foi amplamente assinalada por pelo menos 19 agentes soviéticos de Varsóvia a Berlim e Tóquio. Estaline — tal como os líderes ucranianos em fevereiro de 2022 — recusou-se a acreditar nos relatórios dos serviços secretos. A força aérea soviética foi apanhada de surpresa por ataques aéreos em massa, que destruíram um grande número de aviões ainda no solo. Os que conseguiram levantar voo — incluindo um biplano bombardeiro Polikarpov Po-2, pilotado por Isaac Bibikov, o irmão mais novo de Boris — rapidamente foram abatidos pela mais moderna *Luftwaffe*. Em duas semanas, as divisões alemãs chegaram aos portões de Quíive. Decididos a nada deixar aos invasores, os soviéticos em retirada puseram minas na Alameda Kreshchatik, a rua principal da capital. Mais para leste, em Carquive, os engenheiros preparavam-se para dinamitar a KhTZ.

Depois de anos de fome, deportações em massa e terror político, alguns ucranianos tinham a esperança de que a ocupação alemã seria tão benigna como a de 1918. Em breve se revelaria que estavam enganados, quando as SS de Heinrich Himmler começaram uma campanha contínua de exterminação de judeus, simpatizantes e quadros do partido comunista. Contudo, alguns ucranianos escolheram combater com os nazis contra o domínio soviético.

Stepan Bandera era o líder do ramo mais radical de um grupo paramilitar chamado Organização dos Nacionalistas Ucranianos (OrNU). No início da guerra, Bandera estava preso na Polónia devido a ataques terroristas contra polacos étnicos, levados a cabo na Ucrânia Ocidental, que, entre as duas guerras, estava sob o domínio de Varsóvia. Em fevereiro de 1941, Bandera fez um pacto com os líderes da *Abwehr* (os serviços secretos militares alemães) para formar dois batalhões de «forças de operações especiais» a partir das fileiras de apoiantes da OrNU. No dia 29 de junho de 1941, o batalhão *Nachtigall*, ou Rouxinol, foi das primeiras tropas alemãs a entrar na cidade de Levive — localizada numa área da Polónia anterior à guerra que, com o pacto nazi-soviético de 1939, fora absorvida pela URSS.[25]

A cooperação alemã com Bandera rapidamente se desfez em fumo. Um dia depois da ocupação de Levive por parte dos Alemães, a fação de Bandera da OrNU declarou a independência da Ucrânia. O alto comando nazi, que tinha planos muitíssimo diferentes para os territórios acabados de conquistar, prendeu e fuzilou centenas de membros da OrNU em Quíive e noutras cidades e vilas da Ucrânia. O próprio Bandera passou o resto da guerra no campo de concentração de Sachsenhausen, perto de Berlim. No início de 1942, as duas fações da OrNU estavam em guerra com os Alemães.

O próprio Bandera nunca voltou à Ucrânia depois de ter sido preso pelos Alemães no verão de 1941. Porém, o seu nome ficaria sempre associado na propaganda soviética e russa à fação da OrNU que constituiu o núcleo do antissoviético Exército Ucraniano Insurgente, ou UPA.* Apesar de alguns dos seus mais proeminentes comandantes terem combatido anteriormente no batalhão *Nachtigall,* o UPA considerava que os seus principais inimigos eram os Alemães. Na prática, contudo, passaram a maior parte do tempo a combater os Soviéticos. No seu ponto mais alto, no verão de 1944, os 100 mil soldados da UPA combatiam como unidades irregulares na retaguarda das linhas soviéticas, dificultando as comunicações do Exército Vermelho e atacando alvos militares soviéticos, combatentes da resistência polaca e civis polacos e judeus. As unidades de apoiantes indefetíveis da UPA continuaram a resistência de guerrilha ao poder soviético nas florestas da Bielorrússia e da Ucrânia até à década de 1950.

Além das poucas centenas de apoiantes de Bandera que combateram na nada longeva *Nachtigall,* perto de 20 mil ucranianos combateram na 14.ª Divisão de Granadeiros da *Waffen*-SS, conhecida como «Divisão *Galizien*». Calcula-se que um quarto do milhão de antigos cidadãos soviéticos que se juntaram às unidades auxiliares alemãs — conhecidas como *Hilfswillige,* «ajudantes voluntários», ou *Hiwis* — eram ucranianos. Muitos foram recrutados nos campos alemães de prisioneiros de guerra. Alguns trabalharam como guardas em campos de morte nazis na Polónia. Depois da guerra, mais de 180 mil ucranianos seriam presos e deportados para a Sibéria devido à colaboração real ou alegada com os nazis ou com os nacionalistas clandestinos.[26] O último que foi levado à

* Da expressão ucraniana para «Exército Ucraniano Insurgente»: *Ukrayins'ka Povstans'ka Armiia.* [N. do T.]

justiça seria o guarda de Sobibor, John Demjanjuk, da província de Vinítsia, condenado em 2011 num tribunal alemão de ser cúmplice do homicídio de 27 900 pessoas.

Duas gerações depois, quando a Ucrânia independente se virava para oeste e se afastava do controlo de Moscovo, a memória da alegada colaboração da Ucrânia com os nazis passou a desempenhar um papel central na propaganda russa. No seu ensaio de história de 2021, Putin escreveu que, depois da independência da Ucrânia, «os radicais e neonazis tornaram-se menos dissimulados e ficaram mais insolentes nas suas ambições [...]; tanto as autoridades oficiais como os oligarcas locais deram-lhes rédea solta». Um dos objetivos confessos da invasão russa de 2022 foi a «desnazificação» da Ucrânia e a libertação do seu povo de um governo que fora supostamente tomado de assalto por «fascistas».[27]

Porém, a verdade histórica foi que a maioria dos cidadãos ucranianos apoiou o lado soviético durante a Grande Guerra Patriótica. Entre 1941 e 1945, mais de sete milhões de cidadãos da República Socialista Soviética Ucraniana — de uma população total de 34 milhões antes da guerra — combateram nas fileiras do exército soviético. Numa dessas fileiras estava o avô judeu de Volodymyr Zelensky, que marchou até Berlim. Como será discutido mais pormenorizadamente no próximo capítulo, o debate sobre o legado de Stepan Bandera — um herói para os nacionalistas ucranianos, um traidor colaboracionista para muitos outros — tornar-se-ia um foco de conflito da guerra cultural que se seguiu à independência ucraniana. Porém, para a maior parte dos ucranianos modernos, que tal como os vizinhos russos, quase sem exceção, perderam familiares na guerra contra Hitler, a tentativa de Putin de identificar o nacionalismo ucraniano com o fascismo era profundamente ofensivo.

Entre 1939 e 1945, a Ucrânia perdeu quase sete milhões de pessoas — cerca de um milhão delas judias —, ou mais de 16 por cento da população anterior à guerra. Entre a guerra-relâmpago nazi e as táticas de terra queimada, grande parte da base industrial do país foi destruída. Porém, a vitória total da URSS no confronto com Hitler deu também a Estaline o domínio de toda a Europa de Leste. Estaline incorporou na Ucrânia soviética três províncias de maioria de língua ucraniana — Galícia, Volínia e Podólia, primeiro sob o controlo austro-húngaro e depois polaco. Os habitantes destas áreas falavam uma versão mais polaca da língua ucraniana. Eram também em maior número católicos romanos ou católicos gregos, uma fé que usava rituais semelhantes aos da igreja ortodoxa, mas que respeitava a autoridade do Papa. Estas áreas ainda hoje continuam a ser notoriamente nada russas, nem sequer soviéticas, na arquitetura e cultura. E depois da independência da Ucrânia em 1991, a Ucrânia Ocidental tornou-se a mais intensamente antirrussa na política.

Apesar da sua campanha sangrenta, na década de 1930, contra uma identidade ucraniana distinta, Estaline insistiu que a Ucrânia e a Bielorrússia se tornassem, juntamente com a URSS, membros fundadores das Nações Unidas. Integraram a ONU como se fossem estados independentes na conferência inaugural de São Francisco, em abril de 1945. Nos anos do pós-guerra, a Ucrânia tinha mais membros do Partido Comunista do que qualquer outra parte da União Soviética, e foi com a ajuda dos aliados ucranianos que Nikita Khrushchev, natural de Donetsque, surgiu como sucessor de Estaline, em 1954.

Em janeiro desse ano, Khrushchev organizou celebrações sumptuosas do tricentenário do juramento de Khmelnytsky de 1654, entendido como a «reunificação da Ucrânia com a Rússia». O que foi mais fatídico foi Khrushchev ter transferido a jurisdição da península da Crimeia, no mês seguinte, da Federação Socialista Soviética Russa para a Federação da Ucrânia Soviética. Em 1944, Estaline tinha deportado toda a população tártara da Crimeia por, alegadamente, ter ajudado os Alemães, deixando-a com 71 por cento de pessoas de etnia russa. Devido ao Estreito de Querche, a península não tem acesso ao continente russo, mas está ligada à Ucrânia por uma estreita língua de terra. Khrushchev calculou que incorporá-la na Ucrânia facilitaria a recuperação económica da Crimeia do pós-guerra. No contexto da URSS, a transferência não tinha outro significado que não o administrativo. Porém, a seu tempo, tornou-se uma bomba-relógio, aquando da independência da Ucrânia dos Soviéticos.[28]

Com Khrushchev e Leonid Brezhnev, seu sucessor, natural da Ucrânia, este país tornou-se um dos núcleos da aviação da URSS, assim como da indústria nuclear e da defesa. A maior fábrica de produção de mísseis de toda a Europa foi construída em Dnipropetrovsque. E foi a camarilha de Brezhnev de Dnipropetrovsque que formou o núcleo do poder do politburo nas décadas de 1960 e 1970. Gigantescos projetos de construção, de barragens hidroelétricas no rio Danápris e de minas e fábricas do Dombás, trouxeram centenas de milhares de pessoas de toda a URSS, que apagaram ainda mais a ideia de uma identidade ucraniana distinta da soviética.

Contudo, começou a cristalizar-se um movimento clandestino crescente na Ucrânia sob a bandeira do nacionalismo democrático. A maior parte das pessoas envolvidas eram membros das elites intelectuais do país, inspirando-se em colegas anticomunistas nas repúblicas do Báltico e na Polónia, que encaravam a URSS sobretudo como um opressor colonialista. Nesse sentido, eram os herdeiros espirituais diretos dos intelectuais ucraniófilos do século XIX, que consideravam que a língua era a chave para um futuro pós-imperial que não fosse russo. A explosão da central nuclear de Tchernóbil, no dia 26 de abril de 1986 — e o abafamento subsequente do governo soviético, o que incluiu uma insistência pessoal de Mikhail Gorbachev de que uma parada do 1.º de Maio na não distante cidade de Quíive fosse por diante, anulando o pedido do chefe do Partido Ucraniano, Volodimir Shcherbitsky —, revelou-se um dos principais pontos de inflexão nas relações entre a Ucrânia e a Rússia. Quando Gorbachev permitiu a realização de eleições locais, o que fazia parte da sua campanha de liberalização, a *glasnost,* os nacionalistas democráticos, liderados por antigos dissidentes e intelectuais, tiveram uma retumbante vitória.

Os dados estavam lançados para o futuro colapso e humilhação da Rússia. Independentemente das baralhadas teorias de Putin sobre a história, uma coisa é clara: se algum acontecimento histórico foi a causa mais profunda da invasão de 2022, não foi a Rússia de Quiive, nem o Hetmanato, nem a Segunda Guerra Mundial, mas sim o papel da Ucrânia em apressar a morte da URSS. Esse colapso marcou toda uma geração de russos, incluindo Putin, pessoalmente. Nas palavras do embaixador dos EUA daquele tempo em Moscovo, Robert Strauss, «O acontecimento mais revolucionário de 1991 para a Rússia não é talvez o colapso do comunismo, mas antes a perda de algo que os russos de todos os quadrantes políticos consideram que faz parte do seu próprio corpo político e que está próximo do coração: a Ucrânia».[29] Se a história desempenhou algum papel genuíno na decisão da invasão de Putin, foi antes, e acima de tudo, na forma de uma vingança histórica pela traição de Quiive de 1991.

CAPÍTULO 2

«E Moscovo está em silêncio»

«Sem a Ucrânia, a Rússia deixa de ser um império.»

Zbigniew Brzezinski, conselheiro para a segurança nacional dos EUA, 1977–1981[1]

Poder popular

Ao fim da tarde de 5 de dezembro de 1989, vários milhares de pessoas juntaram-se no exterior da sede da polícia secreta, Stasi, na Rua Bautzner, em Dresda, na Alemanha de Leste. Semanas antes, caíra o Muro de Berlim, mas o regime comunista da Alemanha de Leste agarrava-se ainda ao poder. «O povo somos nós!», cantava a multidão. Pressentindo uma «atmosfera de linchamento popular», o comandante da Stasi, Horst Boehm, abriu as instalações, e até a prisão, à multidão crescente que protestava, recorda o ativista democrático Herbert Wagner. Boehm «foi conduzido ao longo do pátio interior. As pessoas insultaram-no, cuspiram-lhe em cima e deram-lhe pontapés. Pôs-se de joelhos. Fiquei à frente dele para protegê-lo», afirmou Wagner. «Se tivesse caído completamente, teria sido esmagado.»[2] A multidão apercebeu-se de que muitos segredos tinham sido apressadamente destruídos — mas oito quilómetros de prateleiras cheias de arquivos continuavam intactas, num repositório cuidadosamente organizado que incluía relatórios de informadores, de vigilância e de interrogatórios, com detalhes sobre as vidas dos cidadãos de Dresda.

Um pequeno grupo de 15 a 20 manifestantes dirigiu-se à sede mais próxima do KGB, uma casa de campo de dois andares ao estilo *art deco,* no n.º 4 da Rua Angelika, para «fechá-la. O guarda do portão fugiu imediatamente para o interior», recorda um dos membros do grupo, Siegfried Dannath. Porém, pouco depois, «apareceu um oficial — muito pequeno e agitado. Disse ao grupo: "Não tentem entrar aqui à força. Os meus camaradas estão armados e autorizados a usar as armas numa emergência".»[3] O oficial era um major do KGB de 37 anos chamado Vladimir Putin. O grupo dispersou rapidamente. Porém, como o próprio Putin haveria mais tarde de recordar, telefonou para a sede de uma unidade de tanques do Exército Vermelho para pedir proteção. A resposta que recebeu foi um choque devastador e marcante.

«Não podemos fazer seja o que for sem ordens de Moscovo», respondeu o oficial soviético. «E Moscovo está em silêncio.»

O confronto na Rua Angelika foi demasiado insignificante para ser notícia nos jornais locais de Dresda do dia seguinte. Porém, a história acabaria por assumir proporções lendárias quando Putin chegou ao poder 20 anos depois. «Uma multidão de cinco mil pessoas entrou à força no pátio da sede do KGB, bêbedas, com garrafas de cerveja nas mãos», noticiou o canal NTV em 2002. «Putin saiu e teve de enfrentá-las.» O momento «Moscovo está em silêncio» é a chave para compreender Putin, afirmou o seu biógrafo alemão, Boris Reitschuster. «Teríamos outro Putin e outra Rússia sem a passagem dele pela Alemanha de Leste.»[4] A experiência de Putin do colapso da República Democrática Alemã deixou-o com uma ansiedade profunda quanto à fragilidade das elites políticas — e quanto à facilidade com que podem ser derrubadas se a autoridade central perder a coragem face ao poder popular. Ao longo dos dois anos seguintes, Putin assistiu à derrocada do poder soviético, depois de enormes manifestações em Vilna, Quíive, Moscovo e Leninegrado, onde nasceu. Em 2004, e de novo em 2014, viu o seu aliado, o presidente ucraniano Viktor Yanukovych, sofrer o mesmo destino.

Em março de 1990, a Lituânia soviética declarou a independência da URSS. Alarmado, o líder Mikhail Gorbachev começou a negociar um novo tratado de União, com a esperança de salvar o Império Soviético. Porém, na manhã de 2 de outubro de 1990, dezenas de estudantes de Quiive, Levive e Dnipropetrovsque desceram à Praça da Revolução de Outubro, na baixa de Quiive — a futura Maidan Nezalezhnosti, ou Praça da Independência — e começaram uma greve de fome. A maior parte, pelos padrões soviéticos, vinha de uma classe média privilegiada. Os estudantes inspiravam-se no colapso do comunismo face à pressão do poder popular ocorrido em novembro último na Alemanha de Leste, na Polónia, na Checoslováquia e na Hungria. Entre outras coisas, exigiam a demissão do primeiro-ministro e a retirada da Ucrânia das negociações de um novo tratado de união.

As autoridades locais organizaram equipas de pessoas leais ao governo para desalojar os manifestantes. Contudo, 50 mil residentes de Quiive marcharam em direção à praça para proteger os estudantes. Pouco depois, as universidades da cidade entraram em greve. Os manifestantes marcharam para o parlamento, ocupando a praça de defronte. Eram apoiados por Leonid Kravchuk, o recentemente eleito secretário-geral do Soviete Supremo Ucraniano, ou parlamento. Sob a pressão das ruas, de Kravchuk e do novo parlamento, as autoridades soviéticas decidiram bater em retirada. A chamada «primeira Maidan», de outubro de 1990, seria a primeira de três revoluções contra o poder apoiado por Moscovo, determinando não só a política da Ucrânia mas também da Rússia nas três décadas seguintes.[5]

Putin afirmaria mais tarde que a interferência estrangeira exerceu pressão sobre a URSS. No ensaio de 2021, afirmou que «a Ucrânia foi arrastada para um perigoso jogo geopolítico que visa transformá-la numa barreira entre a Europa e a Rússia, uma rampa de lançamento para atingir a Rússia».[6] Contudo, a verdade é que os EUA, em 1991, favoreceram a libertação das repúblicas do Báltico — mas apoiaram em força a manutenção da união da Ucrânia e do resto da URSS. O presidente dos EUA,

George H. W. Bush, visitou Quíive no dia 1 de agosto de 1991. No seu discurso ao parlamento ucraniano, Bush ficou do lado de Gorbachev, instando-os a renunciar ao «nacionalismo suicida» e a evitar «confundir liberdade com independência». Pela cobardia de não apoiar as aspirações de independência dos representantes democraticamente eleitos da Ucrânia, os meios de comunicação norte-americanos batizaram-lhe a intervenção como «o discurso medricas de Quíive».[7]

Fazendo vista grossa às objeções de Bush, no rescaldo do fracassado golpe de estado dos radicais contra Mikhail Gorbachev em Moscovo, no dia 19 de agosto de 1991, a Ucrânia escolheu esmagadoramente libertar-se da Rússia, em vez de continuar na União. «Dando continuidade à tradição milenar de construção do estado», lia-se na declaração de independência redigida no final de agosto por Levko Lukianenko, um antigo preso político que agora era membro do parlamento, «o Soviete Supremo da República Socialista Soviética Ucraniana declara solenemente a independência da Ucrânia». O parlamento da era soviética, tal como o da República Socialista Soviética Russa, fora configurado como um obediente carimbo para fazer aprovar as decisões do Partido e não tinha autoridade constitucional para fazer aquela declaração. Mas votaram à mesma. Trezentos e quarenta e seis representantes votaram a favor, cinco abstiveram-se e só dois votaram contra. As implicações seriam sísmicas. Não era apenas a Ucrânia que em breve teria uma votação popular para se tornar um país livre; a Rússia, como consequência direta, deixaria de ser um império. «Quem participou no referendo mudou não só o seu destino mas também o decurso da história do mundo», escreveu Serhii Plokhy. «A Ucrânia libertou as outras repúblicas soviéticas que ainda dependiam de Moscovo.»[8]

Por mero acaso, cheguei à rebatizada Leninegrado no dia 18 de agosto de 1991, na véspera da tentativa do golpe de estado contra Gorbachev, orquestrado por radicais do KGB. No dia seguinte, olhei pela janela do Palácio de Inverno e vi a Praça do Palácio repleta de pessoas, um mar de rostos e cartazes. Perto da Praça de São Isaac, ajudei estudantes a erigir barricadas na rua, feitas de bancos de jardim e barras de aço. Nevsky Prospekt estava repleta de gente até onde o olho alcançava, nas duas direções, com meio milhão de pessoas manifestando-se contra o sistema que dera forma a quase todos os aspetos das suas vidas durante três gerações.[9] No mesmo dia, em Moscovo, Boris Ieltsin saiu da Casa Branca — a sede do governo da República Socialista Soviética Federal da Rússia — e ficou de pé num tanque para falar às multidões que se tinham juntado para defender o edifício contra as forças da reação.

Boris Ieltsin tornara-se um herói democrático aos olhos de muitas pessoas. Porém, a sua visão do papel da Rússia pós-soviética numa união reformada era ainda claramente imperial. No rescaldo da declaração de independência da Ucrânia, e da sua própria vitória contra o golpe de estado, Ieltsin fez soar uma nota sinistra. Declarou que a Rússia teria «o direito de abrir a questão das suas fronteiras com essas repúblicas» que, unilateralmente, se tinham separado da URSS. «A Crimeia e as partes orientais da Ucrânia, incluindo a região do carvão do Dombás [poderão vir a ser] áreas de contenção», clarificou o gabinete de imprensa de Ieltsin. A seu tempo, a ameaça de divisão, caso a Ucrânia insistisse na independência, acabaria por ser retomada pelo seu sucessor, Vladimir Putin, com consequências fatais.

A ameaça de Ieltsin, tal como o anterior aviso de Bush, caiu em orelhas moucas. No dia 1 de dezembro de 1991, os Ucranianos foram às urnas para decidir se haveriam de ficar numa URSS reformada ou sair. Com uma afluência às urnas de 84 por cento, mais de 90 por cento dos eleitores apoiaram a independência. Até na Crimeia, que, a julgar pelo último censo soviético de 1989, era 66 por cento russa e 25 por cento ucraniana, 54 por cento declararam-se a favor da independência (ainda que, crucialmente, num referendo diferente, dois meses antes, 94 por cento da população da Crimeia tivesse votado para restabelecer a República Socialista Soviética Autónoma da Crimeia, sugerindo que o que realmente queriam era a independência não só da URSS mas também da

Ucrânia). Na prática, o voto da Ucrânia significou o fim da União Soviética. No dia 25 de dezembro de 1991, a bandeira soviética do Palácio do Senado do Kremlin foi retirada e a nova bandeira tricolor russa foi hasteada.

Kravchuk, o primeiro presidente da Ucrânia independente, recusou a oferta de Ieltsin para assinar um novo tratado de união. Ao invés, os dois homens, juntamente com Stanislaŭ Shushkevich, da Bielorrússia, criaram a Comunidade de Estados Independentes, uma nova instituição internacional à qual as repúblicas da Ásia Central se juntaram no dia 21 de dezembro. A União Soviética já não existia. No ensaio de 2021, Putin afirma que «em 1991, todos aqueles territórios e, o que é mais importante, as pessoas, deram consigo no estrangeiro da noite para o dia, roubadas, desta vez, de facto, da sua histórica terra-mãe».[10] Putin ignorou o facto crucial de os «territórios» não terem sido roubados da sua terra-mãe, mas antes de a terem rejeitado esmagadoramente. Os novos estados independentes do Báltico, a Bielorrússia e a Ucrânia não pretendiam de modo algum continuar a ser subjugados a Moscovo, ainda que com um nome diferente.

Catástrofe geopolítica

«O colapso da URSS foi a grande catástrofe geopolítica do século XX», disse Putin ao parlamento russo e aos líderes políticos mais destacados do país no seu discurso de 2005 sobre o estado da nação. É provavelmente a citação mais conhecida de Putin. Porém, poucas pessoas se lembram do seu contexto. A «tragédia genuína» de que Putin falava dizia respeito ao povo russo: «dezenas de milhões dos nossos concidadãos e conterrâneos deram consigo para lá dos limites do território russo».[11]

A relação de Putin com o legado da União Soviética é efetivamente mais complexa e ambivalente do que uma simples nostalgia. No ensaio de 2021, Putin escreveu que a «coletivização e a fome do início da década de 1930 [foi] uma tragédia comum» para russos e ucranianos. Criticou também os bolcheviques por tratarem «o povo russo como um material inesgotável para as suas experiências sociais».[12] Em 2007, ao depor flores numa vala comum de vítimas do KGB em Butovo, perto de Moscovo, no aniversário da grande purga de Estaline, Putin lembrou as «centenas de milhares, milhões, de pessoas mortas e enviadas para os campos, fuziladas e torturadas. Estas eram pessoas com as suas próprias ideias a que não tinham medo de dar voz. Eram a nata da nação». «Tragédias» como essas ocorrem, afirmou Putin, porque «ideias ostensivamente atrativas mas vazias são postas acima de valores fundamentais, os valores da vida humana, dos direitos e da liberdade».[13]

Contudo, apesar desta crítica, Putin passou 20 anos da sua vida não só como trabalhador leal do regime soviético mas também como funcionário de uma das suas alas mais violentas e fanáticas — a polícia secreta, o KGB. E sem dúvida que Putin, entre muitos outros, foi apenas um dos russos de uma vasta maioria para os quais a vida imediatamente depois da queda foi dramaticamente pior do que antes. Ao regressar a Leninegrado, vindo do seu posto em Dresda, no início de 1990, Putin trouxe um carro da marca Volga — que em tempos fora um sinal de inebriado privilégio. Contudo, quando se reformou do KGB com a patente honorária de tenente-coronel, a família Putin tinha tão pouco dinheiro que ele teve de fazer biscates como taxista. «Vivíamos como toda a gente, mas, por vezes, tive de ganhar um pouco mais de dinheiro [...] como motorista privado», disse Putin a um documentário do Canal Um russo, em dezembro de 2021. «Não é agradável falar disso, honestamente, mas, infelizmente, foi o que aconteceu.»[14]

Há dezenas de livros dedicados a explicar os segredos mais íntimos da mundividência de Putin. Contudo, penso que Putin é menos do que parece. Ao longo de quase um quarto de século no poder, Putin tem sido descrito por comentadores ocidentais como um grande tático, manipulador e cérebro geopolítico. Mas o mais importante para compreender o arco da sua carreira, a sua inquietante tenacidade no poder e o percurso que levou à guerra de 2022 é outro fator muitíssimo mais básico: em muitos aspetos cruciais, Putin é o homem comum russo. Mais precisamente, ele é uma versão mais inteligente, em melhor forma física e mais sóbria do homem comum russo — o tipo de homem de falinhas mansas que, sem esforço, se impõe e que a maior parte dos russos gostaria de ser, ou o tipo de pai, marido e genro que gostariam de ter.

A característica definidora de Putin é o facto de ser completamente comum, e não incomum. Tal como a maior parte das pessoas da sua geração, Putin passou as primeiras quatro décadas da vida a acreditar que vivia na maior e mais poderosa nação da Terra. Cresceu nas condições comuns de privação da União Soviética de província, foi formado pelo estado e juntou-se a uma das mais prestigiantes instituições, para ter o que pensava que seria uma carreira para a vida inteira. Putin diferia da maior parte dos seus concidadãos na medida em que ser destacado por acaso para a Alemanha de Leste lhe deu uma perspectiva abrangente do colapso do poder da URSS. Porém, de novo em comum com o resto das pessoas da sua geração, certamente que sentiu «na pele», para usar a expressão russa, a humilhação material e moral.

Com uma hipocrisia bem aprimorada por uma vida inteira na URSS, Putin tanto abominava a corrupção e gatunagem da década de 1990 como participou nela quando pôde — tal como quase toda a gente que o rodeava. Leninegrado elegeu um jovem liberal, professor de direito, como presidente da câmara, em junho de 1991. Anatoly Sobchak tornou-se o novo orientador político de Putin, contratando como adjunto o antigo KGB de trinta e sete anos com quem trabalhara na Universidade do Estado de Leninegrado. Um suborno aqui, uma espórtula acolá... na sua nova tarefa como intermediário entre o mundo dos negócios profundamente criminalizado de São Petersburgo (o novo nome da cidade, a partir de setembro de 1991) e o gabinete do presidente da câmara, Putin estava simplesmente a fazer a alto nível o que todos os russos faziam, ou fariam, se tivessem a oportunidade.

O que é mais importante é que, ao mesmo tempo que fazia o que podia e não podia, Putin agarrou-se a uma forma caracteristicamente russa de patriotismo ofendido, que tanto visava magoar como dar orgulho. Fossem quais fossem as humilhações que a Rússia estava obrigada a sofrer às mãos de um Ocidente vingativo e vitorioso, continuava a ser, apesar disso, um grande país. «Um homem pode dar consigo bêbedo e na falência, mas pelo menos tem o conforto de saber que não é por culpa sua, mas sim dos seus inimigos», explicou Yulia Mostovaya, chefe de redação da *Zerkalo Nedeli,* uma revista de Quiive. «Pode bater na mulher. Pode chafurdar bêbedo na vala. Porém, sejam quais forem os seus defeitos, sabe que por mais que o fado tudo lhe leve, não pode levar-lhe o seu carácter russo, a sua pertença a uma nação poderosa.»[15]

Vivi em Moscovo durante grande parte da década de 1990. A Rússia que eu conhecia apanhara uma dose virulenta do caos do século. Para os Russos, o choque da implosão do sistema que sustentara todas as suas necessidades físicas, espirituais e intelectuais era muito mais profundo do que tudo o que o sistema soviético lhes tinha atirado para cima — incluindo as purgas, até mesmo a Segunda Guerra Mundial. Esses dois horrores tinham pelo menos narrativas fáceis de compreender — inimigos à porta de casa, inimigos dentro de casa. Mas agora os Russos tinham sido atingidos por algo inteiramente inexplicável — não um inimigo, mas um vácuo ideológico e um colapso económico vertiginoso. Durante a primeira metade de 1992, o rendimento médio da população caiu cerca de 70 por cento; a economia contraiu-se 40 por cento.

Os primeiros anos da governação de Ieltsin foram uma batalha constante — por vezes sangrenta — com os nacionalistas e os comunistas reacionários, que exigiam a restauração da grandiosidade soviética. Nas eleições parlamentares de 1993, o maior partido — com 23 por cento — era liderado pelo ultranacionalista Vladimir Zhirinovsky, que incitava os soldados russos a «lavar as botas no Oceano Índico». Os comunistas e nacionalistas radicais no Congresso dos Representantes do Povo recusaram-se repetidamente a ratificar os Acordos de Belovezhskaya Pushcha sobre o fim da existência da URSS, assinados dois anos antes. Os líderes de repúblicas ricas em petróleo, como o Tartaristão e o Bascortostão, assim como a Chechénia, a Inguchétia e a Iacútia, esta última rica em diamantes e ouro, pediram a completa independência da Rússia. O vice-presidente da Rússia, Aleksandr Rutskoy, denunciou o programa de Ieltsin de reformas do mercado como «genocídio económico», e, em outubro de 1993, liderou uma ocupação armada da Casa Branca, onde Ieltsin fizera o seu famoso discurso em cima de um tanque, dois anos antes. Ieltsin trouxe os tanques para submeter os rebeldes à força da bala.

No ano seguinte, com o preço do petróleo em queda, Ieltsin encheu os cofres do estado desesperadamente, vendendo em leilões fraudulentos, a um grupo minúsculo de homens ricos que seriam depois conhecidos como «oligarcas», partes de propriedades do estado — notoriamente, de produção de petróleo, aço, alumínio e níquel, assim como infraestruturas de comunicações e de televisão. Enviou também tropas russas para Grózni, a capital da república rebelde da Chechénia, para a pôr à força, de novo, sob o controlo de Moscovo. O assalto foi um verdadeiro fracasso. Em 1996, a reeleição de Ieltsin contra os comunistas foi conquistada devido à mobilização completa (ainda que voluntária) dos meios de comunicação supostamente independentes da Rússia para apoiar o Kremlin. Em 1998, a Rússia estava tão falida que não pagou os juros da dívida internacional — e uma ajuda de 22 mil milhões de dólares do Fundo Monetário Internacional foi, em grande parte, tomada de assalto pelos oligarcas que eram proprietários dos bancos russos que estavam na falência. Um ano depois, a NATO bombardeou Belgrado, a capital da Sérvia, um aliado histórico da Rússia, para pôr fim ao genocídio dos albaneses do Kosovo. Para raiva de Ieltsin — e também um sinal de como a NATO considerava agora que a Rússia era estrategicamente irrelevante —, Moscovo nunca foi consultada.

Para toda uma geração de russos — incluindo Putin —, a década de 1990 foi uma década de humilhação, fracasso e pobreza. As marcas profundas que o período deixou em quem o viveu, seja as pessoas comuns seja a classe política, são a chave para compreender o apoio que mais tarde deram à iniciativa agressiva de Putin para restaurar a posição da Rússia no mundo. Foi Putin que inventou essa narrativa nacionalista. «A crença de que nós, russos, somos um poder significativo — que pode reagir ativamente aos poderes hostis e à influência hostil do mundo externo — faz crucialmente parte da nossa identidade coletiva», afirmou Lev Gudkov, diretor do Centro Levada, um grupo independente de sondagens de Moscovo. «Esta crença na União Soviética e na autoridade única da Rússia, e o facto de sermos uma civilização especial, compensa o sentimento de dependência, pobreza e humilhação que as pessoas têm nas suas vidas privadas.» Numa sondagem conduzida pelo Centro Levada no fim da presidência de Boris Ieltsin, em 1999, os inquiridos tinham dois desejos principais para a nova presidência: que acabasse com a crise económica e que restaurasse o estatuto de superpotência da Rússia. Ieltsin tentara arrastar o povo russo na direção da democracia, do capitalismo e da liberdade de expressão — e no início do último ano do seu primeiro mandato, a sua popularidade caíra dez por cento. Putin, em contraste, nunca tentou arrastar o povo fosse para onde fosse, exceto para onde o povo queria ir — que era para a prosperidade e a grandiosidade nacional.[16]

Vladimir Vladimirovich

Nos últimos anos da sua presidência, a família de Ieltsin — tanto literalmente como no sentido mafioso de um pequeno grupelho de compinchas oligárquicos que controlavam grande parte da riqueza da Rússia — procurava um homem suficientemente firme para assumir o cargo, mas também suficientemente leal para não usar os seus poderes para atacar o povo que o pôs no trono. Vladimir Putin — modesto e apagado, com um sorriso tímido que esconde uma tenacidade interior — parecia a pessoa certa para o cargo. Em 1997, o diretor da administração presidencial de Ieltsin, Aleksandr Voloshin, foi buscar Putin ao gabinete do presidente da Câmara de São Petersburgo e trouxe-o para Moscovo como seu adjunto. «A cabeça de [Putin] é em parte KGB e soviética, e em parte progressista», disse-me Voloshin.[17] Isso parecia fazer de Putin um compromisso perfeito entre o velho e o novo mundo — competente, ponderado, um par de mãos seguras que conheciam os «entendimentos» em que se baseava o poder da Rússia de Ieltsin. Com o apoio de Boris Berezovsky, o oligarca principal, membro da «família» de Ieltsin, Putin foi promovido a diretor do Serviço de Segurança Federal, que sucedeu ao KGB, e depois a primeiro-ministro. «Não sou bom a ajuizar pessoas», disse-me Berezovsky, depois de ter sido obrigado a fugir para Londres. «Enganei-me com respeito a Putin. Ele dizia fosse o que fosse a quem quer que fosse. Parecia modesto e moderado. Mas na realidade era um rufião.»[18]

Porém, o que levou Putin ao poder presidencial não foi apenas o apoio da família de Ieltsin — foi também a guerra. O discurso duro sobre a Chechénia e a brutalidade sem limites da segunda guerra que alimentou contra a república rebelde, em setembro de 1999, deu aos Russos a primeira vitória militar desde a aniquilação da revolta da Checoslováquia, em 1968. Passei seis meses tanto com os rebeldes chechenos como com os combatentes também chechenos mas favoráveis a Moscovo no decurso dessa guerra. Em janeiro de 2000, no telhado de um edifício de nove andares dos subúrbios da parte norte de Grózni, vi a artilharia de cinco divisões russas massacrar os restos já em ruínas da cidade, para obrigar a última mão-cheia de rebeldes a sair. Contei mais de 60 detonações por minuto — incluindo bombas enormes de meia tonelada, lançadas de bombardeiros de combate Su-24, que voavam baixo. À medida que os aviões rugiam por cima de nós, Beslan Gantemirov, que chefiava uma força de chechenos apoiantes de Moscovo, sorria como um miúdo encantado, de punho erguido no ar, enquanto as detonações ressoavam como portas titânicas fechando-se com violência sobre a Terra.

A campanha da Ucrânia seria uma repetição daquele conflito. «Descobri que me é quase impossível não olhar para as imagens da carnificina levada a cabo pelas tropas russas nas cidades ucranianas ocupadas», escreveu Lana Estimirova, cuja mãe, Natalia, era uma das ativistas mais vocais pelos direitos humanos na

Chechénia, antes de ser raptada e brutalmente assassinada em 2009. «Não consigo deixar de pensar que eles já fizeram isto e que estão a fazê-lo de novo. O bombardeamento indiscriminado, as pilhagens, as provas de violações, tortura e humilhações e, acima de tudo, o sentido de entusiasmo que acompanha estes crimes de guerra são dolorosamente bem conhecidos [...]. Antes de Bucha e Irpino houve Samashqui, onde as tropas russas, no dia 7 de abril de 1995, levaram a cabo uma *zachistka* — uma operação de "limpeza". Os soldados fuzilaram civis, violaram mulheres e incendiaram casas. Pelo menos 103 pessoas foram assassinadas nesse dia.»[19]

Não só os métodos militares das guerras da Chechénia e da Ucrânia foram os mesmos como também as narrativas de propaganda. Nas vésperas da invasão de setembro de 1999, a televisão do Kremlin falou de um «genocídio de russos» no interior da Chechénia. «O *modus operandi* da Rússia na Chechénia foi uma espécie de modelo de estratégia militar e política do Kremlin para as duas décadas seguintes», escreveu Estemirova. «Uma metodologia macabra para quebrar o espírito das populações indisciplinadas, em nome dos interesses imperiais. Nos anos seguintes, vimos uma disposição para usar a violência com impunidade por todo o mundo — de Tsequinváli [Ossétia do Sul] a Alepo [Síria], da Crimeia à República Centro-Africana [...]. Como chechena, estou ligada ao povo ucraniano por um laço sangrento. Uma vitória deles seria uma vitória para cada uma das vítimas do regime de Putin.»

Em fevereiro de 2000, o exército russo, aplicando o mesmo tipo de poder armado esmagador e indiscriminado, que mais tarde também levou a Mariópolis e Severodonetsque, esmagou o governo rebelde checheno que afrontava Moscovo desde 1994. Nas eleições presidenciais de março, Putin — atuando já como presidente — triunfou facilmente sobre os rivais, com 53,4 por cento dos votos. Seria a primeira e a única vez que Putin enfrentaria qualquer coisa como uma oposição eleitoral genuína.

Para Putin, a lição da segunda guerra chechena era simples, segundo um destacado ministro que trabalhou com ele durante oito anos. «O poder e o império da Rússia afinal podiam ser restaurados por meio de agressão militar — isso era claro para todos nós», afirmou o funcionário. «E era também claro que os eleitores russos estavam fartos da fraqueza e admiravam a força.»[20]

A Chechénia fora subjugada de maneira sangrenta e triunfante. Porém, o resto do velho Império Soviético caía em três campos diferentes. Os estados do Báltico, bem encaminhados em direção à integração na União Europeia e na NATO, eram irrecuperáveis. Os estados da Ásia Central continuavam económica e politicamente ligados à Rússia por uma rede física de gasodutos dos tempos soviéticos, dos quais dependiam para prosperar. A Bielorrússia elegera Aleksandr Lukashenko, um homem forte nostálgico dos tempos soviéticos que favorecia laços profundos com Moscovo. Porém, a Ucrânia, o Azerbaijão, a Arménia e a Geórgia estavam ainda hesitantes, divididos entre as ambições dos seus líderes e do povo para aprofundar, por um lado, os laços com o Ocidente, e, por outro lado, a dependência económica de Moscovo.

De todos, a Ucrânia era, de longe, a maior e a mais importante politicamente. A Ucrânia tem a maior população de língua russa para lá das fronteiras da própria Rússia e ocupa uma posição estratégica, estendendo-se por todo o baixo-ventre da Rússia Meridional. Além disso, o porto de Sebastopol, na Crimeia — porto de abrigo da Flotilha Russa do Mar Negro, incluindo mais de 300 navios e 25 mil militares —, não é uma base soberana russa, sendo, ao invés, alugado a Quiive, em termos que dependem do clima político. Era um recurso militar e estratégico crucial que o Kremlin não estava disposto a dar aos Ucranianos, e muito menos à NATO.

Jogo da corda

A primeira década da independência da Ucrânia foi tão caótica como a russa — e também incluiu o colapso económico, a emergência de uma classe de oligarcas que se apoderou dos bens do país com a conivência de um líder corrupto e o crescimento do ultranacionalismo nas franjas políticas. E exatamente como na Rússia, muitos dos seus cidadãos com mais formação e mais motivados emigraram. Entre estes conta-se 78 por cento da população judia, incluindo os fundadores da PayPal (Max Levchin) e do WhatsApp (Jan Koum). Entre 1989 e 2001, a população da Ucrânia diminuiu quase cinco por cento.[21]

Depois de 1991, cerca de metade do arsenal nuclear estratégico da URSS foi herdado pelos estados sucessores da União Soviética. Formalmente, as armas deixadas na Ucrânia, na Bielorrússia e no Cazaquistão eram controladas pela Comunidade de Estados Independentes (CEI). Porém, na prática, especialmente depois de o parlamento da Ucrânia se ter recusado a ratificar o acordo da CEI, a Ucrânia apercebeu-se de que tinha o terceiro maior poder nuclear do mundo: cerca de 1700 mísseis. Washington, assustado com a ideia de haver países politicamente instáveis a controlar mísseis nucleares estratégicos, persuadiu os três poderes nucleares acidentais pós-soviéticos a destruir as armas e as suas instalações. Em troca, em dezembro de 1994, os EUA, a Rússia e o Reino Unido assinaram o Memorando de Budapeste, que oferecia garantias de segurança a Quiive e prometia «respeitar a independência e soberania das fronteiras atuais da Ucrânia».[22] Duas décadas depois, quando Putin invadiu a Crimeia, aqueles que supostamente garantiriam a segurança da Ucrânia ignoraram por completo as suas obrigações de Budapeste.

Porém, a curto prazo, a cooperação da Ucrânia com o desarmamento e com o seu novo estatuto como poder não-nuclear amigo do Ocidente trouxe-lhe dividendos. Em 1994, Quiive assinou um acordo de cooperação com a União Europeia, o primeiro acordo do género que a União Europeia ofereceu a um estado pós-soviético. No mesmo ano, a Ucrânia assinou um acordo de Parceria para a Paz com a NATO, que em 1997 foi alargado com um Estatuto de Parceria Especial, o segundo de muitos passos para acabar por ser um membro de pleno direito. Ieltsin objetou firmemente, mas, segundo registos tornados públicos, numa reunião pessoal na Casa Branca, no dia 27 de setembro de 1994, o presidente Bill Clinton assegurou-lhe de que a «expansão da NATO não é antirrussa;

não pretende excluir a Rússia e não tem um calendário imediato [...]. O objetivo mais amplo e importante é a segurança, unidade e integração europeias — um objetivo que sei que também é seu».[23]

Numa conferência de imprensa em dezembro de 2021, Putin afirmou que o Ocidente prometera repetidamente à Rússia que a NATO não iria expandir-se, mas depois quebraram a promessa. «Enganaram-nos enérgica e descaradamente. A NATO está a expandir-se», disse Putin. Afirmou que o secretário de estado dos EUA, James Baker, dissera a Mikhail Gorbachev, em 1990, que a «NATO não irá avançar um centímetro para leste».[24] Em inúmeros registos do Departamento de Estado dos EUA de várias reuniões entre funcionários russos e norte-americanos, registos esses tornados públicos em 2018, não há rasto dessa garantia oficial — ainda que Baker nunca tenha explicitamente negado que o tenha dito em privado. Porém, os EUA estavam claramente a fazer jogo duplo. Não havia qualquer promessa pública, formal, de que a NATO não iria expandir-se — mas, aparentemente, muitas foram as garantias dadas de que a expansão não representaria uma ameaça para a Rússia.[25] Em 1997, George Kennan, um diplomata veterano dos EUA, denunciou a expansão da NATO como «o erro mais fatal da política norte-americana de toda a era do pós-Guerra Fria».[26]

É claro que para conseguir impedir a Ucrânia e a Geórgia de se juntarem à NATO, Putin teria de fazê-lo em Quíive e Tiblíssi, e não por meio de conversações com Washington. A primeira abertura (de muitas) para instalar um governo mais favorável a Moscovo na Ucrânia surgiu em 2003, quando o poder de Leonid Kuchma, o segundo presidente da Ucrânia, começou a sucumbir com alegações de uma grande corrupção e do homicídio de um destacado jornalista. O homem do Kremlin nos salões do poder em Quíive era Viktor Medvedchuk, um proeminente advogado da era soviética que se transformou num magnata da energia e que era diretor da administração presidencial de Kuchma. Quando o primeiro-ministro de Kuchma, Viktor Yushchenko, se voltou contra o chefe e começou a preparar a sua própria corrida presidencial, Medvedchuk liderou os esforços para desacreditá-lo no combate político que se avizinhava. Medvedchuk teve a ajuda de peritos em «tecnologia política» enviados de Moscovo — especialistas em ganhar eleições que se tinham exercitado na campanha de Ieltsin de 1996 e na de Putin de 2000.

«A nossa tarefa era clara — impedir [Yushchenko] de chegar ao poder, promover um candidato que fosse a favor de laços mais estreitos com Moscovo e que respeitasse os direitos da população de língua russa», recorda Gleb Pavlovsky, o propagandista do Kremlin. Os métodos a usar seriam «os mesmos que usámos nas eleições russas: gestão da reputação, controlo da narrativa, publicidade, persuasão da imprensa local a publicar as histórias que precisávamos que fossem publicadas».[27]

Foram os tecnólogos da política enviados por Putin que tiveram a ideia de acusar os nacionalistas ucranianos de «fascistas». Em outubro de 2003, Viktor Yushchenko visitou Donetsque — o coração do apoio do homem que se tornou o seu opositor nas eleições presidenciais do ano seguinte, Viktor Yanukovych, um magnata local e ex-presidiário. Ao chegar, Yushchenko encontrou painéis publicitários que diziam «Movimento russo da Ucrânia: Não ao fascismo! Não ao nacionalismo! Sim à amizade e à concórdia!»[28]. Yanukovych fez um comício para vários milhares de apoiantes no Palácio *Yunost* da Juventude de Donetsque. «A dado ponto, alastrou-se uma cantilena de um velho jogo infantil: "Os nossos contra os fascistas"», recorda o fotógrafo de Donetsque, Sergei Vaganov. «A multidão começou a cantar que Yushchenko era "fascista". O uso dessa palavra era tão rude, tão além dos limites da decência, que senti náuseas.»[29]

No Ocidente, a palavra «fascista», de tanto uso e ironia, praticamente não teve impacto. Porém, nas sociedades pós-soviéticas, continua a ser um dos piores insultos que se pode fazer a alguém. Contudo, nos debates televisivos do ano seguinte, Yanukovych ganhou o hábito de chamar «nazi» ao seu oponente. Para Yushchenko, cujo pai fora um soldado do Exército Vermelho preso em Auschwitz e cuja mãe arriscou a vida escondendo refugiados judeus na Segunda Guerra Mundial, o insulto era particularmente abominável.[30] Contudo, a calúnia pegou. Vinte anos depois, libertar a Ucrânia da liderança supostamente «fascista» tornar-se-ia uma das justificações principais da invasão de Putin.[31]

Em novembro de 2003, o Kremlin sofreu um sério revés noutro canto do seu antigo império. Na sequência de eleições manipuladas na Geórgia, 20 dias de protestos de rua no centro de Tiblíssi culminaram na invasão do parlamento pela multidão irada, conduzida para o interior por Mikheil Saakashvili, o líder da oposição apaixonadamente apoiante do Ocidente. Saakashvili levava um ramo de rosas, e foi isso que deu nome aos protestos — a Revolução das Rosas.[32] O corrupto presidente Eduard Shevardnadze foi destituído e Saakashvili foi eleito. O novo regime declarou como prioridade principal a integração europeia e euro-atlântica, pondo a Geórgia em rota de colisão com Moscovo.[33]

Putin não iria permitir que acontecesse o mesmo na Ucrânia. Em março de 2004, juntaram-se à NATO quatro dos antigos satélites soviéticos — a Bulgária, a Roménia, a Eslováquia e a Eslovénia —, além das anteriores repúblicas soviéticas da Estónia, da Letónia e da Lituânia. Em novembro do mesmo ano, a Polónia, a Hungria, a Chéquia, a Eslováquia, a Eslovénia e as três nações do Báltico também se juntaram à União Europeia. A peça central da campanha do aspirante a presidente Viktor Yushchenko era que a Ucrânia seguisse o mesmo caminho.

À medida que se intensificava a batalha entre Yushchenko (pró-ocidental) e Yanukovych (o querido do Kremlin), Medvedchuk tornou-se não só o emissário de Putin no seio da política ucraniana mas também um amigo pessoal. No início de 2004, Putin foi padrinho da filha de Medvedchuk, Daria. Medvedchuk insistiria mais tarde que nunca concordou com a ideia de Putin de reunificação da Ucrânia com a Rússia. «Putin afirmou que não somos dois povos, mas sim um», disse Medvedchuk ao cineasta norte-americano Oliver Stone, em 2019. «Tive uma longa discussão com ele sobre isso [...]. Apoio a soberania da Ucrânia e considero que o caminho escolhido em 1991 é o correto. Os nossos opositores dizem que somos favoráveis aos Russos, mas isso é um erro. Falamos pelas pessoas que querem ser amigas da Rússia e que são contra a política que cimenta o poder do governo com uma histeria russofóbica e antirrussa. Essas pessoas querem relações normais com os nossos vizinhos.»[34] Contudo, ao longo da década seguinte, Medvedchuk iria desempenhar um papel crucial nos planos de Putin para desviar a direção estratégica da Ucrânia rumo ao Ocidente, fazendo-a virar-se para Moscovo.

As sondagens anteriores às eleições mostraram que a maioria dos eleitores ucranianos preferia as políticas favoráveis ao Ocidente, de Yushchenko, às favoráveis à Rússia, de Yanukovych. À medida que Yushchenko ganhava a dianteira, os seus inimigos viraram-se para métodos mais radicais para o impedir de ser presidente. Depois de um jantar com funcionários superiores em Quiive no dia 5 de setembro de 2004 — e que incluía Volodymyr Satsyuk, o subdiretor do Serviço de Segurança da Ucrânia —, Yushchenko ficou gravemente doente, com sinais de envenenamento. Foi enviado de avião para a clínica Rudolfinerhaus de Viena, onde os médicos lhe descobriram uma concentração de dioxina TCDD mil vezes superior ao normal. O veneno fora desenvolvido nos laboratórios do KGB.[35] Yushchenko sobreviveu, mas ficou com o rosto horrivelmente desfigurado. Satsyuk, um cidadão com cidadania russa e ucraniana, e outros dois homens que estavam no jantar fugiram para a Rússia.

Na primeira volta das eleições, os dois candidatos ficaram empatados com 39 por cento dos votos, ficando Yushchenko ligeiramente à frente. Enquanto o país se preparava para a segunda volta, marcada para 21 de novembro de 2004, a administração cessante de Kuchma tentava freneticamente assegurar a vitória de Yanukovych. No dia das eleições, os repórteres estrangeiros e domésticos que cobriam as eleições relataram a multiplicação generalizada de votos falsos, especialmente no Dombás, o território de Yanukovych. Os resultados apurados à porta das urnas sugeriam uma vantagem de 11 por cento para Yushchenko, mas os resultados oficiais declararam Yanukovych vencedor, com uma margem de três por cento. Tal como revelaram as escutas telefónicas de discussões entre os membros da campanha de Yanukovych, o servidor da comissão eleitoral do estado foi adulterado para falsificar os resultados das eleições submetidos a Quíive.[36] Mais tarde, Medvedchuk seria um dos principais funcionários questionado pelo SBU, o Serviço de Segurança da Ucrânia, acusado de falsificar as eleições, apesar de nenhum processo ter sido instaurado.[37]

Milhares de ucranianos recusaram-se a aceitar o resultado. A Praça Maidan, no centro de Quíive, encheu-se de manifestantes que protestavam irados, agitando as bandeiras cor de laranja do partido de Yushchenko, lembrando os protestos de 1991 que fizeram ruir o poder soviético — e a Revolução das Rosas do inverno anterior, em Tiblíssi. Os protestos locais, as greves gerais e as ocupações surgiram por todo o país.[38] As contramanifestações a favor de Yanukovych, na Crimeia, em Donetsque, em Luansque e noutras cidades do Dombás exigiam a semi-independência e até a secessão de Quíive.

Depois de duas semanas de tumulto político, o Supremo Tribunal da Ucrânia anulou os resultados da segunda volta e Yushchenko ganhou a reeleição com 52 por cento, contra os 45 por cento de Yanukovych. Para Putin, o pesadelo de que tinha sido testemunha em Dresda, em 1989, repetia-se — primeiro na Geórgia e agora em Quíive. A Revolução Laranja provocou «terror, indignação, raiva» no Kremlin, recorda um funcionário que, naquele tempo, tinha uma função importante no governo. «O próprio Putin estava convencido de que isto resultava diretamente da interferência do Ocidente [...]; queriam tornar a Ucrânia uma anti-Rússia.» A administração favorável ao Ocidente de Yushchenko em Quíive era uma «emergência da maior importância».[39]

«Para a elite russa (e não apenas para Putin), o mais inequívoco dos limites intransponíveis» era a entrada ucraniana na NATO, escreveu William Burns em 2008, na altura o embaixador norte-americano em Moscovo, à secretária de estado Condoleezza Rice. «Em mais de dois anos e meio de conversas com importantes protagonistas russos, de trogloditas dos recessos sombrios do Kremlin aos críticos liberais mais inteligentes de Putin, ainda não encontrei quem considerasse que a Ucrânia na NATO não fosse senão uma ameaça direta aos interesses russos.»[40]

A primeira jogada do Kremlin foi arruinar a possibilidade de a interferência ocidental provocar, na própria Rússia, um protesto do género de Maidan. O principal propagandista de Putin, Vladislav Surkov — cuja carreira iremos examinar mais em pormenor —, foi incumbido de criar um movimento juvenil patriótico semelhante à organização da Juventude Comunista Soviética. O Movimento Jovem Democrático Antifascista de Surkov — conhecido como *Nashy* (ou Nosso) — organizava campos de doutrinação de verão, e promoveu festivais e concertos de juventude frequentados por centenas de milhares de adolescentes e jovens russos. Os membros também importunavam e interpelavam sistematicamente Anthony Brenton, o embaixador britânico em Moscovo, e as principais figuras da oposição.[41] Num evento de educação política, no verão de 2006, o conselheiro do Kremlin, Gleb Pavlovsky, censurou os membros do *Nashy* por lhes faltar «brutalidade [...]; têm de estar preparados para repelir manifestações fascistas e para impedir poderosamente e pela força qualquer tentativa de destruir a constituição».[42]

A prioridade paralela do Kremlin foi caluniar a retórica favorável ao Ocidente de Yushchenko e enfraquecer a sua maioria pouco folgada, tornando a Ucrânia tão dependente da Rússia quanto possível. O fornecimento de gás seria a cenoura e o chicote de Putin. Por meio de uma mistura selecionada de cortes de gás e acordos doces com políticos ucranianos proeminentes — nomeadamente com Yulia Tymoshenko, representante e aliada de Yushchenko, a «deusa» de cabelos de ouro da Revolução Laranja —, a companhia de gás estatal da Rússia, Gazprom, e as suas subsidiárias ucranianas corromperam sistematicamente uma larga fatia da classe política de Quiive. A forte dependência da Ucrânia tanto do gás russo barato como dos lucros da passagem do gás russo que atravessa o país em gasodutos da era soviética obrigava Yushchenko a andar na linha. Putin «estava determinado a ir muito longe para obter o que queria, [e isso era] claro», recorda Yushchenko. «[Mas] eu precisava de manter uma relação funcional com ele como líder do nosso vizinho de leste.»[43]

Sob forte pressão da sua base política nacionalista da Ucrânia Ocidental, Yushchenko declarou Stepan Bandera Herói da Ucrânia, para indignação de Moscovo. Leonid Kuchma instituíra um Feriado do Holodomor em 1998, mas Yushchenko promovera-o a dia nacional de luto, o que bania todos os programas de entretenimento das ondas de rádio e televisão. Porém, ao mesmo tempo, Yushchenko teve o cuidado de evitar culpar a nação russa pela tragédia. «Apelamos a todos, e sobretudo à Federação Russa, para serem verdadeiros, honestos e puros perante os seus irmãos na denúncia dos crimes do estalinismo e da União Soviética totalitarista», disse Yushchenko em 2008 a uma multidão em Quiive que comprara flores e oferendas simbólicas de pão para depositar no monumento em memória do Holodomor. «Estivemos todos juntos no mesmo Inferno. Rejeitamos a mentira descarada de que estamos a culpar um povo qualquer pela nossa tragédia. Isto não é verdade. Há um só criminoso: o regime soviético comunista e imperial.»[44]

Autocracia predatória

Yushchenko tinha outra razão para evitar antagonizar Putin — a ameaça de uma invasão russa. Na sequência da Revolução Laranja e da Revolução das Rosas, supostamente fomentadas pelo Ocidente, Putin agarrou-se tenazmente à ideia de que o principal papel da Rússia no teatro do mundo era criar um mundo «multipolar» e opor-se à hegemonia estratégica dos EUA e dos seus aliados. O fim da Guerra Fria, disse Putin à Conferência de Segurança de Munique em 2007, deixara o mundo «com munições ativas, figurativamente falando», na forma de «estereótipos ideológicos, duplicidade e outros aspetos típicos do pensamento de bloco da Guerra Fria». Putin acusou um Ocidente sem contestação de «criar novas divisões, novas ameaças, semeando o caos pelo mundo [...]; é um mundo em que há um senhor, um soberano».

O discurso de Munique «foi o momento em que já não havia qualquer dúvida de que Putin era um imperialista russo», disse-me em 2022 Radosław Sikorski, o ministro dos Negócios Estrangeiros da Polónia, que estava na sala.[45] Na verdade, o discurso era mais matizado. Além de atacar os EUA, Putin apelou aos líderes europeus para sairem da sombra daquele país e fazerem os seus próprios acordos de segurança com a Rússia.

Porém, se Putin estava à espera de que a sua retórica agressiva fizesse travar o desejo dos nervosos vizinhos da Rússia de se juntarem à NATO, estava muitíssimo enganado. Na cimeira da NATO de Bucareste, em abril de 2008, a Geórgia pressionou fortemente para que lhe fosse permitido acelerar o seu percurso em direção à integração na NATO com um Plano de Ação para a Adesão (PAA). Os EUA e a Polónia eram a favor. Os outros, liderados pela Alemanha e França, recusaram, com medo de que a Rússia ficasse zangada com a decisão, e o PAA para a Geórgia foi rejeitado. Mas a NATO, fatidicamente, emitiu um comunicado que assegurava aos cidadãos da Geórgia que estes acabariam por juntar-se à aliança assim que os requisitos para a adesão fossem satisfeitos.

O presidente da Geórgia, Mikheil Saakashvili, pensava que a indecisa carta de intenções da NATO lhe oferecia a proteção da aliança contra uma invasão russa. Estava enganado. Em agosto de 2008, durante os Jogos Olímpicos de Pequim, Saakashvili encetou uma mal pensada tentativa de tomada militar da Ossétia do Sul, uma das repúblicas minúsculas que se tinham separado da Geórgia na sequência do fim da URSS em 1992, e que, na prática, era, desde então, um protetorado russo. Saakashvili caíra numa armadilha. Em resposta à mini-invasão da Geórgia, as forças russas entraram na Ossétia do Sul e prosseguiram caminho, passando a linha de controlo, até ficarem a 40 quilómetros de Tiblíssi. A NATO condenou fortemente a invasão, mas não fez coisa alguma. As tropas russas acabaram por retirar-se para lá da fronteira anterior à guerra. Porém, Moscovo reconheceu como estados independentes tanto a Ossétia do Sul como a também secessionista República da Abecásia, e ocupou as duas. Foi um golpe fatal para as esperanças da Geórgia quanto à NATO, dado que as regras da aliança impedem a adesão de estados que tenham disputas fronteiriças por resolver.

O desafio seguinte de Putin foi pôr cobro à deriva da Ucrânia em direção à adesão à NATO. A oportunidade surgiu no fim do mandato presidencial de Yushchenko, em 2010. Os eleitores estavam furiosos e desapontados pela falta de quaisquer benefícios tangíveis que tivessem resultado da Revolução Laranja. A reputação da candidata Laranja, Yulia Tymoshenko, ficara manchada com alegações de corrupção quanto aos seus negócios com a Gazprom da Rússia. A esperança de Putin era Viktor Yanukovych, o candidato apoiante de Moscovo cuja tentativa de falsificar as eleições de 2004 fracassara desastrosamente, mas que continuava a ter muito apoio na Ucrânia Oriental e Central de língua russa.

Yanukovych teve uma vantagem enorme, que assumiu a forma de um financiamento eleitoral de 150 milhões de dólares, que usou para contratar consultores políticos norte-americanos.[46] De entre eles, o principal era Paul Manafort, um experiente consultor de campanha do Partido Republicano, que depois seria diretor de campanha de Donald Trump. Outro norte-americano contratado por Yanukovych foi Rick Gates, que trabalhava há muito tempo para Manafort (e que depois foi vice-diretor de campanha de Trump), assim como Tad Devine (que depois dirigiu a campanha presidencial norte-americana de 2016 do senador Bernie Sanders) e Adam Strasberg (que trabalhara na candidatura de 2004 à presidência dos EUA do senador John Kerry). Os poderosos consultores norte-americanos revelaram-se mais eficientes do que os propagandistas russos de 2004, ganhando as eleições presidenciais ucranianas de 2010 com 48,95 por cento dos votos, em contraste com os 45,47 por cento de Tymoshenko.[47]

Em muitos aspetos, Yanukovych revelou-se um presidente feito à imagem de Putin. Reescreveu a constituição, ao obrigar o parlamento a conceder mais poder à presidência. No verão de 2011, prendeu Tymoshenko devido aos seus negócios com o gás da Rússia. Yanukovych entregou-se também à corrupção em grande escala, seguindo o modelo do próprio séquito de Putin e dos seus oligarcas-burocratas. O filho de Yanukovych, Aleksandr, tornou-se um dos homens mais ricos do país durante a presidência do pai, ganhando as suas empresas quase metade de todos os contratos estatais em janeiro de 2014. E, segundo os registos financeiros mais tarde laboriosamente reconstruídos, depois de os assistentes tentarem destruí-los, Yanukovych transferiu até 70 mil milhões de dólares para contas no estrangeiro em nome de membros da sua família e dos seus assistentes. Porém, Yanukovych diferia de Putin num aspeto crucial. O seu apego ao poder e aos milhares de milhões que estava a desviar da economia ucraniana acabaria, a seu tempo, por ter mais peso do que a sua lealdade para com Moscovo.

No outono de 2011, Putin preparava-se para retomar a presidência, depois de um hiato de quatro anos, durante o qual se afastou para dar lugar ao seu primeiro-ministro, Dmitry Medvedev, porque esgotara o máximo de dois mandatos estabelecido na constituição. Putin tinha planos ambiciosos para o que os opositores depreciativamente diziam que era o seu «segundo estrelato czarista»*. Um deles era uma União Euro-Asiática, que Putin esperava que fosse rivalizar com a União Europeia. «Não se trata de restaurar a URSS, de uma maneira ou de outra», escreveu Putin no manifesto eleitoral. «Propomos um modelo de uma poderosa união supranacional, que pode tornar-se um dos polos do mundo moderno e, desse modo, desempenhar o papel de uma eficaz ligação entre a Europa e a dinâmica região da Ásia-Pacífico.»[48]

A reação irada ao anúncio de Putin da sua decisão de voltar ao poder apanhou o Kremlin de surpresa. No dia 10 de dezembro, uma multidão de 100 mil pessoas reuniu-se na Praça Bolotnaya de Moscovo para protestar contra o seu regresso ao poder.

* *Second Tsardom,* no original. Trocadilho intraduzível com *stardom* (estrelato) e *tsar* (czar). [N. do T.]

Outra manifestação posterior no mesmo mês, ainda maior, encheu a Avenida Académica Sakharov Prospekt de Moscovo, batizada em nome do físico dissidente que ajudou a derrubar a URSS. O sentimento de justa indignação entre a imensa multidão fez-me lembrar a Praça do Palácio de São Petersburgo, em 1991. Essa comparação — assim como com a Revolução das Rosas e a Revolução Laranja — não passou despercebida a Putin, que pôs o pé no travão quando ocorreu um terceiro protesto na Praça Bolotnaya, que foi brutalmente disperso por milhares de polícias paramilitares da OMON. Depois dos protestos de Bolotnaya, «tudo mudou» para Putin, afirmou um dos seus antigos ministros. Putin «considerava que era uma conspiração ocidental para tirá-lo do poder [...], uma tentativa direta de fazer um golpe de estado». Foi uma contestação que só podia ter como resposta uma «resposta agressiva (armada, na verdade)» contra os democratas e os agentes ocidentais, tanto domésticos como dos vizinhos próximos.[49]

Czar da Eurásia

Expandir a União Euro-Asiática de Putin — cujo objetivo último era transformar-se um bloco económico, político e militar contra o Ocidente, liderado pela Rússia — tornou-se uma urgente prioridade para o Kremlin. Porém, tal como os impérios russo e soviético anteriores, uma União que não incluísse a Ucrânia não seria significativa. O aliado próximo de Putin, Aleksandr Lukashenko, da Bielorrússia, juntou-se a uma versão ligeiramente redenominada, conhecida agora como «União Aduaneira». O mesmo fez o Cazaquistão, cuja dependência de Moscovo, devido ao gasoduto, deu ao seu autoritário presidente Nursultan Nazarbayev poucas alternativas senão a aceitação.

Porém, à medida que as negociações continuavam, entre 2012 e 2013, Yanukovych recusou-se teimosamente a aderir. Apesar de ter feito campanha a favor de laços mais íntimos com a Rússia, e de ter sido fortemente apoiado por Moscovo, a União Europeia fez-lhe outra oferta, que talvez fosse melhor. Bruxelas sugeriu um «Acordo de Associação», que incluía uma zona económica livre entre a Ucrânia e a Europa, investimento internacional, viagens sem necessidade de visto para os ucranianos que quisessem visitar a União Europeia e uma possível futura adesão. O que era crucial para Yanukovych era que a oferta europeia era incrivelmente popular entres os eleitores, e ele encetou então negociações formais.

Numa conversa em 2000 com Aleksei Venediktov, o diretor da estação de rádio Echo Moskvy, Putin fez a distinção entre opositores e traidores. «O inimigo... combate-se, olha-se nos olhos e dá-se-lhe um tiro», disse Putin a Venediktov. «Depois podemos assinar um tratado de paz e começar uma amizade. Um inimigo é alguém que é nobre. Mas um traidor dá-nos um tiro nas costas, sem piedade.»[50] Yanukovych, por falar com a União Europeia, tinha-se tornado um traidor, pela definição de Putin.

No dia 27 de junho de 2013, Putin visitou Quíive para celebrar o aniversário do batismo da Rus — a última vez que visitaria a Ucrânia. «Somos todos herdeiros espirituais do que aconteceu aqui há 1025 anos», disse Putin à audiência de Quíive. «E, neste sentido, somos [os Ucranianos e os Russos], sem dúvida, um povo.»[51] Foi uma afirmação que fazia, em absoluto, orelhas moucas e que foi considerada por milhões de ucranianos étnicos uma negação da sua cultura, história e língua. Putin mostrou igual desprezo pelo presidente da Ucrânia, Yanukovych, com o qual passou um total de 15 minutos. Passou o resto da viagem de dois dias com o seu velho amigo Viktor Medvedchuk, na sua dacha de luxo da Crimeia — que, decorridos apenas nove meses, seria invadida pelas tropas de Putin.[52]

A tarefa que Putin atribuiu ao seu conselheiro económico, Sergei Glazyev, foi fazer uma contraoferta que Yanukovych não pudesse recusar. A cenoura era um empréstimo de 15 mil milhões de dólares para que o governo ucraniano, sem dinheiro e cheio de corrupção, conseguisse evitar o iminente incumprimento das suas obrigações financeiras.[53] O chicote era acabar com as importações russas de produtos ucranianos, o que iria pôr a economia de rastos.[54] Em agosto de 2013, deixou-se a imprensa saber dos planos, o que causou sensação.

O apoio público para assinar o Acordo de Associação da União Europeia disparou depois da desajeitada tentativa de Glazyev para obrigar a Ucrânia a rejeitá-lo. Yanukovych estava sob muita pressão para fazer a escolha final. Contudo, Yanukovych, apenas uma semana antes de uma cerimónia de assinatura, marcada para coincidir com a cimeira da União Europeia em Vilna, no dia 28 de novembro de 2013, anunciou que iria pedir mais tempo à União Europeia.

Na véspera da cimeira, Yanukovych foi ao aniversário do oligarca ucraniano Igor Surkis, um sócio e amigo de Medvedchuk que era proprietário do clube de futebol Dínamo de Quíive.[55] Entre os outros convidados estavam muitos dos principais oligarcas da Ucrânia, incluindo Dmitry Firtash e Ihor Kolomoisky, pertencendo todos a um autodenominado «comité de gestão da Ucrânia», estabelecido na sequência da Revolução Laranja. Yanukovych anunciou aos oligarcas que iria cancelar o projeto de integração europeia. «Todos os apoiantes de Yanukovych ficaram chocados» com a reviravolta quanto à integração europeia, escreveu Sonia Koshkina, uma jornalista de investigação de Quíive. Os membros do seu Partido das Regiões que tinham publicamente posto em causa o acordo da União Europeia tinham sido excluídos do partido e expulsos do parlamento. Alguns foram até levados a tribunal. E agora o próprio Yanukovych mudara de ideias.[56]

Também os líderes da União Europeia ficaram chocados quando Yanukovych não só se recusou a assinar o acordo em Vilna como propôs também que a Rússia integrasse as conversações. «Ouça bem», disse Yanukovych à chanceler alemã Angela Merkel e à presidente da Lituânia, Dalia Grybauskaite. «Há três anos e meio que tenho estado sozinho. Tenho estado face a face com uma Rússia muito forte, em condições muito desiguais.»[57] Apanhado num aperto sem solução, Yanukovych acabaria por nem assinar o

Acordo de Associação da União Europeia, nem se juntar à União Económica de Putin.

Inverno em fogo

Um pequeno grupo de manifestantes, na sua maioria estudantes, tinha acampado na Praça da Independência de Quíive no final da tarde em que Yanukovych anunciara o adiamento da assinatura. Ao longo da semana seguinte, os manifestantes cresceram em número, mobilizados pelas redes sociais. Na noite de 30 de novembro de 2013, com medo de que a Revolução Laranja se repetisse, Yanukovych deu ordens à polícia antimotim para dispersar os estudantes de Maidan. O ataque brutal deixou dezenas de pessoas hospitalizadas — e teve o efeito precisamente oposto do que Yanukovych pretendia. No dia seguinte, mais de meio milhão de quiivitas, alguns dos quais pais e familiares dos estudantes espancados pela polícia, apareceram em Maidan. Durante 96 dias de confrontos e violência crescentes, não dispersaram.

Aquilo a que os Ucranianos iriam posteriormente chamar «Revolução da Dignidade» aglutinou diversas forças políticas, de liberais dos principais partidos a radicais e nacionalistas. O que começara como uma exigência para aderir à Europa acabou por se tornar mais uma das revoluções populares da Ucrânia — a terceira em três décadas. Putin e os seus propagandistas afirmaram tratar-se de um «golpe» apoiado pelo Ocidente. O momento mais simbólico da alegada interferência dos EUA, repetida à exaustão pela televisão do Kremlin, foi quando Victoria Nuland, adjunta do secretário de estado dos EUA, visitou Quíive, juntamente com o senador John McCain, no dia 16 de dezembro, e distribuiu biscoitos aos manifestantes de Maidan.

«Estamos aqui para apoiar a vossa causa justa — o direito soberano da Ucrânia para determinar livremente e com independência o seu próprio destino», disse McCain às multidões que o aclamavam e que brandiam bandeiras da União Europeia e dos

EUA. «E o destino que vocês procuram está na Europa.»[58] O facto de McCain, na altura, estar na oposição, e não na administração de Barack Obama, passou despercebido tanto à multidão como ao Kremlin. O que ouviram foi que os EUA estavam com os manifestantes no seu conflito com a Rússia.

O discurso de McCain foi denunciado como uma «intervenção grosseira na política da Ucrânia» pelo primeiro-ministro russo, Dmitry Medvedev. «Aos erros de Yanukovych somou-se as provocações de Washington», disse o porta-voz de Putin, Dmitry Peskov, a Mikhail Zygar, um escritor russo que versava sobre temas políticos. Os Americanos «chegaram com dinheiro, e as portas estavam todas abertas, dia e noite. Tudo aconteceu como tinha sido planeado. Foi uma ameaça direta à segurança da Rússia».[59]

Em resposta à suposta interferência dos EUA, o Kremlin preparava a sua própria intervenção, ainda mais grosseira. Os conselheiros militares começaram a chegar a Quiive, assim como francoatiradores e oficiais da polícia paramilitar com experiência no «esmagamento» de protestos de rua. Em meados de janeiro de 2014, depois de semanas de protestos pacíficos, começou a haver confrontos sangrentos entre arruaceiros contratados pelo governo — *titushki* ou provocadores —, por um lado, e manifestantes, por outro lado. Os ativistas ocuparam a Casa da Federação de Sindicatos da Ucrânia, situada na Praça da Independência, e começaram a fazer barricadas, que chegaram a atingir a altura de três andares. Em vez de ajudar Yanukovych, a escalada de violência marcou o que Peskov mais tarde considerou «uma derrapagem incontrolável».

Mais provas aparentes da perfídia norte-americana apareceram no dia 15 de fevereiro, quando os EUA e a Rússia se enfrentaram num jogo de hóquei em patins nos Jogos Olímpicos de Sótchi. Há muito tempo que o hóquei em patins era uma obsessão pessoal de Putin, que jogava regularmente com os seus conselheiros mais próximos. Sótchi foi também o mais caro dos Jogos Olímpicos de Inverno alguma vez organizado: dez vezes mais caro. Os Jogos Olímpicos de Sótchi eram o orgulho de Putin — assim como a equipa olímpica russa de hóquei em patins. Com o jogo crucial entre os EUA e a Rússia empatado dois a dois, e já no período suplementar, o defesa russo Fyodor Tyutin marcou um terceiro golo. Porém, o árbitro norte-americano, Bradley Mayer, anulou-o porque a rede ficara fora do sítio. Para fúria de Putin, a Rússia perdeu o jogo no desempate por penáltis.[60] «É uma pena que o árbitro não tenha reparado antes que a rede estava fora do sítio, porque é uma ajuda para a equipa que está a defender que o árbitro não consiga ver», queixou-se Putin aos jornalistas com a sua mistura característica de eufemismo passivo-agressivo. «Mas os árbitros cometem erros, de maneira que não vou atribuir culpas, mas afirmar apenas que nós fomos a melhor equipa.»[61] Do ponto de vista de Putin, a hipocrisia americana e a batota tinham vindo ao de cima uma vez mais.

A violência em Maidan atingiu o auge no dia 18 de fevereiro de 2014, quando uma multidão de 20 mil pessoas tentou marchar para o edifício parlamentar. Os manifestantes também invadiram a sede do Partido das Regiões de Yanukovych, na Rua Lypska. Yanukovych e os seus conselheiros russos decidiram que chegara a hora de esmagar a revolta por todos os meios. Medvedchuk e o Kremlin desempenharam um papel crucial nas decisões de Yanukovych. Segundo escutas telefónicas dos serviços secretos ucranianos, Medvedchuk e Yanukovych falaram 54 vezes entre dezembro de 2013 e fevereiro de 2014.[62]

Os membros da Berkut, a força policial paramilitar feita à imagem da OMON de Putin, cuja liderança era dominada por apoiantes de Yanukovych, abriram fogo com balas de borracha e metralhadoras. Depois, os francoatiradores abriram fogo sobre as multidões da própria Maidan, com carabinas militares de grande potência. Ao longo dos três dias seguintes, pelo menos 77 pessoas morreram — nove polícias e 68 manifestantes.[63] Segundo uma investigação depois conduzida pelo Serviço de Segurança da Ucrânia, os francoatiradores que abriram fogo sobre Maidan e mataram dezenas de pessoas tinham vindo da Rússia.

Trono de baionetas

A Europa, alarmada, enviou os ministros dos Negócios Estrangeiros da Alemanha, de França e da Polónia — Frank-Walter Steinmeier, Laurent Fabius e Radosław Sikorski — para tentar pôr água na fervura. Como representante oficial, Putin enviou Vladimir Lukin, o recentemente reformado provedor russo dos direitos humanos, assim como Vladislav Surkov, como representante não-oficial.

O Kremlin também começou a preparar-se para a completa dissolução do governo de Yanukovych. No dia 18 de fevereiro, quando a polícia em Quiive se posicionava para dispersar os manifestantes de Maidan, Moscovo transferiu forças russas especiais da cidade portuária meridional de Novorossisque para reforçar a guarnição da base de Sebastopol da Frota Russa do Mar Negro. Dois dias depois, as 25 mil tropas russas estacionadas na Crimeia receberam uma ordem do Kremlin para se preparem para bloquear as instalações militares ucranianas espalhadas pela península, para «evitar derramamento de sangue» entre grupos de manifestantes apoiantes da Rússia e apoiantes de Quiive na península — apesar de esses confrontos ainda não terem tido lugar. De momento, as tropas russas ficaram nas suas casernas, enquanto o Kremlin esperava para ver se as conversações entre Yanukovych, os líderes da oposição e os ministros dos Negócios Estrangeiros da União Europeia eram bem-sucedidas.

No final da tarde de 20 de fevereiro, uma sessão de emergência do Rada, o parlamento da Ucrânia — com um quórum muito apertado, depois de o Partido Comunista da Ucrânia ter boicotado a sessão, juntamente com cerca de 80 por cento do Partido das Regiões —, votou para condenar a violência recente, banir o uso de armas contra os manifestantes e retirar as tropas e a polícia postas no terreno contra eles. Duzentos e trinta e seis votos foram a favor e dois contra. Os comandantes das Tropas do Interior, as Forças Armadas da Ucrânia, o Serviço Ucraniano de Segurança (SBU) e outras agências governamentais foram proibidas de levar a cabo quaisquer «operações de contraterrorismo». Os aliados mais próximos de Yanukovych não tinham grande esperança de que as conversações com a oposição pudessem salvar o líder nem as suas próprias peles. No dia 20 de fevereiro, o dia em que a delegação da União Europeia chegou a Quiive, 64 aviões privados, com funcionários governamentais, as suas famílias, dinheiro e valores, levantaram voo do aeroporto da cidade, o Aeroporto Internacional de Borispil.[64]

Depois de mais de dois dias de tensas negociações entre Yanukovych, a União Europeia e os representantes da oposição parlamentar, conseguiu-se um acordo, no qual Yanukovych continuaria no poder até às novas eleições de dezembro. Yanukovych esteve em contacto constante com Putin em todo o processo, telefonando ao Kremlin momentos antes de assinar o acordo concebido para o manter no poder pelo menos até ao fim do ano seguinte.

Vitali Klitschko, antigo campeão mundial de pesos pesados de boxe e um proeminente líder da oposição parlamentar, subiu ao palco de Maidan para tentar vender a ideia do adiamento das eleições — ideia que ele e outras figuras da oposição tinham acordado com Yanukovych — às dezenas de milhares de manifestantes que ali ainda se encontravam. Porém, a multidão tinha ideias diferentes. «Os nossos líderes apertam a mão de homicidas!», gritou o ativista da oposição, Volodymyr Parasyuk, apontando acusadoramente para Klitschko. «Tenham vergonha! Acabou-se o Yanukovych. Se até às dez da manhã de amanhã os nossos políticos não exigirem a imediata demissão de Yanukovych, juro que iremos invadir o governo!» A multidão de Maidan começou a cantar: «Fora com os criminosos!» Nesse momento, caixões com os corpos de vários manifestantes mortos na violência do dia anterior deram entrada na praça, e todos os líderes da oposição, incluindo Klitschko, se ajoelharam.[65]

Na manhã seguinte, todas as forças da Berkut retiraram-se do centro de Quiive, deixando, na prática, Yanukovych e quem ainda o apoiava sem defesa. Pelo menos 70 oficiais dos escalões superiores da Berkut fugiram para o Dombás, com medo de represálias.

Yanukovych telefonou a Putin para confirmar que assinara um acordo — e que pretendia deixar Quíive em direção à segurança relativa da Carquive de língua russa.

— Vais para *onde?* —, gritou Putin a Yanukovych, segundo um funcionário superior do Kremlin entrevistado por Zygar. — Fica quieto! O teu país está fora de controlo. Quíive está à mercê de bandidos e saqueadores. Estás maluco?

— Está tudo sob controlo — respondeu Yanukovych.

«Nunca pensei que ele fosse um cobardolas de merda», disse Putin aos assistentes.[66]

Com o parlamento contra ele, a polícia antimotim afastada da baixa de Quíive e o centro da cidade nas mãos dos manifestantes de Maidan, Yanukovych bateu em retirada com a amante, Lyubov Polezhay, para o seu palácio suburbano privado de Mejiíria, fora da capital. As câmaras de segurança mostraram que os empregados de Yanukovych tinham passado os três dias anteriores a pôr coisas de valor numa frota de carros e miniautocarros.

Ao mesmo tempo, os elementos das forças armadas da Ucrânia e do Serviço de Segurança da Ucrânia (SBU) que eram apoiantes de Yanukovych preparavam uma contraofensiva militar de grandes proporções para reconquistar Quíive, mobilizando unidades da Ucrânia Oriental e trazendo-as para a capital. Os oficiais das forças armadas da Crimeia, fortes apoiantes de Yanukovych, decidiram ignorar a proibição do Rada quanto ao uso da força contra os manifestantes e enviaram para Quíive uma força significativa — incluindo a 25.ª Brigada Aerotransportada da Ucrânia, a 1.ª Brigada da Marinha, a 831.ª Unidade Antissabotagem e a 2.ª Spetsnaz da Marinha —, que saiu da Baía Cossaca de Sebastopol, a sede da Frota Ucraniana do Mar Negro. O comando das unidades foi transferido para o SBU para uma operação «antiterrorista» contra os manifestantes de Maidan.[67]

Era demasiado tarde. Perante a escolha de combater numa guerra de fuzilamento contra os manifestantes de Quíive e fugir para o seu coração eleitoral da Ucrânia Oriental, Yanukovych escolheu a fuga. «Hoje em dia, Yanukovych é uma figura de ódio na

Ucrânia», afirmou a consultora política ucraniana Olesya Yakhno. «Mas merece o crédito de ter escolhido não começar uma guerra civil. Deu-se conta de que a única maneira de conseguir manter-se no poder era num trono de baionetas russas. Decidiu que já tinha havido demasiado sangue.»[68]

Ao final da tarde de 21 de fevereiro, Yanukovych convocou o chefe da administração, o vogal do Verkhovna Rada e os restantes representantes do Partido das Regiões para a sua residência suburbana de Mejiíria para um jantar de despedida. Rybak demitiu-se. Os outros concordaram que um congresso separatista se reuniria na Carquive. Ao jantar, Yanukovych discutiu a ideia de dividir a Ucrânia se Quíive se recusasse a conceder suficiente independência às províncias orientais.

— Que havemos de chamar a este novo país? — perguntou Yanukovych aos seus aliados políticos mais próximos, segundo uma testemunha entrevistada pela jornalista Sonia Koshkina.

— China — disse alguém na brincadeira.

— Já há um país chamado «China» — respondeu outro.

— Estão a gozar comigo? — irritou-se Yanukovych. Até aos seus mais poderosos líderes políticos parecia que a ideia de uma Ucrânia Oriental independente era um absurdo.[69]

Depois do jantar, Yanukovych e os apoiantes que lhe restavam entraram numa frota de jipes e foram para Carquive. Horas depois, uma multidão imensa de manifestantes chegou aos portões de Mejiíria, com o objetivo de invadir o palácio que simbolizava a corrupção do velho regime.

CAPÍTULO 3
Ídolos a sangrar

«Respeitamos a língua ucraniana e as suas tradições. Respeitamos o desejo dos Ucranianos de ver o seu país livre, seguro e próspero.»

Vladimir Putin, «Sobre a Unidade Histórica de Russos e Ucranianos», julho de 2021[1]

«É assim que são as revoluções»

Muitos dos manifestantes que chegaram à residência de Yanukovych em Mejiíria, na manhã de 22 de fevereiro de 2014, vieram diretamente das barricadas de Maidan. Ainda usavam roupas improvisadas de manifestantes: capacetes de mineiro, capacetes soviéticos de aço postos por cima de grossos bonés de lã de marinheiro, camuflados de diversos tipos e uniformes de trabalho. Traziam bastões, escudos de motim feitos de aço e espingardas de caça. Deram com os portões destrancados. A guarnição com 650 elementos da Berkut, a mesma polícia paramilitar que tentara, em vão, dispersar os manifestantes de Maidan pela força, tinha fugido a coberto da noite, juntamente com o seu senhor.

Os manifestantes descobriram um enorme complexo apalaçado que oficialmente nunca existiu. No papel, a residência oficial de Yanukovych era uma pequena dacha nas redondezas, feita de madeira e modestamente conhecida por «Casa das Cepas».

A propriedade de Mejiíria estava registada como escritório administrativo do presidente de uma empresa do Dubai, Tantalit. Na realidade, Yanukovych encomendara o complexo pouco depois de chegar ao poder em 2010, e foi concebido como uma propriedade privada sumptuosa. A residência principal era uma construção de madeira com três andares, construída na Alemanha e transportada em pedaços para ser montada em Quiive. Talvez devido à estranha aparência pré-fabricada, a casa ficou com a alcunha de «Honka», devido ao fabricante finlandês de cabinas de madeira em conta prontas a montar.

Os interiores eram tudo menos em conta. Até o elevador estava forrado de mosaicos e espelhos. O piso inferior estava pavimentado com ladrilhos de cantaria *pietra dura,* ao estilo florentino. O conjunto de divisões do piso inferior estava decorado ao estilo neomedieval, incluindo reproduções de conjuntos de armaduras, painéis neogóticos de carvalho e mosaicos com cenas de cavalaria nas paredes. Na *suite* pessoal da amante do presidente, o piso macio de tacos de carvalho do camarim era um mar de pequenas marcas de saltos dos seus sapatos altos. Lyubov Polezhay deixara para trás um monte imenso de romances cartonados, incluindo um com o título *Por Que Razão Precisamos de Homens?* Muitos tinham sido roídos, aparentemente por um pequeno cão de companhia. Polezhay deixou também o seu gato de raça, que defecara nas carpetes e nos estofados quando ficou preso no quarto.

Na *suite* do presidente Yanukovych estava uma dúzia de tensores de sapatos feitos à mão, mas sem os sapatos, todos com remendos de madeira no sítio que corresponde aos joanetes do presidente. Na biblioteca havia enormes coleções de clássicos do pensamento mundial, de Maquiavel a Schopenhauer, aparentemente nunca abertos, apesar de vários livros cartonados sobre desportos russos mostrarem marcas de terem sido bem folheados. Pessoalmente, considerei libertador uma tradução inglesa do livro de Yanukovych, *A Via do Sucesso,* mas duvidei que os seus conselhos viessem a revelar-se particularmente úteis. Na sala de cinema privada, com painéis góticos, estavam as poltronas iguais de cabedal do casal e uma grande coleção de DVD e *Blu-Ray,* incluindo *Maratona do Amor.*

Nos terrenos da propriedade havia um jardim zoológico privado com avestruzes e aves exóticas, um campo de golfe, uma grande coleção de motas, carros e barcos antigos e um centro de criação de cães com cirurgia e máquinas para exercitá-los. O mais significativo é que perto de uma sala de jantar construída em forma de navio pirata, ao lado de um lago, flutuavam na água milhares de documentos. Recolhidos mais tarde por manifestantes e mergulhadores voluntários, os documentos incluíam recibos de subornos, dossiês sobre jornalistas da oposição e registos de reuniões privadas do presidente, incluindo com Vladimir Putin, em Moscovo.

Yulia Kapica, uma analista de finanças de Berdiansque, passou os primeiros dias depois de Maidan a pescar documentos do lago e a secá-los nos pisos de mármore do palácio, com secadores de cabelo, para depois os digitalizar e enviar para o Ministério das Finanças e para a polícia. «Para mim, Maidan não tinha que ver com o acordo europeu, mas sim com a descoberta da identidade ucraniana por parte do nosso povo», disse Kapica, uma loira de 30 e poucos anos que se tornara, em regime de voluntariado, uma das «guardiãs populares do palácio», que mais tarde seria oficialmente inaugurado como Museu da Corrupção. Usava tranças ucranianas tradicionais e uma bandolete com flores de plástico azuis e amarelas. «Antes de Maidan, as pessoas tinham vergonha de ser ucranianas. Depois, tinham orgulho. Ergueram-se do chão.»

Petya, um vendedor de hortaliças de 34 anos de Levive, percorria os compridos corredores ressoantes do palácio com um andar cerimonioso e preciso, organizando grupos de voluntários para tomarem conta da propriedade abandonada. Vestia uma camisa bordada tradicional de camponês ucraniano e cobria os ombros com a bandeira vermelha e negra do UPA de Stepan Bandera. «É assim que são as revoluções», afirmou, olhando pela janela para as multidões de Quíive que tinham vindo para ver, incrédulos, os excessos do antigo regime.[2]

Na manhã de 22 de fevereiro, Yanukovych chegara a Carquive. Aí, soube que a sua querida Mejiíria fora invadida por uma multidão. Gravou uma mensagem televisiva em que considera a revolução de Maidan uma coisa de «arruaceiros, vandalismo e um golpe de estado».[3] De seguida, conduziu até ao Palácio dos Desportos da Carquive para o congresso agendado. Quando caminhava em direção à entrada, após sair do jipe, recebeu uma chamada no telemóvel. Os fãs do futebol que eram apoiantes de Maidan tinham rompido as barreiras à volta da construção e estavam prestes a invadir o congresso. Yanukovych voltou costas, entrou de novo no carro e conduziu quatro horas para sul, em direção ao Aeroporto de Donetsque, onde o seu Falcon, um avião a jato, o aguardava. Porém, os controladores aéreos de Donetsque recusaram autorizar o seu plano de voo para Rostóvia, no sul da Rússia. Entrou de novo no carro e dirigiu-se para a costa da Crimeia, onde foi recolhido por um helicóptero russo.[4]

Enquanto as multidões vagueavam pelo quarto de Mejiíria do presidente ucraniano caído, havia uma atmosfera de grande tensão na residência suburbana de Putin de Novo-Ogarevo. As decisões que Putin tomou nas 24 horas depois da fuga de Yanukovych de Quíive seriam a base não apenas da anexação da Crimeia mas também da invasão de 2022.

No final da tarde de 23 de fevereiro, Putin «convidou os líderes dos nossos serviços especiais e os responsáveis pelo Ministério da Defesa para o Kremlin», afirmou Andrei Kondrashov, um jornalista do canal estatal Rossiya 1. Na reunião estavam os membros mais próximos do círculo mais restrito de Putin — o ministro da Defesa, Sergei Shoigu, o secretário do Comité de Segurança, Nikolai Patrushev, o diretor do SFS, Aleksandr Bortnikov, e o seu chefe de pessoal, Sergei Ivanov, segundo uma fonte da imprensa que faz a cobertura do Kremlin.[5] O primeiro ponto da ordem de trabalhos era «dar-lhes a tarefa de salvar a vida do presidente da Ucrânia, que teria sido simplesmente liquidado», disse Putin à Rossiya 1.

O segundo era a tomada militar da Crimeia — supostamente para proteger a população local da violência «antirrussa» às mãos dos elementos favoráveis a Maidan.

Nikolai Patrushev, presidente do Conselho de Segurança, e Sergei Ivanov, diretor da Administração Presidencial, apoiados pelo diretor do SFS, Aleksandr Bortnikov, disseram a Putin que as sondagens privadas conduzidas pelo Serviço Federal de Proteção mostravam que a população da Crimeia apoiava esmagadoramente a adesão à Rússia. Defenderam também que, na prática, o estado ucraniano não tinha líder, estando o resto dos elementos do governo divididos entre as forças a favor e as forças contra Yanukovych. Não havia qualquer generalíssimo que desse autorização às forças armadas ucranianas para defender a Crimeia. E, em qualquer caso, tanto as forças armadas ucranianas como os serviços de segurança estavam, também eles, divididos entre as fações a favor e as fações contra a Rússia — graças, em parte, à imensa influência e às operações de suborno dos serviços secretos de Moscovo. Shoigu, contudo, foi mais cauteloso, fazendo uma lista de argumentos desfavoráveis, que incluíam a possibilidade de a NATO se envolver e de haver sanções económicas internacionais.[6] Fez também notar que não havia qualquer plano militar ou político concreto para a invasão nem para o seu rescaldo político, o que significava que importantes decisões estratégicas teriam de ser tomadas à pressa.

Depois de horas de discussão, os mais belicosos ganharam o debate — liderados por Patrushev e pelo próprio Putin. «Acabámos cerca das sete da manhã», disse Putin ao Canal Um em 2015. «Quando nos despedíamos, disse a todos os meus colegas: "Somos obrigados a começar o trabalho de restituir a Crimeia à Rússia".» Era uma memória falsa de Putin. Na verdade, só depois de várias semanas é que o Kremlin decidiu finalmente que a Crimeia passaria a fazer parte da Rússia, em vez de ser um estado fantoche em teoria independente, como a Ossétia do Sul e a Abecásia.

Apesar das suas objeções anteriores, foi Shoigu, como ministro da Defesa, que ficou responsável pela operação de tomada da

Crimeia. Disseram-lhe para atuar com «toda a cautela».[7] Horas depois, Shoigu enviou o vice-almirante Oleg Belaventsev, um velho amigo e adjunto de longa data, como enviado político para Sebastopol. A operação para tomar a Crimeia estava em curso.

Império, defesa ou oportunismo?

A primeira vez que Boris Ieltsin ameaçou tirar a Crimeia à Ucrânia foi em agosto de 1991, quando o Rada declarou a independência da URSS. Na década de 1990, o agitador ultranacionalista Vladimir Zhirinovsky levantara periodicamente a questão, à semelhança do politicamente ambicioso presidente da Câmara de Moscovo, Yury Luzhkov, que manobrava ao mesmo tempo para ser o sucessor de Ieltsin em 1999, coisa que não conseguiu. Porém, reconquistar a Crimeia nunca fez parte da retórica de Putin. Um acordo para construir uma ponte ao longo do Estreito de Querche, para ligar o sul da Rússia à Crimeia, fora originalmente assinado por Yanukovych e Medvedev em 2010. Porém, nos quatro anos seguintes, Moscovo mostrou tão pouco interesse no projeto da ponte — ou, na verdade, na Crimeia, em geral — que não se fez qualquer estudo de exequibilidade. A independência da Ucrânia também nunca fora uma questão particularmente popular ou importante na própria Crimeia. O Partido das Regiões de Yanukovych, apoiante de Moscovo, tivera um forte apoio, mas os partidos abertamente a favor da independência tinham menos de cinco por cento dos votos.

Entre a sua anexação da Crimeia, em 2014, e a invasão total da Ucrânia, oito anos depois, Putin acabou por desenvolver uma espécie de obsessão tanto pelo nacionalismo místico como pelas justificações históricas da grandiosidade imperial da Rússia. Porém, tanto as políticas de Moscovo como o comportamento com respeito à Crimeia, antes da crise final de 22–27 de fevereiro de 2014, sugerem fortemente que a prioridade do Kremlin era manter a influência da Rússia sobre toda a Ucrânia, e não ficar com algumas zonas do país. Só a meio do inverno de 2013–2014, quando Yanukovych estava visivelmente a perder o domínio das coisas, é que a ideia de tomar realmente a Crimeia começou a circular no Kremlin.

Vladimir Konstantinov, presidente do parlamento regional da Crimeia, lançou as primeiras pedras. À medida que a crise de Maidan ficava mais intensa em Quiive, Konstantinov foi várias vezes a Moscovo. Em dezembro de 2013, reuniu-se com o Conselho de Segurança da Rússia, presidido pelo aliado mais próximo de Putin, Nikolai Patrushev, antigo diretor do SFS e um importante funcionário dos serviços de segurança. Konstantinov disse a Patrushev que a Crimeia estaria preparada para «ir para a Rússia» se Yanukovych fosse derrubado. Segundo o jornalista Mikhail Zygar, Patrushev ficou «agradavelmente surpreendido» com a notícia. No fim de janeiro, começou a circular entre os conselheiros superiores do Kremlin um documento programático da autoria de Konstantin Malofeev, um bilionário ortodoxo — acerca de quem ainda iremos ouvir falar —, esboçando as questões práticas de uma tomada da Crimeia. O documento, obtido em fevereiro de 2015 pela *Novaya Gazeta,* oferecia uma estratégia ao governo russo (que coincide de perto com o que depois aconteceu) para o caso de Yanukovych ser afastado e de a Ucrânia ser dividida — e também esboçava planos para anexar a Crimeia e as porções orientais do país. Malofeev e os seus coautores também esboçavam planos para uma campanha de relações públicas para justificar as ações russas.[8]

Putin iria mais tarde explicar que a operação na Crimeia era um ataque preventivo tendo em vista a possibilidade de o novo governo da Ucrânia aderir à NATO, cujo resultado seria que a perda da sede histórica da Frota do Mar Negro da Rússia em Sebastopol. Putin «ouvira declarações de Quiive com respeito à adesão próxima da Ucrânia à NATO», disse à televisão russa. Na verdade, essa eventualidade era muitíssimo improvável em 2014. Em 2008, a recusa clara de britânicos, franceses e alemães em dar andamento às candidaturas de adesão à NATO de Quiive e Tiblíssi fora reforçada pela subsequente invasão russa da Geórgia.

E a eleição de Yanukovych não só pôs as ambições da Ucrânia quanto à NATO em segundo plano como de facto as tornaram ilegais depois de uma lei promulgada em 2010, que impedia a Ucrânia de participar em qualquer bloco militar.

É verdade que a Ucrânia, sob o mandato de Yanukovych, tinha continuado a participar em alguns exercícios militares da NATO e tinha disponibilizado um navio para ajudar as operações daquela organização contra a pirataria. Porém, se Putin estava extremamente preocupado quanto à expansão da NATO, não o mencionou aos Norte-Americanos. Michael McFaul, que entre 2009 e 2012 foi o assistente especial para assuntos russos do presidente dos EUA, Barack Obama, e que foi também embaixador daquele país em Moscovo, entre 2012 e o início de 2014, esteve presente, com uma única exceção, em todos os encontros entre Obama e Putin ou Dmitry Medvedev, e também ouvia todas as conversas telefónicas de Obama com o Kremlin. McFaul não se «lembra de uma só vez em que a questão da expansão da NATO tenha sido abordada» em qualquer uma dessas conversas.[9] O afastamento súbito de Yanukovych e a probabilidade de lhe suceder um governo fortemente a favor do Ocidente era realmente uma preocupação estratégica quanto ao futuro. Mas em vésperas da operação de Putin na Crimeia não havia qualquer probabilidade de a NATO aceitar a integração da Ucrânia, nem tal coisa era um perigo claro e inequívoco. Os funcionários russos mais destacados «não temiam que a Ucrânia se juntasse à NATO», disse uma importante fonte militar em 2015 ao professor Daniel Treisman da UCLA numa reunião do clube de discussão Valdai, que é apoiado pelo Kremlin. «Mas estavam certamente preocupados que os Ucranianos pudessem cancelar o contrato [russo] de Sebastopol, expulsando assim a Frota do Mar Negro.»[10]

Porém, os acontecimentos de fevereiro e março de 2014 sugerem uma terceira e muito convincente explicação da decisão de Putin. Tomar a Crimeia foi uma decisão oportunista e sem planificação, baseada num juízo instantâneo de acontecimentos que se desenrolavam em grande velocidade. Tal como Putin disse a

Treisman em outubro de 2015, a operação para se apoderar da península foi «espontânea» e «nada» planeada.[11] A decisão veio primeiro, a justificação depois.

O ideograma chinês para «crise», na célebre observação de Winston Churchill, é uma combinação de caracteres que querem dizer «perigo» e «oportunidade». Para os homens reunidos no Kremlin naquela noite de fevereiro, o perigo era a suposta ameaça ao futuro de Sebastopol. A oportunidade era o caos em Quíive, que significava que a Rússia tinha de atacar de imediato ou ficar quieta.

Traição

Tal como o oportunismo calculista, a forte emoção estava também em ação na forma de ira quanto a uma suposta traição do Ocidente. Yanukovych, apesar da pressão do Kremlin, fizera tudo o que os ministros dos Negócios Estrangeiros da NATO lhe tinham pedido — mas mesmo assim foi deposto. «Assinou um acordo, deu ordens para a retirada da polícia e manteve-se no país», disse um indignado Peskov a Zygar em 2015. «Os mediadores europeus prometeram garantir o cumprimento do acordo. O que aconteceu foi simplesmente chocante e absolutamente sem precedentes.»[12]

Para Putin — incapaz de imaginar, depois de uma vida no KGB, que uma multidão irada pudesse atuar espontaneamente e não às ordens de alguns dos mais bem colocados senhores do mundo —, a vitória de Maidan foi um ponto pessoal de viragem. Putin passara os primeiros 14 anos da sua presidência a jogar de acordo com as regras do Ocidente. Cumprira o dever de aparecer nas cimeiras do G8, e até foi o anfitrião de uma delas, na sua nativa São Petersburgo. Falara regularmente com os líderes ocidentais, defendendo constantemente as exigências russas de que os seus interesses de segurança não fossem ignorados. E, contudo, a Rússia — e Putin pessoalmente — fora repetidamente ignorada e, do seu ponto de vista, humilhada.

«Putin comportou-se sempre como um rústico das províncias que é convidado para jantar com a família aristocrata», disse uma fonte que conhece Putin como amigo da família desde a infância. «Estava encantado de estar à mesa, mas irado por pensar que as pessoas o olhavam com altivez.»[13] O próprio Putin confirmara o seu profundo sentido de ofensa pessoal numa entrevista de 2007 à revista *Time,* depois de essa publicação norte-americana o ter elegido «Personalidade do Ano». «Por vezes, tem-se a impressão de que os EUA não precisam de amigos. Por vezes, tem-se a impressão de que vocês precisam de algum tipo de criadagem para dar ordens», disse Putin. Para os Norte-Americanos, os Russos «são ainda um bocadinho selvagens ou acabaram de descer das árvores, sabe, e precisam talvez de pentear o cabelo e de cortar a barba. E de tirar a sujidade da barba e do cabelo».[14] Na sequência da suposta perfídia do Ocidente com respeito a Maidan, o tempo viera finalmente a mostrar que os Russos não eram selvagens, mas sim um país que estava determinado a merecer respeito. Quando Aleksei Venediktov, o chefe de redação da rádio Echo Moskvy, sugeriu a Putin que a anexação da Crimeia violara a lei internacional, a resposta de Putin foi significativa. «Foi desleal, então? Mas foi correta?» Disse Putin a Venediktov. «A Crimeia é russa por natureza. Por isso, era o que havia de correto a fazer.»[15]

Tudo o que mais tarde haveria de precipitar a invasão de 2022 de Putin — medo da intromissão estrangeira, ira com respeito à hipocrisia ocidental, ambição imperial — acabou por se aglutinar nas horas e nos dias que se seguiram à queda de Yanukovych. Para Putin, o verdadeiro alvo das potências ocidentais que supostamente tinham orquestrado a vitória de Maidan não era Yanukovych, mas sim o próprio Putin. Maidan «era uma ameaça direta à Rússia», disse Peskov a Zygar. O Ocidente tinha por «objetivo livrar-se de Putin. Não gostam dele. A Rússia é demasiado obstinada sob a sua liderança e não está disposta a fazer concessões. Estão dispostos a fazer qualquer coisa para se livrarem dele. Sentimo-lo mesmo antes da Ucrânia, mas depois foi diferente. Depois da Ucrânia, as máscaras diplomáticas caíram. Antes disso, o confronto estava envolvido em papel de embrulho diplomático, que agora desapareceu.»[16] A partir de 23 de fevereiro de 2014, Putin considerou-se em guerra com todo o Ocidente.

A Crimeia é nossa!

O vice-almirante Oleg Belaventsev chegou ao Aeroporto de Simferopol, na Crimeia, por volta do meio-dia de 23 de fevereiro. Há muito tempo adjunto do ministro russo da defesa, Sergei Shoigu, Belaventsev era um oficial naval e também um antigo oficial de carreira do KGB — tal como Putin, Patrushev, Bortnikov e Ivanov. Fora espião na embaixada soviética em Londres, tendo depois gerido várias empresas controversas ligadas a Shoigu.[17] Apesar de todas as suas competências como oficial dos serviços secretos, comandante das forças armadas, íntimo do Kremlin e burocrata e homem de negócios, Belaventsev pouca experiência tinha com respeito à cena política da Crimeia. Depois de analisar e rejeitar dois políticos veteranos da Crimeia, acabou por encontrar o homem que procurava para levá-la a separar-se da Ucrânia, juntando-se à Rússia.

Sergei Aksyonov, líder do pouco conhecido Partido da Unidade Russa da Crimeia, não era um político da máquina da velha escola, mas sim um antigo pugilista e homem de negócios apoiante da Rússia, universalmente conhecido pela sua alcunha do submundo: «Goblin». «O vogal do parlamento da Crimeia disse-me [que Aksyonov é o] nosso Che Guevara», disse Putin à televisão russa no ano seguinte. «Exatamente o que precisávamos.» Aksyonov seria o primeiro de uma longa série de patrões do submundo contratados pelo Kremlin para garantir os seus novos territórios ucranianos.

Para ajudar a pôr Aksyonov no poder, foram enviados «conselheiros» para Simferopol, oriundos do SFS e do GRU, os serviços secretos militares da Rússia. Entre estes encontrava-se Igor Girkin, um antigo oficial do SFS e um entusiasta de reconstruções históricas de operações militares que, com o seu novo pseudónimo, «Igor Strelkov» (Igor, *o* atirador), não demoraria a tornar-se independente e a começar a sua própria guerra privada no Dombás. Uma reunião de emergência do parlamento da Crimeia foi rapidamente convocada para 26 de fevereiro. Os representantes que se recusaram a comparecer foram raptados das suas casas por oficiais à paisana do SFS e carregados à força para a sessão. Assim que se espalharam rumores de que o Conselho Supremo da Crimeia iria pedir a Putin para aceitar a província no seio da Federação Russa, começaram os confrontos no exterior do edifício do parlamento. Os Russos — com reforços de homens do SFS à paisana — vieram para apoiar a decisão, e os tártaros da Crimeia para a contestar. Morreram duas pessoas nos confrontos — uma foi esmagada, a outra morreu de ataque cardíaco.

Shoigu tinha agora desculpa para avançar, ostensivamente para evitar mais agitação. Durante a noite, aterraram em Simferopol mais dez aviões militares russos, com paraquedistas da 76.ª Divisão da Guarda, com base em Pescove.[18] Na manhã seguinte, já militares de uniforme russo mas sem insígnia se tinham apoderado do parlamento regional da Crimeia e de outras importantes instalações governamentais. Ocuparam os dois aeroportos da península e dispersaram pelas ruas de Simferopol e de Sebastopol. Putin e Shoigu negaram repetidamente em público que se tratava de tropas russas. «Qualquer pessoa pode comprar uniformes russos numa loja», disse Putin à televisão russa, com o seu característico sorriso afetado. Os meios de comunicação estatais, aproveitando a deixa, batizaram com deleite as misteriosas tropas de «marcianos» e «pessoas educadas».

No dia 28 de fevereiro, outra aeronave de transporte militar russo, um Il-76, aterrou em Simferopol, trazendo voluntários civis. Revelar-se-ia uma carga muitíssimo mais perigosa do que as tropas de elite russas que os precederam. Os primeiros 170 voluntários russos eram, na sua maioria, veteranos do Afeganistão e da Chechénia, assim como atletas, membros de clubes de motas e de «clubes patrióticos». Foram mobilizados por Franz

Klintsevich, membro da Duma, líder da União dos Veteranos do Afeganistão e um velho amigo de Shoigu. Tal como as equipas do SFS/GRU que chegaram de avião uns dias antes, a tarefa não era combater, mas antes desempenhar o papel de cidadãos comuns da Crimeia, protestando e exigindo que a Rússia retomasse o controlo da península.

No total, a tomada da Crimeia demorou apenas quatro dias. Foi rápida, relativamente sem derramamento de sangue (a exceção foi uma mão-cheia de ativistas da oposição que foram raptados, espancados e assassinados) e apoiada em grande parte pela população. Porém, mesmo com a Crimeia sob controlo militar russo, Putin hesitava. Apesar do que depois afirmou à televisão russa, Putin não tomou a decisão de «devolver a Crimeia à Rússia» no dia 23 de fevereiro. Na verdade, no dia 27 desse mês, quando o parlamento da Crimeia votou para fazer um referendo no dia 25 de maio, a escolha era entre o estatuto de então ou fazer da Crimeia «um estado autossuficiente [...] que faz parte da Ucrânia com base em tratados e acordos».

Na noite de 1 para 2 de março, Putin falou hora e meia com Obama. «O que não pode acontecer é a Rússia, com impunidade, pôr soldados no terreno e violar princípios básicos reconhecidos em todo o mundo», disse Obama posteriormente aos repórteres. Os EUA ameaçaram boicotar a cimeira do G8 em Sótchi, agendada para junho, e tomar «medidas diplomáticas» para «isolar a Rússia».[19] Não seria a última vez que Putin daria consigo encurralado pela inércia da sua própria operação militar. A independência da Crimeia no seio da Ucrânia significaria o regresso das tropas de Quiive e a retirada das russas — uma humilhante cedência face a uma reprimenda do presidente dos EUA. Isso era algo que Putin se recusava a tolerar.

Putin — de novo, não pela última vez — viu-se também refém da propaganda patriótica que explodiu nos meios de comunicação russos. «A euforia com a Crimeia foi muito intensa», recordou Katya Bondarenko, redatora de uma rede de televisão estatal russa. «Era na Crimeia que passávamos férias na infância. Todo o cidadão russo de certa idade conhecia a Crimeia e adorava-a. Era como ganhar de novo o nosso paraíso.» Até críticos de longa data de Putin deram consigo a concordar que a Crimeia era realmente «nossa». «Durante 20 anos [nós, russos,] fomos ignorados e gozados em todo o mundo», afirmou Bondarenko. «Agora, a Rússia erguia-se finalmente. As pessoas choravam no estúdio. Foi incrivelmente emocional.» O índice de aprovação de Putin explodiu para lá dos 87 por cento. Carros cheios de pessoas a buzinar e a agitar bandeiras russas percorriam o Anel Rodoviário dos Jardins, em Moscovo. O povo russo estava em êxtase. Putin era o seu líder. Tinha de segui-los.

No dia 4 de março, numa conferência de imprensa, Putin negou publicamente que a Rússia planeava anexar a Crimeia, apesar de a decisão de fazer exatamente isso ter sido de facto já tomada. Putin preparou o terreno falando acerca do Kosovo, a província jugoslava que conquistara a independência depois do bombardeamento da NATO de Belgrado, em 1999. «Ninguém excluiu o direito das nações à autodeterminação», disse aos repórteres. Descodificando, o que Putin queria dizer era que, apesar de ele não ter realmente planos para anexar a Crimeia, aceitaria o seu pedido para se juntar à Rússia, se o seu povo o quisesse. Era um exemplo clássico do discurso bipolar de Putin: correto na letra, mas uma mentira grosseira no espírito.

Em 16 de março, um referendo organizado à pressa mostrou, em conformidade, que 96,77 por cento da população da Crimeia apoiava a integração na Rússia. Dois dias depois, um tratado formal que admitia a Crimeia na Federação Russa foi assinado por Putin, uma fórmula que ele repetiria precisamente em setembro de 2022, quando aos referendos instantâneos realizados nas províncias ocupadas da Ucrânia — Luansque, Donetsque, Quérson e Zaporíjia — se seguiu uma rápida anexação. Um dia depois chegou a apoteose de Putin, o equivalente do Kremlin ao triunfo formal de um imperador romano. Numa cerimónia cuidadosamente coreografada, os portões carregados de ouro do Salão de São Jorge do Kremlin abriram-se para admitir Putin, que subiu com confiança as escadas onde se alinhavam as tropas da guarda de honra do Kremlin, vestidas com uniformes napoleónicos. À sua espera estavam mais de mil membros da elite política, militar e cultural da Rússia — todos os membros da Câmara Alta e da Câmara Baixa do parlamento russo, todos os governadores e várias estrelas de cinema e realizadores, assim como celebridades desportivas, jornalistas e artistas leais, todos aclamando e aplaudindo.

No seu discurso, Putin culpou sem rodeios a NATO por obrigar a Rússia a atuar. «Estão constantemente a tentar pôr-nos num beco sem saída, porque temos uma posição independente, porque a mantemos e porque dizemos como as coisas são e não nos entregamos à hipocrisia», disse Putin, suscitando fortes aplausos, que o interromperam 27 vezes — as últimas duas vezes de pé. «Mas tudo tem limites. E com a Ucrânia, os nossos parceiros ocidentais pisaram o risco, fizeram jogo duplo e agiram de maneira irresponsável e nada profissional. Agem como querem: aqui e ali usam a força contra Estados soberanos e fazem coligações baseadas no princípio "Se não és dos nossos, és contra nós" [...]. A NATO continua a ser uma aliança militar, e nós somos contra uma aliança militar que se instala no nosso próprio quintal como se estivesse em casa; no nosso território histórico.» Além desta bem conhecida litania de queixas, Putin fez soar também uma nota mais sinistra: «Alguns políticos ocidentais já estão a ameaçar-nos não apenas com sanções mas também com a perspectiva de problemas cada vez mais sérios na nossa frente doméstica.» Perguntou então: «Gostaria de saber o que têm de facto em mente. Atuar por meio de uma quinta-coluna, de um punhado de traidores nacionais?» Mas Putin acrescentou uma importante ressalva, excluindo explicitamente a anexação de mais território. «Não acreditem em quem tenta meter-vos medo com a Rússia e grita que outras regiões seguirão o destino da Crimeia [...]. Não precisamos disso.» As suas ações posteriores iriam mostrar que é um mentiroso. No mesmíssimo salão, no dia 30 de setembro de 2022, Putin convocou uma reunião semelhante da elite russa para fazer aprovar a sua anexação de mais quatro províncias ucranianas que, segundo ele, tal como a Crimeia, fariam «para sempre parte da Rússia».

Depois de Putin ter concluído, todo o Grande Palácio do Kremlin ergueu-se em uníssono e começou a cantar «Rússia! Rússia!» e «Putin! Putin!». À saída, o presidente checheno, Ramzan Kadyrov, foi avistado a cantar o hino nacional russo na sua potente voz de barítono. «Muito bem! O que se segue?», brincou com um conhecido. «O Alasca?»[20]

Uma semana depois, a Assembleia Geral das Nações Unidas votou — por 100 votos contra 11 — a favor da declaração de que o referendo e a anexação da Crimeia eram inválidos. Putin claramente não se importou. O Ocidente também protestou — mas não muito. Radosław Sikorski, o franco ministro dos Negócios Estrangeiros da Polónia, chamou à anexação da Crimeia uma tentativa de «redesenhar o mapa da Europa em linhas étnicas [...]. E a Europa baseia-se no princípio de ir além das fronteiras, e não de redesenhá-las». Sikorski comparou Putin diretamente a Hitler: «Ninguém tem o direito unilateral de mudar as fronteiras em resposta a supostas ofensas étnicas. Já vimos o que aconteceu quando um líder europeu tentou fazer isso: os povos da União Soviética pagaram um dos preços mais elevados.»

Contudo, a única ação concreta tomada pelos EUA e pela União Europeia foi o anúncio de sanções pessoais contra uma mão-cheia dos parceiros mais próximos de Putin. Tal como na sequência da invasão de Putin da Geórgia, não houve penalidades sérias para o estado russo, nem para as suas empresas. E tal como Putin previra, a reação do Ocidente à anexação da Crimeia não seria mais do que um leve tabefe.

Ídolos a sangrar

A minoria de língua russa da Ucrânia ficou abalada e irada com a fuga de Yanukovych, que se tinha apresentado como o seu defensor e protetor. Surgiram protestos de grandes dimensões nas cidades que as pessoas de língua russa chamavam «Lugansk», «Kharkov», «Odessa» e «Dnipropetrovsk», assim como em Donetsque. As multidões empunhavam cartazes que diziam «Berkut — Sim!» e «Não ao fascismo!»[21]. «Vocês tiveram a vossa Maidan em Quíive», recordou Sergei Fedorenko, um estudante de história da Universidade de Donetsque. «Esta foi a nossa.»[22]

No início de abril de 2014, era claro que a autodeterminação local — se não o próprio separatismo e a guerra — tinha um forte apoio na Ucrânia Oriental e Meridional. Depois das poucas semanas de uma apreensiva calma relativa que se seguiram à operação da Crimeia, emergiu um pequeno mas violento movimento a favor da independência nas cidades ucranianas orientais de Sloviansque, Luansque (Slavyansk e Lugansk para os Russos) e Donetsque, liderado por tropas irregulares com um conjunto heterogéneo de armas. Eram muito diferentes dos homens disciplinados e de uniforme, mas sem insígnia — que eram de facto tropas regulares russas —, que tinham sido usados na Crimeia. «Estes homens pareciam uma quadrilha de bandidos», recorda Sofia Ivleva, proprietária de uma loja de roupa de mulher na baixa de Donetsque, a dois quarteirões da sede do governo local. «Chegaram ao edifício da administração local e disseram aos guardas para se porem a milhas. Estavam de cara tapada e pareciam assaltantes de bancos.»[23]

Os líderes rebeldes mais proeminentes eram cidadãos russos com fortes ligações aos serviços de segurança de Moscovo. Muitos tinham chegado no final de fevereiro à Ucrânia como «voluntários», transportados de avião por Belaventsev. Igor Girkin (também conhecido pelo seu nome de guerra, «Strelkov», ou «O atirador»), que liderou a tomada de Sloviansque, era um antigo oficial do SFS.

Segundo o relato do próprio Girkin, a decisão de fomentar uma sublevação armada no Dombás foi sua, e não do Kremlin. «De início, ninguém queria combater», disse Girkin ao jornal ultranacionalista *Zavtra*. «Fui eu que puxei o gatilho da guerra. Se o nosso esquadrão não tivesse atravessado a fronteira, tudo teria acabado [em fracasso] como [as sublevações fracassadas] em Carquive ou Odessa. Algumas dúzias seriam mortos, queimados e presos. E isso teria sido o fim de tudo. O nosso esquadrão pôs as rodas da guerra em ação. Voltámos a baralhar todas as cartas em cima da mesa.»

Girkin mentia. Houve ordens de Moscovo, ainda que talvez não diretamente de Putin. Em agosto de 2016, os serviços de segurança da Ucrânia, SBU, publicaram escutas telefónicas de fevereiro de 2014 entre o conselheiro presidencial russo, Sergei Glazyev, e Konstantin Zatulin, o primeiro adjunto do presidente do comité russo da Duma para a CEI.

«Financiámos Carquive, financiámos Odessa», ouviram Zatulin dizer a Glazyev. «Pequenas somas de dois, três mil [...]. Tenho quatro pedidos, assinados por Chaly [o autoproclamado presidente da Câmara de Sebastopol, Aleksei], de 50 mil.»

«Pagaste, então», respondeu Glazyev. «Tens de fazer uma estimativa dos custos, eu passo-a [aos dirigentes], eles que a examinem.»

Zatulin confirmou numa entrevista à Rádio Business FM que as chamadas realmente aconteceram, mas disse que as gravações foram «tiradas do contexto».[24] Noutras chamadas, há uma gravação de Glazyev a dar instruções ao líder recentemente instalado na Crimeia, Sergei Aksyonov, quanto à formulação das palavras do referendo. E, o que é mais sério, as gravações revelaram que Glazyev deu aos organizadores no terreno instruções diretas sobre como se monta golpes armados contra autoridades locais.

«Pessoas especialmente treinadas devem obrigar os *Banderovtsy* (neonazis ucranianos) a sair do edifício da Câmara [Regional]», disse Glazyev a um ativista de Odessa. «Depois devem conseguir uma reunião da administração regional do estado, reunir as autoridades executivas [...], como se fez em Carquive. Em Carquive, as pessoas expulsaram todos os *Banderovtsy*, encontraram o depósito local de armas e distribuíram [as armas]. Irão convocar a Administração Regional do Estado e, depois, apelar ao nosso presidente [Putin].»[25] Glazyev sublinhou repetidas vezes que os organizadores devem, por todos os meios, manter a aparência de as manifestações serem «locais» e «espontâneas».[26] Prometeu também aos ativistas locais o apoio da Rússia, incluindo «enviar os nossos rapazes».[27]

Dos «rapazes» de Glazyev, Girkin foi quem rapidamente se tornou o líder separatista mais destacado, graças à sua disciplina e porte militar. Com o seu bigode aparado, farda de combate bem engomada e charme cuidadoso, Girkin apresentava-se como um oficial czarista pré-revolucionário. Baniu os palavrões da sua autointitulada «força de defesa local» de mil homens e mandou executar dois dos seus próprios homens por terem feito pilhagens. Aleksander Borodai, um homem de negócios local que, no início da década de 1990, dirigira o ramo de Donetsque do esquema de pirâmide da MMM, também recrutou forças da máfia local.

Nas cidades de língua russa, por toda a Ucrânia, os rebeldes ganharam cada vez mais apoio popular — e o governo provisório que assumira funções depois de Maidan era cada vez mais mal visto — à medida que se aproximavam as novas eleições para a presidência do final de maio. Em Odessa estabelecera-se um campo contra Maidan no dia 26 de janeiro, no centro da cidade, em Kulykove Pole. No dia 2 de maio, a tenda deveria ser desmontada, segundo um acordo com as autoridades locais. Em vez disso, um grupo radical de manifestantes contra Maidan — entre eles, ativistas que tinham estado em contacto com Glazyev — tomou a Casa dos Sindicatos próxima. Eclodiram batalhas de rua entre fações rivais, a que a polícia pouco fez para pôr cobro. Um fogo posto no piso térreo do edifício da Casa dos Sindicatos encurralou centenas de manifestantes que se encontravam no interior. O inferno deixou 46 mortos por intoxicação e ferimentos de armas de fogo.

No Dombás, uma série de escaramuças militares inconclusivas entre os rebeldes e as milícias ucranianas autónomas tornou cada vez mais óbvio que as áreas separatistas de Donetsque e Luansque só seriam reconduzidas ao domínio de Quíive com uma intervenção militar integral. Petro Poroshenko — um magnata do chocolate — foi eleito presidente em maio e, pouco depois, anunciou uma «operação antiterrorista» contra os rebeldes do Dombás.

Combatendo lado a lado com o exército ucraniano oficial estava uma série de «batalhões de milícias do povo patriótico» formados à pressa, que vinham de combatentes nacionalistas que tinham tido a sua primeira experiência em Maidan. «Os Batalhões», como eram conhecidos, entraram em alguns dos primeiros e mais difíceis combates. Eram, em essência, exércitos privados. Alguns eram financiados por homens de negócios ucranianos, como Ihor Kolomoisky, um proeminente oligarca (e ativista judaico) de Dnipropetrovsque que apoiava um batalhão chamado «Dnipro 1» e outro conhecido como «Batalhão Azove» (que seria depois o Regimento Azove). Outros eram operações individuais, como o ultranacionalista Batalhão Ucrânia, de Oleh Lyashko, que se tornara conhecido por percorrer as cidades orientais numa carrinha blindada para raptar os presidentes das câmaras e andar com eles às voltas até concordarem em assinar um compromisso de lealdade ao governo de Quíive. Algumas das milícias, como o braço armado do Sector da Direita, eram braços militares autoproclamados de partidos políticos. Nos primeiros meses da guerra, todos estavam fora do controlo direto do governo ucraniano e das forças armadas.

Muitos dos batalhões autónomos — incluindo os que eram financiados por Kolomoisky — tinham ligações à extrema-direita da Ucrânia. Os partidos ultranacionalistas ucranianos, como o Sector da Direita, nunca ganharam mais do que uns poucos votos nas eleições nacionais. Mas a sua proeminência no campo de batalha deu origem a um mito que a Rússia depressa transformaria numa arma — que o governo de Quíive era dominado por forças «fascistas». O Sector da Direita «começou como uma organização que incluía desde os ultrarradicais aos liberais», explicou o vice-presidente do partido, Boroslav Bereza, num café de Quíive decorado com as cores preta e vermelha do UPA de Stepan Bandera. «No início havia muitos "ultras", como o Martelo Branco, a Trizub Bandery, os Patriotas da Ucrânia e assim por diante. Eram todas organizações que queriam a independência da Ucrânia, e o Sector da Direita uniu-as. Algumas mudaram de perspectiva e deixaram de ser radicais. Outras, não — como o Martelo Branco. Não são disciplinadas e já não fazem parte do Sector da Direita.» Para aumentar ainda mais a confusão ideológica, Bereza pôs a mão dentro da camisola e tirou uma Estrela de David, pendurada numa corrente de ouro. «Sou judeu, mas sou um judeu ucraniano», disse-me. «Esta é a minha terra-mãe. Amo-a e quero que os meus filhos vivam aqui. O fascismo ucraniano é uma invenção dos peritos russos em tecnologia política.»[28]

Em junho de 2014, o exército ucraniano começou a reconquistar cidades ao longo do Dombás, incluindo Mariópolis, que fora brevemente ocupada pelos rebeldes no mês anterior. Girkin evacuou Sloviansque no dia 5 de julho e bateu em retirada para Donetsque, à medida que o conflito aberto que ele tinha fortemente provocado se desenrolava à sua volta. Os líderes rebeldes — incluindo Girkin — começaram a criticar Putin amargamente por ter abandonado as suas tentativas de independência. Em resposta, o Kremlin enviou armas pesadas operadas por tropas russas temporariamente «exoneradas» do exército — incluindo pelo menos um sistema Buk de mísseis terra-ar. No dia 17 de julho, um dia depois de o Buk ter conseguido destruir um avião de transporte ucraniano, os operadores confundiram um Boeing 777 malaio com um avião militar e abateram-no, matando as 298 pessoas que iam a bordo.

Os destroços do avião ficaram espalhados ao longo de três vilarejos — tabuleiros, malas de rodinhas, revistas, compartimentos de bagagem e sinais para pôr o cinto de segurança, portas de casas de banho, a bandeja de bebidas da cozinha, cobertores, auscultadores, casacos, camisolas e sapatos. Andar pelos restos do avião foi uma das experiências mais horríveis da minha carreira de 25 anos passada em zonas de guerra. O Ocidente estava indignado; o Kremlin mentiu descaradamente ao dizer que o avião fora abatido por um jato ucraniano. Seguiram-se sanções mais duras, excluindo empresas estatais russas de obter financiamento internacional — mas não tão duras que desencorajassem Putin de intensificar o seu apoio dissimulado aos rebeldes do Dombás, mas sem envolver oficialmente o exército russo.

Em julho de 2014, tropas e rebeldes ucranianos da recentemente proclamada República Popular de Donetsque, ou DNR, combateram em batalhas campais em torno de um monumento soviético gigantesco dedicado à guerra, em Savur-Moíla, a cerca de 65 quilómetros a leste de Donetsque. Em 1943, esta elevação estratégica da Cordilheira do Donets — que é a jazida arqueológica de um cemitério pré-histórico, que lhe explica o nome de «Túmulo de Savur» — fora palco de batalhas titânicas entre os Alemães e o avanço do Exército Vermelho. Mais de 150 mil tropas foram aí sepultadas numa vala comum. O seu sacrifício foi homenageado em 1963 com um obelisco de cimento armado de duzentos e setenta e sete metros, decorado com uma estátua de um guerreiro soviético feita de bronze, em tamanho gigante. O monumento foi desfeito em pedaços pelos aviões de guerra ucranianos e pelos morteiros dos rebeldes, deixando um campo enorme de pedaços de cimento armado e um emaranhado de varões nervurados retorcidos da altura de uma casa. Um labirinto de abrigos subterrâneos escavados no barro serpenteava pela colina abaixo, pontuado aqui e ali pelo mortal brilho baço de projéteis por explodir enterrados no solo duro, e pelas campas recentes de combatentes rebeldes, ornamentadas com faixas de São Jorge, cor de laranja e pretas.

As forças ucranianas abriram caminho para os subúrbios da própria Donetsque, destruindo um moderníssimo aeroporto recentemente construído e um estádio de futebol. Em agosto, o museu regional de Donetsque foi atingido por mísseis, demolindo uma ala e matando três pessoas que entravam num miniautocarro ali perto. No pátio do museu estava uma fileira de ídolos da fertilidade dos citas da Antiguidade, com pelo menos três mil anos — mulheres de ancas largas com peitos pendulares e chapéus de pontas ou, talvez, penteados. Os bombardeamentos decapitaram uma delas e os estilhaços esburacaram as outras, pondo à mostra o arenito claro por baixo do exterior preto, com as marcas do tempo. Parecia que as estátuas estavam a sangrar.

Era claro que os eventuais da RPD e os voluntários russos não conseguiam conter os Ucranianos. A derrota decisiva foi levada a cabo pelas tropas regulares russas dissimuladas, e também pela artilharia, que esmagaram os Ucranianos em Ilovaisque entre 24 e 26 de agosto. Os líderes europeus pressionaram Poroshenko para negociar um cessar-fogo com os rebeldes, insistindo, entretanto, o próprio Putin que a Rússia não intervinha na guerra.

Enquanto isso, as repúblicas do Dombás começaram a ter uma aparência de normalidade, nas ruínas de um limbo do pós-guerra, não fazendo já parte da Ucrânia, sem que fizessem também parte da Rússia. Cerca de dois terços da população de Donetsque e Luansque fugiram, sendo que a maior parte foi para a Ucrânia. A nova administração era constituída por chefões da máfia local e antigos *apparatchiki* comunistas, além de uma estranha mistura de ultrarreligiosos e ultranacionalistas, tanto locais como russos.

O adjunto do ministro da Defesa da RPD era Fyodor Berezin, um homem dos seus 50 anos, impecavelmente vestido, de esmerado bigode branco, óculos de meia-lua e um sorriso benevolente. Usava uma elegante farda de combate norte-americana — o uniforme do rebelde bem de vida — decorada no ombro com uma extravagante faixa de São Jorge, atada com um nó de gravata. Parecia uma mistura do coronel Sanders com o coronel Kurtz.* Noutra vida, Berezin fora escritor, tendo publicado 22 volumes de ficção científica militar futurista com batalhas épicas entre uma União Soviética renascida e uma América do Norte decadente. A capa do seu romance de 2009, *Guerra de 2010: A Frente Ucraniana,* retratava, assombrosamente, um avião civil a ser destruído em pleno voo por mísseis terra-ar. No texto da contracapa do seu romance *Terceira Guerra Mundial: No Limiar de um Mundo em Chamas* lê-se o seguinte: «Um conflito armado na Crimeia ameaça espalhar-se por toda a Europa! E a Rússia não se põe à parte destes acontecimentos críticos. A batalha crucial da Guerra do Futuro será... a Frente Ucraniana!»

* O primeiro é o célebre fundador da KFC, a cadeia norte-americana de frango frito; o segundo é a personagem ficcional representada por Marlon Brando no filme *Apocalypse Now* (1979), de Francis Ford Coppola. [N. do T.]

Algumas perspectivas de Berezin eram excêntricas — como a crença de que a humanidade vive numa matriz controlada por um complexo programa de computador. Outras estavam mais ou menos alinhadas com as de Putin. «A Terceira Guerra Mundial começou no dia 11 de setembro de 2001», disse-me Berezin quando estávamos sentados no Havana Banana, um clube noturno de Donetsque — um bar subterrâneo com temas cubanos, excentricamente decorado com ampliações de fotografias de férias algo baratas que o proprietário tirou de Machu Picchu. «Os imperialistas não investigaram se o ataque foi cometido pela CIA ou por uma organização terrorista genuína. Em vez disso, o imperialismo decidiu que os recursos naturais são finitos neste planeta e não importa com quem entramos em guerra para nos apoderarmos deles. A guerra começou no Iraque, depois passou para a Síria e para a Líbia, e agora vieram para a Ucrânia [...]. Só que a Rússia é um contrapeso. A Rússia diz "Não!". Talvez o Ocidente acabe por dizer "*OK*, vamos concentrar-nos no desenvolvimento dos nossos próprios recursos, e vamos deixar de roubar os recursos dos outros".»[29]

Na outra ponta do espectro ideológico encontrava-se Boris Litvinov, presidente do Soviete Supremo da RPD, para usar a designação que a legislatura rebelde se dava a si própria. Litvinov — com 60 anos, estava uma geração à frente da maior parte da liderança rebelde — licenciara-se no Instituto de Marxismo e Leninismo de Moscovo, e também no Conservatório de Donetsque, onde estudava contrabaixo e tocava baixo numa banda de *jazz* e *rock*. Passou também seis meses a trabalhar como mineiro. Para ele, a rebelião dera a Donetsque a oportunidade de ressuscitar a União Soviética, dando-lhe uma forma nova e melhorada. «Nos últimos 25 anos, a propaganda ucraniana transmitiu uma imagem muito negativa da URSS», disse-me às 11 da noite, sentado ainda à secretária do edifício da Administração de Donetsque. «Deram destaque às purgas, à fome. Mas esqueceram-se da justiça social da URSS, da grande vitória da Segunda Guerra Mundial, da conquista do espaço, da grandeza dos nossos cientistas e académicos.

Esqueceram-se da maneira confiante como olhávamos para o amanhã. É isto que queremos para a RPD.»

A grande missão da Rússia, do seu ponto de vista, era salvar o mundo dos nacionalismos mesquinhos e do fascismo. «O nacionalismo russo não existe», afirmou Litvinov. «Em vez disso, é de internacionalismo que estamos a falar. Essa é a razão básica da nossa revolução. Todos os presidentes anteriores da Ucrânia [...] só governaram para os Ucranianos. A língua russa foi discriminada. A história e a memória foram alteradas. Mas o Dombás e a Carquive são diferentes. Somos regiões jovens, não somos como Quíive. Fomos fundados durante a Revolução Industrial, há meros 150 anos. As pessoas vieram para cá de todo o mundo. A URSS era internacional. E nós, na RPD, somos internacionalistas por tradição e espírito.»

Litvinov pensava que a nova república revolucionária deveria introduzir o «comunismo de guerra» — ou seja, a nacionalização das atividades industriais privadas, e também da terra, e a criação de quintas coletivas ao estilo soviético. Arrisquei-me a dizer que, na última vez que se tentara isso na Ucrânia, não tinha acabado bem. «Claro que o Holodomor foi lamentável», afirmou Litvinov. «Mas precisamos de levar o melhor do passado connosco para o futuro! Estamos a começar do zero. Menos do que zero!»[30]

CAPÍTULO 4

O amanhã pertence-me

«Mais cedo ou mais tarde, chegará ao fim o espetáculo sem fim. Será então que nos vingaremos; impiedosamente.»

Aleksandr Dugin[1]

Apoteose

Os seis anos entre a tomada da Crimeia em 2014 e a pandemia de covid-19 de 2020 marcaram a apoteose da popularidade e do poder de Vladimir Putin. Também lançaram as bases de uma inflacionada autoconfiança pessoal e nacional que conduziria diretamente à invasão de 2022 da Ucrânia.

A devolução da Crimeia à Rússia fez Putin disparar nas sondagens e espoletou uma euforia nacional que engoliu não apenas os nacionalistas e os conservadores mas também, surpreendentemente, grande parte da *intelligentsia* liberal da Rússia. Até Aleksei Navalny, um veterano oponente de Putin, concordava que o povo da Crimeia tinha o direito de se juntar à Rússia — ainda que discordasse dos métodos de Putin para a tomar.

É verdade que o destino último da Ucrânia continuava a ser uma questão inacabada. Os insurgentes do Dombás apoiados pelos Russos tinham conseguido arrebanhar menos de metade da província de Donetsque e cerca de 35 por cento de Luansque. Porém, os dois casos em que as tropas regulares russas intervieram diretamente e combateram forças ucranianas no terreno — na batalha de Ilovaisque, em agosto de 2014, e na batalha de Debaltseve, no verão seguinte — confirmavam, aparentemente a esmagadora superioridade militar russa. Essa superioridade numérica e técnica cresceu nos anos entre as guerras, à medida que Putin dava mais dinheiro às forças armadas. E com isso cresceu a convicção de que, na próxima vez, a Rússia poderia ganhar facilmente se decidisse empenhar-se com uma força de invasão total.

Crucialmente, porém, continuava o sonho da Nova Rússia — o projeto de trazer de novo para uma Grande Rússia as populações de etnia russa naufragadas na Ucrânia com o colapso da URSS —, para já, no coração e no espírito de um grupo de nacionalistas russos ortodoxos que eram próximos do Kremlin, mas que não eram ainda centrais nos planos de Putin, nem no seu pensamento. Entre 2014 e 2020, a ideologia de criar uma Grande Rússia pela força passou das franjas para a normalidade política e acabou no coração da política oficial do governo. A transformação foi sobretudo o trabalho de três ideólogos principais — um filósofo, um bilionário e um monge — e uma mão-cheia de aliados que os três tinham no Kremlin.

O filósofo fascista: Aleksandr Dugin

Desde a década de 1980 que o professor de filosofia Aleksandr Dugin acreditava que o destino manifesto da Rússia era um poder cristão ortodoxo e imperial inteiramente diferente, e completamente em contramão, do liberalismo ocidental. Em pessoa, o rosto estriado e barbudo de Dugin e a sua fogosa autoconfiança faziam dele uma encarnação moderna de um *starets,* ou homem sagrado, de um romance de Tolstoi. Contudo, o seu dogmatismo apaixonado — disparando longas citações de Martin Heidegger e de Karl Haushofer, de dedo espetado no peito do interlocutor — era também muito característico da confusão da *intelligentsia* soviética recente entre informação e conhecimento, factos e verdade. Tal como muitos pensadores da sua geração, Dugin disfarçava um fanatismo e autoconfiança implacáveis com as vestes do debate intelectual.

A carreira de Dugin foi um espelho do percurso ideológico do seu país, que passou do caos intelectual dos últimos dias do império soviético ao revanchismo agressivo da era mais recente de Putin. Filósofo académico de formação, Dugin tornou-se um dissidente anticomunista na década de 1980. Contudo, ao contrário de muitos dissidentes, rejeitava a ideia de que a Rússia deveria tornar-se uma democracia liberal ao estilo ocidental. Ao invés, advogava a visão de um nacionalismo étnico russo, misturado com uma religiosidade mística, tornando-se o fundamento do seu próprio tipo especial de fascismo russo. Em 1988, Dugin fundou um grupo político ultranacionalista e antissemita chamado *Pamyat* («Memória») que postulava que o sagrado Império Russo, estabelecido por Deus, fora sequestrado, comprometido e, em última análise, destruído pelos ímpios judeus bolcheviques. Na febril mistela ideológica da política pós-soviética, o antissemitismo aberto de Dugin não o impediu de ajudar a escrever o programa político do recém-reformado Partido Comunista da Federação Russa.

Em 1993, Dugin persuadiu o escritor radical Eduard Limonov a juntar-se a um movimento novo, mais ativamente revolucionário, a que chamaram Partido Bolchevique Nacional (PBN). O símbolo do PBN era uma foice e um martelo pretos, inscritos num círculo branco, num fundo vermelho — a nova suástica do fascismo russo. Quatro anos depois, Dugin publicou dois tratados cruciais. Um deles foi *Fundamentos de Geopolítica* (o título é uma piscadela de olho a Klaus Haushofer, um pensador nazi euro-asianista), que foi depois adotado como manual na Academia do Generalato das forças armadas russas.[2] O outro foi *Fascismo: Sem Fronteiras e Vermelho*, que, não tão oficialmente, iria tornar-se o modelo ideológico da fase final do putinismo. Dugin descreveu a Rússia em transição de uma forma de capitalismo liberal ocidental e corrupta para uma forma de «capitalismo nacional», que, por seu turno, iria transformar-se num «genuíno, verdadeiro, radicalmente revolucionário e consistente fascismo fascista» na Rússia.[3]

Na visão de Dugin, «o fascismo russo é uma combinação de conservadorismo nacional natural e um desejo apaixonado por verdadeiras mudanças».

Sem a corrupção imposta pelos liberais ocidentais, a Rússia poderia dedicar-se ao seu verdadeiro destino imperial. «Nós, os conservadores, queremos um estado forte e sólido, queremos ordem e uma família saudável, valores positivos, o reforço da importância da religião e da igreja na sociedade», escreveu Dugin em 2012, altura em que trabalhava já com o Kremlin. «Queremos uma rádio e televisão patrióticas, queremos especialistas patrióticos, clubes patrióticos. Queremos meios de comunicação que exprimam interesses nacionais.»[4] Também invetivava contra a Internet — «um fenómeno que vale a pena proibir, porque não traz seja o que for de bom seja para quem for» —, e apelou a «todos os russos ortodoxos [...] para se unirem em torno do presidente da Rússia, na última batalha entre o bem e o mal, seguindo o exemplo do Irão e da Coreia do Norte».[5]

Dugin idealizava Putin pessoalmente, apesar de se opor às políticas económicas liberais dos tecnocratas do Kremlin que o rodeavam. «Putin está em todo o lado, é tudo, é absoluto e é indispensável», disse-me Dugin em 2007.[6] Contudo, antes do início de 2012, tal como os outros membros bolcheviques nacionalistas, Dugin considerava que fazia parte da oposição nacionalista radical ao Kremlin. Porém, quando os protestos generalizados abalaram Moscovo e São Petersburgo, na sequência do regresso de Putin para um terceiro termo na presidência, o principal ideólogo do Kremlin, Vladislav Surkov, decidiu que a retórica fervorosa de Dugin deveria passar a desempenhar um papel útil no novo coro ideológico de Putin. Em fevereiro de 2012, Dugin foi convidado para fazer uma comunicação num comício «antilaranja» orquestrado por Surkov, para se opor aos protestos favoráveis ao Ocidente.

«O império americano global esforça-se por pôr todos os países do mundo sob o seu controlo», disse Dugin às multidões favoráveis ao Kremlin em 2012, que incluíam muitos dos antigos membros do movimento de Surkov, *Nashy.*

> Eles chegam pela quinta coluna, que pensam que lhes permite tomar para si os recursos naturais e ser senhores de países, povos e continentes. Invadiram o Afeganistão, o Iraque, a Líbia. A Síria e o Irão estão nos planos. Mas o objetivo deles é a Rússia. Nós somos o último obstáculo que se atravessa no seu caminho para construir um império global do mal. Os seus agentes na Praça Bolotnaya [de Moscovo] e no governo estão a fazer tudo para enfraquecer a Rússia e permitir-lhes pôr-nos totalmente sob controlo externo. Para resistir a esta ameaça muito séria, temos de ficar unidos e de estar mobilizados! É preciso não esquecer que somos russos! Que durante milhares de anos protegemos a nossa liberdade e independência. Derramámos mares de sangue, o nosso e o de outros povos, para fazer a Rússia magnífica. E a Rússia será magnífica! Ou então não existirá. A Rússia é tudo! Tudo o mais é nada![7]

Todas as afirmações que na boca de Dugin pareciam tão radicais em 2012 seriam adotadas em 2021 — até palavra por palavra — pelo próprio Putin.

No início de 2014, Dugin estava profundamente envolvido em política prática, e ainda continuava, em grande parte, fora do controlo do Kremlin. O maior projeto de Dugin era levar as suas políticas radicais para os círculos da Ucrânia favoráveis a Moscovo. Oleg Bahtiyarov, um dos membros da União Juvenil Euro-Asiática da Rússia, fundada por Dugin, foi preso pelos Serviços de Segurança da Ucrânia (SBU) em março de 2014 por treinar um grupo de oposição a Maidan de 200 membros que planeava tomar o Rada e outros edifícios do governo em Quíive. Chamadas de Skype intercetadas pelo SBU mostravam que Dugin dava instruções aos separatistas do sul e leste da Ucrânia. Dugin não estava ainda em completa sintonia ideológica com o Kremlin. Em julho de 2014, juntou-se a Igor Girkin nas críticas amargas a Putin por não apoiar os separatistas do Dombás quando estes recuaram perante os ataques do exército ucraniano regular. Segundo Dugin, o Kremlin fora impedido de levar a cabo uma invasão completa do Dombás por um grupo a que chamou «sexta coluna» — funcionários que rodeavam Putin e que fingiam lealdade, mas que eram de facto «a mesma ralé norte-americana» dos ativistas da oposição, abertamente traidores e favoráveis aos Norte-Americanos: a «quinta coluna».[8, 9] Em 2020, Vladislav Surkov — o homem que trouxe Dugin para a corrente dominante da política — foi acusado de ser um destes traidores secretos.

Em agosto de 2022, Dugin pagou um preço trágico pelo papel que desempenhou para pôr a Rússia em guerra quando um carro armadilhado lhe matou a única filha, Daria Dugina, que tinha 30 anos. Dugin e a televisão russa culparam o SBU, descrevendo Daria como uma «mártir» que «morrera pela Rússia».[10] Os Ucranianos afirmaram que o ataque foi uma operação do SFS a fingir-se do SBU. Mas ninguém teve dúvidas de que Daria pagara com a vida pelas ideias do pai.

O oligarca cristão: Konstantin Malofeev

De 2015 em diante, Dugin deixaria de ter de depender da aprovação do Kremlin para ter exposição nacional, tanto mediática como política. O homem de negócios Konstantin Malofeev, uma estrela em ascensão da direita cristã ultranacionalista, decidiu fundar uma nova estação privada e nacional de televisão, a que chamou Tsargrad TV. O primeiro chefe de redação contratado foi Dugin, que era também o conselheiro ideológico da estação.

Malofeev, tal como muitos dos membros mais inteligentes de uma geração que chegaram à idade adulta à medida que o Império Soviético ruía, fez fortuna como capitalista. Porém, em vez de aplicar em iates, amantes e casas em Londres a fortuna obtida no sector bancário e no capital privado, Malofeev decidiu usá-la para financiar uma cruzada para salvar o seu país da torpeza moral e política.

Se a via extrema de Dugin em direção ao nacionalismo russo foi intelectual, a de Malofeev foi mais espiritual. Ao contrário de Dugin, Malofeev acreditava apaixonadamente na monarquia de direito divino e no criacionismo. Porém, o que os dois homens tinham em comum é que aderiram ao imperialismo ortodoxo quando a ideia andava ainda nas franjas da política. Com a sua promoção ativa, muitos membros importantes do círculo próximo de Putin derraparam nessa direção — e, com eles, a própria ideologia do Kremlin. Entre os membros proeminentes do círculo próximo do Kremlin que adotaram desde cedo as ideias de Malofeev encontrava-se Vladimir Yakunin, o diretor dos caminhos de ferro russos e um aliado de longa data de Putin; Igor Shchegolev, um colega de universidade de Putin que foi ministro das Telecomunicações; e, o que é mais relevante, Yury Kovalchuk, um colega próximo de Putin e seu amigo pessoal desde os dias de São Petersburgo.

O que era incomum quanto a Malofeev é que, ao contrário de muitos dos colegas mais velhos de Putin ligados ao KGB, tinha uma grande experiência de trabalho com o mundo para lá das fronteiras da Rússia e falava inglês fluentemente. Quando lidava com capitais privados, Malofeev trabalhou de perto com empresas ocidentais, incluindo a seguradora francesa Axa e a Paul Capital, um fundo norte-americano.[11] Porém, em vez de se tornar um membro do que Dugin depreciativamente chamava «a elite globalista», Malofeev sentiu-se atraído pela extrema-direita da política ocidental, própria do movimento evangélico norte-americano e de políticos europeus de extrema-direita como Marine Le Pen, em França, e Heinz-Christian Strache, na Áustria — e foi com essa ala política que se deu a sua aprendizagem.

As ligações de Malofeev com a direita cristã tradicionalista do Ocidente formaram a base das suas primeiras interações oficiais com o Kremlin. A União Económica Euro-Asiática de Putin fora concebida para restabelecer a liderança da Rússia do antigo Império Soviético. Porém, os propagandistas do Kremlin também procuravam projetar o poder suave da Rússia para mais longe, reinventando Putin como o «Novo Líder do Conservadorismo Mundial», um termo introduzido pelo Centro de Comunicações Estratégicas, um laboratório de ideias ligado ao Kremlin. A ideia era criar uma espécie de Internacional Conservadora, nas linhas da Internacional Comunista da década de 1920. E tal como esta, o novo movimento internacional pretendia tanto alçar Moscovo à liderança do ultraconservadorismo mundial como usar essas forças para desestabilizar e comprometer os inimigos da Rússia no Ocidente.

A máquina de propaganda de Moscovo e uma rede de novos laboratórios de ideias com sede em Paris e Washington apoiavam os nacionalistas escoceses e catalães, os movimentos Norte-Americanos antiaborto, os ativistas a favor do Brexit, os movimentos polacos, franceses e italianos contra a imigração e, na verdade, qualquer grupo conservador ocidental contra o sistema. No seu discurso anual sobre o estado da nação ao parlamento russo, em dezembro de 2013, Vladimir Putin assegurou aos conservadores de todo o mundo que a Rússia estava pronta e disposta a bater-se pelos «valores da família» contra a onda de propaganda liberal, ocidental, favorável aos homossexuais, «que nos pede para aceitar sem questionar a igualdade entre o bem e o mal». A Rússia, prometeu, irá «defender os valores tradicionais que constituem a fundação espiritual e moral da civilização em todas as nações durante milhares de anos».

Por toda a Europa, de Matteo Salvini, uma estrela italiana nacionalista em ascensão, a Marine Le Pen, a líder da Frente Nacional francesa, e do britânico Nigel Farage ao comentador Norte-Americano Pat Buchanan, que se intitula «paleoconservador», muitos foram os que apoiaram publicamente vários elementos da mensagem conservadora de Putin. Buchanan, um dos arquitetos do movimento da «Maioria Moral» da era de Reagan, que deu origem à ascensão da direita cristã como força política, exprimiu o seu apoio. «Apesar de grande parte dos meios de comunicação americanos e ocidentais o desconsiderarem por ser autoritário e reacionário, Putin talvez esteja a ver o futuro com mais clareza do que os Americanos», escreveu Buchanan, em 2014, num *blog*.[12]

E quando Malofeev criou a sua própria rede de televisão nacionalista cristã ao estilo da Fox, no ano seguinte, contratou Jack Hanick, o antigo diretor da Fox News, para dirigi-la.

Tal como Dugin, Malofeev desempenhou também um papel muito direto na turbulência que se seguiu à anexação da Crimeia nas áreas de língua russa da Ucrânia. Segundo ele próprio, a inspiração foi divina. No final de janeiro de 2014, Malofeev estivera em viagem com o patriarca Cirilo I, o primaz da igreja ortodoxa russa, exibindo uma coleção de relíquias cristãs antigas por toda a Rússia, Ucrânia e Bielorrússia. O avião do grupo ficou inesperadamente preso em Sebastopol devido a uma tempestade de gelo. A paragem não estava prevista, mas 100 mil pessoas — um terço da população da Crimeia — apareceram para rezar com as relíquias. «Era uma mesma prece de toda a gente: para que Sebastopol fizesse de novo parte da Rússia», recorda Malofeev.[13] «A vontade de Deus.»

Dois dos principais líderes rebeldes do porvir eram antigos empregados de Malofeev. Aleksander Borodai, que se tornaria primeiro-ministro da autodeclarada República Popular de Donetsque, foi consultor de relações públicas de Malofeev, antes de se despedir para ser conselheiro político do novo primeiro-ministro da Crimeia, apoiante da Rússia, Sergei Aksyonov. Igor Girkin trabalhara também para Malofeev — ainda que este tenha negado que ainda lhes «pagava salários ou que estejamos envolvidos nas mesmas atividades empresariais». Admitiu, contudo, ter enviado quase um milhão de dólares para o Dombás, insistindo tratar-se de «ajuda humanitária». Apesar disso, em julho de 2014, o ministro do Interior da Ucrânia anunciou que abrira uma investigação criminal contra Malofeev por financiar «grupos armados ilegais», classificando-o como «patrocinador de terroristas»[14].

O monge das cruzadas: Metropolitan Tikhon

Uma das figuras cimeiras da Tsargrad TV — e outra ligação crucial entre o Kremlin e os nacionalistas ortodoxos — foi

Metropolitan Tikhon, cujo nome de batismo é Georgiy Shevkunov. Argumentista de profissão, antes de se tornar sacerdote, Tikhon foi diretor do Mosteiro Sretensky de Moscovo de 1995 a 2018, onde criou a maior casa editora da igreja ortodoxa russa, assim como o seu mais popular *website,* pravoslavie.ru. Sergei Pugachev, um banqueiro e senador com ligações ao Kremlin, afirma ter apresentado Tikhon a Putin no fim da década de 1990.[15] O próprio Tikhon afirmou que Putin lhe «apareceu à porta» do Mosteiro Sretensky. Em todo o caso, foi o início de uma colaboração próxima e muito pública. O monge acompanhou Putin em várias viagens internacionais, dando origem a rumores de que Tikhon se tornara o *dukhovik* do presidente, ou pai espiritual — coisa que Tikhon nem confirmou nem negou, apesar de ter sublinhado: «Não sou o Cardeal Richelieu.»[16] Contudo, em 2009, Tikhon afirmou publicamente que «quem ama a Rússia e lhe quer bem não pode senão rezar por Vladimir, posto à cabeça da Rússia pela vontade de Deus».[17] A maneira de se exprimir de Tikhon misturava deliberadamente Vladimir, *o Grande,* com Vladimir, o Putin. Era uma comparação que o próprio Putin iria levar muito a sério e que o levou a erigir ao lado do Kremlin uma estátua ao seu homónimo do século X.

Fossem quais fossem as motivações espirituais privadas de Putin, a associação com Tikhon também fazia todo o sentido do ponto de vista das relações públicas. A igreja ortodoxa russa era uma das instituições públicas da Rússia em que as pessoas mais confiavam — depois do presidente e do exército —, e Tikhon era um dos seus oradores destacados. Produzira, escrevera e realizara um documentário popular intitulado *A Queda de um Império: A Lição de Bizâncio,* que atualizava a velha tese de que Moscovo era a sucessora espiritual do Império Romano e a única guardiã dos verdadeiros valores cristãos. A sua autobiografia de 2012, *Santos do Quotidiano e Outras Histórias,* foi o livro mais vendido na Rússia naquele ano, ficando à frente até de *As Cinquenta Sombras de Grey.* E, depois de 2015, com a Tsargrad TV de Malofeev como megafone, Tikhon tornou-se uma figura de proeminência nacional.

Em 2017, Tikhon foi nomeado pelo patriarca Cirilo para encabeçar uma comissão que investigava a execução do czar Nicolau II e da sua família em Ecaterimburgo, em 1918. A conclusão de Tikhon foi a de que se tratou de «um homicídio ritual que teve um significado especial para o comandante bolchevique, Yakov Yurovsky» — uma referência não muito disfarçada ao nascimento judaico do comandante do pelotão de fuzilamento.[18] Nas vésperas da invasão de 2022, Tikhon era um defensor veemente da ideia de que a Ucrânia era o lar espiritual da ortodoxia russa — e que a Rússia tinha o dever de limpá-la do que o patriarca Cirilo haveria de chamar «forças do mal hostis à unidade do povo russo e à igreja russa». Segundo ele próprio, Tikhon discutiu a questão com Putin na véspera da invasão. «Com base nas minhas discussões com [Putin], posso afirmar que, caso ele não tivesse considerado que havia razões de importância vital, de perigo iminente, para o povo russo, tornando esta operação indispensável, não a teria levado a cabo», disse Tikhon aos fiéis da sua diocese, num sermão de 8 de abril de 2022. «Caso ele o tivesse feito mais tarde, e não agora, a Rússia teria sido atacada, com o risco de milhões de vítimas.»[19]

O burocrata nacionalista: Sergei Glazyev

Outra figura central que ligou a direita ultranacionalista ortodoxa ao Kremlin foi Sergei Glazyev, um economista e membro da Academia das Ciências que foi ministro das Relações Económicas Externas de Boris Ieltsin. Tal como Dugin, Glazyev fez parte da oposição nacionalista dos primeiros anos do governo de Putin. Em 2003, os dois foram membros fundadores do partido *Rodina* (Terra-Mãe), liderado por Dmitry Rogozin, o belicoso presidente do comité para os negócios estrangeiros da Duma.[20] Glazyev até concorreu contra Putin nas eleições presidenciais de 2004, defendendo valores cristãos, uma maior influência da Rússia nos países vizinhos mais próximos e o enfrentamento da hegemonia dos EUA.

Como vimos, porém, foi a Glazyev, nascido na Ucrânia soviética, que Putin deu a tarefa económica, em 2012, de desviar Yanukovych do acordo de associação com a União Europeia, adulando-o para se juntar, ao invés, à União Euro-Asiática. Segundo um conselheiro político que trabalhou com ele na altura, Glazyev teve também um papel importante em fazer circular entre os funcionários superiores do Kremlin o documento de estratégia política de Konstantin Malofeev, que defendia a anexação da Crimeia e a partição da Ucrânia. Glazyev «corria à frente da locomotiva» do Kremlin, afirma o conselheiro. «Ia além dos limites [...]. Queria estabelecer a ordem do dia.»[21]

No caos que se seguiu a Maidan, como já se mencionou, Glazyev esteve também fortemente envolvido na condução das manifestações favoráveis à Rússia ocorridas em Odessa, em Carquive e noutras cidades. Em 2017, Glazyev antecipava de novo a linha dura do Kremlin que se iria seguir, ao dizer que «hoje, a Ucrânia é um território ocupado [...]; não há poder legítimo, ninguém com quem se possa falar, ninguém que possa responsabilizar-se pelo cumprimento de acordos políticos». Para Glazyev, as autoridades de Quiive «não passam de criados dos agressores norte-americanos, e recebem instruções da embaixada norte-americana, da qual recebem financiamento [para] servir os interesses norte-americanos na Ucrânia»[22]. Em 2019, em mais um sinal da estima crescente de Putin por Glazyev e da proximidade ideológica de ambos, Glazyev foi promovido a ministro da Integração e da Macroeconomia da União Económica Euro-Asiática.

A eminência parda: Vladislav Surkov

Surkov foi a figura mais paradoxal e fascinante que jamais trabalhou no Kremlin de Putin, exemplificando tanto a sofisticação pós-moderna dos membros mais novos do círculo mais restrito do Kremlin como o seu cinismo ilimitado. O nome de batismo de Surkov era Aslambek Dudayev, o pai era checheno e a mãe de etnia russa; nasceu no Cáucaso do Norte em 1964. Adotou o apelido da mãe em 1969, depois de o pai abandonar a família, quando ele e a mãe se mudaram para a região de Riazã, na zona central da Rússia. Na década de 1990, Surkov, então encenador profissional de teatro, foi contratado pelo oligarca Mikhail Khodorkovsky para supervisionar o seu departamento de publicidade e relações-públicas. A sua futura esposa também era empregada de Khodorkovsky. Antes de Khodorkovsky ter sido detido e preso por fraude em 2003, Surkov foi contratado pela administração presidencial devido às suas notáveis competências de relações públicas.

Na sequência das revoluções coloridas de Tiblíssi e Quíive de 2003–2004, Surkov foi instrumental na invenção do termo «democracia soberana» — um conceito de aparência grandiloquente que descrevia efetivamente o seu oposto: pôr a democracia nas mãos do estado. O movimento de juventude de Surkov, *Nashy,* usava a gíria da gestão e do crescimento pessoal para disfarçar o facto de a organização se dedicar a fazer a lavagem ao cérebro da juventude da Rússia para odiarem as tendências e os valores dos seus equivalentes ocidentais. Em vez do vácuo ideológico da Rússia de Ieltsin, Surkov foi brilhante porque criou uma ideologia de estado abrangente, suficientemente ampla para incluir as ambições das esperanças e dos sonhos de todos os russos. Foi confecionada com os ingredientes do idealismo ingénuo dos filmes épicos das Grandes Guerras Patrióticas, do nacionalismo ortodoxo e da nostalgia soviética e visava criar um sentido pós-moderno de orgulho nacional na Rússia que pudesse ter o apoio de toda a gente, dos fanáticos de jogos de computador às avozinhas. Tal como Surkov escreveu no romance *Quase Zero* (escrito sob o pseudónimo Natan Dubovitsky, uma piscadela de olhos à esposa de Surkov, Natalia Dubovitskaya, cujo herói é um guru das relações públicas que adora poesia e anda de arma no coldre, muito bem-sucedido como editor pirata numa Rússia pós-soviética impiedosamente capitalista), a nova ideologia estava «sempre pronta para se tornar trágica, pastoral ou algo ambíguo».[23]

Foi Surkov, que chegou a adjunto do primeiro-ministro, que também ajudou a dar forma à cultura mediática da Rússia de Putin, um mundo relativista de teorias da conspiração fluidas onde, na memorável expressão de Peter Pomerantsev, «nada é verdadeiro e tudo é possível». Trabalhou lado a lado com uma nova geração de executivos da televisão que ficaram na órbita do Kremlin, como o próprio Surkov, vindos do mundo dos meios de comunicação liberais da década de 1990. Com a liderança de Konstantin Ernst, outro antigo produtor de televisão liberal e realizador de culto, o Canal Um da Rússia copiou o tipo de nacionalismo televisivo agradável de Silvio Berlusconi e a agressividade sectária da Fox News. Os heróis de Surkov eram o *rapper* norte-americano Tupac Shakur e o poeta da Geração *beat* Allen Ginsberg, cujas fotografias decoravam o seu gabinete do Kremlin. Escreveu letras para o grupo *pop* Agata Christie e, em 2010 e 2013, apareceu em debates enérgicos da London School of Economics — onde admitiu que os manifestantes de Bolotnaya pertenciam à «classe criativa» russa, cujas opiniões devem ser acatadas. Mas apesar do inglês fluente e da admiração pelos heróis da contracultura norte-americana, Surkov estava muito longe de ser um liberal apoiante do Ocidente. Putin escolheu-o para trabalhar com Glazyev e encabeçar a ala de relações públicas da campanha do Kremlin para fazer descarrilar o perigoso namoro de Yanukovych com a União Europeia em 2013.

A tarefa de Surkov era garantir que uma futura Ucrânia seria semelhante à leal Bielorrússia, controlada por Moscovo, e não ao Báltico, virado a ocidente. «Não há Ucrânia, só há ucranidade», sustentou Surkov em 2020. «É um tipo específico de doença mental [...]. Estranhamente, sou "ucrótimista". Por outras palavras, penso que a Ucrânia ainda não existe. Mas irá [formar-se] com o tempo.» O que Surkov queria dizer era que ainda não era demasiado tarde para evitar que a Ucrânia se afirmasse como um estado independente coerente, que poderia tornar-se «antirrússia» com o patrocínio do Ocidente.

O fiasco de Maidan foi um sério revés para a reputação de Surkov como perito em tecnologia política e mago de relações públicas. Mas Putin deu-lhe uma segunda oportunidade, rapidamente o renomeando, em abril de 2014, suprassumo da política do Kremlin quanto a tudo o que dizia respeito à Ucrânia. Com uma administração firmemente contra Moscovo em Quíive, no rescaldo das operações da Crimeia e do Dombás, o desafio de Surkov era, a partir do exterior, incapacitar o caminho da Ucrânia em direção ao ocidente. Daí a tática de desgaste que o Kremlin escolheu — usar as repúblicas rebeldes do Dombás para afogar Quíive numa guerra surda sem fim, desestabilizando a política da Ucrânia e o seu carácter de estado com uma discussão sem fim sobre se haveria de trazer as repúblicas secessionistas de novo para o controlo de Quíive e como fazer tal coisa. A ideia subjacente dos acordos de Minsque 1 e 2, assinados por Poroshenko em 2014 e 2015, com o apoio europeu e a forte pressão de Putin, era manter o Dombás na Ucrânia como contrapeso e âncora de arrasto para qualquer tentativa de levar o país para a NATO e a União Europeia.

Putin continuou a recusar tanto o reconhecimento da soberania das LDNR como a anexação à Rússia, apesar de ter anexado a Crimeia. Mas tal como o próprio Surkov admitiu em 2020, a suposta insistência da Rússia de que as repúblicas do Dombás deveriam voltar a juntar-se à Ucrânia era inteiramente de má-fé. «Não tenho uma imaginação suficientemente forte para perspectivar» o regresso das LDNR ao controlo do governo ucraniano, afirmou Surkov. «O Dombás não merece essa humilhação. A Ucrânia não merece essa honra.»[24]

A arma de gás do Kremlin

Apesar de o rublo ter perdido 40 por cento do seu valor na sequência da anexação da Crimeia e de se ter imposto sanções pessoais a membros do círculo próximo de Putin, assim como a empresas estatais, a solidariedade ocidental ruiu no ponto em que teria um impacto real — a energia. Nem o gás russo nem o petróleo foram incluídos em qualquer pacote de sanções posterior à Crimeia.

Contudo, no início de janeiro de 2015, a Gazprom cortou pela metade o fornecimento de gás à Europa, culpando as sanções da União Europeia. (Em julho de 2022, a Gazprom começou uma nova guerra do gás contra a Europa, muito mais séria, adotando precisamente a mesma estratégia de interrupções no fornecimento, baseadas de novo em afirmações espúrias de problemas técnicos.)

Em 2015 funcionou. A então chanceler da Alemanha, Angela Merkel, enfrentou a pressão dos EUA e assinou um acordo para construir um segundo gasoduto importante, ligando a Rússia diretamente à Alemanha e passando sob o Mar Báltico — o Nord Stream 2 da Gazprom, no valor de 9,7 mil milhões de euros. Apesar da revolta dos neerlandeses com o abate do voo MH-17 das Linha Aéreas Malaias, no verão anterior, a Royal Dutch Shell assinou o acordo do Nord Stream 2, tal como a Uniper e a Wintershall, da Alemanha, e a Engie, da França. Enquanto a Europa condenava Putin pela Crimeia, continuava a aprofundar a sua dependência do gás russo. Ao mesmo tempo, Merkel pressionou Poroshenko para assinar os dois acordos de Minsque que, na prática, legitimavam as regiões rebeldes do Dombás como entidades de governação autónoma — apesar de ainda pertencerem formalmente à Ucrânia.

Ninguém, em 2015, poderia ter previsto que uma guerra na Ucrânia resultaria na destruição de três dos quatro gasodutos Nord Stream em setembro de 2022, às mãos de sabotadores cuja nacionalidade e motivos permanecem desconhecidos. Porém, as conclusões a que o Kremlin chegou na altura eram óbvias. Primeiro, que reduzir o fornecimento de gás à Europa ajudava a concentrar maravilhosamente depressa os espíritos dos políticos ocidentais. Segundo, que fossem quais fossem os seus escrúpulos morais quanto às ações da Rússia — incluindo o homicídio de centenas de cidadãos europeus inocentes —, a necessidade europeia de gás iria sempre ter mais peso do que as questões morais de princípio. Logicamente, enquanto planeava a invasão de 2022, o círculo próximo de Putin pressupôs que o Ocidente continuaria igualmente dividido e egoísta.

Síria

Em 2015, Putin aumentou ainda mais as suas credenciais militares, desta vez no palco internacional. O regime de Baath da Síria, tal como o seu primo ideológico do Iraque, fora patrocinado pela União Soviética durante décadas. O colapso político e económico da URSS deixara aliados soviéticos naufragados por toda a África, Médio Oriente, América Central e Caraíbas. Mas quando o regime de Bashar al-Assad ficou sob ataque devido a uma grande rebelião, na sequência da Primavera Árabe de 2011 a favor da democracia, o governo russo, afogado em numerário, viu uma oportunidade para regressar à cena internacional como mediador regional poderoso, ao estilo soviético. Putin tinha começado a fornecer armas e conselheiros a al-Assad desde o início da guerra civil síria. Em setembro de 2015, depois de um pedido oficial do governo sírio para ter apoio aéreo contra os grupos rebeldes, o Kremlin intensificou esforços. O envio de um único esquadrão de 36 aviões de guerra da Força Aérea Russa para a base aérea de Cmeimim, perto de Laodiceia, com o apoio de 2300 soldados no solo, mudou imediatamente o curso da guerra, a favor de al-Assad.

A Rússia começou com ataques aéreos contra grupos islâmicos que também os EUA e os seus parceiros da coligação tinham bombardeado — o Estado Islâmico do Iraque e do Levante (EIIL), a Frente al-Nusra (a al-Qaeda na Síria) e o Exército da Conquista. Duas semanas depois de os ataques aéreos terem obrigado o EIIL a abandonar a cidade do deserto de Palmira, em junho de 2016, os propagandistas do Kremlin conseguiram que Valery Gergiev, o maestro russo mundialmente famoso, desse um concerto, com a Orquestra Mariinsky, no teatro romano da cidade. Frente a uma plateia de soldados russos, ministros do governo e jornalistas, Gergiev dirigiu peças de Bach, Prokofiev e Shchedrin. A cena de uma Rússia a devolver a cultura a uma parte devastada do Médio Oriente foi um momento brilhante de teatro político.

Ao longo da fronteira turca, os aviões de Putin começaram a atacar grupos apoiados pelos EUA, como a Coligação Nacional

Síria e os grupos curdos. O poder aéreo russo devastou os últimos redutos rebeldes de Alepo e Idlib, enquanto os conselheiros russos e os mercenários do Grupo Wagner — cujas atividades serão aqui discutidas mais pormenorizadamente — combatiam no terreno ao lado das tropas de al-Assad, a Guarda Revolucionária Iraniana. Washington e Bruxelas criticaram Putin acerrimamente por, na prática, ganhar a guerra a favor de al-Assad, mas, à exceção de alguns ataques aéreos às forças do Grupo Wagner, nada fez para o impedir. Em dezembro de 2017, a Rússia anunciou que a sua base aérea de Cmeimim e uma pequena base naval da era soviética, em Tartus, passariam a ser bases militares permanentes no exterior.

A Síria foi a quarta guerra vitoriosa de Putin, depois da Chechénia, da Geórgia e da Crimeia. Além disso, pela primeira vez numa geração, a Rússia voltara a ser um interveniente internacional, capaz de demonstrar o seu poder não só no seu território como também no resto do mundo. E, ao contrário dos EUA, mostrara que podia decisivamente ganhar uma guerra no Médio Oriente. O Ocidente previra desastre e atoleiro. Em vez disso, o exército reformado de Putin e a força aérea tinham, aparentemente, sido bem-sucedidos onde a guerra de um bilião de dólares dos Norte-Americanos contra o terrorismo tinha fracassado.

Russiagate

Não admira que a Rússia, com uma nova confiança, tenha decidido continuar a reagir contra o domínio norte-americano, tentando o seu maior golpe de sempre — influenciar o resultado das eleições presidenciais de 2016 dos EUA. O objetivo inicial não era apoiar um Donald Trump que ainda nem anunciara a candidatura, mas antes atingir Hillary Clinton — um papão no Kremlin, depois do seu forte apoio à Primavera Árabe, e posteriormente a Maidan, como secretária de estado de Obama. Dois grupos diferentes de piratas informáticos, incluindo programadores recrutados do mundo do crime pelo SFS e pelo GRU, começaram, em

2015, a fazer uma série de ataques de *phishing* que bombardearam o Congresso Democrata Nacional com *e-mails* falsos com vírus que permitiam que os piratas conseguissem entrar nas contas de *e-mail*. Estes ataques resultaram num pacote de *e-mails* embaraçosos, ainda que não fossem particularmente comprometedores, que seriam mais tarde postos a circular na véspera da votação de 2016. Nas proximidades da própria eleição de novembro de 2016, os piratas do GRU também entraram em alguns dos sistemas da Internet que controlavam a votação eletrónica.

A outra linha de ataque foi uma campanha nas redes sociais montada não-oficialmente pelo aliado próximo de Putin, o fornecedor bilionário Yevgeny Prigozhin — que também ajudou a fundar e financiar o Grupo Wagner de mercenários. Prigozhin estabeleceu uma quinta de tróis em São Petersburgo que usava centenas de jovens piratas para criar contas falsas no Twitter e no Facebook e encher as redes sociais tanto de mensagens fabricadas como manipuladas atacando Clinton.

O FBI começou a investigar os ataques informáticos russos desde novembro de 2015, ainda que, apesar do furor que se seguiu às revelações do alcance da interferência russa nas eleições, não haja provas de que a intromissão do Kremlin tenha sequer chegado perto de mudar o resultado propriamente dito. Porém, foi o próprio furor que constituiu uma vitória para Putin. Em janeiro de 2017, o Gabinete do Diretor dos Serviços Secretos Nacionais dos EUA tornou público um relatório anteriormente confidencial que apresentava o trabalho do FBI, da CIA e da NSA e concluía: «O presidente Vladimir Putin deu ordens para fazer uma campanha de influência [...] que visava as eleições presidenciais dos EUA. Os objetivos da Rússia eram abalar a confiança pública no processo democrático dos EUA, denegrir Hillary Clinton, prejudicar-lhe a possibilidade de ser eleita e a sua potencial presidência. Consideramos ainda que Putin e o governo russo desenvolveram uma clara preferência pelo presidente eleito, Trump. Temos uma alta confiança nestes juízos.»[25] Graças ao Russiagate, Putin passara, sobretudo aos olhos dos meios de comunicação norte-americanos, de líder de um «poder regional» (como Obama lhe chamou depreciativamente) a um perigoso estratega global, capaz de semear a discórdia e a histeria na própria capital do inimigo.

A pirataria do Russiagate custou ao estado russo «milhões de dólares de um só algarismo», afirma um importante funcionário governamental russo que se encontrou com Putin regularmente nesse período. «Mas o efeito foi tão poderoso como quaisquer mil milhões que poderíamos ter gastado em defesa [...]; foi uma operação triunfantemente eficaz. Um golpe clássico de judo [...]. Usa-se as fraquezas do inimigo contra ele.»[25] De facto, a interferência de Putin não foi decisiva para eleger Trump. Mas alguns sectores dos meios de comunicação dos EUA sustentaram que o tinha sido — e isso era ótimo para Putin.

No dia 8 de novembro de 2016, fez-se uma festa no *pub* Union Jack, na Travessa Potapovsky, em Moscovo, para assinalar a noite das eleições norte-americanas. A celebração tornou-se espalhafatosa quando as projeções começaram a mostrar que Trump caminhava em direção à vitória. Uma multidão de jovens russas, algumas das quais funcionárias da televisão russa, começaram a cantar «USA! USA!», imitando um comício de Trump. Toda a gente ficou muito bêbeda. A presidir à festa estava um trio de retratos heroicos de Putin, Trump e a outra queridinha da direita nacionalista russa, Marine Le Pen — cuja Frente Nacional aceitara mais de onze milhões de euros em empréstimos de vários bancos com conexões ao Kremlin, incluindo o Primeiro Banco Checo-Russo, em 2014.[27] Também estavam presentes muitos norte-americanos, alguns com os clássicos bonés vermelhos de beisebol a dizer «Faz a América Voltar a Ser Magnífica» e outros com bonés feitos de encomenda que diziam «Faz a Rússia Voltar a Ser Magnífica». Entre os convidados estava o antigo diretor da Fox News, Jack Hanick, que trabalhava agora para a Tsargrad TV de Malofeev. Várias câmaras de televisão de notícias russas rodearam Hanick durante todo o final de tarde. «Apesar de Clinton professar ser cristã, todas as suas políticas se afastam de facto dessas posições», disse Hanick às câmaras. Os EUA estavam a «perder a sua fibra moral [...]; a Rússia aproxima-se do cristianismo; a América afasta-se». Em 2022, o Departamento de Justiça dos EUA acusou Hanick de violar sanções dos EUA e de prestar declarações falsas, em ligação com o trabalho que fez para Malofeev.[28]

Os ânimos eufóricos daquela festa da noite das eleições assinalaram outro marco, no sentido do poder crescente do Kremlin — e uma convicção de que a unidade da Rússia, e a sua coerência ideológica, acabaria por vencer o Ocidente, fatalmente dividido. «O mundo caminha na nossa direção, não há como negá-lo!», afirmou Ekaterina Tokareva, uma produtora do *60 Minut*, um programa de debates sobre atualidades do canal Rossiya 1, que me convidara para a festa da noite das eleições.[29] Era este sentido de invencibilidade, e com uma certeza de que a crítica ocidental era oca, que estaria subjacente a todas as ações que a Rússia iria levar a cabo no Ocidente e contra o Ocidente — incluindo a tentativa de envenenar o antigo desertor do GRU, Sergei Skripal, e a sua filha, Yulia, na Salisbúria, em Inglaterra, em março de 2018.

Ilusões de grandeza

Na verdade, o novo poder da Rússia era, em grande medida, ilusório — ou, no mínimo, cheio de ressalvas. A primeira ilusão era que as derrotas infligidas pela Rússia ao exército ucraniano em Ilovaisque e Debaltseve, em 2014–2015, tinham demonstrado a esmagadora superioridade militar de Moscovo. Na verdade, a Rússia venceu esses dois conflitos porque usou sub-repticiamente uma força devastadora com tanques e artilharia contra um exército ucraniano que até então combatera, e ganhara, contra rebeldes que só tinham armamento leve. A intervenção de Moscovo foi uma pistola introduzida numa luta com facas — que se revelou súbita e decisiva, mas não uma prova de peso de que poderiam fazer o mesmo numa batalha de grande dimensão contra os Ucranianos.

A chantagem energética da Rússia, em 2015, poderá ter sido brutalmente eficaz para dar início ao gasoduto Nord Stream 2, que estava em banho-maria. Porém, deu também início a um grande debate estratégico no Ocidente sobre os perigos de a Europa se apoiar no gás russo barato. O antigo chanceler alemão, Gerhard Schröder, e o seu sucessor, Angela Merkel, pensavam que integrar a Rússia na economia europeia ajudaria a moderar a agressão de Putin, e não a exacerbá-la. Os EUA e o Reino Unido, por outro lado, opunham-se ferozmente a essa ideia — e Washington ameaçou sanções contra qualquer empresa ocidental que participasse no projeto, obrigando a Gazprom a financiar sozinha o Nord Stream 2. O gasoduto nunca recebeu aprovação do governo alemão para abrir antes da invasão, e mesmo antes de ter misteriosamente explodido, no dia 26 de setembro de 2022, deitando 300 milhões de metros cúbicos de gás na atmosfera, já se tinha tornado um pedaço muitíssimo caro de sucata no fundo do Mar Báltico.

Também a Síria foi um brilhante exemplo de como um pequeno número de aviões militares modernos podem devastar um inimigo sem aviação — especialmente se esse poder aéreo for usado sem qualquer consideração pelas vítimas civis. Mas a Rússia, ao contrário dos EUA no Iraque, nunca combateu no solo, e fez a sua intervenção para apoiar um regime que já existia, e não para derrubar um regime. Além disso, as forças armadas russas conseguiram inverter a maré da guerra, sobretudo porque os EUA decidiram não participar no conflito. Como a Rússia viria a descobrir às suas custas na Ucrânia, em 2022, o seu poder aéreo não era grande coisa quando enfrentava uma força aérea comparavelmente equipada, além de modernos sistemas de defesa antiaérea.

Também a verdadeira escala e impacto da interferência russa nas eleições dos EUA foi grandemente exagerada pelas guerras culturais que se seguiram à eleição de Trump. O poder diabólico de Putin para manipular a democracia dos EUA tornou-se uma pedra de toque dos meios de comunicação não apoiantes de Trump — uma crença alimentada, consciente ou inconscientemente, por uma recusa em aceitar que o eleitorado norte-americano poderia estar suficientemente delirante para votar em Trump sem intervenção maliciosa externa. Mas, na realidade, o Kremlin não desempenhou qualquer papel decisivo na vitória de Trump, no Brexit ou no referendo unilateral da independência da Catalunha, assim como no reaparecimento de Marine Le Pen ou em qualquer outra das grandiosas conspirações de interferência de que Putin tem sido acusado.

O renascimento por todo o mundo do poder militar e diplomático russo poderia ser uma ilusão — mas era uma ilusão poderosa. Na opinião da maioria dos russos, Putin tinha finalmente ajudado o país a deixar de ficar de joelhos, depois de décadas de humilhação. O «efeito Crimeia» mostrara ao Kremlin que a vitória militar era a fórmula secreta para aumentar a popularidade de Putin. E levou os belicosos que promoveram a operação da Crimeia a acreditar que no futuro se poderia voltar a repetir o truque, mas a uma escala maior — o que foi fatal.

Ucrânia traída

Os acordos de Minsque deixaram a Ucrânia pior do que desmembrada — deixaram-na isolada e basicamente traída pelo Ocidente. Apesar de toda a conversa belicosa durante a anexação da Crimeia e a guerra do Dombás de que esse comportamento não era aceitável e que a Rússia seria obrigada a pagar, era claro que nem a União Europeia nem a administração de Obama estavam dispostas a ajudar efetivamente a Ucrânia a expulsar os russos. A luz verde que a Alemanha deu ao Nord Stream 2 mostrou onde estavam os verdadeiros interesses do Ocidente. «Essencialmente, [os Ucranianos] foram lixados pelo Ocidente, de que eles tanto gostavam», disse-me, exultante, um importante executivo da televisão estatal a que irei chamar Kirill Molody, em 2015. «Brandiram as suas bandeiras do Euro em Maidan, e depois a Europa veio e disse, *OK*, desistam, precisamos do gás russo.»[30]

Depois de Maidan, em maio de 2014, Petro Poroshenko ganhou as eleições presidenciais com um programa eleitoral de nacionalismo ucraniano estridente, uma promessa de continuar a esforçar-se por conseguir a adesão à NATO e à União Europeia e combater a corrupção. Na prática, fracassou por completo nos seus objetivos. Em fevereiro de 2015, Poroshenko contratou Mikheil Saakashvili, o antigo presidente da Geórgia — cujo entusiástico acolhimento da NATO e tentativa precipitada de conquistar a Ossétia do Sul espoletara a invasão russa de 2008 —, como governador da província de Odessa para limpar a corrupção da Ucrânia. Saakashvili pediu a demissão ao fim de um ano. «A região está a ser dada não só a pessoas corruptas mas também aos inimigos da Ucrânia», queixou-se, acusando Poroshenko de apoiar pessoalmente «clãs de corrupção em Odessa».[31] A administração de Poroshenko parecia afogada nos mesmos hábitos corruptos do seu predecessor caído em desgraça, Yanukovych.

A corrupção persistente da Ucrânia era ótima para o Kremlin. Uma Ucrânia corrupta era uma Ucrânia fraca. «Garanto-te, eles [a elite ucraniana] não precisam que lhes demos lições», brincou Molody, cujos canais de televisão faziam a cobertura dos ziguezagues da corrupção governativa ucraniana ao pormenor. «Se queres uma lição de mestre de nível mundial em *razpil* [fraude fiscal] e *otkat* [suborno], pede a um governante ucraniano.»[32] A Rússia usara sistematicamente a corrupção como instrumento deliberado tanto para chantagear a elite do país e dividi-la como para ligar os oligarcas a Moscovo, por meio dos amplos interesses empresariais que tinham na Rússia e nos territórios ocupados do Dombás.

O ator e o oligarca

«Não há piores políticos do que na Ucrânia», observou um ator e argumentista ucraniano próximo de Poroshenko. «Também há corrupção na Rússia […], mas os políticos ainda têm alguns valores centrais — a ideia de estado. É nisto que acreditam os políticos russos, é a sua ideologia. Os políticos ucranianos não têm valores. Estão dispostos a prometer seja o que for que os ajude a manter-se no poder.»[33] O cinismo generalizado com respeito à classe governativa da Ucrânia não estava apenas a empobrecer o país; estava efetivamente a impedi-lo de ser um país operacional.

O ator decidiu escrever uma sátira televisiva sobre um professor de província cujos coléricos protestos contra a corrupção política rapidamente se espalham e inesperadamente o fazem ascender ao poder como presidente da Ucrânia. A série teria por título *Servidor do Povo* — e o ator principal e argumentista decidiu registar um partido político real com o mesmo nome para compor o cenário. O seu nome era Volodymyr Zelensky.

Zelensky era filho único, criado numa família de intelectuais judeus de língua russa em Crivií Rie, na Ucrânia Central. O pai, Oleksandr, era especialista em ciências da computação e professor de tecnologia na universidade local, sendo a mãe, Rymma, engenheira. O avô, Semyon, era o único de quatro irmãos que regressara vivo dos combates com os nazis na Segunda Guerra Mundial — seria promovido a coronel e tornou-se chefe da polícia, em Crivií Rie. Os bisavós de Zelensky tinham sido massacrados quando os Alemães lhes destruíram a aldeia onde viviam. Comparado com muitos outros judeus ucranianos, a família Zelensky escapou relativamente incólume dos horrores do século XX. Porém, as suas origens e a sua história familiar tornaram a acusação posterior de Putin de que Zelensky era fascista bizarra e ofensiva.

Na escola, Zelensky mostrou talento para o humor e para o entretenimento, e ele e os amigos formaram uma equipa para entrar nos torneios de comédia amadora de estudantes, conhecidos como KVN, ou Clube do Engraçado e Inventivo. O KVN era uma tradição soviética muito querida — e que sobreviveu ao desmembramento da União Soviética —, com as finais a serem transmitidas pela televisão em Moscovo e que incluíam equipas de todo o antigo império. Batizaram a equipa de comédia a solo Kvartal 95 porque era esse o nome do bairro em que Zelensky foi criado.

Depois de terminar o curso de direito na universidade local, Zelensky entrou na indústria do entretenimento, produzindo e atuando numa série de espetáculos de comédia famosos e de torneios KVN, que eram também transmitidos na Rússia. Em 2006,

Zelensky e o sócio ganharam a versão ucraniana de *Strictly Come Dancing*. Em 2010, Zelensky foi contratado, juntamente com a sua equipa Kvartal 95, para assegurar o entretenimento da festa do sexagésimo aniversário do presidente Viktor Yanukovych, na dacha do estado de Foros, na Crimeia.

O humor de Zelensky era impudico e, pelos padrões ocidentais, nada politicamente correto. Num dos seus mais famosos números, finge tocar piano com o pénis; noutro, representa um polícia homossexual que se faz aos condutores. Os seus espetáculos eram também fortemente políticos — e muitas vezes tinham por alvo a Rússia e o próprio Putin. Na primavera de 2014, Zelensky pôs um vestido cor-de-rosa choque para imitar a ginasta Alina Kabaeva, alegadamente amante de Putin, que está zangada porque o amante chegou tarde a casa. Um Putin atrapalhado explica que se atrasou porque tinha estado a discutir o envio de tropas para a Crimeia com Sergei Shoigu. «Não mintas!», riposta Zelensky-Kabaeva. «Eu vejo televisão russa. Não há tropas russas na Crimeia!» No ano seguinte, Kvartal 95 lançou a primeira temporada de *Servidor do Povo,* que se tornou a comédia mais popular da Ucrânia.

Com o seu sorriso de rapazola, pequena estatura e imagem cómica de idealista ingénuo, Zelensky era um homem fácil de subestimar. A propaganda russa e os oponentes políticos ucranianos faziam, incessantemente, pouco de Zelensky como comediante, drogado e amador sem seriedade. Também Putin e o seu círculo próximo haveriam de confundir fatalmente o papel com o homem que o desempenhava. «Um irritante judeuzeco a brincar ao faz de conta na política», foi a maneira como Molody, que dirige um importante canal de televisão russa e que trabalhou de perto com o Kremlin durante mais de 20 anos, descreveu Zelensky em 2021 (a expressão que usou era chocantemente racista, *vyazky zhidenok*). «É um fantoche dos interesses oligárquicos do costume.»[34]

Zelensky rapidamente se tornou não apenas um dos atores mais populares da Ucrânia mas também o diretor de uma das maiores e mais lucrativas empresas de produção de televisão do país. Andriy Bohdan — que mais tarde seria o primeiro chefe de pessoal de Zelensky — afirmou que foi o primeiro a ver o seu potencial político. Bohdan fora já próximo da administração de Viktor Yanukovych — na verdade, fora um dos membros de uma delegação do governo, liderada pelo primeiro-ministro Mykola Azarov, que viajara de avião para São Petersburgo para encetar negociações com os Russos com respeito à adesão à União Euro--Asiática, em novembro de 2013.[35] Bohdan era o advogado pessoal e o principal conselheiro de Ihor Kolomoisky, um dos oligarcas mais ricos da Ucrânia. O império empresarial de três mil milhões de dólares de Kolomoisky abrangia a Ucrânia, a Rússia, a Roménia e a Escandinávia e incluía interesses em ligas de ferro, finanças, produtos petrolíferos, linhas aéreas, metais e petróleo, jornais e estações de televisão — incluindo a 1+1 Media Group, que transmitia os espetáculos da Kvartal 95.[36] Kolomoisky era também um às como sobrevivente político, tendo apoiado primeiro o Partido das Regiões de Yanukovych, antes de passar a apoiar Maidan. No final de fevereiro de 2014, o governo provisório pós-Maidan nomeou Kolomoisky governador da sua província nativa, Dnipropetrovsque.

Dando-se conta do potencial para transformar *Servidor do Povo* numa proposta política real, Bohdan sugeriu em 2015 que Zelensky se candidatasse a presidente da Câmara regional em Dnipropetrovsque, com o apoio de Kolomoisky. Zelensky recusou — na verdade, segundo um membro da equipa Kvartal 95, brincou com os colegas que «querem transformar o meu espetáculo numa coisa verdadeira, na vida real».[37] Uma história recorrente em *Servidor do Povo* era um grupo de oligarcas ao estilo dos vilões de Bond que pensavam que conseguiam comprar o professor idealista que, acidentalmente, se tinha tornado o presidente Vasyl Holoborodko.

Porém, à medida que a presidência de Poroshenko ficou cada vez mais afogada em corrupção e descontentamento, falava-se cada vez mais, no círculo de Zelensky, que poderiam realmente fazer a vida imitar a arte. Segundo Serhii Rudenko, um comentador político ucraniano, Bohdan acompanhou Zelensky em viagens a Genebra e Tel Aviv — as duas residências de Kolomoisky fora da Ucrânia — para conversações com o oligarca. Bohdan também tinha objetivos pessoais ao encorajar Zelensky a entrar na política. Poroshenko removera Bohdan como candidato das listas eleitorais do seu partido e apresentara uma queixa-crime contra ele. Kolomoisky também tinha um ressentimento pessoal contra Poroshenko, que o despedira como governador de Dnipropetrovsque, em março de 2015. Poroshenko afastou então o protegido de Kolomoisky como diretor executivo da UkrTrans-Nafta, a companhia do oleoduto do país, o que levou Kolomoisky a enviar os seus seguranças privados para obter o controlo da sede da companhia e para expulsar a nova administração nomeada pelo governo.[38]

O Banco Privado de Kolomoisky estava também a ficar sob ataque legal, tanto da administração de Poroshenko como de investigadores da União Europeia. Uma subsidiária da Letónia foi encerrada depois de o Banco de Itália descobrir violações dos regulamentos contra a lavagem de dinheiro. Milhares de milhões de dólares em empréstimos a juros bonificados foram concedidos a empresas que eram propriedade de sete importantes gerentes e dois subordinados de Kolomoisky. «Ações coordenadas fraudulentas em larga escala dos acionistas do banco e da administração provocaram um prejuízo ao estado de pelo menos 5,5 mil milhões de dólares», afirmou Valeria Hontareva, uma antiga presidente do Banco Central da Ucrânia. A soma representava qualquer coisa como 33 por cento de todos os depósitos bancários privados. Em 2018, o Banco Privado foi nacionalizado e resgatado com um empréstimo de 5,6 mil milhões de dólares do Fundo Monetário Internacional.

Perante a perspectiva de ruína e possível processo criminal, Kolomoisky fugiu da Ucrânia e não regressou até 2009. O oligarca caído em desgraça «procurava um candidato que pudesse derrubar o seu arqui-inimigo [Poroshenko] e proteger os seus interesses», afirma a fonte da Kvartal 95. «Pensou encontrá-lo em [Zelensky] [...]; pensou que ele estava à venda, tal como todos os políticos prostitutos do nosso país.»[39]

Servidor do Povo continuou a ser transmitido semanalmente e tornou-se um palco das ideias políticas de Zelensky — ridicularizando a corrupção da classe política e o jugo em que os oligarcas da Ucrânia mantinham a política do país e os meios de comunicação. Zelensky anunciou formalmente a sua candidatura na passagem de ano de 2018. «Não estou a gozar» era a palavra de ordem emitida na rádio e nos painéis publicitários por todo o país.[40]

Os canais de televisão controlados por Kolomoisky, assim como os jornais, saíram em apoio à candidatura de Zelensky. Porém, o momento crucial da campanha de Zelensky foi quando convidou Poroshenko para um debate em direto — não num estúdio de televisão, mas num estádio de futebol de Quíive, diante de uma grande audiência. O vídeo em que Zelensky desafiava Poroshenko para comparecer ao debate foi um caso clássico de teatro político. Tal como um pugilista que se prepara para o combate, Zelensky foi filmado a percorrer os corredores do estádio para entrar no campo, onde dramaticamente convocou o seu oponente para o enfrentar ali — se tivesse coragem. No próprio debate, Zelensky estava no seu elemento natural: em direto, no palco, à luz dos holofotes, das câmaras de televisão e de uma audiência para fazer ressoar como uma campainha. O ataque fatal de Zelensky a Poroshenko foi o tipo de expressão lapidar e emotiva que haveria de fazer dele um queridinho dos meios de comunicação do mundo: «Não sou o seu oponente», explodiu Zelensky; «sou o seu veredicto.»

Segundo Serhiy Haidai, político da oposição — que posteriormente foi nomeado governador de Luansque por Zelensky —, Poroshenko pensava «que um eleitor é uma pessoa superficial que simplesmente se esquece do que lhe prometem de uma eleição para a outra. E que quer ouvir certas mentiras durante a campanha. As eleições são uma espécie de competição entre mentirosos. E as pessoas votam no mais afoito e talentoso».[41]

Talvez Poroshenko tenha dito as mentiras erradas, ou não tenha conseguido dizê-las de maneira suficientemente persuasiva. Ou, o que é mais provável, os Ucranianos estavam fartos de anos de guerra e de confrontos com Moscovo e preferiam a promessa de

Zelensky de levar a paz ao Dombás e de inverter a discriminação contra os ucranianos de língua russa. Em qualquer caso, no dia 21 de abril de 2019, Zelensky foi eleito com uma vitória esmagadora sem precedentes, com 73 por cento dos votos, contra 25 por cento de Poroshenko.

«Zelensky ganhou mostrando-nos que pertencemos a este século XXI. Existimos. Aqui e agora. Independentes e fortes», afirmou a assessora de comunicação de Zelensky, Iuliia Mendel. «Volodymyr Zelensky mostrou-nos que podemos ser diferentes: confiantes, poderosos, com um lugar à mesa.»[42] Segundo Serhii Rudenko, a vitória de Zelensky tinha subjacente algo mais prosaico — uma revolta profunda contra a corrupção da antiga classe política. Seja como for, em oito anos, Zelensky passara de entretenimento do presente de aniversário do presidente Yanukovych a presidente ficcional na televisão e, depois, a presidente na vida real.

Televisão-realidade

Há uma cena na primeira temporada de *Servidor do Povo* em que Vasyl Holoborodko, o presidente ficcional neófito, imagina invadir o parlamento, com uma metralhadora em cada mão, e dispara contra a velha guarda que frustrara todas as suas iniciativas. O presidente da vida real, Zelensky, tentou fazer algo parecido — mas sem as metralhadoras ao estilo de *Scarface*. Zelensky exigiu a demissão imediata do diretor dos Serviços de Segurança da Ucrânia, ou SBU, do ministro da Defesa, do procurador-geral e de uma mão-cheia de outros funcionários. A maior parte dos membros do seu primeiro gabinete tinha menos de 40 anos, e só um desempenhara já o cargo de ministro — Arsen Avakov, o veterano ministro do Interior. No dia em que assumiu funções, Oleksiy Honcharuk, o primeiro primeiro-ministro de Zelensky, foi de lambreta elétrica, vestindo um polo, calças de ganga e ténis.

O problema número um de Zelensky era um parlamento ainda dominado por membros do derrotado partido de Poroshenko.

Em abril de 2019, o Rada, sabendo que tinha os dias contados, aprovou uma controversa lei exigindo a todos os funcionários públicos, soldados, médicos e professores que usassem apenas a língua ucraniana no trabalho. Foi a última de uma longa série de leis que procuravam impor o ucraniano a 40 por cento da população do país que tem no russo a sua língua nativa. Nessa população inclui-se o próprio Zelensky. A lei atraiu de imediato fortes críticas, tanto nas regiões de língua russa do leste da Ucrânia como no estrangeiro — nomeadamente porque esta legislação parecia violar a Carta Europeia das Línguas Regionais ou Minoritárias, redigida para proteger os direitos de pessoas de línguas minoritárias.

Entre os mais veementes críticos da lei encontrava-se o oligarca Viktor Medvedchuk. «O maior erro de estratégia do atual governo é tentar construir uma única identidade nacional num país onde as pessoas falam diferentes línguas, professam diferentes religiões e têm diferentes perspectivas da história», disse Medvedchuk em 2019 ao realizador de cinema Oliver Stone. «Essa identidade [única] nunca será estabelecida no território de toda a Ucrânia.»[43] A crítica era injusta. Zelensky esforçar-se-ia depois significativamente para neutralizar a língua como questão política recorrente e fez vários discursos políticos significativos em russo. A lei fora aprovada não pelo seu governo, mas por um parlamento com os dias contados — um parlamento que Zelensky imediatamente tentou dissolver ao convocar eleições intercalares para julho de 2019.

Nessas eleições, Zelensky esperara que o seu partido Servidor do Povo ganhasse cerca de 80 dos 450 lugares.[44] Em vez disso, ganhou 254 — o que lhe deixou 154 assentos parlamentares sem candidatos que de imediato pudessem assumir o cargo. Zelensky teve de encontrar, e depressa, pessoas dispostas para levar a cabo a sua visão de uma Ucrânia moderna. O lema da campanha de Zelensky fora «Não ao nepotismo e aos amigos no poder!». Na prática, acabou por nomear à pressa amigos de infância e colegas de universidade, uma mão-cheia de empregados e colaboradores da Kvartal 95, assim como fotógrafos, organizadores de festas, celebridades com restaurantes abertos e executivos de televisão para assumirem cargos no parlamento e na sua administração. Um amigo de infância e sócio tornou-se diretor da SBU. O antigo diretor da Kvartal-Concert passou de organizador de espetáculos ao vivo da Kvartal 95 para representante e conselheiro do Rada no Conselho Nacional de Segurança e Defesa da Ucrânia. O advogado da Kvartal 95, Andriy Yermak, substituiu Bohdan como diretor do Gabinete do Presidente, tendo como adjunto o antigo produtor criativo e argumentista da companhia. E assim por diante. «A Família Poroshenko foi substituída pela Família Zelensky», afirmou Rudenko. «Ou, mais precisamente, pelo Estúdio Kvartal 95 [...]. Pessoas que, sem Zelensky, nunca se teriam envolvido na política ucraniana.»[45]

No Kremlin, a eleição de Zelensky foi acolhida com sentimentos contraditórios. Por um lado, Zelensky era considerado «um palhaço e uma anedota», recordou Anna Bondarenko, uma produtora da televisão russa. «Os [chefes] disseram para apostar forte em prejudicá-lo. Foi muito divertido ver de novo em vídeo as cenas mais engraçadas, com ele [...] em saltos altos a tocar piano com o pénis, e sobrepor isso com ele a tentar parecer sério e presidencial.»[46] A aparente fraqueza de Zelensky poderia torná-lo facilmente vulnerável a uma nova rodada de operações de influência do Kremlin — e a sua disponibilidade declarada para trabalhar com a Rússia para encontrar oportunidades de paz, que tinham sido impossíveis com Petro Poroshenko, que era implacavelmente opositor de Moscovo. Por outro lado, a eleição de Zelensky também era vista como o último ato de uma operação orquestrada pelos EUA para tomar a Ucrânia e usá-la como um instrumento contra a Rússia. «O ator foi contratado para fazer o seu trabalho», disse-me nessa altura o senador Oleg Morozov, que fazia então parte do Comité para Assuntos Internacionais do Conselho da Federação. «Washington enviou o seu homem para fazer avançar o habitual programa norte-americano [...]: a criação de uma anti-Rússia.»[47]

O Kremlin não era o único a perscrutar o inexperiente Zelensky, à procura de pontos fracos. Em julho de 2019, Donald Trump telefonou a Zelensky e pediu-lhe para investigar as atividades empresariais ucranianas de Hunter Biden, filho do oponente de Trump nas eleições presidenciais de novembro, que se aproximavam, e também para ajudar Rudy Giuliani, um dos colaboradores de Trump (e antigo presidente da Câmara de Nova Iorque), na sua investigação acerca de alegadas interferências nas eleições de 2016 apoiadas pelos oligarcas ucranianos favoráveis à Rússia. Apesar de não haver transcrição literal da conversa (o que é talvez impróprio), a leitura da chamada que a Casa Branca foi posteriormente obrigada a publicar parece mostrar que Trump sugeriu enfaticamente que a ajuda militar dos EUA à Ucrânia dependia da cooperação de Zelensky.

«Os meios de comunicação internacionais afirmaram mais tarde que Trump estava a tentar obter uma troca de favores [...]. Infelizmente, a Ucrânia [foi] apresentada como vítima do seu aliado de longa data», recordou a assessora de comunicação de Zelensky, Iuliia Mendel. «Para a Ucrânia, cuja imagem nacional era de autoconfiança e força, foi duro ter de pedir ajuda para apoiar as nossas forças armadas.» O próprio Zelensky ficou num aperto. «O pai de Hunter, Joe, poderia em breve tornar-se o próximo presidente, de modo que certamente não era do nosso interesse fazer dos EUA nosso inimigo», continuou Mendel. Depois de o Congresso convocar audiências para tentar destituir Trump devido à sua tentativa de extorsão, o próprio Zelensky insistiu que «nunca falei com o presidente numa posição de troca de favores. Não é o meu estilo [...]. Não quero que pareça que somos pedintes».[48] Nada de comprometedor se encontrou sobre Hunter Biden, e um pacote de 400 milhões de dólares em ajuda militar dos EUA foi enviado para a Ucrânia. Porém, o papel de Zelensky como vítima de uma tentativa de Trump para intimidar aliados afetou-lhe a reputação internacional.

Na vida real, os recentemente eleitos servidores do povo de Zelensky trabalharam, segundo Iuliia Mendel, como uma «impressora descontrolada» que disparava novas leis todas as semanas. Contudo, segundo Rudenko, Andriy Bohdan pensava que «a vitória de Zelensky nas eleições só a ele lhe pertence».[49] Bohdan, nomeado diretor da administração presidencial, começou a despedir funcionários que pareciam ameaçar os interesses de Kolomoisky, nomeadamente o procurador-geral e o governador do Banco Nacional da Ucrânia. Quando o primeiro primeiro-ministro de Zelensky, Oleksiy Honcharuk, tentou enfraquecer o controlo que Kolomoisky exercia numa companhia estatal de eletricidade, também foi despedido.

No fim do primeiro ano de Zelensky no poder, parecia que a sua administração — apesar do idealismo inicial — estava a derrapar para o conhecido atoleiro de corrupção contra a qual o próprio Zelensky se insurgia tão apaixonadamente. Em outubro de 2019, o gabinete do Procurador Anticorrupção da Ucrânia abriu um caso criminal que envolvia 14 membros do parlamento, 11 dos quais eram membros do partido Servidor do Povo, por alegadamente terem recebido 30 mil dólares cada para votar contra uma proposta de lei para eliminar esquemas corruptos na avaliação de propriedades. Nenhum dos suspeitos acabou preso, e nenhum se demitiu do cargo como representante do povo. Alexander Trukhin, outro parlamentar do partido Servidor do Povo, não foi preso, apesar de ter um acidente de carro quando estava alcoolizado.[50]

Ironicamente, atendendo à sua posterior resistência inflexível à invasão russa, Zelensky foi frequentemente atacado, na primeira fase da presidência, por estar demasiado disposto a negociar com o Kremlin. Era verdade: Zelensky estava apostado em cumprir a sua promessa central de campanha, que era acabar com a guerra russo-ucraniana e resolver o movimento separatista que a Rússia aí apoiava. Em junho de 2019, nomeou o antigo presidente Leonid Kuchma — um veterano de conversações com Moscovo, com contactos de longa data na Rússia — para representante no Grupo de Contacto Tripartido para uma resolução do conflito. Em julho, teve a primeira conversa com Putin e instou-o a entrar numa segunda ronda de conversações, mediada por países europeus. Pediu também a Putin para considerar uma troca de 35 prisioneiros de guerra russos pelo mesmo número de soldados e marinheiros ucranianos mantidos em cativeiro russo — incluindo o cineasta Oleg Sentsov, condenado a 20 anos de prisão por um tribunal russo em agosto de 2015, acusado de planear ataques terroristas.

A troca de prisioneiros que acabou por ser acordada em setembro de 2019 poderia ter sido um passo vital para uma paz duradoura. Mas uma conta falsa russa de Twitter, fazendo-se passar por Zelensky, deu a notícia da troca que estava para ocorrer — o que espoletou imediatamente uma exigência russa de última hora para que mais um prisioneiro fosse acrescentado à lista: Vladimir Tsemakh, um combatente separatista da Ucrânia de Leste e uma testemunha crucial do abate do voo MH-17 por um míssil russo, em julho de 2014. Os neerlandeses, que lideravam uma investigação da atrocidade, pediram a Zelensky para recusar. Porém, o líder ucraniano estava encurralado — agora que a notícia da troca de prisioneiros fora anunciada, não tinha maneira de recuar.[51] A aproximação frágil que Zelensky tentara edificar com Moscovo desfez-se praticamente antes de começar.

A intimidação de última hora de Putin quanto à troca de prisioneiros foi «o momento em que [Zelensky] realmente compreendeu em primeira mão o tipo de pessoas com que estamos a lidar» no Kremlin, recordou um importante conselheiro de Zelensky, que esteve diretamente envolvido nas negociações para a troca de prisioneiros.[52]

Contudo, Zelensky continuou em frente, negociando diretamente com a liderança rebelde no Dombás. Uma medida crucial do acordo Minsque 2, de 2015, fora a convocação de um referendo nas LDNR para as pessoas das repúblicas rebeldes decidirem se queriam continuar a fazer parte da Ucrânia. Porém, um ponto muito contencioso era a recusa do governo de Poroshenko em tolerar que o referendo fosse organizado pelas administrações rebeldes, em vez de ser as autoridades de Quíive a organizá-lo. Porém, Zelensky, em outubro de 2019, anunciou que conseguira um acordo preliminar com os separatistas, segundo o qual o governo ucraniano respeitaria o referendo do Dombás em troca da retirada russa das tropas sem identificação.[53] A fórmula do referendo fora redigida em 2016 pelo ministro alemão dos Negócios Estrangeiros da altura, Frank-Walter Steinmeier, e incluía a supervisão da votação por representantes independentes da Organização para a Segurança e Cooperação na Europa (OSCE). Caso a OSCE ajuizasse que o processo fora livre e honesto, e caso o resultado fosse a permanência na Ucrânia, então o controlo daquelas regiões voltaria para a Ucrânia, mas teriam um estatuto especial de governo autónomo.

Zelensky aprovou a fórmula de Steinmeier, tal como as LDNR e a Rússia. Os meios de comunicação separatistas do Dombás ocupada vangloriaram-se de que a assinatura do acordo por parte de Zelensky fora «uma vitória para a DNR e a LNR e uma derrota para a Ucrânia»[54], o que nada ajudava. Porém, a oposição mais apaixonada à iniciativa de Zelensky veio dos nacionalistas ucranianos radicais. Milhares de manifestantes juntaram-se na Praça Maidan de Quíive com a palavra de ordem: «Não à capitulação!»[55] O mais perigoso foi que várias milícias ucranianas nacionalistas se recusaram a aceitar o acordo — incluindo o Batalhão Azove, que combatia então na região Luansque do Dombás. Andriy Biletsky, líder do Corpo Nacional de extrema-direita e primeiro-comandante do Batalhão Azove, acusou Zelensky de «desrespeitar» os veteranos e de agir em nome do Kremlin.[56] Zelensky encontrou-se com Biletsky e outros líderes da milícia para tentar convencê-los a entregar as armas sem registo que estavam na sua posse e a aceitar o acordo de paz. Recusaram. E, com isso, o plano de referendo desfez-se — e, com ele, qualquer hipótese realista de paz no Dombás.

Mesmo três anos depois, a oportunidade perdida em outubro de 2019 de uma paz duradoura continuava a ser um tema extremamente sensível para os membros principais da administração de Zelensky. Os seus oponentes «afirmaram que ele ficou refém dos ultranacionalistas — e, francamente, há alguma verdade nisso», admitiu um conselheiro presidencial. «[Zelensky] foi eleito para trazer a paz. Porém, dos dois lados, havia elementos armados que não estavam dispostos a fazer as necessárias cedências [...];

preferiam combater a ceder um milímetro.»[57] A ameaça de uma Maidan nacionalista implacavelmente oposta a qualquer tipo de solução de compromisso com o Kremlin destruíra a tentativa de Zelensky para trazer a paz em 2019 — e continuaria a ser uma verdadeira ameaça a qualquer futura paz negociada no estágio final da guerra de 2022.

Porém, apesar da aplicação de Minsque 1 e de Minsque 2 não chegar a lado algum, Zelensky pressionou a França e a Alemanha para viabilizar conversações pessoais de paz entre ele e Putin. Os dois líderes encontraram-se pela primeira e única vez em Paris, no dia 9 de dezembro de 2019. Zelensky estava visivelmente nervoso logo desde os primeiros momentos da reunião. Quando tiravam a fotografia protocolar, antes das conversações, Zelensky, por erro, tomou o lugar de Putin, depois virou-se para falar com jornalistas e, sem querer, mostrou aos fotógrafos os documentos ucranianos de orientação para as conversações. Putin, como de costume, estava atrasado. Quando a sessão de fotografias terminou, Putin inclinou-se para Zelensky: «Quando toda a gente tiver saído, começamos as negociações», disse o presidente russo, afirmando o óbvio para mostrar que quem mandava era ele.[58]

Publicamente, Zelensky afirmou esperar retomar o diálogo para a paz. Porém, tanto ele como Putin sabiam que os protestos de outubro pela não capitulação tinham mostrado quão limitado era o espaço de manobra de Zelensky em casa. Putin, por seu lado, pretendia ver até que ponto a reabertura das conversações do presidente ucraniano poderia ser usada para dar vantagem ao Kremlin.

A reunião entre Zelensky e Putin não trouxe qualquer progresso político — nem poderia, dado que Zelensky já tinha feito concessões significativas em outubro, mas fora contrariado pela sua própria oposição nacionalista. O estilo fanfarrão de Putin também não ajudava. «Putin sabia dar ordens, mas não sabia negociar», recorda Mendel. «Durante duas décadas, ninguém o contradissera, e ninguém estivera disposto a dar-lhe más notícias. Isto tornava Putin um fraco negociador. Ao invés, só usava chantagem e vários instrumentos de guerra para negociar.»[59]

Porém, a reunião deu origem pelo menos a um cessar-fogo. Já antes da cimeira de Paris, o número de mortos em resultado dos combates esporádicos ao longo da linha de controlo no Dombás era muito inferior ao ocorrido durante os combates pesados do início da guerra — em 2017, 60 pessoas foram mortas e 308 feridas, de ambos os lados; em 2018, morreram 51 pessoas e ficaram feridas 304; e, em 2019, esses números foram 36 e 129, respetivamente, segundo o Estado-Maior Ucraniano e os próprios relatórios das LDNR.[60] Depois do acordo de Paris, o número de vítimas seria inferior a uma dezena — e o cessar-fogo manteve-se até fevereiro de 2022.

Porém, a Ucrânia de Zelensky estava a tornar-se um problema para Putin. Os métodos tradicionais que o Kremlin usara até então para controlar os governos de Quiive — a guerra do gás, a corrupção de ministros e o uso da influência dos meios de comunicação oligárquicos — já não funcionavam, porque Zelensky pusera-se em ação para limitar o poder dos oligarcas, incluindo o do seu antigo patrão, Kolomoisky. O que seria fatal foi o facto de Zelensky também ter começado a fortalecer os laços com a NATO e a acelerar o caminho para a adesão. Para o Kremlin, era mais uma prova de que Zelensky era um fantoche de Washington. A vontade de Zelensky de fazer a Ucrânia passar de aliado político e militar do Ocidente a membro plenamente integrado da aliança ocidental era o que o Kremlin mais temia.

PARTE II
EM PÉ DE GUERRA

CAPÍTULO 5

Em pé de guerra

> «A guerra gosta sempre muito de completos erros de cálculo. Calculamos mal a nossa força e calculamos mal a fraqueza do inimigo. Calculamos mal a facilidade da operação, os custos, que parecem baixos, e os benefícios, que parecem imensos.»
>
> Stephen Kotkin[1]

O Kremlin tem muitas torres

Todos os fatores que contribuíram para a decisão do Kremlin de invadir a Ucrânia em 2022 já existiam há anos, e até décadas. As queixas quanto à expansão da NATO e a resistência a um «mundo unipolar» dominado pelos EUA têm sido o pão nosso de cada dia do discurso político russo desde a década de 1990. A ameaça de desmembrar a Ucrânia tem estado entre nós desde agosto de 1991, quando Boris Ieltsin tentou intimidar o Soviete Supremo Ucraniano ao «reconsiderar» o estatuto da Crimeia. Como vimos, fantasias acerca de «fascistas» antirrussos chegarem ao poder em Quiive foram formuladas por propagandistas apoiantes dos Russos em 2003. A frustração de que milhões de russos étnicos tinham sido abandonados para lá das fronteiras da Rússia depois do colapso da URSS era a «tragédia geopolítica» de que Putin falou no seu discurso ao parlamento de 2005. A paranoia quanto às tentativas do Ocidente para subverter e abalar a Rússia por meio de movimentos favoráveis à democracia foi o pilar central da política doméstica do Kremlin desde as revoluções das cores em 2003–2004. O discurso beligerante de Putin que anunciou a guerra na manhã de 24 de fevereiro de 2022 não incluía fosse o que fosse que a sua comitiva não andasse a dizer há anos.

Algumas histórias fazem mais sentido quando as viramos de pés para o ar. De modo que vale a pena perguntar não por que razão lançou Putin a sua invasão total da Ucrânia em 2022, mas antes por que razão não o fez antes. O que mudou entre 2014 — quando Putin se coibiu de fazer uma anexação militar total do Dombás e de outras áreas de língua russa da Ucrânia — e a sua decisão final de o fazer em 2022?

Podemos dividir a resposta em três conjuntos de fatores.

Primeiro, e antes de mais, no espírito da comitiva de Putin havia a convicção de que, no final de 2021, o perigo da influência ocidental na Ucrânia e na Rússia se tornara demasiado ameaçador para ser ignorado — e tinham fracassado todas as tentativas de controlá-lo interferindo na política ucraniana.

Segundo, as desvantagens económicas previstas da invasão eram consideradas aceitáveis para um pequeno círculo de homens do KGB que pouco sabiam do funcionamento real da economia russa. Um fundo para a guerra de 650 mil milhões de dólares em reservas estratégicas e a dependência europeia do gás russo, ambos cuidadosamente incrementados ao longo de uma década, foram considerados suficientes para atravessar a guerra e silenciar os protestos ocidentais.

O fator final foi a oportunidade. Uma convergência entre a fraqueza ocidental, no rescaldo da retirada humilhante do Afeganistão, o afastamento de Angela Merkel como principal estadista europeia, a debilidade eleitoral de Zelensky e um exército russo renovado parecia apresentar uma oportunidade única. Era chegado o momento de pôr um fim dramático a décadas de insidiosa influência ocidental e de pôr a Rússia firmemente e de novo na primeira fila das potências mundiais. Não atacar seria abandonar a Ucrânia ao Ocidente — e expor fatalmente a Rússia à usurpadora ameaça existencial, política e militar.

Estas foram as considerações estratégicas por detrás da guerra. Porém, as políticas do Kremlin não foram decididas apenas com base em fatores estratégicos abstratos. Foi feita por pessoas — e num sistema com um círculo de liderança firmemente estabelecido e fechado, como a Rússia de Putin, a decisão de ir para a guerra foi tomada por um minúsculo grupo de homens com acesso pessoal ao próprio Putin. Alguns membros do seu politburo tinham sido colegas de Putin e eram amigos pessoais desde a década de 1970. E todos tiveram várias funções importantes na sua administração desde 2000.

Ao longo desses anos, os governos de Putin conheceram vozes discordantes, interesses e visões rivais. Na expressão russa, «o Kremlin tem muitas torres». Várias ideias da moda apareceram e desapareceram — desde transformar a Rússia numa superpotência tecnológica, repor as relações com os EUA e conquistar a liderança ideológica do conservadorismo mundial, até à criação ativa e ao financiamento de uma oposição liberal «leal» e respetivos meios de comunicação. No início de 2020, tinham desaparecido os últimos pensadores originais por detrás de todas estas iniciativas — pessoas que poderiam ter visto o desastre que se aproximava, afastando Putin e o seu círculo próximo de *siloviki,* ou homens de poder, da via da guerra. Só ficou uma torre, e tinha o mais antigo dos aliados de Putin, aquele em que ele mais confiava e — tragicamente para a Rússia e para a Ucrânia — o mais belicoso e paranoico. Não havia uma única pessoa na sala que não estivesse contaminada pelo seguidismo* fatal de que a guerra era tanto inevitável como desejável.

* *Groupthink* no original: quando cada pessoa de um grupo pensa como os outros, sem que nenhum tenha provas sequer remotamente adequadas — mas todos reforçam a sua convicção simplesmente porque os outros também pensam como eles. Não parece haver uma terminologia apropriada estabelecida em língua portuguesa para este fenómeno cognitivo comum e desastroso. [N. do T.]

Como Bob Woodward demonstrou de maneira brilhante em *Plano de Ataque*, a sua narrativa do caminho que conduziu os EUA à guerra do Iraque de 2001 a 2003, nenhum sistema político é imune ao seguidismo. Mesmo em democracias avançadas, as burocracias governamentais — especialmente nos serviços secretos — têm uma tendência inerente para procurar os factos que se encaixem nos preconceitos dos líderes. Porém, em 2020, o sistema político da Rússia — uma gerontocracia encabeçada por homens formados no KGB da era soviética, e que nem sequer usavam a Internet — estava particularmente vulnerável. «Ninguém quer dar más notícias ao czar», disse um antigo funcionário que trabalhou na administração do presidente até 2016. «O curso [oficial] é claro [...]: a competição [entre conselheiros e instituições] é para ver quem consegue ser mais zeloso na prossecução do plano do czar.»[2]

Aos olhos dos homens que a planificaram e defenderam, a invasão de 2022 foi, antes de mais, um ataque preventivo para salvar a Rússia de uma ameaça estratégica que se aproximava a partir do Ocidente. Contudo, era também uma batalha pelo futuro da Rússia — e do futuro de poderosos clãs que queriam assegurar que o seu poder sobreviveria ao fim do mandato de Putin como presidente. O objetivo era criar uma Rússia em que, no futuro, não fossem possíveis protestos inspirados no Ocidente como os de Bolotnaya. Nessa medida, a tentativa de assassinar Aleksei Navalny, em agosto de 2020, e a invasão da Ucrânia fazem parte de um mesmo objetivo estratégico — proteger a Rússia da interferência estrangeira e, desse modo, proteger o seu próprio poder e os seus próprios bens.

Pouco depois de ser nomeado diretor do SFS em 2000, Nikolai Patrushev descreveu os serviços de segurança como a «moderna neoaristocracia» da Rússia. A palavra para «nobreza» em russo é *dvoryantstvo*, que quer dizer literalmente «membros da corte» ou *dvor* real, onde a única fonte de patrocínio e poder é o próprio czar. Vinte anos depois, Patrushev e todos os outros *siloviki* principais cumpriam não apenas as funções executivas dos cortesãos pré-modernos mas também as dos dinásticos.

Devido às suas qualificações, os filhos da nova nobreza foram nomeados ministros e diretores de grandes empresas estatais. Por exemplo, o filho de Nikolai Patrushev, Dmitry, foi nomeado ministro da Agricultura em 2018, depois de uma carreira no sector bancário. O filho de Aleksandr Bortnikov, Denis, foi diretor-adjunto do Banco VTB, a segunda maior instituição financeira da Rússia. O filho do antigo primeiro-ministro Mikhail Fradkov — que, na academia do SFS, foi colega de Andrei, o filho mais novo de Bortnikov — dirigiu o Promsvyazbank, o principal banco usado pelo Kremlin para financiar a aquisição de armas. Fizeram casamentos dinásticos entre eles, o que, por sua vez, deu origem a uma terceira geração emergente da aristocracia da era de Putin, que, com o tempo, acabaria por ficar na expectativa de herdar a Rússia e tudo o que ela inclui. No início do seu reinado, Putin eliminou e despojou os elementos da oligarquia empresarial da era de Ieltsin que se atreveram a pô-lo em causa. Contudo, também criou uma nova oligarquia de securocratas que só a ele eram leais.

A ideologia do putinismo tardio era a mesma da instituição que formou os homens que a lideraram — o KGB da era de Brezhnev. Nas palavras do poeta e crítico Dmitry Bykov, «os serviços secretos têm estado sempre ao serviço do passado. A sua principal tarefa é fazer parar a passagem do tempo. Estão constantemente à caça de sinais do novo, porque o futuro avança na direção deles e contra eles [...]. Fazem tudo o que está ao seu alcance para evitar a sua própria abolição».[3] Porém, o medo existencial de todos os regimes gerontocráticos é que uma nova geração acabe inevitavelmente por pô-los em causa, a eles e aos seus valores. «A conservação não é criativa, não se consegue conservar a memória eternamente nem conservar o medo do futuro.»[4]

No final do século XIX, os czares da Rússia, enfrentando um desafio existencial semelhante, oriundo das forças invasivas da modernidade, uniram a sociedade em torno de abstrações de «ortodoxia, autocracia e nacionalidade» — reforçadas pela criação do mito de um sinistro «outro» no seio da sociedade, na forma dos judeus. A União Soviética, apesar de todo o seu conservadorismo social, foi paradoxalmente fundada no acolhimento do futuro. Ostensivamente, era um estado que exigia sacrifícios ao povo em nome de um mundo ainda por vir, que seria radiante, coletivo e comunista. Porém, os tropos da era czarista que renasceram para sustentar a autocracia cleptocrática de Putin não eram muito atrativos para uma nova geração de jovens russos ateus, à vontade na Internet, naturalmente capitalistas e interligados. Ao contrário da China ou da URSS, a Rússia não tinha um governo nem uma estrutura partidária muitíssimo desenvolvidos, não tinha uma ideologia de estado poderosa e de há muito estabelecida sobre a prosperidade coletiva, e não tinha sucessos altaneiros na exploração espacial, nem desenvolvimentos urbanos e tecnológicos de fazer pasmar o mundo, em torno dos quais se pudesse unir.

Ainda que nem os *siloviki* de Putin — nem sequer os filósofos ultraconservadores, como Aleksandr Dugin — pusessem as coisas nestes termos, uma guerra nacional de salvação era a única força com o poder suficiente para fazer parar a invasão do mundo moderno e cortar radicalmente o país do Ocidente. Tanto os líderes dos EUA como da Rússia, aquando do seu último confronto crítico, na crise dos mísseis de Cuba, eram veteranos da Segunda Guerra Mundial que, por experiência pessoal, partilhavam um horror profundo pela guerra. A geração de Putin, em contraste, perdeu a Grande Guerra Patriótica, mas cresceram com mitos heroicos e cinemáticos da unidade, nobreza e purificação que resultavam de combater numa guerra justa contra as forças do mal. A guerra criaria uma nova Rússia, baseada em patriotismo e sacrifício, e não na entrega egoísta ao consumo e à prosperidade. Acima de tudo, criaria uma Rússia que precisava de homens de poder para liderá-la. «Em tempos de guerra, não se pensa na IKEA, nem em comprar um carro novo», afirmou Molody, um executivo da televisão. «Em tempos de guerra, pensa-se na vitória e nos líderes que estão a salvar o país dos inimigos [...]; em tempos de paz, pensa-se como a vida poderá ficar melhor. Na guerra, pensa-se como tudo poderia ser muito pior.»[5]

Não houve uma ignóbil conspiração explícita para usar a guerra deliberadamente para fazer o relógio andar para trás e criar uma Rússia isolada e reacionária, onde os líderes poderiam governar para sempre sem serem postos em causa. Pelo contrário, os homens que levaram a Rússia para a guerra em 2022 insistiram que não tiveram escolha a não ser reagir à invasão implacável do Ocidente no espaço estratégico da Rússia. Além disso, tanto Putin como Patrushev iriam afirmar que não estavam a conquistar fosse o que fosse, mas apenas a chamar a si o que era da Rússia por direito antigo. Porém, na prática, a guerra representava o triunfo final de uma Rússia idosa que se impõe a uma Rússia jovem, de paranoicos partidários de teorias da conspiração ao estilo soviético que se impõem a uma geração de capitalistas práticos, pós-soviéticos e pós-modernos.

Os homens do poder

Quatro homens — três dos quais já foram ou são diretores do SFS — desempenharam um papel decisivo na condução da Rússia para a guerra: o próprio Putin, Nikolai Patrushev, Aleksandr Bortnikov e Sergei Shoigu. Dos últimos três, Patrushev e Bortnikov foram os principais acionadores políticos, sendo Shoigu o executor, por vezes hesitante. Um grupo ligeiramente maior de íntimos pessoais, todos ligados a Putin pelo tempo de serviço no KGB ou por serem membros do grupo exclusivista dacha Ozero de São Petersburgo, onde na década de 1990 vivia a elite empresarial e governativa da cidade, formou um coro de aprovação. Porém, segundo uma fonte próxima do porta-voz do Kremlin, Dmitry Peskov, estes elementos não tinham acesso a todos os detalhes da invasão, nem da sua escala. Este segundo círculo dos íntimos pessoais de Putin incluía o bilionário Yury Kovalchuk; o diretor dos serviços secretos externos, Sergei Naryshkin; o antigo guarda-costas de Putin, diretor da Guarda Nacional Russa, Viktor Zolotov; Sergei Ivanov, o antigo chefe de pessoal do Kremlin e ex-KGB; um antigo colega de Putin dos tempos do KGB da Alemanha de Leste, Sergei Chemezov, diretor da Rostec, uma empresa estatal que promove a tecnologia; Igor Sechin, o antigo homem do KGB que capitaneou a Rosneft, um gigante petrolífero da Rússia; e o negociante bilionário de petróleo, Arkady Rotenburg.

Outros funcionários destacados desempenharam papéis executivos importantes, mas não foram consultados no processo de decisão do círculo mais próximo dos íntimos de Putin, e não eram seus amigos pessoais. Este grupo de executivos leais incluía o ministro dos Negócios Estrangeiros, Sergei Lavrov, Sergei Beseda, o coronel-general do SFS a cargo das relações com os países limítrofes, e Dmitry Kozak, o homem do Kremlin que estava no terreno, nas repúblicas rebeldes do Dombás.

Patrushev

Ao longo das duas décadas da governação de Putin, o título de «eminência parda» do Kremlin foi dado a várias figuras proeminentes — as mais famosas foram o ideólogo Vladislav Surkov e o diretor da Rosneft, Igor Sechin. Porém, o título pertence apropriadamente a Nikolai Patrushev, que tem sido regularmente *a* figura mais importante e poderosa do círculo mais restrito de Putin desde a década de 1990.

Tal como a maior parte dos membros da elite suprema do Kremlin, Patrushev nasceu em Leninegrado, em 1951, um ano antes do próprio Putin. Filho de um oficial naval soviético, Patrushev estudou no Instituto de Construção Naval de Leninegrado e trabalhou brevemente como engenheiro naval, antes de ser recrutado pelo KGB em 1975. Putin, em contraste, nunca foi procurado pela polícia secreta: como ele próprio conta, candidatou-se ao KGB por sua iniciativa, por várias vezes, antes de finalmente o aceitarem.[6] Os dois jovens oficiais encontraram-se no KGB de Leninegrado. Porém, quem era ambicioso era Patrushev, e não Putin. Patrushev frequentou a escola do KGB de Minsque e, posteriormente, a escola superior do KGB em Moscovo, antes de passar a integrar a prestigiosa unidade contra o contrabando e a corrupção do KGB de Leninegrado. A trajetória da carreira de Putin foi muitíssimo mais modesta — o escritório da KGB em Dresda, onde foi colocado em 1988, era um posto de província num país socialista amigo. «Os ambiciosos eram colocados em países capitalistas ou eram responsáveis pelo combate ao crime económico», recordou um antigo major-general do KGB que esteve colocado na *rezidentura* de Londres daquela polícia secreta na década de 1980. «Dresda era o fim do mundo. [Putin] era um cinzentão, um zé-ninguém. A sua carreira no KGB foi completamente medíocre.» Patrushev, e não Putin, é que era «uma das estrelas em ascensão [do KGB], na década de 1980».[7]

Putin era ainda apenas um major de 38 anos quando o KGB o despediu, em 1990. A promoção a tenente-coronel — e, com isso, o honorífico título de «coronel», que soa a importante — foi uma formalidade da pré-reforma que lhe permitiu pedir uma pensão ligeiramente maior. Em contraste, Patrushev continuou na polícia secreta depois do colapso da URSS, como ministro da Segurança da República da Carélia, no norte da Rússia, e chefiou, a partir de 1994, a Direção-Geral de Segurança Interna do recentemente rebatizado Serviço de Contraespionagem Federal, em Moscovo. Depois de março de 1997, quando Putin foi recrutado, passando do gabinete do presidente da Câmara de São Petersburgo para a administração presidencial, não se esqueceu dos seus velhos colegas de Leninegrado. Em maio seguinte, Putin foi promovido a primeiro chefe-adjunto da administração presidencial — e trouxe o seu velho colega Patrushev, para ficar com o seu cargo anterior de diretor do Departamento Principal de Supervisão do Kremlin.

Por esta altura, os papéis dos dois homens tinham-se invertido, sendo agora Putin o mais importante, quando anteriormente era o mais jovem e de posição inferior na hierarquia. Quando Putin foi de novo promovido a diretor do SFS, em julho de 1998, não demorou a trazer Patrushev como seu adjunto e diretor da prestigiada (e lucrativa) Direção-Geral de Segurança Económica. A ascensão meteórica de Putin — patrocinada tanto pelo chefe de pessoal do Kremlin, Voloshin, como pelo oligarca Boris Berezovsky — continuou com uma promoção a secretário do Conselho de Segurança, deixando Patrushev no seu anterior cargo como diretor do SFS. Em agosto de 1999, Putin foi escolhido como primeiro-ministro de Ieltsin — e provável sucessor. No dia 31 de dezembro de 1998, quando Ieltsin anunciou surpreendentemente que Putin iria substituí-lo como presidente em exercício, Patrushev e Putin foram de avião para a Chechénia, com as suas esposas, para levantar a moral das tropas russas, bebendo champanhe no helicóptero que sobrevoava a zona de combate.[8] Em março de 2000, Putin agraciou o seu velho amigo Patrushev com o galardão de Herói da Rússia, a mais elevada ordem de valor da nação.

Como Putin disse jocosamente a um grupo de veteranos do KGB, depois da sua eleição em 2000, «a operação especial para tomar os escalões mais elevados do poder foi bem-sucedida».[9] Foi em dezembro desse ano que Patrushev comentou que os serviços de segurança constituíam a «nova nobreza» da Rússia. Ao explicar a preponderância de antigos funcionários do SFS no Kremlin, Patrushev disse ao *Komsomolskaya Pravda* que havia uma «necessidade vital de reanimar o corpo administrativo russo com "sangue novo" [...]; não idealistas titubeantes, mas pragmatistas firmes que compreendem os desenvolvimentos políticos internacionais e domésticos, assim como as antinomias e ameaças emergentes».[10] Patrushev não perdeu tempo a levar a guerra ao inimigo, desempenhando um papel de importância capital no envenenamento, em 2006, do denunciante e desertor Alexander Litvinenko, antigo membro do SFS em Londres. «A operação do SFS para matar o Sr. Litvinenko foi provavelmente aprovada pelo Sr. Patrushev e também pelo presidente Putin», concluiu um inquérito público sobre o homicídio.

Em 2008, Putin nomeou Patrushev para o cargo de secretário do Conselho de Segurança, a quinta vez numa década que o seu velho amigo ficou com um dos seus cargos anteriores. Patrushev iria desempenhar um papel crucial na política externa cada vez mais assertiva e nas práticas repressivas de segurança interna. No rescaldo da revolução de Maidan em Quiive, a crença de Patrushev de que os EUA «prefeririam que a Rússia nem sequer existisse» manifestou-se em operações de influência cada vez mais agressivas na Europa de Leste — incluindo um fracassado golpe de estado apoiado pelo SFS em Montenegro, em outubro de 2016.

Patrushev sempre fora um dos membros mais loquazes e destacados do círculo mais restrito de Putin, autorizado para explicar e decifrar a política oficial do Kremlin à imprensa russa e ao público. Era um sinal claro da sua importância e da confiança que Putin pessoalmente tinha nele.

Nas suas diversas entrevistas, Patrushev revelou não só um grau notável de paranoia mas também uma disponibilidade para acreditar em algumas teorias da conspiração extraordinárias. Em 2015, por exemplo, Patrushev afirmou que «os Norte-Americanos pensam que controlamos [os nossos recursos naturais] ilegalmente e sem os merecermos, porque, do ponto de vista deles, não os usamos como deveríamos». Em apoio a esta tese, mencionou a antiga secretária de estado dos EUA, Madeleine Albright, que Patrushev afirmou ter dito que «nem o Extremo Oriente nem a Sibéria pertencem à Rússia». De facto, Albright nunca disse tal coisa. A citação veio de um psíquico contratado pelo SFS que afirmou ter lido em transe os pensamentos do espírito de Albright.[11] Em abril de 2022, Patrushev afirmou que uma «comunidade criminosa que fugiu da Ucrânia» se «entregava ao negócio generalizado de vender órfãos enviados da Ucrânia». O comércio de órfãos era deliberadamente incitado pelos governos ocidentais, afirmou Patrushev. Estes mesmos governos tinham também secretamente «reanimado o mercado negro para a compra de órgãos humanos de segmentos socialmente vulneráveis da população ucraniana, para operações de transplante clandestinas de pacientes europeus».[12]

Em junho de 2020, Patrushev deu uma longa e aterrorizante entrevista em que delineou uma mundividência que se tornaria a base da invasão da Ucrânia, menos de dois anos depois. Segundo Patrushev, os esforços ocidentais para «desestabilizar a situação sociopolítica no nosso país» estavam a intensificar-se. «Uma rede imensa de ONG estrangeiras sem fins lucrativos e de estruturas domésticas públicas que delas dependem estão a ser criadas em território russo para levar a cabo os chamados "programas democráticos" e projetos que são do interesse dos estados ocidentais», explicou Patrushev. «O Ocidente une-se e apoia financeiramente a oposição não-sistémica [na Rússia] [...]; interfere nas eleições russas a nível federal e regional.» Mencionando «dados ao nosso dispor», Patrushev anunciou que os elementos apoiados pelos EUA no interior da Rússia eram:

> incentivados a intensificar o seu trabalho [...] para provocar sentimentos nacionalistas e separatistas. Os passos são planeados para intensificar a pressão informativa sobre a Rússia, para desgastar os valores espirituais, morais, culturais e históricos da Rússia, que constituem a fundação do nosso carácter de estado, para reduzir o sentimento de uma identidade integralmente russa entre os cidadãos do nosso país. As suas tarefas principais são a divisão da sociedade russa, a imposição de valores e o desenvolvimento de modelos que são benéficos para eles, bem como a manipulação da consciência pública.

Patrushev nomeou especificamente o Departamento de Estado dos EUA, várias ONG norte-americanas da sociedade civil e o Instituto da Sociedade Aberta, de George Soros, como agências envolvidas no ataque em curso de Washington ao estado russo. Patrushev afirmou também que entre 2015 e 2019 entidades russas e indivíduos receberam mais de quatro mil milhões de rublos — cerca de 45 milhões de euros — para financiar «atividades subversivas contra a Rússia».

Para Patrushev, a ameaça de uma revolução colorida na Rússia, apoiada pelo Ocidente, era real, imediata e crescente. Significativamente, afirmou que a conspiração norte-americana se apoiava numa nova geração de «pessoas que chegaram à idade adulta depois do colapso da URSS, e, portanto, não tiveram experiência pessoal ou conhecimento genuíno da União Soviética». Pelos cálculos de Patrushev, esta geração tornar-se-ia «pela ordem natural», a principal gestora da Rússia por volta de 2036 — ainda que tivesse feito notar que a experiência da Geórgia e da Ucrânia mostrava que «o processo de formação de elites [...] hostis à Rússia pode ser artificialmente acelerado».[13] Por outras palavras, o aumento progressivo de uma geração pós-soviética, mais vulnerável à propaganda dos EUA, era uma ameaça direta à segurança nacional da Rússia. E dar passos decisivos para «neutralizar a ameaça» e «contrariar o processo contra o estado» não era apenas uma corrida contra o tempo: era uma questão de sobrevivência da própria Rússia.

Enquanto Patrushev dava a entrevista à *Argumenty i Fakty,* em junho de 2020, uma equipa de agentes do SFS tinha ordens do diretor Aleksandr Bortnikov para se preparar para ripostar contra o homem que os *siloviki* consideravam o agente mais perigoso dos EUA no interior da Rússia — o líder da oposição, Aleksei Navalny. Registos de voos mostraram que os agentes andaram a segui-lo o ano inteiro nas suas viagens pelo país para angariar apoiantes para uma nova iniciativa eleitoral que ameaçava tirar titulares do partido do governo, Rússia Unida, dos seus assentos parlamentares nas eleições locais. No dia 19 de agosto de 2020, uma equipa arrombou-lhe o quarto de hotel em Tonsque, na Sibéria, e, segundo o seu próprio relato, puseram uma substância química nas costuras das cuecas de Navalny que estavam na gaveta. No dia seguinte, Navalny entrou em coma quando ia no avião de volta a Moscovo, e teria morrido caso os pilotos não tivessem aterrado de emergência em Onsque, salvando-lhe a vida.

Para inconveniência do SFS, Navalny sobreviveu ao envenenamento — mas foi prestativo e regressou voluntariamente à Rússia em dezembro de 2020, sendo imediatamente preso e depressa condenado com uma acusação de fraude. Com a figura principal da oposição na Rússia em segurança na cadeia, Patrushev passou então a formular uma solução permanente para o problema da Ucrânia. Numa versão atualizada da estratégia nacional de segurança da

Rússia, publicada em 2021 e coordenada por Patrushev, o estado russo estava autorizado explicitamente a usar «métodos vigorosos» para «frustrar ou impedir ações inimigas que ameaçassem a soberania e a integridade territorial da Federação Russa». Por outras palavras, o uso da força militar fora das fronteiras russas estava, na prática, pré-autorizado. Era o modelo legal da invasão por vir.

Bortnikov

Aleksandr Bortnikov, nascido em 1951 em Perm, uma cidade dos Urais, estudou no Instituto de Engenheiros Ferroviários de Leninegrado, antes de ser recrutado para o KGB daquela cidade, em 1975, onde conheceu Putin. Tal como Patrushev, continuou no KGB e nas suas encarnações seguintes, FSK* e SFS, ascendendo em 2003 à direção do SFS das províncias de São Petersburgo e Leninegrado. Um ano depois, foi levado para Moscovo, para ficar com o cargo anterior de Patrushev como diretor do Serviço de Segurança Económica do SFS — conhecido como «Departamento K» —, e tornou-se diretor-adjunto da agência. Apesar do nome aparentemente inócuo, o Departamento K era de facto um dos mais poderosos e temidos da polícia secreta russa. Segundo uma investigação da *The New Times*, uma revista independente de Moscovo, o então diretor do SFS, Patrushev, deu a Bortnikov a tarefa de supervisionar a operação de 2006 para envenenar Alexander Litvinenko em Londres.[14]

Quando Nikolai Patrushev foi para o Conselho de Segurança, em maio de 2008, Bortnikov estava no seu encalço, assumindo o cargo do seu antigo patrono como diretor do SFS — cargo que ainda hoje detém. Com Patrushev, o SFS tornou-se «a maior estrutura comercial na Rússia», segundo um consultor financeiro de Moscovo que trabalhou com atuais e anteriores membros do SFS

* Serviço Federal de Contraespionagem da Federação Russa. [N. do T.]

em vários esquemas de investimento internacionais. «O poder para mandar pessoas para a prisão dá dinheiro», afirmou o consultor de maneira tão prosaica como se estivesse a explicar as leis básicas da física. «E o dinheiro ajuda a manter o poder, se for levado às pessoas certas e se não formos gananciosos.»[15] Os oficiais de todos os níveis da hierarquia tornaram-se infames por ameaçar empresários com investigações e prisão, a menos que entregassem as suas empresas ao SFS e aos seus associados — uma prática conhecida como *reiderstvo*, ou pilhagem empresarial, ao estilo russo.

Uma série de escândalos — incluindo gigantescas ofertas públicas hostis de aquisição da cadeia Tri Kita de hipermercados de mobília e da Evroset, uma rede de retalho de telemóveis, ambas orquestradas pelo SFS — foram parar às primeiras páginas dos jornais da Rússia, e foram embaraçosos para o Kremlin. Bortnikov queria que o SFS se «tornasse de novo o escudo e a espada do estado russo, como [Felix] Dzerzhinsky pretendia [o fundador da polícia secreta]», afirmou o consultor. Pessoalmente, Bortnikov «odiava a ideia de [oficiais de segurança do estado] armados em ladrões e em homens de negócios corruptos» e fez questão de recompensar e promover jovens oficiais zelosos que procurassem grupos subversivos e eliminassem «agentes estrangeiros», jornalistas, ativistas dos direitos humanos e historiadores que pusessem em causa a perspectiva oficial da história promovida pelo Kremlin. «Ele não gostava de pessoas que abalassem a terra-mãe», disse a fonte, que teve várias reuniões pessoais com Bortnikov entre 2008 e 2015.[16]

Bortnikov era um cão de fila de confiança e implacável. Transformou o SFS na inquisição política agressiva que fora na URSS e procurou reabilitar a reputação da agência. Em 2017, no centésimo aniversário da fundação da primeira polícia soviética secreta, Bortnikov disse à *Rossiiskaya Gazeta* que os arquivos mostravam que «uma parte significativa» dos casos criminais das purgas de Estaline da década de 1930 «tinha um lado objetivo». Porém, Bortnikov encarava muito seriamente não apenas a segurança política mas também as questões práticas de segurança nacional.

Em 2018, Bortnikov foi a Washington com o diretor dos Serviços Secretos Externos, Sergei Naryshkin, e com o diretor dos serviços secretos militares, Igor Korobov, para discutir com o diretor da CIA, Mike Pompeo, a ameaça de combatentes do Estado Islâmico que regressavam da Síria para a Rússia e para a Ásia Central. Em reconhecimento pelos seus leais serviços, Putin, em 2019, atribuiu a Bortnikov o galardão de Herói da Rússia e nomeou-o General do Exército, o posto militar mais alto naquele país — pondo o diretor da polícia secreta a par do ministro da Defesa, Sergei Shoigu.

Shoigu

Tanto por origem como por temperamento, Sergei Shoigu era a carta fora do baralho do círculo mais restrito de Putin. Tanto ele como os seus velhos amigos tinham origens modestas e deviam a sua mobilidade social e profissional inteiramente aos serviços prestados no KGB. Shoigu, por outro lado, nasceu na elite da província do Partido, na República de Tuva, na fronteira mongol. O pai era de etnia tuva e diretor de um jornal, tendo ascendido na carreira a secretário regional do Partido; a mãe era russa e deputada no Conselho Regional dos Deputados do Povo de Tuva.

Em 1990, graças aos contactos que o pai tinha no Partido, Shoigu — formado em engenharia civil — foi nomeado secretário-adjunto do Comité de Arquitetura e Construção da Federação Soviética Socialista Russa, onde estava de igual para igual com a estrela em ascensão do Partido, Boris Ieltsin. No ano seguinte, quando as instituições da URSS entraram em colapso, o recém-eleito presidente da Federação Russa, Ieltsin, nomeou Shoigu diretor do Corpo de Defesa Russo, que fora constituído para substituir as antigas Tropas de Defesa Civil do Ministério Soviético da Defesa. O Corpo — depois rebatizado Ministério de Situações de Emergência — era praticamente um corpo militar que acabou por ficar responsável pelo combate a incêndios, resposta a catástrofes e defesa civil, e era a terceira maior força paramilitar da Rússia.

Shoigu, que por esta altura já era major-general, coordenou uma tentativa fracassada de retirar de Cabul, em 1992, o presidente afegão apoiado pelos Russos, Mohammad Najibullah. No ano seguinte, foi posto a cargo da distribuição de armas dos depósitos da defesa civil aos apoiantes de Ieltsin durante uma tentativa de golpe de estado em Moscovo, em outubro de 1993. Em 1999, Ieltsin promoveu a popularidade e reputação de Shoigu por salvar vidas e tornou-o um dos líderes do Partido da União, que era favorável ao governo, e que apoiava a ascensão do primeiro-ministro Vladimir Putin à presidência. Shoigu foi galardoado como Herói da Rússia em reconhecimento dos seus serviços políticos.

Shoigu revelara-se um par de mãos competentes, leais e de confiança, como ministro e como político — mas que, crucialmente, não parecia ter quaisquer ambições políticas. Putin fez uma amizade pessoal bastante próxima com Shoigu, com base na paixão de ambos pelos cavalos e pela caça com armas de fogo nas regiões selvagens russas. Para Putin — um miúdo urbano, pequeno e mirrado que passara toda a carreira em gabinetes —, a ligação pessoal profunda de Shoigu com um mundo siberiano selvagem, másculo e indomado foi muitíssimo apelativa. A famosa fotografia de 2017 de Putin a cavalo e sem camisa foi tirada numa viagem de pesca à Tuva nativa de Shoigu. Pessoalmente, Shoigu era também um tipo diferente de homem, em comparação com os maquiavéis de secretária que tinham rodeado Putin na sua longa escalada do mastro escorregadio do poder burocrático. «Serezha [Sergei Shoigu] é um tipo reto e honesto», disse um antigo funcionário principal da era de Ieltsin que partilhava com Shoigu a paixão pela caça. «Não é um conspirador. Com ele, as palavras e os atos não divergem [...]. Não é um tipo que tenta dizer [a Putin] o que ele quer ouvir.»[17]

Em novembro de 2012, Putin despediu o ministro da Defesa, Anatoly Serdyukov, depois de uma série de escândalos pronunciados que envolviam esquemas que remontavam ao tempo em que Serdyukov era o funcionário máximo dos impostos e que defraudaram o estado de impostos pagos por empresas privadas. Um desses esquemas terminara com a detenção e morte na prisão, em

2007, do advogado denunciante, Sergei Magnitsky, o que levou à primeira das inúmeras séries de sanções norte-americanas e europeias contra os funcionários alegadamente envolvidos. O núcleo do «grupo de São Petersburgo» dos *siloviki* que rodeava Putin pressionou para que um deles ficasse com o cargo de Serdyukov, inserindo com isso o exército russo na rede de ministérios poderosos que já eram controlados pelo clã do antigo KGB. Putin, contudo, escolheu Shoigu — em parte devido à sua já demonstrada competência de pés assentes na terra, em parte devido à sua lealdade pessoal para com o próprio Putin, e em parte também para equilibrar o poder entre clãs rivais.

Shoigu não perdeu tempo e despediu os velhos compinchas de Serdyukov do Ministério da Fiscalidade, que agora tinham cargos elevados no Ministério da Defesa, e substituiu-os por oficiais das forças armadas. Tal como Bortnikov no SFS, Shoigu acreditava que os ministérios poderosos da Rússia existiam acima de tudo para proteger a terra-mãe, e não para atuar como uma galinha dos ovos de ouro de ministros e generais. Shoigu também acelerou reformas para aumentar o número de profissionais contratados no exército, que, até então, só tinha recrutas, assim como a criação de mais Grupos Táticos de Batalhão (GTB), a nova unidade operacional básica de infantaria motorizada. Criou também um Comando de Forças de Operações Especiais para facilitar a intervenção rápida em conflitos no «estrangeiro próximo» da Rússia. Com Shoigu, as forças armadas da Rússia — que, em 2020, absorvia uma imensidão de sete por cento do PIB daquele país, em contraste com menos de dois por cento no caso da maior parte dos países da NATO — estavam a ser levadas para um estado de elevada prontidão organizacional, em preparação para um conflito de grandes proporções.

2020: as placas reajustam-se

O momento em que o ataque à Ucrânia passou de possível para provável teve a montante e a jusante dois acontecimentos: o facto de o Kremlin se ter dado conta de que todos os esforços para mudar o percurso da Ucrânia em direção ao Ocidente se tinham desintegrado no início de 2020 e a decisão de Zelensky de se juntar a importantes exercícios da NATO, incluindo no Mar Negro, em março de 2021.

As conversações parisienses de Putin com Zelensky em dezembro de 2019 tiveram como resultado um cessar-fogo — mas também a consciência, no Kremlin, de que os pseudoestados do Dombás não tinham conseguido atingir o desejado objetivo. A liderança no Dombás mostrara-se demasiado corrupta e impossível de controlar. Desde 2014, dezenas de funcionários locais das LDNR foram despedidos ou tiveram mortes violentas, num pântano de alegações de corrupção.[18] Na frente militar, anos de conflito de baixa intensidade acabaram efetivamente por fortalecer o estatuto de estado da Ucrânia e o seu sentido de identidade, em vez de o estilhaçar e desgastar, que era aquilo que o Kremlin almejava. O mais importante era que, na sequência da humilhação de Zelensky pela mini-Maidan de outubro de 2019 — «Nenhumas soluções de compromisso!» —, era claro que as repúblicas também nunca voltariam a juntar-se à Ucrânia como regiões semi-independentes, como o Kremlin tinha desejado.

O fracasso foi posto aos pés de Vladimir Surkov, o homem do Kremlin no terreno, na Ucrânia desde 2013. Surkov pode ter estado no coração das políticas ideológicas do Kremlin desde 2003, mas nunca passou verdadeiramente a ter informação privilegiada. Era mais novo, mais inteligente, de mentalidade mais internacional e mais cínico do que a geração mais velha dos *siloviki* do Kremlin que aconselhavam Putin. Depois de anos a navegar com sucesso pelas disputas de fações entre o Kremlin, a administração presidencial, o SFS e as forças armadas, Surkov caiu finalmente da corda bamba em fevereiro de 2020.[19]

O erro de cálculo verdadeiramente fatal que custou a Surkov a sua carreira não foi quanto à Ucrânia, mas antes a sua decisão de discutir publicamente o que uma Rússia depois de Putin poderia ser. Num ensaio intitulado «A Sombra do Estado de Putin», publicado na *Nezavisimaya Gazeta* no início de fevereiro de 2019, Surkov teve o cuidado de sublinhar que, «durante muitos anos, a Rússia será ainda o estado de Putin», mesmo depois da sua saída do poder — e afirmou que o putinismo era «a ideologia do futuro».[20] A sua mensagem para o próprio Putin era que ele não precisava de temer uma transição, dado que a suposta estabilidade que criara iria sobreviver à saída do fundador. A mensagem para as elites que rodeavam Putin era que também elas não tinham razão para repetir os desastres do período tardio do comunismo, em que os líderes debilitados se mantinham em funções até morrer. Ao invés, uma transição ordeira de poder significaria normalidade, preservando o delicado equilíbrio das suas bases e dos interesses rivais de poder. E Surkov assegurou ao povo russo que a fachada plácida da «democracia soberana» continuaria sem sobressaltos, porque os interesses do povo coincidiam com os interesses dos líderes.

Talvez Surkov tivesse razão. Se homens mais pragmáticos, mais imaginativos e menos paranoicos tivessem pertencido ao círculo mais restrito de Putin, uma transição sem sobressaltos para um sucessor que preservasse o *statu quo* teria sido possível. Porém, os *siloviki* retiraram a conclusão precisamente oposta à que Surkov sugeria. Em vez de estabilidade, viam uma Rússia depois de Putin como uma nação fatalmente vulnerável à subversão persistente ocidental que obcecava homens como Patrushev e Bortnikov. Uma vez que Surkov tinha tido falta de tato para realçar, o fim do reinado de Putin estava realmente a aproximar-se. Se ele tinha ou não uma doença séria, isso é algo que será discutido depois. Porém, o facto básico é que Putin faria 70 anos em outubro de 2022 — novo, talvez, para um líder norte-americano, mas já três anos para lá da esperança de vida do homem russo médio. Por mais saudável ou não que Putin estivesse, não poderia viver para sempre. Leonid Brezhnev — que admitidamente fumava e se enchia de comida — morreu um mês antes de fazer 76 anos, depois de 18 anos no poder. Em cerca de cinco anos, Putin seria um peso morto. E para os homens de poder isso queria dizer que estavam a ficar sem tempo para encontrar uma solução decisiva para a agressão ocidental. E isso significava enfrentar de uma vez por todas o problema da Ucrânia.

Surkov demitiu-se no final de fevereiro de 2020, mencionando «diferenças de perspectiva» quanto à política sobre a Ucrânia. «Digamos que o contexto mudou», afirmou.[21] Foi substituído como procônsul supremo do Dombás por Dmitry Kozak, ucraniano de nascimento, que, por várias vezes, tinha dado provas que sabia resolver dificuldades, ao debater-se com problemas administrativos espinhosos, como a reforma judicial e o problemático Cáucaso do Norte.

Com a saída de Surkov, a política do Kremlin na Ucrânia começou a resvalar constantemente na direção de um confronto. Porém, a sua demissão foi também significativa num sentido mais profundo, marcando o momento em que os decisores superiores que ficaram no Kremlin eram os que efetivamente acreditavam nos mitos gerados pela máquina de sonhos de Surkov. A «democracia soberana» baseara-se, em última análise, numa relação cínica e negocial com a realidade e a ideologia. No mundo de Surkov, o obscurantismo ortodoxo poderia ser embrulhado com o patriotismo soviético e a retórica da cultura de vitimização, atando o pacote com valores de produção lustrosos para oferecer ao público. Nos campos de verão de *Nashy*, o nacionalismo fora embrulhado como indagação interior, uma viagem de descoberta do patriota dentro de cada um. Durante a sua longa presença como principal ideólogo do Kremlin, Surkov orquestrara os arrebiques que mantinham os eleitores contentes. Porém — e isso era crucial —, as grandes decisões estavam nas mãos de pragmatistas tecnocráticos realistas. Gestores profissionais como o veterano ministro das Finanças, Alexei Kudrin — amigo pessoal de Putin —, orientavam uma política macroeconómica sólida. Mas, no início de 2020, os últimos desses tecnocratas — por exemplo, o primeiro-ministro Mikhail Mishustin — tinham sido relegados para posições de mera administração, muito longe do círculo de tomada de decisões.

Na verdade, nenhum dos chamados «liberais» do Kremlin que tinham rivalizado com os *siloviki* durante duas décadas eram de facto particularmente liberais, e muito menos favoráveis ao Ocidente. Porém, figuras como Kudrin, Surkov e anteriores primeiros-ministros como Sergei Kiriyenko e Dmitry Medvedev eram pelo menos reconhecivelmente pós-soviéticos. Ao contrário dos *siloviki,* estes tecnocratas eram membros do que um assistente de George H. W. Bush caracterizou ironicamente como «a comunidade que se baseia na realidade». O traço comum aos chamados «liberais» era o reconhecimento de que a prosperidade da Rússia desde a queda da URSS se fizera com a sua participação no sector bancário ocidental, assim como no investimento, no comércio e nos sistemas económicos também ocidentais — sem falar da tecnologia e do saber-fazer ocidental. Mesmo decorridas três décadas, a Rússia não tinha ainda aprendido a fazer fosse o que fosse que o resto do mundo quisesse comprar (além de armas, ainda que mesmo neste caso dependessem de processadores de computador importados). Tudo o que fazia a Rússia funcionar, de *routers* de telemóveis a servidores da *web* e aos motores dos comboios de alta velocidade construídos pela Siemens, incluindo a sua frota de aviões produzidos pela Boeing e pela Airbus, foi inventado e em grande parte fabricado pelo Ocidente e pelos seus aliados asiáticos. Mesmo depois do esforço de 2014 para desabituar a Rússia da sua dependência das importações, foi incapaz de produzir um telemóvel inteiramente russo ou um computador portátil ou sequer um processador eletrónico, quanto mais um avião de passageiros.

Porém, no início de 2020, os únicos homens que ficaram no círculo mais restrito não eram tecnocratas, mas antes fantasistas e paranoicos da era soviética — pessoas em quem Putin confiava por nenhuma razão melhor senão que tinham mostrado, ao longo de 45 anos de relações de trabalho, que lhe eram leais. O espírito do Kremlin estava a fechar-se. E foi neste momento crucial que se deu um acontecimento inesperado que iria tornar esse fechamento uma realidade física. No dia 31 de janeiro de 2020, dois cidadãos chineses na Sibéria testaram positivo a um novo e perigoso vírus.

Mentalidade de casamata

A covid-19 atingiu a Rússia em cheio. Oficialmente, a pandemia provocou quase 310 mil mortes no país — o nono maior índice de mortalidade do mundo. Porém, os verdadeiros números poderão ter sido muitíssimo maiores. As estatísticas demográficas do governo mostraram que a população da Rússia declinou entre outubro de 2020 e setembro de 2021, contando-se menos 997 mil pessoas, a maior queda de sempre em tempos de paz.

No início de março de 2020, Putin começou por tentar desconsiderar o perigo, e depois desapareceu de vista. Coube aos líderes locais, como o presidente da Câmara de Moscovo, Sergei Sobianin, a introdução de medidas draconianas de quarentena, que incluíam permitir que os moscovitas só saíssem de casa em certos dias, quarteirão a quarteirão, a partir de 30 de março. Escolas, teatros, museus e fronteiras internacionais foram encerrados em toda a Rússia.

À medida que a pandemia acelerava, em abril, Putin abandonou a sua residência habitual de Novo-Ogarevo, nos subúrbios de Moscovo, e foi para uma residência presidencial mais remota, perto do Lago Valdai, entre Moscovo e São Petersburgo. Segundo um repórter que trabalhou mais de uma década no gabinete de imprensa do Kremlin, pediu-se a um pequeno grupo de fotógrafos oficiais e de operadores de câmara que se sequestrassem com pessoal doméstico e de secretariado numa ala administrativa de Novo-Ogarevo, onde eram diariamente testados.[22] «Toda a gente pressupunha que [o presidente] voltaria dentro de dias», recordou o repórter, que ainda trabalha no Kremlin. «Não se permitia que fosse quem fosse de fora se aproximasse da residência.» Mas Putin não regressaria a Moscovo até ao dia 9 de maio, e mesmo aí só muito brevemente e em condições de extrema segurança quanto à covid-19, para depositar publicamente uma coroa de flores na Chama Eterna do Jardim de Alexandre, depois de as celebrações públicas terem sido canceladas.

Em Novo-Ogarevo e Valdai, gastou-se qualquer coisa como 85 milhões de dólares na construção de acomodações de quarentena para funcionários e visitantes e para comprar equipamentos de testes dos mais avançados.[23] Fosse quem fosse que ficasse em contacto com Putin tinha de observar uma quarentena individual estrita e presencial durante pelo menos uma semana. Quando os medalhistas olímpicos russos acabaram de regressar das suas vitórias em Tóquio, disseram-lhes que tinham de ficar uma semana de quarentena antes de se encontrarem com o presidente — e não podiam ter qualquer contacto entre si. «Custa-me ainda a acreditar que terei de ficar sentado num quarto durante sete dias», escreveu a ginasta Angelina Melnikova nas redes sociais.[24]

Moscovo saiu oficialmente do confinamento no dia 9 de junho de 2020. Os restaurantes reabriram no dia 23 de junho, e, no dia seguinte, fez-se na Praça Vermelha, com toda a pompa militar, a parada do Dia da Vitória. Os meios de comunicação russos anunciaram que a pandemia estava sob controlo e, em geral, evitaram a cobertura alarmista, 24 horas por dia, que caracterizou a resposta dos meios de comunicação ocidentais daquela altura. As mortes por covid-19 foram também puxadas para baixo, por pressão oficial, com critérios estritos para noticiar mortes por covid-19, e não apenas por presença de covid-19. Em resultado disso, uma sondagem do Centro Levada mostrou que cerca de 50 por cento dos russos declararam que não estavam preocupados com a covid-19 (ainda que, ilustrando o fatalismo russo, 27 por cento tenham também relatado que conheciam alguém que morrera de covid-19). Sessenta e um por cento dos russos afirmaram também que pensavam que a covid-19 era uma arma biológica.

Putin, contudo, continuou em isolamento. Dois anos depois, continuaria a ser extremamente cauteloso quanto ao vírus, ao ponto da paranoia. Em fevereiro de 2022, o presidente francês Emmanuel Macron recusou um pedido do Kremlin para fazer um teste russo à covid-19 quando chegasse em Moscovo para se encontrar com Putin. Segundo duas fontes da comitiva de Macron, os conselheiros de segurança franceses avisaram-no para não deixar que a Rússia ficasse com o seu ADN.[25] (O próprio Putin foi também muito cauteloso durante anos quanto ao seu ADN, levando um sanitário químico consigo em todas as viagens ao estrangeiro.) Em resultado, na reunião que tiveram no Kremlin, Macron e Putin sentaram-se nos lados opostos de uma vasta mesa branca com pelo menos seis metros, o que suscitou muitos comentários satíricos nas redes sociais.

Por que razão tinha Putin medo da covid-19? Uma explicação de um grupo de investigação com base em fontes públicas foi que Putin sofria de uma doença crónica. Em abril de 2022, o *website* Proekt.media, uma publicação de jornalismo de investigação, publicou um estudo detalhado, baseado em movimentos aéreos de médicos russos especialistas em cancro e nos desaparecimentos de Putin do olhar público, entre 2016 e 2020. De 2019 em diante, Putin fez-se acompanhar em todas as viagens por nada menos do que nove médicos — e o diretor da sua equipa médica foi nomeado diretor-adjunto da administração presidencial. Entre os médicos que passaram tempo com Putin estava uma equipa de neurocirurgiões do Hospital Clínico Central e o Dr. Evgeny Silovanov, um oncologista de renome que se especializa em cancro da tiroide nos idosos e que passou 166 dias com Putin em 36 visitas. A equipa da Proekt sugeriu que Putin poderá ter sido submetido a uma cirurgia cancerígena em setembro de 2020.[26] A sua aparência inchada desde essa altura foi também atribuída a esteroides usados para tratar o cancro. Em maio de 2022, o cineasta norte-americano Oliver Stone — que entrevistou Putin muitas vezes entre 2015 e 2019 — afirmou que Vladimir Putin «teve cancro», mas «penso que ganhou a batalha».[27]

Contudo, nenhuma das fontes entrevistadas para este livro conseguiu confirmar que Putin teve alguma doença crónica durante o confinamento ou depois disso. «Putin não está doente», afirmou Molody, que coordenou as presenças de Putin na televisão ao longo de todo o confinamento. «Vi dezenas de horas de gravações por editar. Ele estava mais em forma do que nunca [...]. Mas sempre foi muito cuidadoso com a sua saúde.»[28] Em julho de 2022, o diretor da CIA, William Burns, também afirmou não ter encontrado qualquer prova da alegada doença de Putin — e gracejou amargamente que Putin estava «demasiado saudável».[29]

O comportamento do Kremlin durante o confinamento também desmente a especulação de que os dias de Putin estavam contados. Pelo contrário, no dia 1 de julho de 2020, depois de um atraso devido à covid-19, foi realizado um referendo nacional sobre um pacote de reformas constitucionais que permitem que Putin se candidate de novo para mais dois mandatos presidenciais de seis anos cada (e que banem também constitucionalmente o casamento entre pessoas do mesmo sexo, ao mesmo tempo que põem a constituição acima da lei internacional). Foi o exato oposto do curso de ação sugerido por Surkov no ensaio de fevereiro. Em vez de preparar uma transição de poder, o círculo mais restrito de Putin parece estar a preparar o terreno político para que o líder continue em funções até morrer.

Sempre muito privado, o contacto pessoal com Putin limitou-se durante anos a um pequeno grupo de não mais de três dezenas de membros próximos. Durante a covid-19, essa bolha encolheu-se ainda mais. Durante a maior parte de 2020 e 2021, a maioria dos funcionários mais importantes da Rússia só via o presidente por meio de videochamada. Só os amigos e aliados mais próximos eram admitidos à presença de Putin. A maior parte das pessoas não podia interromper os seus afazeres durante uma semana para a necessária quarentena sempre que ia ver o presidente.

No «isolamento e inacessibilidade» da sua casamata de covid- 19, rodeado de «ideólogos e bajuladores», Putin desenvolveu uma «crença profunda de que o domínio da Rússia sobre a Ucrânia teria de ser restaurado», segundo Mikhail Zygar, o antigo diretor da secção política de *Kommersant*.[30] Ou, como diria Burns, da CIA, em abril de 2022, «a vontade de correr riscos de Putin cresceu à medida que aumentou o seu controlo sobre a Rússia. O seu círculo de conselheiros restringiu-se, e, nesse pequeno círculo, nunca foi bom para a carreira questionar o seu juízo ou a sua crença quase mística de que o seu destino é restaurar a esfera de influência da Rússia. Todos os dias, Putin mostra que os poderes em declínio podem ser pelo menos tão desestabilizadores como os poderes em ascensão».[31]

Ao longo de mais de dois anos de isolamento, Putin desenvolveu um entusiasmo que vinha de há muito pela teorização histórica, que culminou no ensaio sobre a Rússia e a Ucrânia, publicado em junho de 2021. Esse ensaio, segundo o executivo de televisão Molody, foi «um trabalho inteiramente [de Putin] [...]. Consultou conselheiros, é claro, mas foi realmente o resultado de muita investigação e reflexão profunda». O seu companheiro nesse processo de reflexão profunda foi um velho amigo de confiança que estava disposto a pôr a sua vida empresarial em banho-maria, enquanto passava algum tempo no seio do mundo da covid-19 de Putin — Yury Kovalchuk.

Kovalchuk

Se Nikolai Patrushev era o mais poderoso colega e aliado *silovik*, Yury Kovalchuk era o mais poderoso amigo do mundo empresarial. Para Putin, Patrushev era um velho antigo chefe muito respeitado — e também a sua ligação mais próxima com o KGB das juventudes que partilharam. Kovalchuk era um amigo de uma fase diferente da carreira de Putin — a emaranhada rede de interesses empresariais, do Partido Comunista e do crime organizado, que Putin navegou com grande habilidade como *consigliere* do presidente da Câmara de São Petersburgo, Anatoly Sobchak. Segundo um funcionário governamental russo a que irei chamar Sergei Ryzhy, um amigo e colega de longa data de um antigo primeiro-ministro que continua a estar no escalão mais alto do «poder vertical» do Kremlin, Patrushev era para Putin «um ideal de retidão do KGB», de um implacável «patriotismo vigilante». A sua relação com Kovalchuk era diferente, ainda que não fosse menos próxima. Kovalchuk era «um homem de um mundo menos exaltado», afirmou Ryzhy, uma pessoa em quem Putin confiava com respeito a «questões mais mundanas» relativas aos seus interesses pessoais nos negócios e aos interesses da sua família mais imediata.[32]

Quando a União Soviética começou a desintegrar-se, Kovalchuk era físico no Instituto Ioffe de Leninegrado. Em 1990, o Comité Regional de Leninegrado do Partido Comunista da União Soviética (KPSS) estabelecera um novo banco como repositório dos fundos do Partido. Chamaram-lhe Banco Rossiya — «Banco Rússia» —, com apenas uma letra cirílica diferente do Banco Rossii, que era o Banco Central da Rússia. Quando o Partido Comunista foi banido por Boris Ieltsin, depois do golpe de agosto de 1991, o Banco Rossiya também foi suspenso. Vários membros do Partido que trabalhavam no Instituto Ioffe, e que incluía Kovalchuk e Vladimir Yakunin, um destacado oficial do KGB que dirigia o departamento de negócios estrangeiros do Instituto, puseram-se em campo para ganhar controlo do banco e aplicar os fundos congelados do KPSS. Segundo a explicação de Yakunin, o motivo para tomar o Banco Rossiya não era o lucro, mas sim o desejo de «fazer algo de positivo». Os desejosos bancários partilhavam «uma afinidade ideológica que consistia no facto de estar prestes a chegar uma merda das grandes».[33] Yakunin apelou ao seu velho colega do KGB, Vladimir Putin, que nessa altura se tornara vice-major de São Petersburgo, e apresentou-o ao seu colega físico, Kovalchuk. Juntos, ajudaram a refinanciar o saco azul do KPSS, tornando-o um dos mais bem-sucedidos bancos da nova Rússia. Nas suas memórias, Yakunin descreveu o grupo de fundadores do Banco Rossiya como um *kibbutz* — e apesar de o próprio Putin não ser acionista, rapidamente se tornou um dos seus membros cruciais. Graças à ascensão política de Putin, os membros do *kibbutz* tornar-se-iam os homens mais ricos e poderosos da Rússia — juntamente com os amigos de infância de Putin, Arkady e Boris Rotenberg, e o violoncelista Sergei Roldugin, que apresentou Putin à sua futura esposa, Ludmila.[34]

No início da década de 1990, Kovalchuk comprou uma enorme casa de campo em Soloviovca, no Distrito Priozersqui da região de Leninegrado, localizada na margem oriental do Lago Comsomolscoie, perto de São Petersburgo. Depressa outros membros importantes da elite da cidade — incluindo Putin, Vladimir Yakunin, Andrei Fursenko e o irmão Sergei (fundadores do instituto epónimo), Viktor Myachin, o irmão de Kovalchuk, Mikhail, Vladimir Smirnov e Nikolai Shamalov — compraram também propriedades nas imediações. Em novembro de 1996, uniram as dachas adjacentes e fizeram um condomínio privado, operado por uma sociedade cooperativa a que chamaram *Ozero* (ou «Lago»).

Em 1997, quando Putin passou a integrar a administração presidencial, em Moscovo, o Banco Rossiya tornara-se um dos mais lucrativos de São Petersburgo. Yakunin era responsável por trabalhar com agências governamentais, e Kovalchuk era responsável por atrair acionistas. Kovalchuk apresentara como acionista Gennady Petrov, um dos chefes do notório grupo Tambov-Malyshev de crime organizado — do qual teremos mais a dizer daqui a pouco.[35]

Em 1999, Putin fora nomeado primeiro-ministro e era seriamente considerado pela família de Boris Ieltsin um possível sucessor. No inverno de 2000, entre a demissão de Ieltsin na véspera de Ano Novo e a eleição de Putin como presidente em março, a filha de Ieltsin, Tatyana Dyachenko, e o marido, Valentin Yumashev, visitaram o condomínio de *Ozero* para aí fazerem uma refeição com os comparsas mais próximos de Putin — incluindo o próprio Putin, os irmãos Kovalchuk e Fursenko, Yakunin, entre outros. A comitiva de Ieltsin ficou a conhecer os comparsas mais próximos de Putin enquanto comia costeletas e bebia vinho. Tal como Yumashev confirmou, o convite veio da «família de Putin» — mas, mais simbolicamente, a reunião de Ozero assinalou uma transmissão de poder de um clã familiar alargado para outro.[36]

Em 2008, Gennady Petrov e outros membros importantes da quadrilha Tambov, que tinham sido candidatos de Kovalchuk a acionistas do Banco Rossiya, foram presos e condenados em Espanha por crime organizado. Uma testemunha central dos promotores públicos fora Alexander Litvinenko, antigo oficial do SFS — mas foi envenenado em Londres, em novembro de 2006, às ordens de Patrushev, quando decorria ainda a investigação da quadrilha Tambov.[37] Segundo uma investigação distinta do promotor público búlgaro, mais de mil milhões de euros — parte dos lucros da quadrilha Tambov de tráfico de drogas, prostituição e extorsão — foram lavados por meio de bancos da Bulgária e da Estónia.[38, 39]

Porém, por essa altura, Kovalchuk afastara-se das águas turvas dos negócios de São Petersburgo. Em maio de 2008, a *Forbes Rússia* considerou-o o 53.º homem mais rico do mundo, com uma fortuna calculada de 1,9 mil milhões de dólares, e o maior acionista do Banco Rossiya, com 30,4 por cento das ações. Parte dos lucros do Banco Rossiya vinha de um contrato governamental para cobrar contas de água e eletricidade de milhões de consumidores de Moscovo, São Petersburgo e outras regiões. A empresas controlada pelo estado a cargo da cobrança — Inter RAO — era, desde 2009, dirigida pelo filho de Kovalchuk, Boris.[40]

Quando a maré sobe, os barcos sobem todos. Em São Petersburgo, vários protegidos de Kovalchuk ascenderam a posições estatais poderosas — incluindo Sergei Kiriyenko, que haveria de ser primeiro-ministro, Alexander Beglov, que se tornou governador de São Petersburgo, e Lyubov Sovershaeva, que fora empregado do Banco Rossiya e se tornou adjunto de Beglov.[41] Kovalchuk adquiriu empresas de comunicação social, incluindo o jornal *Izvestia* e a STS Media. Sergei Mikhailov, um velho amigo da família Kovalchuk e o fundador da agência de relações públicas Mikhailov e Associados, que o Banco Rossiya usava, tornou-se diretor da agência noticiosa TASS — que, em 2014, recebeu uma linha de crédito de 350 milhões de rublos do banco de Kovalchuk. O filho de Yury Kovalchuk, Boris, passou a integrar o Conselho de Administração da Fundação Innopraktika — um órgão estabelecido para facilitar reuniões entre homens de negócios e presidentes de empresas estatais —, que era dirigida pela filha de Putin, Katerina Tikhonova. Em 2013, Tikhonova teve um casamento dinástico no seio da cooperativa *Ozero* com Kirill Shamalov, filho de um velho vizinho de Putin, Nikolai Shamalov — que também detinha 9,6 por cento de ações do Banco Rossiya. Kovalchuk foi o anfitrião do casamento, na sua estância de esqui em Igora, na região de Leninegrado, no qual Putin era, obviamente, um convidado de honra.[42]

Kovalchuk também foi capaz de tratar das finanças de membros menos oficiais da família de Putin, o que incluiu dar ações do Banco Rossiya à alegada amante de Putin (e mãe da sua terceira filha, ilegítima), Svetlana Krivonogikh, por meio de uma empresa fantasma chamada Relax.[43] Em 2014, o governo dos EUA impôs sanções ao próprio Kovalchuk, alegando que era o «banqueiro pessoal» de muitos funcionários importantes do governo russo, incluindo Putin. Em 2016, a divulgação de Documentos do Panamá revelou que Kovalchuk transferira pelo menos mil milhões de dólares para uma entidade extraterritorial, criada especialmente para o efeito, denominada Sandalwood Continental. A fuga de informações revelou, segundo os registos dos serviços financeiros Mossack Fonseca, que os fundos tinham vindo de uma série de enormíssimos empréstimos sem garantias do Banco Comercial Russo (BCR), que é controlado pelo estado e tem localização no Chipre, além de outros bancos estatais. Parte do dinheiro obtido pelo BCR foi de novo emprestado, territorialmente, na Rússia, com juros extremamente elevados, sendo os lucros que daí resultavam desviados para contas suíças secretas.[44] Os Documentos do Panamá, aparentemente, também ligavam os capitais extraterritoriais de Kovalchuk a pagamentos na ordem das centenas de milhões de dólares feitos a entidades que são propriedade do velho amigo violoncelista de Putin, Sergei Roldugin.[45]

Porém, a finança internacional não era o único interesse de Kovalchuk. Segundo pessoas associadas aos seus negócios que falaram com Mikhail Zygar, Kovalchuk há muito tempo que tinha um fascínio pelos escritos místicos nacionalistas de Ivan Ilyin, um filósofo da década de 1930 do fascismo russo. Kovalchuk tinha também, segundo ele próprio, outra habilidade crucial — nunca dar más notícias ao patrão. «Põe-te no meu lugar», disse um amigo de Kovalchuk a Zygar, segundo o relato deste no livro *All the Kremlin's Men*. «Se eu irritar Putin como [o ministro das Finanças, Aleksei] Kudrin, dizendo-lhe o que ele não quer ouvir, o que acontece? Passo a ter menos acesso "ao corpo" [do presidente]. Acabo por me castigar a mim próprio. Por que razão haveria eu de fazer isso?»[46]

Enquanto Putin estava confinado, investigando e esboçando o seu longo ensaio histórico sobre o destino russo e a sua relação com a Ucrânia, Kovalchuk passou grande parte do tempo a seu lado, na residência Valdai. Enquanto o presidente e o bancário estavam juntos, nasceu o manifesto ideológico da filosofia da guerra que se aproximava.[47]

CAPÍTULO 6

Verdade ou *bluff*?

«Ao peso destes tempos tristes temos de obedecer.»
William Shakespeare, *Rei Lear*

Sair de órbita

A nomeação de Dmitry Kozak para substituir Vladislav Surkov como supremo do Kremlin com respeito à Ucrânia, em janeiro de 2020, marcou uma mudança decisiva na política de Moscovo com respeito ao Dombás. Como vimos, a política de Surkov, na qual este usava as repúblicas rebeldes do Dombás para travar a deriva ocidental da Ucrânia, fracassara. Em Paris, em dezembro de 2019, Putin pensava ter tirado as medidas a Zelensky. Putin estava convencido que «Zelensky era débil, um fantoche» do Ocidente, recordou um colega próximo do ministro dos Negócios Estrangeiros, Lavrov. Ao mesmo tempo, Putin também passou a ver Zelensky como um homem com quem não podia continuar a negociar, um «servo incorrigível dos interesses da NATO [...]; não valia a pena falar com ele, só valia a pena falar com os seus senhores de Washington».[1] O único curso de ação que restava ao Kremlin era preparar o terreno para a independência das repúblicas do Dombás, ou para serem incorporadas na Rússia.

Entre o final de 2019 e fevereiro de 2022, a Rússia emitiu mais de 650 mil passaportes russos internos à população das LDNR. Zelensky denunciou a «passaportização» da Ucrânia Oriental como «um passo para a anexação».[2] Em resposta, Zelensky começou a acelerar a campanha da Ucrânia para aderir à NATO. Nos dois anos seguintes, quanto mais a Rússia aumentava a pressão para Zelensky se afastar da NATO, mais ele pressionava a NATO para ter garantias de segurança que lhe protegessem o país da agressão russa. Começara a dinâmica da escalada fatal que acabaria por levar diretamente à guerra.

Que a adesão ucraniana à NATO era perigosa e intensamente provocativa para o Kremlin era algo que já se sabia perfeitamente no Ocidente desde a cimeira de Bucareste de 2008.

Entre 2008 e a anexação da Crimeia, em 2014, a NATO — e o governo de Yanukovych — procuraram uma estranha solução de compromisso. Yanukovych continuou a cooperar com a NATO, no âmbito do Programa Nacional Anual, que incluía exercícios conjuntos. Porém, o seu governo insistia que a continuação da cooperação entre a NATO e a Ucrânia «não excluía o desenvolvimento de uma parceria estratégica com a Rússia»[3]. Em junho de 2010, o parlamento ucraniano aprovou uma lei que excluía «a integração na segurança euro-atlântica e a adesão à NATO» da estratégia de segurança nacional do país. Na prática, o Rada declarara a Ucrânia um país não-alinhado.[4]

Retrospetivamente, a lei da neutralidade de 2010 foi a grande oportunidade perdida para estabilizar as relações entre Moscovo e Quiive de uma vez por todas. Contudo, foi a ganância do Kremlin que a arruinou. Em vez de ficar contente com o compromisso de Yanukovych de não aderir à NATO, a Rússia pressionou ainda mais: queria, além disso, o compromisso de que a Ucrânia recusaria também o Acordo de Associação com a União Europeia. Foi uma ilustração clássica do aviso de Winston Churchill quanto aos perigos de ceder à agressão: «Um apaziguador alimenta o crocodilo na esperança de ser o último a ser comido.»[5] Yanukovych dera o passo dramático de declarar a Ucrânia neutra — contudo, o Kremlin não ficara apaziguado e continuou a pressionar porque queria mais. A lição de 2010 não foi esquecida por Zelensky, quando voltou a sentir a mesma pressão em 2020–2022.

Mesmo no rescaldo imediato de Maidan e da anexação da Crimeia, o governo provisório da Ucrânia manteve o compromisso do presidente caído em desgraça, Yanukovych, de não aderir à NATO.[6] Porém, de novo, o Kremlin forçou as coisas. Em agosto de 2014, com tropas russas regulares a operar no Dombás, o novo presidente Petro Poroshenko voltou atrás e confirmou que a Ucrânia estava de novo comprometida com a adesão à NATO.[7] No dia 23 de dezembro de 2014, o Rada renunciou ao estatuto de não-alinhamento da Ucrânia. Dias depois, Poroshenko prometeu fazer um referendo nacional sobre a adesão à NATO (que nunca ocorreu). A Rússia ganhara duas repúblicas rebeldes minúsculas e instáveis no Dombás — mas com isso aniquilara a neutralidade da Ucrânia para sempre, pondo de novo Quiive firmemente no caminho que conduzia à adesão à NATO.

Seguiram-se cinco anos de cooperação cada vez maior entre o exército da Ucrânia e os exércitos da NATO — incluindo milhares de soldados ucranianos e oficiais que faziam treinos juntamente com os seus equivalentes ocidentais, oficiais a estudar em colégios militares nos EUA e no Reino Unido e a participar regularmente em vários exercícios da NATO. Quando Poroshenko se preparava para enfrentar Zelensky, o seu novo rival, nas eleições de 2019, apressou o envolvimento da Ucrânia com a NATO. Em fevereiro de 2019, o parlamento ucraniano aprovou, com uma maioria de 334 votos, de um total de 385, a consagração constitucional formal do compromisso da Ucrânia para aderir tanto à NATO como à União Europeia.[8]

Durante o seu primeiro ano como presidente, Zelensky tentou inibir-se de provocar a Rússia, concentrando-se na sua malfadada tentativa de efetivar Minsque 2, organizando um referendo nas LDNR. A cimeira parisiense entre Putin e Zelensky em formato de Quarteto da Normandia «foi a última hipótese de tentar salvar alguma coisa, para devolver a confiança — ou pelo menos era essa a esperança de algumas pessoas», afirmou um importante conselheiro de Zelensky que nela esteve presente. «Era uma esperança vã.» Os dois homens não só nunca se encontraram como nunca mais confiaram um no outro.

Zelensky começou uma campanha concertada para pôr a adesão ucraniana de novo sob consideração ativa da NATO. Em junho de 2020, a Ucrânia deu outro passo, ao aderir ao «Programa de Oportunidade Reforçada de Interoperabilidade entre Parceiros» — gíria para a substituição de armas, comando e controlo e sistemas de comunicação da Ucrânia da era soviética por outros, novos, compatíveis com os padrões universais da NATO. Em setembro de 2020, Zelensky aprovou uma nova Estratégia de Segurança Nacional para a Ucrânia, que explicitamente acomodava «o desenvolvimento da parceria distinta com a NATO, com o objetivo de aderir à NATO»[9].

Um mês depois, Zelensky reuniu-se em Londres com o primeiro-ministro britânico, Boris Johnson, para pressionar a entrada no estádio final do processo de adesão: um formal Plano de Ação para a Adesão (PAA).[10] Segundo um funcionário dos altos escalões da Rua Downing que viu Johnson diariamente nesse período, «Boris estava com muita vontade de pôr os Ucranianos [na NATO] [...]. Pensava que era tempo de os Franceses e Alemães deixarem de se acobardar perante Putin»[11]. Johnson também estava ansioso para fazer algo de retaliatório contra o Kremlin, devido à tentativa de homicídio do desertor do GRU, Sergei Skripal, e da sua filha, na Salisbúria, com uma substância química. A operação, levada a cabo por um par de oficiais do GRU à paisana, resultara na morte de um britânico inocente que pegara no veneno que não chegou a ser usado, escondido num frasco de perfume. Depois da Salisbúria — e do envenenamento de Litvinenko em Londres, em 2006 —, Johnson não estava com disposição para continuar a apaziguar o Kremlin, atrasando a expansão da NATO. Em «resultado direto» de Johnson pressionar tanto os parceiros europeus como a administração de Biden em Washington, afirmou o assistente, a questão de voltar a uma «política de porta aberta» — incluindo um PAA para a Ucrânia e a Geórgia — foi posta na ordem do dia de uma cimeira da NATO que estava agendada para junho de 2021, em Bruxelas.[12]

Para o Kremlin, a catástrofe estava iminente. Zelensky fizera a sua escolha última. A NATO parecia ter-se esquecido das hesitações que levaram alguns membros importantes a recusar um PAA para Tiblíssi e Quiive, em 2018, em Bucareste. Havia o perigo muito real de que, desta vez, a aliança daria o último passo fatal para admitir a Ucrânia.

Para o círculo mais restrito de Putin, a guerra era para proteger a Rússia de um ataque americano. A Ucrânia era apenas o campo de batalha onde os interesses das duas antigas superpotências chegavam ao confronto direto — a localização daquilo que o círculo mais fechado de Putin imaginava que era uma batalha milenar entre superpotências. «A Ucrânia não existe», disse Viktor Zolotov, o antigo guarda-costas de Putin que agora dirige a poderosa Guarda Nacional Russa, a Aleksei Venediktov. «É a fronteira entre a América e a Rússia.»[13]

Impedir a Ucrânia de aderir à NATO — ou, mais especificamente, impedir a NATO de pôr forças e mísseis em território da Ucrânia — era uma motivação muito mais importante do que ir no encalço de uma visão abstrata de um Império Russo reanimado. Porém, esse facto leva a uma questão perigosa e controversa. Quer isso dizer que a NATO provocou a invasão russa — ou que a NATO poderia tê-la impedido se tivesse adotado uma política diferente?

A maneira mais fácil de responder é formular uma pergunta contrafactual. O que poderia a NATO ter feito para impedir a invasão russa? Com o fatídico memorando posterior e o compromisso formulado de maneira vaga quanto à possível adesão da Geórgia e da Ucrânia algures no futuro, será que o ponto de viragem foi a cimeira da NATO de 2008 em Bucareste? Acabar de vez com a rota da Geórgia para a NATO foi certamente uma das principais causas da invasão de Putin daquele país, bem como do reconhecimento subsequente da independência da Ossétia do Sul e da Abecásia. A invasão era o sinal de Putin de que com os interesses russos não se brinca. Porém, foi também o gatilho para que grupos cada vez maiores de ucranianos começassem a recear uma agressão russa — e para os membros mais novos da NATO se juntarem ativamente em apoio à adesão dos seus antigos colegas de vassalagem soviética. A tragédia de Putin — no dramático sentido grego literal em que o herói é o autor da sua própria queda — foi que cada coisa que fazia acabava por acelerar e precipitar precisamente o que ele mais temia, que era ver os seus vizinhos assustados a fugir para os braços da NATO. Todas as suas ações agressivas, da invasão da Geórgia à anexação da Crimeia e à guerra na Síria, não fizeram mais do que fortalecer tanto a determinação de muitos membros da NATO para expandir a aliança como o ímpeto desses vizinhos para a ela se juntarem.

Depois da Geórgia, as relações entre a NATO e a Rússia entraram numa escalada crescente e fatal em circuito fechado, no qual cada concessão da aliança teria sido vista como um sinal fatídico de fraqueza e uma recompensa pela agressão.

Continuando agora de forma contrafactual, em que ponto poderia a NATO ter parado? Já desde 2008 que dois dos poderes cruciais da NATO, a Alemanha e a França, tinham decidido que as considerações geopolíticas — especificamente, não irritar a Rússia — tinham precedência sobre a atuação e as esperanças de adesão à NATO da Geórgia e da Ucrânia. E, em termos legais, nenhum daqueles países poderia ter aderido à NATO — e ainda hoje, legalmente, não podem fazê-lo —, porque já tinham questões fronteiriças por resolver com a Transnístria (no caso da Ucrânia) e com a Abecásia e a Ossétia do Sul (no caso da Geórgia), o que constitui uma barreira absoluta à adesão, segundo as próprias regras da NATO.

O que levanta outra pergunta. Por que razão, se a adesão ucraniana e georgiana era legalmente impossível, continuou a NATO comprometida com Tiblíssi e — especialmente — com Quíive, a ponto de pôr no país instrutores militares e de montar exercícios militares conjuntos de grandes dimensões? A resposta dá continuidade ao tema trágico. A NATO pensava que mostrar solidariedade militar desencorajaria a agressão russa. Porém, para Moscovo, foram precisamente essas demonstrações simbólicas de envolvimento militar que se revelaram provocativas. Entre 2008 e 2022, os dois lados estavam acorrentados num diálogo de surdos crescente que iria levar as relações entre a NATO e a Rússia a um ponto crítico.

A queda do príncipe das trevas

Em agosto de 2020, o presidente da Bielorrússia, Alexandr Lukashenka, foi reeleito com uma percentagem oficial dificilmente credível de 80,23 por cento dos votos, tendo a sua oponente favorável ao Ocidente, Svetlana Tsikhanouskaya, conseguido apenas 9,9 por cento. Eclodiram protestos importantes não apenas em Minsque, mas por todo o território, com dezenas de milhares de jovens bielorrussos nas ruas, enfrentando a polícia que as fechava. Alguns manifestantes começaram a tentar construir barricadas no centro de Minsque. No auge da crise, Lukashenka foi filmado a rondar as imensas multidões de helicóptero, de farda de combate e com uma Kalashnikov. O uso massivo da força por parte de Lukashenka acabou por ganhar, ficando detidas pelo menos 20 mil pessoas. Segundo uma série de angustiantes relatórios da UE e do Alto Comissariado das Nações Unidas para os Direitos Humanos, pelo menos 450 pessoas foram seriamente torturadas, incluindo abusos sexuais quer de detidos quer de detidas, sendo milhares de outras sistematicamente espancadas e pelo menos 20 foram mortas ou desapareceram sem deixar rasto.[14] Para Putin e os seus compadres securocratas do Kremlin, os protestos crescentes foram entendidos como um sinal de que o ocidente metediço estava a tentar encenar outra Maidan para derrubar o seu velho aliado. Como Putin, Lukashenka controlava por completo os órgãos de comunicação do seu país e, num período de vinte anos, erigira um Estado dominado pelas forças de segurança e um sistema político que se concentrava inteiramente na pessoa do presidente. Contudo, quase fora derrubado pelo que Putin considerava ser a arma ocidental mais dissimulada e insidiosa — o poder do povo. Putin estava determinado: depois da «Euromaidan» e da «Belomaidan», não haveria uma Maiden de Moscovo.

A última gota de água que pôs Quíive e Moscovo irrevogavelmente no caminho da guerra caiu quando Zelensky decidiu finalmente atuar contra o velho amigo de Putin, o «príncipe das trevas» da política ucraniana: Viktor Medvedchuk.

Todos os grandes oligarcas da Ucrânia eram, por definição, sobreviventes políticos exímios. Por detrás do retrato irónico dos oligarcas como um grupo de vilões conspiradores ao estilo dos filmes de James Bond, apresentado na série *Servidor do Povo,* havia uma verdade profunda. Entre eleições, os magnatas que controlavam os metais, o gás, as minas, as telecomunicações, os cereais, os adubos e o comércio marítimo da Ucrânia manobravam e regateavam furiosamente para promover os seus protegidos políticos e para destruir os seus inimigos políticos e comerciais. As estações de televisão, os portais da Internet e os jornais eram as suas armas. Um portefólio de ações de empresas de comunicação era tão essencial para a sobrevivência de todo o oligarca como a armadura e a espada para um magnata medieval — cujo controlo feudal das regiões é muito semelhante às bases de poder dos oligarcas.

Medvedchuk, tal como muitos outros oligarcas, esteve mais de duas décadas em vários governos — passando sem dificuldade de um para outro dos seus dois papéis paralelos, no estado e nos seus próprios negócios. A sua base de poder político, tal como o seu protegido Viktor Yanukovych, encontrava-se no Sul e no Leste de língua russa, e a sua plataforma era a defesa dos seus direitos. Graças à proximidade pessoal com Putin, Medvedchuk tinha o monopólio da importação de carvão e gás natural liquefeito dos territórios ocupados do Dombás para a Ucrânia. Dezenas de empresas inscritas no nome da esposa, Oksana Marchenko, estavam registadas na Crimeia e nas LDNR. Medvedchuk também vendia carvão à Rússia e controlava mais de mil quilómetros de oleodutos que iam do território ocupado pelos Russos à Ucrânia. Contudo, apesar do aparente conflito de interesses, Medvedchuk também tinha um lucrativo contrato monopolista para fornecer gasóleo a todo o exército ucraniano.[15]

Houve um período, depois da eleição de 2019 de Zelensky, em que parecia que Medvedchuk poderia tornar-se um aliado do enérgico novo presidente. Zelensky — que era de língua russa e que crescera numa cidade em grande parte de língua russa — estava ansioso para pôr fim às velhas guerras culturais que tinham obcecado os políticos ucranianos durante duas décadas. O fito de Zelensky era «privar a Rússia do seu direito exclusivo à língua russa» e «deixar de fazer do ato de falar russo na Ucrânia uma questão política»[16].

Porém, Zelensky também estava ansioso por desmantelar o poder do que a sua secretária de imprensa, Iuliia Mendel, chamava a «espécie invasora» dos oligarcas.[17] Além disso, a partir do início de 2020, tornou-se claro que as empresas de meios de comunicação nas mãos de Medvedchuk não tinham um verdadeiro interesse em atenuar a guerra cultural quanto à língua russa e ucraniana. A reconciliação era perigosa para a narrativa do Kremlin de um regime de Quíive implacável, racista e até «genocida». Tal como Putin afirmou na sua conferência de imprensa anual, em dezembro de 2021, «a russofobia é um primeiro passo para o genocídio. Sabemos o que está a acontecer no Dombás. Certamente que se parece muito com um genocídio».[18]

Durante a pandemia, Zelensky recusou a oferta de Putin de milhões de doses de Sputnik, a vacina russa — e recusou também a oferta de uma licença gratuita para produzir a vacina na Ucrânia. Essa decisão política custou, sem dúvida, muitas vidas ucranianas — e o ressentimento, especialmente no leste de língua russa, era profundo. A ira era fortemente encorajada pelos ataques incessantes dos meios de comunicação de Medvedchuk. No fim de 2022, as sondagens de popularidade de Zelensky tinham caído para apenas 39 por cento. Apesar de os canais de televisão estatais russos terem sido banidos na Ucrânia, a rede de Medvedchuk de bloguistas favoráveis aos Russos, assim como de jornais e do partido Plataforma de Oposição — Pela Vida (OPZZh), retraduziam regularmente as linhas de ataque geradas pelos meios de comunicação do Kremlin na Rússia. Uma rede imensa de robôs nas redes sociais ampliava a mensagem de que os russos do leste da Ucrânia eram discriminados e que a população pacífica das repúblicas rebeldes do Dombás estava sob ataque constante do exército ucraniano.[19]

No dia 2 de fevereiro de 2021, três canais de televisão ligados a Medvedchuk — 112 Ucrânia, NewsOne e ZIK — foram encerrados às ordens do Conselho Nacional de Segurança e Defesa da Ucrânia por questões de segurança. Encerrar meios de comunicação da oposição sem qualquer processo legal envolvido foi francamente um gesto antidemocrático e muito arriscado de Zelensky. Procurando assegurar os russófonos da Ucrânia de que o gesto não os visava, Zelensky fez uma comunicação televisiva nacional em russo. «Chorrilhos sem fim de mentiras em russo, especialmente nos últimos tempos, têm sido postos nos ouvidos do povo», afirmou Zelensky. «Irei desmontá-las em russo [...], uma língua que, segundo um partido e um país, tem sido gravemente oprimida [na Ucrânia]. É a língua falada por muitos dos nossos militares da linha da frente [...], que nos defendem contra os "defensores" dessa mesma língua russa, que tem sido tão terrivelmente "oprimida"»[20].

Dias depois, o Conselho Nacional de Segurança e Defesa bloqueou o acesso de Medvedchuk, da esposa e do sócio Taras Kozak aos seus bens, operações financeiras e aviões privados, enquanto se formulava a acusação. Todos tinham tanto passaportes ucranianos como russos — o que viola a lei ucraniana. Pouco depois, os oleodutos controlados por Medvedchuk foram também objeto de sanções, com o objetivo de devolvê-los à posse do estado. Quando a guerra começou, um ano depois, Medvedchuk foi posto em prisão domiciliar, mas fugiu — sendo recapturado depois de passar semanas a monte, e foi humilhantemente exibido à frente das câmaras de televisão, usando um uniforme militar ucraniano e algemas.

Porém, ao derrubar Medvedchuk, Zelensky desafiou não apenas os oligarcas da Ucrânia mas também o próprio Kremlin. Putin, ao saber da notícia, ficou «furioso, insultado, ultrajado com o completo desrespeito [de Zelensky] pela propriedade privada e pela imprensa livre», recordou Molody.[21] A máquina mediática do Kremlin entrou em delírio para denunciar Zelensky. E, assim, pela primeira vez, os militares russos lançaram um ensaio geral de uma invasão total.

Intimidação e ação

Duas semanas depois do encerramento dos canais de televisão de Medvedchuk, o ministro da Defesa russa anunciou o posicionamento de tropas paraquedistas na fronteira entre a Rússia e a Ucrânia para «exercícios em larga escala». No dia 3 de março de 2021, as unidades militares avançadas presentes na DNR foram autorizadas a usar «fogo preventivo de destruição» sobre posições militares — a primeira grande escalada desde o cessar-fogo posterior à cimeira de Paris, ocorrida dois anos antes.[22]

No dia 16 de março, a NATO começou uma série de exercícios militares há muito planeados, conhecidos como «Europa Defensor 2021». Envolvendo operações quase simultâneas ao longo de 30 áreas de treino e em doze países, com 28 mil tropas de vinte e sete nações, foi um dos maiores exercícios que a NATO fez no continente em décadas.[23] Previsivelmente, o Kremlin exprimiu indignação e montou o seu próprio posicionamento de tropas em grande número. No final de março, o coronel-general Ruslan Khomchak, comandante-chefe das Forças Armadas da Ucrânia, calculou que a Rússia mobilizara pelo menos 60 700 tropas na Crimeia e ao longo da porção oriental da fronteira entre a Rússia e a Ucrânia, com pelo menos 2000 conselheiros e instrutores no interior da Ucrânia.[24] Para a Bielorrússia foram enviadas mais tropas russas. Os observadores militares viram equipamento e unidades militares pesados trazidos de toda a Rússia, incluindo da Sibéria e do extremo oriente da Rússia. Navios da Flotilha do Cáspio, incluindo porta-aviões e navios de artilharia, foram transferidos pelo canal Volga-Don para o Mar Negro, ostensivamente para exercícios conjuntos com a Frota do Mar Negro.[25]

No que depois viria a tornar-se um padrão reconhecível, o porta-voz do Kremlin, Dmitry Peskov, insistiu publicamente que «a Rússia não é uma ameaça à Ucrânia; os movimentos do exército da Rússia não devem ser uma razão para preocupações». A concentração militar era inteiramente uma questão de «segurança nacional» da própria Rússia, insistiu.[26] E em mais um caso igualmente reconhecível do diálogo de surdos em curso entre a Rússia e o Ocidente, o gigantesco posicionamento intimidatório da primavera de 2021 teve precisamente o efeito oposto ao que o Kremlin pretendia.

Na cimeira da NATO em Bruxelas, em junho de 2021, nenhum Plano de Ação para a Adesão foi acordado para a Ucrânia — ainda que o impulso para o fazer estivesse inequivocamente a crescer, tendo até a russófila Turquia manifestado apoio. Porém, a aliança fez a declaração até então mais forte a favor da eventual adesão da Ucrânia — juntamente com um aviso explícito a Moscovo para não interferir no processo. «Cada país escolhe o seu próprio caminho», afirmou o secretário-geral da NATO, Jens Stoltenberg. «Compete à Ucrânia e aos 30 membros da NATO decidir se aspira a ser membro da Aliança. A Rússia não tem palavra a dizer sobre a adesão da Ucrânia [...]. Não podem vetar as decisões dos vizinhos. Não voltaremos à era das esferas de interesse, quando os grandes países decidiam o que fazer pelos pequenos.»[27] Uma semana depois, para não deixar dúvidas, a NATO lançou um exercício naval conjunto, com o nome de código «Sea Breeze 2021», no Mar Negro.

O caminho para qualquer guerra é pontuado por muitos momentos sem recuo possível — a maior parte dos quais só retrospetivamente se consegue ver. Porém, no verão de 2021, dois acontecimentos convenceram os belicosos que rodeiam Putin de que não tinham escolha a não ser avançar para uma solução militar para o problema do alargamento da NATO. O primeiro foi o facto de a imensa concentração militar da primavera de 2021 — a maior na Europa desde o fim da Segunda Guerra Mundial — não ter conseguido instilar dúvida, medo ou precaução nos espíritos dos líderes da NATO.

A publicação do ensaio histórico de Putin em julho de 2021 foi vista como uma resposta direta à cimeira da NATO do mês anterior. Era um sinal claro não só para o público russo mas também para a elite do Kremlin de que salvar da opressão os russos da Ucrânia era a nova linha do partido. Era também uma chamada às armas. Na sede da CIA, em Langley, Virgínia, o ensaio foi imediatamente apontado como o início de uma nova e perigosa fase do pensamento do Kremlin.

Umas semanas antes, Biden e Putin tinham tido uma cimeira, no dia 16 de junho, em Genebra, que ambos consideraram «construtiva». Não tinha havido aí qualquer sinal de que os Russos estavam a planear atirar a Europa para uma grande guerra apenas sete meses depois. Porém, o ensaio de Putin «chamou-nos fortemente a atenção», recordou posteriormente Jake Sullivan, o conselheiro para a segurança nacional. «Começámos a ver o que se passava... qual era o objetivo dele? Até onde iria ele esticar a corda?»[28]

Depois veio o segundo gatilho — a desastrosa retirada dos EUA do Afeganistão. Apesar dos milhares de milhões gastos para apoiar o novo governo afegão e para criar uma força de segurança nacional, ambos entraram em colapso dias depois da apressada retirada dos EUA. Em Moscovo, as cenas de caos no Aeroporto de Cabul foram recebidas com agrado — nomeadamente porque também o regime fantoche que a Rússia instalara em Cabul na década de 1990 sofrera um colapso semelhante.

Para o Kremlin, a derrocada de Cabul queria dizer que Joe Biden tinha sido completamente desacreditado como líder militar. Segundo Ryzhy, os funcionários principais do Kremlin viram o Afeganistão como «uma dádiva dos céus, um relâmpago [...]. Subitamente, os Norte-Americanos eram humilhados aos olhos do mundo inteiro». Se a cimeira da NATO em Bruxelas e o exercício Sea Breeze 2021 tinham convencido os *siloviki* de que só uma invasão da Ucrânia poria fim à expansão do Ocidente, então a queda de Cabul nas mãos dos Talibã, em agosto de 2021, assinalou um momento de fraqueza norte-americana que dava uma oportunidade a não perder para atacar.

Em pleno verão de 2021, uma «massa crítica» de opinião no círculo mais exclusivo dos amigos e conselheiros de Putin cristalizara-se em torno da necessidade de levar a cabo um «ataque militar decisivo», segundo Ryzhy.[29] Considerou-se que o momento era especialmente propício, uma oportunidade que dificilmente se repetiria durante a vida de Putin — um Biden humilhado, um Ocidente ainda às voltas com a pandemia do coronavírus, a saída iminente de Merkel, que, na prática, era a líder da Europa, um presidente francês que enfrentava uma batalha de reeleição contra uma direita ressurgente e um Reino Unido atarantado com a exclusão dos processos de decisão depois do Brexit. Décadas de diplomacia energética russa — por vezes cuidadosa, por vezes agressiva — fizeram aumentar a dependência europeia da Gazprom para quase 40 por cento das suas importações de gás natural. Anos de política macroeconómica cuidadosa acumularam um fundo para a guerra de 650 milhares de milhões de dólares, que permitiria à economia russa sobreviver a quaisquer sanções. «Era chegada a hora», recordou Ryzhy, descrevendo uma conversa com o seu velho amigo, o antigo primeiro-ministro. «Isso era claro.»[30]

Qual seria exatamente a forma que assumiria o ataque contra a Ucrânia era algo que ainda não estava decidido — talvez a criação de um par de miniestados ao estilo da Geórgia no Dombás, ou uma anexação ao estilo da Crimeia, ou um ataque total para decapitar o governo de Zelensky por completo e instalar um regime fantoche, favorável a Moscovo. Porém, no final do verão de 2021, a «decisão de princípio» de que uma invasão se tornara necessária já fora tomada, segundo Ryzhy, por *siloviki* importantes como Patrushev e Bortnikov. Só faltava reunir as forças necessárias e persuadir o decisor último da Rússia — o próprio Putin — a lançar a operação.[31]

Em setembro, os planeados exercícios russos conjuntos com a Bielorrússia foram uma desculpa esfarrapada para uma renovada concentração militar. Exceto que desta vez as forças enviadas de toda a Rússia para as fronteiras com a Ucrânia e para o Mar Negro seriam ainda mais poderosas. Desta vez, não era intimidação. Era ação.

A guerra de espionagem

De setembro a outubro de 2021, enquanto os militares de Putin começavam a concentrar tropas ao longo das fronteiras da Ucrânia e o SFS fazia planos para instalar um governo fantoche em Quíive, várias pessoas do exército russo ou dos serviços de segurança, ao que parece de escalões muito elevados, falavam com a CIA. Por razões óbvias, a fonte ou fontes foram mantidas em grande segredo. Porém, um importante funcionário britânico de segurança confirmou que os «múltiplos recursos» emanavam desde o «nível operacional ao de tomada de decisões» no seio das instituições «militares e de segurança» da Rússia.[32] Combinando isso com sinais que os serviços secretos coligiram por meio de pirataria informática, interceção de comunicações e imagens de satélite, começou a emergir nos serviços secretos uma imagem pormenorizada de planos sérios para uma ofensiva russa de grandes proporções.

No início de outubro, o conselheiro nacional para a defesa dos EUA, Sullivan, estava suficientemente alarmado para pedir ao presidente Biden que reunisse os mais destacados funcionários militares e dos serviços secretos na Sala Oval para uma reunião urgente. Biden e a vice-presidente Kamala Harris sentaram-se em cadeirões à frente da lareira, sentando-se em sofás, à volta da mesa de café, o secretário de estado, Antony Blinken, o secretário de defesa, Lloyd Austin, o presidente do Estado-Maior Conjunto, general Mark A. Milley, e também Bill Burns, da CIA, e a diretora dos serviços secretos nacionais, Avril Haines. Milley, apontando para grandes mapas montados em cavaletes à frente da secretária Resolute, explicou a disposição das concentrações de tropas russas — assim como os alvos que tinham em vista no interior da Ucrânia.[33]

Milley expôs os planos de Putin com «extraordinário detalhe», diria posteriormente Haines ao *The Washington Post.* A estratégia russa era atacar o norte de Quíive com grupos de batalha de ambos os lados do Rio Danápris, vindo um da cidade ucraniana de Tcherniguive, a leste da capital, e o outro avançando da Bielorrússia, passando pela central nuclear abandonada de Tchernóbil. A própria Quíive seria tomada em três ou quatro dias por forças especiais Spetsnaz, que tinham a missão de localizar e, se necessário, matar Zelensky, e depois fechar a capital, enquanto o SFS instalava um governo fantoche amigo do Kremlin. O ataque foi planeado para o inverno, antes do degelo da primavera tornar o terreno impossível para os tanques. «Consideramos que o plano deles é conduzir um ataque estratégico significativo à Ucrânia, advindo de múltiplas direções ao mesmo tempo», afirmou Milley, descrevendo o plano de guerra-relâmpago como a «versão [do Kremlin] de "choque e pavor"».[34] Acima de tudo, as altas patentes de segurança dos EUA estavam convencidas de que, ao contrário do que ocorrera na primavera, desta vez a concentração militar de Putin não era apenas um exercício de diplomacia coerciva, mas sim um plano sério de ataque. Crucialmente, era um plano para um golpe de estado com apoio militar, e não para uma guerra demorada.

Na reunião de outubro, Biden tomou três decisões: tentar dissuadir Putin, explicando-lhe que a resposta do Ocidente a um ataque seria igualmente devastadora; persuadir os aliados da NATO a levar os avisos a sério; e avisar e ajudar os Ucranianos a prepararem-se para uma invasão total. Porém, a dificuldade fundamental — conseguir evitar envolver-se num confronto militar direto — estava ainda por resolver. Segundo as notas da reunião da Casa Branca que Milley partilhou com o *The Washington Post,* o problema fundamental era «como garantir e fazer valer a ordem internacional baseada em regras» contra um país com uma capacidade nuclear extraordinária «sem entrar na Terceira Guerra Mundial». Milley ofereceu quatro respostas possíveis: «Número 1: não ter um conflito cinético dos militares norte-americanos e da

NATO com a Rússia. Número 2: limitar a guerra às fronteiras geográficas da Ucrânia. Número 3: fortalecer e manter a unidade da NATO. Número 4: dar poder à Ucrânia e dar-lhes os meios de combate.»[35]

O diretor da CIA, William Burns, fora embaixador dos EUA na Rússia e tivera interações mais diretas com Putin do que qualquer outra pessoa da administração de Biden. Burns conhecia e compreendia extraordinariamente bem a Rússia e os seus líderes — e enquanto esteve em Moscovo fora um convidado frequente de concertos na dacha da família da minha esposa. Os principais traços de carácter de Putin eram «uma mistura de insegurança e agravo», disse-me Burns pouco depois da guerra da Geórgia. «Ele guarda rancores.»[36] No início de novembro de 2021, Biden obrigou Burns a ir até Moscovo para transmitir a sua mensagem sem peias em pessoa. No Kremlin, Burns encontrou-se com o conselheiro de política externa de Putin, Yuri Ushakov (que fora também embaixador nos EUA). O próprio Putin entrou na reunião por telefone, a partir de uma residência fora de Sótchi, onde continuava em isolamento devido à covid-19. Putin reiterou a costumeira litania de queixas sobre a expansão da NATO, a ameaça à segurança da Rússia e a ilegitimidade do governo de Quiive.

Putin «era muito desdenhoso do presidente Zelensky como líder político», recordou Burns. Quando o diretor da CIA ripostou com detalhes de uma invasão iminente reunidos pelos serviços secretos norte-americanos, Putin «foi muito prático» e não se deu ao incómodo de negar a veracidade das informações secretas. Burns deixou-lhe uma carta de Biden com uma lista detalhada do enorme preço que a Rússia iria pagar por qualquer ataque que fizesse à Ucrânia. Encontrou-se também com o secretário do Conselho de Segurança, Patrushev, que fez eco dos pontos de Putin quase palavra por palavra. Burns deixou Moscovo com a impressão de que o círculo mais próximo de Putin se tinha tornado uma «câmara de eco» — ainda que pensasse também que a decisão final de lançar realmente uma invasão ainda não tinha sido tomada, deixando uma pequena janela de oportunidade para fazer a diplomacia funcionar. «O meu nível de preocupação agravou-se, em vez de diminuir», relatou Burns a Biden.[37]

Biden, Blinken e Haines também tiveram dificuldade em fazer os parceiros da NATO levar a sério o aviso de uma invasão iminente. Biden partilhou primeiro as informações secretas com os líderes do Reino Unido, de França e da Alemanha, numa reunião privada durante a conferência do G20 em Roma, no final de outubro. Duas semanas depois, a diretora dos serviços secretos nacionais, Haines, partilhou o aviso com os 30 membros do Conselho do Atlântico Norte da NATO, em Bruxelas. Apesar de os Britânicos, os Polacos e os estados do Báltico terem ficado convencidos, a reação dos restantes membros da NATO foi de ceticismo.

Segundo um assistente da Rua Downing com conhecimento direto da apresentação de Haines em Bruxelas, «a maior parte [dos europeus] pensava que Putin não tinha disposto tropas suficientes para uma invasão [...]; perguntaram também por que razão haveria ele de se arriscar a arruinar a economia». E havia objeções profundas. As vozes que clamavam quanto a uma invasão iminente eram daqueles países da NATO que tinham feito parte dos impérios russo e soviético e que eram «conhecidos por gritar "Fogo!"» com respeito às ambições imperiais da Rússia. Depois havia uma desconfiança persistente quanto aos juízos dos serviços secretos norte-americanos, tanto recente — previsões erradas sobre as forças de segurança afegãs, por exemplo — como antiga, remontando às juras solenes dos EUA, em 2003, de que o Iraque tinha armas de destruição maciça, recordou o funcionário da Rua Downing. Na reunião do Conselho do Atlântico Norte, um funcionário britânico levantou-se para apoiar Haines, dizendo aos colegas membros do conselho: «Ela tem razão!» A intervenção foi recebida «com algum revirar de olhos [...]; lá estavam os Britânicos e os ianques no mesmo».[38] Outro problema foi que, nesta fase inicial, os EUA não se sentiam à vontade para partilhar todos os detalhes operacionais, nem mesmo com os aliados da NATO, por terem medo de comprometer as suas fontes na Rússia.

Talvez seja estranho, mas o mais difícil foi vender a ideia aos próprios ucranianos. O secretário de estado Blinken avisou pela primeira vez Zelensky no início de novembro de 2021, numa cimeira sobre a mudança climática em Glasgow, na Escócia. «Estávamos só os dois, a meio metro um do outro», recordaria Blinken posteriormente. Foi uma «conversa difícil», porque parecia surrealista «dizer a alguém que pensamos que o seu país vai ser invadido». Zelensky ficou «sério, deliberado, estoico», mas, em última análise, cético — e assim continuaria até poucas horas antes de a própria invasão ter começado.[39] Duas semanas depois, o ministro dos Negócios Estrangeiros da Ucrânia, Dmytro Kuleba, e o chefe de pessoal de Zelensky, Andriy Yermak, foram a Washington para uma reunião mais detalhada. «Rapazes, cavem trincheiras!», foi como um importante funcionário do departamento de estado saudou os dois ucranianos, recordou Kuleba. «Estou a falar a sério. Comecem a cavar trincheiras [...]. Vocês vão ser atacados. Um ataque em grande escala, e têm de preparar-se.» Kuleba disse ao *The Washington Post* que pediu ao funcionário mais detalhes específicos do que os EUA sabiam acerca dos planos de invasão de Putin, mas «não havia tal coisa».[40]

As narrativas norte-americanas e ucranianas sobre as razões de Quiive ter continuado sem acreditar até ao último momento na realidade da invasão diferem muitíssimo. Os funcionários de Quiive insistem que os EUA não forneceram provas convincentes de que a concentração de tropas de Putin não era mais do que uma forma de diplomacia bruta, concebida precisamente para abalar os membros europeus da NATO e fazê-los pressionar a Ucrânia a aceitar uma solução de compromisso com a Rússia para preservar os seus fornecimentos de gás. «Vimos já muitas vezes este tipo de operação psicológica russa», afirmou o antigo deputado e conselheiro de Yermak, Serhiy Leshchenko. «Há já oito anos que estamos em guerra com a Rússia.»[41] Acima de tudo, Zelensky receava que os rumores de guerra pudessem criar um pânico que arruinasse a economia ucraniana e espoletasse um êxodo gigantesco, não apenas de capital mas também de jovens que seriam necessários para combater os Russos. Para o próprio Zelensky, a prioridade era convencer a NATO a dar-lhe o tipo de armas pesadas de ataque de que o seu exército carecia. «Podem dizer um milhão de vezes "Ouçam, poderá haver uma invasão". *OK*, poderá haver — vão dar-nos aviões?» Recordou Zelensky em julho de 2022. «Vão dar-nos defesas aéreas? "Bem, vocês não são membros da NATO". Oh, *OK*, nesse caso, estamos a falar de quê?»[42]

Os Norte-Americanos, por seu lado, estavam cada vez mais frustrados com o facto de a própria insistência de Quiive em desconsiderar a ameaça acabar por alimentar o ceticismo entre os membros da NATO — especialmente na França e na Alemanha. Porém, na verdade, o problema não era tanto os Ucranianos não acreditarem nos avisos, mas antes recearem as consequências do pânico. No dia 3 de dezembro de 2021, o ministro da Defesa ucraniano, Oleksii Reznikov, falou ao Rada da possibilidade de uma «escalada de grandes dimensões» da Rússia, no final de janeiro de 2022.[43] Porém, a opinião preponderante em Quiive, nos três meses antes da invasão, era que a guerra que aí vinha se limitaria a uma operação no Dombás — ou, no máximo, à conquista de algum território para ligar o Dombás à Crimeia. Um assalto direto à capital da Ucrânia continuava a parecer, aos decisores do complexo governativo da Rua Bankova de Quiive, algo fantasioso.

Macron e o novo chanceler alemão, Olaf Scholz — que lidava há anos com o Kremlin —, também não estavam convictos de que Putin seria suficientemente irracional para prejudicar os seus próprios interesses económicos de maneira tão desastrosa. Os Alemães e os Franceses sugeriram uma cimeira ao mais alto nível entre os EUA e a Rússia, mas foram rechaçados pelos membros mais céticos da NATO quanto à Rússia, que viram a proposta como uma concessão perigosa à postura agressiva de Putin.

Numa tentativa para mudar a opinião nas capitais europeias, Washington tomou a decisão inusitada, em dezembro, de partilhar publicamente o conteúdo, ainda que não os detalhes mais específicos, das novas informações secretas sobre os planos de Putin, à medida que eram obtidas. A Casa Branca publicou listas de políticos ucranianos identificados pelo Kremlin como possíveis sucessores de Zelensky, juntamente com «listas de assassinatos» de políticos, ativistas e jornalistas de todas as principais cidades ucranianas que tinham sido assinalados para serem mortos ou presos depois da invasão russa. A decisão de dar publicidade à informação foi, em parte, uma tentativa de impedir os planos de invasão de Putin — mas também, segundo a fonte dos serviços secretos do Reino Unido, «para mostrar a Putin que o navio dele metia água [...] e que os navios que metem água tendem a afundar».[44]

Prontidão total

Os dois últimos elementos militares necessários para uma invasão completa foram formalmente postos em marcha numa reunião crucial do Estado-Maior russo, ocorrida em Moscovo, por volta de 1 de dezembro de 2021, segundo uma fonte próxima do ministro dos Negócios Estrangeiros, Sergei Lavrov.[45] O primeiro desses elementos dizia respeito às ordens de mobilização final dadas às unidades militares extraordinárias — nomeadamente a deslocação temporária das sedes do Distrito Militar Oriental da Rússia (anteriormente, do Extremo Oriente) de Cabarovesque, perto da Manchúria chinesa, para a Bielorrússia, a tempo de os exercícios militares conjuntos previamente planeados poderem ocorrer em fevereiro. Unidades cruciais de combate do Exército Combinado de Armas dos 5.º, 29.º, 35.º e 36.º Distritos Orientais, da 76.ª Divisão de Guardas de Assalto Aéreo, da 98.ª Divisão de Guardas Aerotransportados e da 155.ª Brigada de Infantaria Naval da Frota do Pacífico conseguiram o feito logístico de transportar mais de 15 mil homens e equipamentos por comboio, ao longo de seis mil quilómetros, pela Sibéria.[46] Outra poderosa unidade siberiana, o 41.º Exército de Armas Combinadas, sediado em Novosibirsk, já tinha sido deslocado para a província russa de Belgroda. A concentração de uma força imensa de ataque a norte e nordeste da Ucrânia só poderia ter dois alvos — Quíive e Carquive.

Também foram dadas ordens ao caça-submarinos *Admiral Tributs*, da Frota do Pacífico, e ao cruzador de mísseis antinavios *Varyag* (ironicamente, foi batizado «Ucrânia Vermelha» quando foi lançado ao mar, em 1983) para navegarem do porto de origem de Vladivostoque para o Mediterrâneo assim que possível. Às avessas, era uma repetição da transferência de 1904 da Frota Báltica da Rússia Imperial para o Mar do Japão, que acabou em humilhação militar e revolução. Para o chefe de redação da rádio *Echo Moskvy*, Aleksei Venediktov, a via para a guerra era «uma coisa lenta e envolvia vários processos». Mas o ponto de viragem capital foi a deslocação do *Admiral Tributs* e das divisões da Sibéria, em dezembro. Uma mobilização daquelas dimensões é «uma atividade extremamente cara», recordou Venediktov, que perguntou às suas fontes militares mais importantes se acaso se tratava apenas de uma demonstração de força. «Não», asseguraram-lhe. «É uma ameaça direta.»[47]

Ao mesmo tempo, foram também postas em ação preparações explícitas para uma guerra secreta. Segundo uma fonte próxima do Grupo Wagner, um grupo militar russo ligado aos serviços secretos — cujo papel na guerra iremos examinar mais pormenorizadamente —, os seus membros receberam ordens urgentes para regressar às bases do sul da Rússia.[48] Foi aí que receberam ordens para formar pequenos grupos e viajar para Quiive à paisana. Alguns eram ucranianos, outros cidadãos da Bielorrússia. Deram-lhes passaportes ucranianos falsos. A missão era formar esquadrões homicidas para matar mais de 30 funcionários principais do governo ucraniano e dos serviços de segurança, incluindo o próprio presidente Zelensky.

Na sede do SFS, na Praça Lubianca, no centro de Moscovo, foi também convocada a rede de funcionários locais ucranianos, políticos e oficiais de segurança, cuidadosamente trabalhados e corrompidos por agentes da Nona Direção-Geral do Departamento de Informação Operacional do coronel-general Sergei Beseda. A unidade, cuja tarefa específica era alargar o controlo de Moscovo no estrangeiro limítrofe, crescera de 30 oficiais para mais de 160, entre 2019 e 2021, segundo funcionários ucranianos dos serviços secretos. Para atrair recrutas de outros ramos, o novo departamento de Baseda oferecia bónus e casas em construções adjacentes à academia do SFS, em Michurinsky Prospekt, Moscovo. Aos oficiais que chegavam eram atribuídos territórios na Ucrânia, e a tarefa que lhes cabia era desenvolver listas de colaboradores para com eles trabalharem, assim como de adversários a neutralizar.[49]

Os funcionários ucranianos mais importantes receberam telefonemas não solicitados dos serviços secretos russos, oferecendo-lhes dinheiro e posições proeminentes numa futura administração apoiante de Moscovo, caso concordassem mudar de lado. Oleksandr Vikul, um membro proeminente do Partido das Regiões, de Crivií Rie, que fora adjunto do primeiro-ministro de Yanukovych, recebeu um telefonema de um antigo ministro do Interior da DNR. «Você é uma pessoa inteligente, e vê que a situação está predeterminada», disse o ministro separatista a Vikul. «Envie uma carta assinada em nome [da cidade] de Crivií Rie, uma declaração de amor e amizade pela Rússia, e será um grande homem na nova Ucrânia.»[50] Vikul, segundo o seu próprio relato, «disse ao tipo para onde ele podia ir, muito indelicadamente». O presidente da Câmara de Carquive, Ihor Terekhov — também conhecido por ser um político apoiante de Moscovo —, também foi contactado, e também recusou colaborar. Outros funcionários receberam mensagens de texto como «Não permita uma catástrofe humanitária» e «Não permita que os separatistas o usem como disfarce».[51]

Alguns funcionários ucranianos, como Terekhov, recusaram as lisonjas e o dinheiro do SFS. Todavia, muitos sucumbiram, nomeadamente Vladimir Sivkovich, um antigo diretor-adjunto do conselho de segurança da Ucrânia, a quem foram aplicadas sanções pelo Departamento do Tesouro dos EUA, em janeiro, por trabalhar «com uma rede de atores russos dos serviços secretos para levar a cabo operações de influência». Segundo uma investigação ucraniana subsequente, Sivkovich recrutou Oleg Kulinich, um protegido do diretor do SBU, Ivan Bakanov (um amigo de infância de Zelensky). Depois de Kulinich ter sido preso por traição, em julho, o promotor público alegou que Sivkovich lhe deu a tarefa, pelo menos desde 2019, de roubar ficheiros secretos internos do SBU que tivessem «interesse operacional» para o SFS. A acusação afirma também que, na noite anterior à invasão russa, Kulinich bloqueou «deliberadamente» a disseminação de informações secretas avisando que as forças russas da Crimeia estavam a horas de lançar um ataque. (Depois da prisão de Kulinich, Bakanov, que fora nomeado precisamente para eliminar os traidores das fileiras dos serviços secretos, foi despedido, devido aos seus erros de juízo, por um exasperado Zelensky.) Um terceiro espião russo, Andriy Naumov, estivera na lista de espera para assumir o controlo do departamento de contraespionagem do SBU. Naumov foi preso na Sérvia em junho, com dinheiro e pedras preciosas no valor de mais de 700 mil dólares, segundo as autoridades sérvias. A administração da ocupada Quérson seria tomada por Oleksandr Kobets, um antigo oficial do KGB quc trabalhara já tambćm para o SBU. No total, a Ucrânia iria deter mais de 800 pessoas suspeitas de ajudar a Rússia com atos de reconhecimento ou sabotagem, segundo o ministro do Interior da Ucrânia, e iria lançar também investigações a centenas de legisladores, funcionários de segurança e figuras importantes devido a contactos suspeitos com o SFS.[52]

O salão da última oportunidade

Apesar de as preparações militares decorrerem em grande velocidade, Lavrov teve uma última oportunidade de fazer a diplomacia funcionar. O ministro dos Negócios Estrangeiros da Rússia estava perfeitamente ciente de que o impulso no interior do círculo mais exclusivo de Putin já estava firmemente apostado na guerra — apesar de o próprio Lavrov não o saber mesmo até à véspera da operação que estes planos incluiriam um ataque a Quíive. «Putin é a nossa última esperança para evitar uma guerra», revelou Lavrov confidencialmente a um velho amigo de universidade, no final de dezembro.[53] Lavrov ainda tinha alguma esperança de que o próprio patrão poderia ser persuadido — ao contrário dos *siloviki* que o rodeavam — a dar um passo atrás antes do abismo. Porém, a inércia era tal que Lavrov teria de conseguir obter do Ocidente concessões verdadeiramente dramáticas e, francamente, irrealistas. Nas primeiras duas semanas de dezembro, um grupo de trabalho, convocado pessoalmente por Lavrov, reuniu um conjunto de exigências que ele sabia que seria a última hipótese de conseguir a paz.[54]

O conjunto de exigências semelhante a um ultimato publicado no dia 17 de dezembro de 2021 era um completo exagero. A Rússia exigia que a NATO efetivamente se retirasse para as suas fronteiras anteriores a 2007, prometendo não usar mísseis, nem armamento pesado, nem grandes concentrações de tropas em qualquer um dos anteriores estados do bloco soviético. Para os espantados funcionários do Ministério dos Negócios Estrangeiros britânicos, as exigências russas «não faziam simplesmente qualquer sentido» para «qualquer pessoa que tivesse qualquer experiência da diplomacia entre a Rússia e a NATO», segundo uma fonte importante que falou com o primeiro-ministro britânico Boris Johnson diariamente durante esse período. «Não parecia sequer um documento de orientação política [...]; não incluía coisa alguma com a qual a NATO pudesse de todo concordar.» O documento era «fantasioso».[55]

Os diplomatas britânicos mais importantes — juntamente com muitos governos do resto do mundo, incluindo o da Ucrânia — tiraram daí precisa e fatalmente a conclusão errada. As exigências extremas de Lavrov eram, na verdade, um sinal de que os belicosos do Kremlin se tinham afastado imenso da ideia de soluções de compromisso. Porém, os Britânicos interpretaram a bizarra posição radical como um sinal de que Putin estaria disposto a contentar-se com bem menos — seria uma exigência ultrajante para regatear e enfraquecer. Na Rua Downing acreditava-se plenamente nos avisos do ministro da Defesa e do Pentágono de que Putin estava «*pronto* para a guerra e que tinha um plano para essa guerra já no terreno», recordou uma fonte. «Acontece apenas que acreditávamos que havia mais hipóteses de conseguir convencê-lo a recuar [da guerra] do que de facto havia.»[56]

Os planos pormenorizados de Putin para levar a cabo uma invasão poderão não ter sido um segredo para a CIA, mas foram certamente escondidos das tropas e de quase todos os comandantes militares russos, à exceção dos de maior patente. Os testemunhos dos prisioneiros de guerra russos e das famílias do pessoal militar convergem num detalhe: o verdadeiro propósito da concentração não foi revelado aos oficiais mais novos nem aos soldados até poucas horas antes da ordem para mobilizar. A verdadeira dimensão do plano de invasão também não foi revelada senão aos confidentes do círculo mais exclusivo de Putin. Talvez o único pormenor operacional verdadeiramente impressionante numa invasão que iria correr desastrosamente mal foi a segurança terrivelmente eficaz que foi mantida em torno do coração do plano de Putin — decapitar o governo ucraniano com um ataque de guerra-relâmpago, apoiado por assassinos mercenários.

Não admira, pois, que tanto os líderes ocidentais como a maior parte dos mais bem posicionados membros da elite russa continuassem a crer que Putin estava a tentar fazer um *bluff* de proporções históricas. Uma fonte recebeu garantias pessoais, por parte do oligarca Mikhail Fridman, dias antes da invasão, de que os seus «amigos mais bem colocados nos serviços de segurança» lhe prometeram que não havia «qualquer perigo» de uma guerra total.[57] No período que antecedeu a invasão havia, de facto, uma relação direta inversa entre quão bons contactos uma pessoa tinha e a sua crença na realidade da guerra. Na verdade, tal como admitiu Dmitry Peskov, o porta-voz de Putin, num almoço privado no quarto dia da guerra, a maioria dos membros do Conselho de Segurança de Putin só soube do ataque a Quíive e a Carquive depois da fatídica reunião de 21 de fevereiro.[58]

No dia 19 de janeiro de 2022, o presidente dos EUA, Joe Biden, disse que a sua «aposta» era que a Rússia «iria entrar» na Ucrânia, mas Putin iria pagar «um preço sério e elevado» por uma invasão e «iria lamentá-la». Contudo, Biden deixou um hiato fatídico na sua mensagem, que, fora isso, foi enérgica, ao sugerir que uma «incursão menor» por parte de forças russas poderia não espoletar a resposta grave que ele e os aliados ameaçavam.[59] Era uma sugestão óbvia de que a NATO não estava tão unida como Washington queria sugerir.

A partir do início de janeiro, o pessoal não-essencial foi retirado da embaixada norte-americana de Quiive, a que se seguiu imediatamente o restante pessoal, todos deslocados para a cidade ucraniana ocidental de Levive e para a vizinha Polónia. Num esforço de última hora para acalmar as tensões, no dia 21 de janeiro, Wendy Sherman, adjunta do secretário de estado, levou uma delegação diplomática a Genebra para se encontrar com o seu correspondente russo, Sergei Ryabkov. Sherman rejeitou as exigências de dezembro de Lavrov, mas, em troca, ofereceu medidas para conquistar a confiança, como acordos sobre a concentração de tropas e de mísseis na vizinhança da fronteira com a Rússia. O subtexto da oferta dos EUA era testar para ver se os Russos levavam realmente a sério a ideia de chegar a uma solução que não fosse militar. A resposta foi «não». «Tornou-se muito claro, e muito rapidamente, que [os Russos] estavam a atuar diplomaticamente, mas não se entregavam realmente à diplomacia», recordou Emily Horne, na altura a porta-voz do Conselho de Segurança Nacional. «Nem sequer o faziam com muita seriedade.»[60]

Pouco depois, o chefe de Sherman, Antony Blinken, reuniu-se com Lavrov, também em Genebra. A atmosfera estava gelada, como o tempo. Depois de uma hora e meia infrutífera, as conversações formais chegaram ao fim. Blinken levou Lavrov para uma pequena sala adjacente para uma conversa privada. «Sergei, diga-me o que está realmente a tentar fazer», pediu-lhe Blinken. Dizia tudo isto realmente respeito a preocupações com a segurança da Rússia — ou dizia antes respeito à crença quase teológica de Putin de que a Ucrânia é e sempre foi uma parte integral da Mãe Rússia? Lavrov saiu sem responder.[61]

Os EUA, com um sentido crescente da inevitabilidade da guerra, mobilizaram tropas para reforçar os aliados da NATO da linha da frente. Paraquedistas da 173.ª Brigada Aerotransportada foram enviados para os estados bálticos, e outras unidades norte-americanas foram deslocadas de Itália para a Roménia, a Hungria e a Bulgária. Em meados de fevereiro, a presença militar dos EUA na Europa cresceu de 74 mil tropas para 100 mil, quatro esquadrões de caças aumentaram para 12 e o número de navios de guerra na região aumentou de cinco para 26. Washington também acelerou entregas de ajuda militar a Quíive — sobretudo na forma de armas antitanque portáteis, para atrasar um ataque russo. «Ninguém realmente pensava que [os Ucranianos] conseguiriam repelir um ataque russo daquela dimensão, se acontecesse», admitiu um funcionário da Rua Downing.[62]

Contudo, os Europeus continuaram a tentar persuadir os Russos a recuar. No dia 11 de fevereiro, o ministro da Defesa britânico, Ben Wallace, visitou Sergei Shoigu em Moscovo, e ouviu dizerem-lhe que a Rússia e a Ucrânia fazem «parte do mesmo país», oferecendo Shoigu como prova o facto de a sua mãe ter nascido na Ucrânia. Shoigu desconsiderou a ameaça de sanções de Wallace, assegurando-lhe de que os Russos «sabem sofrer como ninguém». Mas o russo também negou que o seu país tinha planos para uma invasão, «limitando-se a mentir descaradamente a Wallace», recordou o funcionário da Rua Downing.[63]

No dia 16 de fevereiro — com cobertura alargada na televisão estatal russa — começou uma retirada de civis das repúblicas de Donetsque e de Luansque, supostamente para protegê-los de uma escalada do fogo de artilharia ucraniano. A televisão controlada pelo Kremlin começou a espalhar rumores de uma ofensiva ucraniana iminente contra a DNR e a LNR. Dois dias depois, a Duma da Rússia apelou a Putin para reconhecer as repúblicas, para «protegê-las» da invasão por parte das forças de Quíive. Começaram a circular fotografias nas redes sociais de carros de combate russos pintados com grandes símbolos visíveis do ar — «V», «Z» e «O», significando cada letra um grupo de batalha diferente.

Os serviços secretos dos EUA partilharam relatórios de grandes quantidades de abastecimentos médicos e até crematórios móveis que estavam a ser deslocados para as fronteiras da Ucrânia. Até o ministro dos Negócios Estrangeiros ucraniano, Dmytro Kuleba, ficou finalmente convencido da realidade de um ataque iminente, depois de os Norte-Americanos lhe terem dado «mais informação específica» sobre cinco aviões russos de transporte em alerta máximo, prontos a levar paraquedistas para o Aeroporto de Hostomel, perto de Quíive.[64]

Enquanto a máquina de guerra de Putin acelerava, o presidente da França, Emmanuel Macron, tentou uma reconciliação de última hora, convocando Putin no dia 20 de fevereiro e sugerindo uma cimeira em Genebra, com Biden, para discutir a «arquitetura de segurança da Europa». Putin foi evasivo. «Para lhe ser completamente franco, eu queria ir [jogar] hóquei no gelo, porque estou agora mesmo no ginásio», disse Putin a Macron, segundo um registo de vídeo da conversa, emitido pelo canal de televisão France 2. «Mas antes de começar o treino, deixe-me assegurar-lhe de que irei primeiro chamar os meus conselheiros.» Macron agradeceu a Putin e, depois de desligar, riu-se com gosto. Emmanuel Bonne, o conselheiro diplomático de Macron, dançou em triunfo.[65]

As celebrações francesas seriam de curta duração. Na manhã seguinte à conversa com Macron — e, presumivelmente, depois de treinar e jogar hóquei no gelo —, Putin voou para Moscovo para a sua reunião extraordinária do Conselho de Segurança da Rússia.

O czar e a sua corte

A reunião de 21 de fevereiro do Conselho de Segurança foi notável em muitos aspetos. O ambiente do Salão de Santa Catarina do Kremlin era único no que respeita a formalidade e grandiosidade — um sinal claro de que algo de memorável e histórico estava em marcha. Os vastos salões de cerimónia do Kremlin, restaurados de maneira berrante, eram bem conhecidos dos telespectadores russos de vários espetáculos de adulação dos circunspectos membros da elite política e cultural, enquanto escutavam e aplaudiam as comunicações anuais do estado da união de Putin. Desta vez, o salão do Kremlin não estava apinhado, mas sim vazio, à exceção do próprio presidente, sentado a uma mesa branca imensa, e dos membros do Conselho, sentados a uma distância bizarra de Putin. E à medida que a reunião avançava, também o conteúdo da emissão se tornou cada vez mais extraordinário. O espetáculo de humildes ministros cumprindo o dever de apresentar os seus relatórios a Putin era o pão nosso de cada dia da televisão russa. O mesmo acontecia com a humilhação ritual ocasional a que Putin submetia oligarcas e funcionários superiores. Porém, o público russo viu pela primeira vez o espetáculo arrepiante de toda a instituição de segurança do seu país reunida para prestar homenagem ritual e pública ao líder supremo — e para ser por ele maltratada.

Na era soviética, a única demonstração pública que poderia sugerir uma mudança nas relações de poder no interior do Politburo mais exclusivo era a ordem em que os governantes gerontocráticos da URSS se enfileiravam na cobertura do Mausoléu de Lenine para a parada anual do Dia do Trabalhador. O regime de Putin oferecia algo muito mais interessante — um espetáculo de uma hora do novo Politburo da Rússia dando a sua «opinião» quanto a um possível reconhecimento da independência das repúblicas do Dombás, a que se seguia uma resposta pessoal do próprio Putin. O espetáculo era sem dúvida cuidadosamente orquestrado. Mas era também muito revelador — incluindo em aspetos que os propagandistas do Kremlin não tinham em mente.

Começou com um jogo psicológico. Tal como Peskov confidenciou à fonte com quem almoçou no dia 29 de fevereiro, a todos os membros do Conselho de Segurança se tinha dito — falsamente — que a reunião seria transmitida em direto.[66] Era mentira. Como os repórteres argutos se deram conta, a hora dos relógios dos participantes mostrava que a reunião tivera lugar horas antes de ter sido exibida na televisão. Continuou com um ritual que o professor Mark Galeotti descreveu como «o rei Lear encontra-se com o

Ernst Stavro Blofeld de James Bond».[67] Um por um, os membros do Conselho levantaram-se não tanto para dizer o que pensavam sobre o reconhecimento das repúblicas do Dombás como estados independentes, mas antes para contabilizar as diferentes maneiras de concordar com Putin.

Os ultrabelicosos Nikolai Patrushev e Aleksandr Bortnikov eram, obviamente, os que mais estavam convictos das suas comunicações e que mais extremistas eram nas suas mentiras e fantasias escatológicas. O diretor do SFS, Bortnikov, passou em revista uma lista extraordinária de alegadas provocações ucranianas — incluindo ataques «genocidas» a civis do Dombás. O secretário do Conselho de Segurança, Patrushev, afirmou que o conflito era alimentado por maquinações dos poderes ocidentais, cujo «fito é a destruição da Rússia». O ministro da Defesa, Shoigu — que, como vimos, foi o mais cauteloso com a invasão da Crimeia na reunião equivalente (mas não pública) de 21 de fevereiro de 2014 —, centrou-se bizarramente na ideia vinda do nada de que a Ucrânia estava a planear um rearmamento nuclear.

A porta-voz do Conselho da Federação, Valentina Matviyenko, conduziu um coro de apoio com uma variação da linha do «genocídio», mencionando ultrajes contra os russófonos da Ucrânia. O adjunto do presidente do Conselho de Segurança, Dmitry Medvedev, o anterior liberal nomeado por Putin para ficar no seu lugar como presidente entre 2008 e 2011, reinventara-se como belicoso, numa tentativa desesperada para continuar no círculo mais restrito de Putin. Implorou a todos que pensassem nas crianças do Dombás que o povo da Rússia — afirmou, numa atitude de desafio perante as sondagens de opinião da altura — clamava estar a proteger por meio da guerra. O ministro do Interior, Vladimir Kolokoltsev, assumiu uma posição ainda mais belicosa, defendendo que a Rússia devia não só reconhecer as fronteiras atuais das LDNR na linha de controlo de 2015 mas também forçar as coisas para alargar as suas fronteiras à totalidade das províncias de Donetsque e Luansque, incluindo Mariópolis.

Contudo, as respostas particularmente interessantes vieram de membros do gabinete de Putin, que eram claramente os que se sentiam mais desconfortáveis com o desenrolar dos acontecimentos. Este grupo incluía os homens mais bem informados quanto à posição da Rússia no mundo, a sua economia e a situação real no terreno, na Ucrânia.

Sergei Lavrov — desempenhando o papel de diplomata consumado — limitou-se a falar sem dizer coisa alguma e evitou dar uma resposta clara sobre se aprovava o reconhecimento das LDNR. O primeiro-ministro Mikhail Mishustin não conseguiu sustentar a cara de pau de Lavrov e parecia claramente desconfortável e descontente, especialmente quando Putin lhe cortou a palavra no momento em que tentava alertar o Conselho para as consequências económicas de uma invasão. Intimidado, Mishustin rapidamente se submeteu — apesar de certamente se ter dado conta de que o projeto de reanimação política e económica que ele liderara se desfazia em fumo à sua frente.

Naquele salão, a pior parte coube aos dois homens que tinham um conhecimento mais detalhado dos acontecimentos e das condições reais na Ucrânia. Dmitry Kozak, o homem do Kremlin na linha da frente, no terreno, com respeito às relações com as LDNR e a Crimeia, fora criado na Ucrânia. Depois de uma exposição verborreica, na qual admitiu que Quiive não estava preparada para voltar a incluir as LDNR nos termos estabelecidos em Minsque 2, Kozak tentou fazer uma discussão real sobre o futuro das repúblicas do Dombás. Mas Putin cortou-lhe bruscamente a palavra, duas vezes.

O espetáculo exigia uma vítima de entre os cortesãos do Kremlin — e Putin escolheu Sergei Naryshkin, o diretor dos Serviços Secretos Externos da Rússia. De todos os presentes, Naryshkin era provavelmente o mais bem informado quanto ao verdadeiro sucesso das operações russas de influência na sociedade ucraniana e nas suas instituições. Ao contrário de Kozak ou de Mishustin, Naryshkin não fez qualquer tentativa de debater, e ainda menos contradizer, a decisão de Putin. Todavia, trocou os pés pelas mãos, exprimindo o seu apoio do reconhecimento das LDNR num futuro da língua russa que sugere ambiguidade. «*Irá* apoiar ou *apoia?*», ladrou Putin. «Diga-me claramente, Sergei Yevgenievich.» Naryshkin, tremendo no pódio como um rapazola nervoso, respondeu que apoiava «trazê-los para a Rússia». Errado, de novo. «Não é isso que está em discussão!», disparou Putin. «Apoia o reconhecimento da sua *independência* ou não?»

Putin tinha tornado clara a sua mensagem oficial, do modo caracteristicamente direto e universalmente compreensível que usara para comunicar ao longo de duas décadas — a linguagem das relações entre o patrão e o subordinado. No seu aspeto mais superficial, Putin tinha assinalado que o reconhecimento das repúblicas do Dombás era correto e apropriado, na opinião coletiva e unânime do estadista público principal da Rússia. Subconscientemente, mas com a mesma clareza, denotava também quem pertencia ao círculo mais restrito, quem estava no coro e quem estava nas margens. E, acima de tudo, quem era o patrão último.

Porém, Putin assinalara também algo mais profundo, algo que, em última análise, acabaria por ser muitíssimo mais significativo para o conflito que se avizinhava. Os membros mais delirantes e mais ideologicamente orientados da comitiva de Putin estavam no interior do seu círculo, ao passo que quem tinha um conhecimento mais detalhado e especializado do mundo real estava de fora. Tal como o rei Lear, de facto, Putin mostrou na reunião do Conselho de Segurança que não estava interessado em debate, mas sim em demonstrações públicas rituais de aprovação. A divergência — como as reservas de Shoigu quanto à sabedoria de anexar a Crimeia, em 2014 — já não era concebível. Não podia haver uma indicação mais clara de que tinha mudado a natureza do poder e a sua dinâmica na corte de Putin. Tal como o próprio Putin. Tornara-se o líder de uma nação prestes a lançar uma Grande Guerra Patriótica.

CAPÍTULO 7

Semear a destruição

«Nenhum plano de operações vai garantidamente além do primeiro encontro com a força principal do inimigo.»

General Helmuth von Moltke

Quiive

Imediatamente antes das seis da manhã de Moscovo — cinco horas em Quiive —, uma mensagem anteriormente gravada de Vladimir Putin foi transmitida em todos os canais estatais da televisão russa. Anunciava o início de uma «operação militar especial» na Ucrânia de Leste para conseguir a «desmilitarização e a desnazificação» do país. Putin assegurava aos telespectadores de que a Rússia «não tinha planos» para ocupar o território ucraniano e que ele «apoiava o direito dos povos da Ucrânia à autodeterminação».[1] Minutos depois, os céus de Quiive, de Carquive e de uma dúzia de outras importantes cidades ucranianas iluminaram-se com as chamas das caudas dos mísseis de cruzeiro Kalibr e Kinzhal e dos disparos de artilharia. Tinha começado a guerra-relâmpago de «choque e pavor» que o general Mark Milley previra em outubro do ano anterior — e, como também ele previra, a razão de ser do assalto era um golpe de estado armado contra o governo de Quiive.

No seu apartamento do último piso do elegante bairro de Podol, em Quíive, o artista Ilya Chichkan ouviu as sirenes e foi para a varanda. Na direção do Aeroporto de Hostomel, a oeste da cidade, viu «o maior fogo de artifício da minha vida [...]; era como um filme de Hollywood», recordou. «Era difícil acreditar que estava realmente a acontecer à frente dos meus olhos. Pensei "Raios! Aquele doido foi mesmo em frente".»[2]

Quinze quilómetros a sul de Quíive, na residência presidencial de Koncha-Zaspa, Volodymyr Zelensky acordara às quatro e meia com as notícias da mobilização russa. Quando o bombardeamento começou, ele e a esposa, Olena, foram acordar os filhos, Oleksandra, de 17 anos, e Kirilo, de nove. «Era muito alto», recordou Zelensky. «Havia explosões» à medida que os foguetes russos caíam em Hostomel, a nordeste da residência.[3] Olena e os filhos atravessaram apressadamente a entrada de cascalho da mansão mercantil do século XIX e entraram em carros, para serem transferidos para uma localização mais segura, na Ucrânia Ocidental. Uma semana depois, um fragmento de foguete russo caiu mesmo à frente da porta da residência («Falhou!», escreveu no Twitter Sergii Nykyforov, o assessor de imprensa, com o humor insolente que iria tornar-se a imagem de marca das comunicações do governo de Zelensky). Nas primeiras semanas da guerra, Zelensky só falou pelo telefone com a esposa e os filhos, segundo o conselheiro Serhiy Leshchenko.[4]

Zelensky, vestido com a roupa de trabalho habitual — camisa branca e fato azul —, foi levado numa escolta fortemente armada para a rua fechada dos edifícios do governo, no coração de Quíive, conhecida como o «Triângulo» ou «Bankova», devido ao nome pré-revolucionário da rua. Nos dias e semanas anteriores, o Triângulo fora improvisadamente fortificado com barricadas de armadilhas de arame farpado para tanques e com casamatas de betão, construídas à pressa para proteger as vias de acesso. No interior da própria administração presidencial, decorada espalhafatosamente, empilharam-se sacos de areia no interior e no exterior de todas as portas e janelas, convertendo-se à pressa os gabinetes em dormitórios para funcionários e guardas. Pesadas secretárias e arquivos foram usados para bloquear portas internas — fortificações improvisadas que continuariam ali durante meses. Zelensky e os principais funcionários militares e civis reuniram-se num lugar mais seguro, se bem que mais claustrofóbico, numa casamata subterrânea da era soviética, de um complexo vasto que incluía túneis que o ligavam à Estação Arsenalnaya do sistema de metropolitano de Quíive. Os residentes comuns de Quíive vieram de seguida, descendo para uma rede de mais de 500 grandes abrigos subterrâneos e seis mil caves reforçadas, construídas durante a Guerra Fria e renovados pelas autoridades municipais depois da anexação da Crimeia.[5]

Uma das primeiras chamadas oficiais que Zelensky recebeu foi do presidente Biden, que ofereceu todo o apoio — ao mesmo tempo que outros funcionários norte-americanos se ofereceram para o retirarem de Quíive, juntamente com a família. No dia seguinte, a Associated Press citou um funcionário importante dos serviços secretos norte-americanos, dizendo que a resposta de Zelensky fora que «O combate é aqui; preciso de munições, e não de boleia».[6] Os assistentes que com ele estavam na altura duvidam que ele tenha dito aquelas exatas palavras, mas refletiam certamente dois aspetos de importância capital nas primeiras horas caóticas da guerra — a atitude de desafio otimista de Zelensky e a convicção, entre os aliados da NATO, de que Quíive cairia em breve às mãos da investida russa. O ministro das Finanças alemão, Christian Lindner, inicialmente até chegou a rejeitar os apelos urgentes de Zelensky de ajuda e armamento, dizendo-lhe que «só temos algumas horas» antes de Quíive cair, segundo o embaixador da Ucrânia em Berlim.[7]

Apesar do aparente derrotismo dos aliados mais próximos da Ucrânia, o presidente «estava calmo, mais calmo do que a maior parte de nós», recordou um conselheiro. «Ele não tinha dúvida de que o seu lugar era com o povo, na capital.» O conselheiro apressara-se a ir para o Triângulo a pé na manhã de 24 de fevereiro, com não mais do que uma pasta com o seu computador portátil e carregadores, mas sem muda de roupa. Continuaria no gabinete, pernoitando em dormitórios improvisados, ao lado de guarda-costas, durante três semanas.[8]

Depois de falar ao telefone com Biden, Zelensky gravou apressadamente uma comunicação em vídeo para o povo no telemóvel. «Bom dia, ucranianos, esta manhã o presidente Putin anunciou uma operação especial no Dombás», afirmou. «Estamos a trabalhar. O exército está a trabalhar. Não entrem em pânico. Somos fortes. Estamos prontos para tudo. Iremos derrotar seja quem for. Porque somos ucranianos.» Mudando de ucraniano para russo, Zelensky dirigiu-se ao povo russo diretamente: «O povo da Ucrânia e o governo da Ucrânia querem paz», afirmou. «Mas se formos atacados [...], são os nossos rostos que vocês vão ver, e não as nossas costas.»

A meio da manhã, ainda de barba feita, casaco escuro e camisa branca, Zelensky fez uma comunicação mais formal de um palanque oficial do Palácio Presidencial — tendo por alvo, desta vez, uma audiência internacional. «A Rússia atacou a Ucrânia de maneira cobarde e suicida, como a Alemanha nazi», afirmou. «O que se está a decidir não é apenas o futuro do nosso país, mas também como a Europa irá viver de futuro.» Zelensky deu ordem de mobilização geral a todos os ucranianos entre os 18 e os 60 anos, que foram também proibidos de sair do país.[9] Dentro de dois dias, as Forças de Defesa Territorial de Quíive tinham tantos voluntários que mandavam as pessoas para trás.[10] Nos pátios de prédios de apartamentos por toda a cidade de Quíive, unidades de defesa civil começaram a distribuir armas a todos os homens capazes, acabando por transferir 18 mil armas e centenas de milhares de *cocktails molotov*.[11] Dois amigos artistas de Ilya Chichkan saíram de uma festa no seu estúdio que durou toda a noite — e quando regressaram, vinham de Kalashnikov e com uma pistola de grande calibre.[12]

Desde antes da madrugada do primeiro dia de guerra, segundo uma fonte da equipa de Zelensky com conhecimento direto dos acontecimentos, a equipa de segurança presidencial foi reforçada com vários conselheiros «estrangeiros», que incluíam pelo menos três importantes funcionários norte-americanos dos serviços secretos.[13] A Zelensky e aos seus conselheiros principais foram dados telefones de satélite seguros, fornecidos pelos Norte-Americanos, para que as suas deslocações fossem menos fáceis de seguir. Zelensky trocou também o fato azul-escuro e vestiu uma camisola verde-azeitona do exército ucraniano, sem insígnia, calças de farda de combate e botas. Nascera a imagem de marca informal de líder na guerra que caracterizaria as futuras comunicações de Zelensky à nação — assim como ao parlamento europeu e ao britânico, ao congresso norte-americano, ao Festival de Cinema de Cannes e a dezenas de outros apelos ao mundo em vídeo.

«As pessoas dizem que o visual foi inventado pelos estilistas ou pelas pessoas das relações-públicas. Não foi», afirmou o conselheiro. «Foi uma decisão pessoal de Volodymyr Oleksandrovych [Zelensky], e só dele. Ele queria mostrar solidariedade com os ucranianos comuns que estavam a defender o país. Toda a gente se tornara um soldado da noite para o dia — incluindo o presidente.»[14] Quando em julho me encontrei com Zelensky, em Quíive, era uma figura verdadeiramente impressionante — olhar duro, enfático no discurso e há muito tempo sem o seu característico sorriso de rapaz.

No final da tarde de 25 de fevereiro — o segundo dia da guerra —, Zelensky apareceu na televisão com o seu novo visual, por barbear e de rosto severo. «O que se ouve hoje? Não são apenas explosões de mísseis, de combates e o rugido dos aviões», afirmou Zelensky, cuja maneira de ser se transformara em qualquer coisa notavelmente mais dura e imperativa do que a sua personalidade de pessoa simpática antes da guerra. «Este é o som de uma nova cortina de ferro que desce e aparta a Rússia do mundo civilizado. A nossa tarefa é impedir que essa nova cortina de ferro caia na Ucrânia.»

Na verdade, a atitude de desafio de Zelensky nos primeiros dias da invasão baseava-se em pouco mais do que bravata. As forças ucranianas estavam na sua maior parte a ser terrivelmente derrotadas no terreno, à medida que as lagartas russas ganhavam ritmo. No Sul — como veremos mais detalhadamente —, as unidades russas entravam pela Crimeia quase sem oposição, chegando e conquistando a represa estratégica do rio Danápris, em Nova Cacóvca, numa questão de horas. Quíive e o centro da Ucrânia estavam agora sem acesso fluvial ao Mar Negro. Outras forças pressionavam a leste, na direção de Mariópolis, para tentar ligar a Crimeia às repúblicas do Dombás. Colunas imensas de carros de combate russos deslocavam-se da fronteira russa para cercar Quíive de dois lados — exatamente como os delatores russos da CIA tinham previsto —, e as forças do Kremlin estavam já nos subúrbios das cidades da fronteira nordeste de Carquive e Sume. A leste, os satélites mostravam os Russos a montar hospitais de campanha, bases de reabastecimento para a artilharia e lança-foguetes — assim como vastas colunas de camiões a serem carregados em todos os terminais ferroviários disponíveis.[15] Só as forças ucranianas diretamente à frente de Donetsque, aí estacionadas firmemente desde 2014, mantinham a linha — apesar de os Russos depressa terem rompido a linha de controlo a norte do Dombás, à volta de Luansque.

O mais sinistro foi que um assalto-relâmpago ao Aeroporto de Hostomel, nos arredores de Quíive, conseguira capturar esse aeroporto estratégico. As forças especiais russas, em carros de combate aerotransportados, deslocavam-se pelos subúrbios ocidentais da capital, dando origem a combates em Victory Prospekt, a quatro quilómetros do complexo governamental do Triângulo, na Baixa. As forças ucranianas dinamitaram duas pontes importantes que dão entrada em Quíive, o que lhes permitiu concentrar-se em defender um número inferior de pontos de estrangulamento. Os sapadores ucranianos também destruíram todas as ligações entre as ferrovias russas e ucranianas nas províncias de Carquive e de Sume, para impedir que a força de invasão intensificasse as suas linhas de abastecimento.

No meio do desastre que se desenrolava, havia alguns pequenos sinais de esperança. As tropas russas, que pensavam que seriam acolhidas com flores e sorrisos pela população local libertada, depressa caíram na realidade. As redes sociais ucranianas, nos primeiros dias da guerra, estavam cheias de vídeos de civis — alguns aparentemente corajosos a ponto da loucura, outros bêbedos, quase todos de língua russa — a insultar sem peias os soldados russos e a dizer-lhes sem termos vagos para se irem foder para casa. Fuzileiros ucranianos de uma unidade tornaram-se heróis nacionais iniciais devido à mensagem de rádio enviada da sua minúscula guarnição da Ilha das Serpentes, perto de Odessa, para o pesado cruzador de mísseis *Moskva,* o navio almirante da Frota Russa do Mar Negro, que lhes dera ordem de rendição. «Navio de guerra russo, vão-se foder!», foi a comunicação que enviaram numa atitude de desafio, antes de serem bombardeados e depois capturados. Uns dias depois, as placas de sinalização à volta da Ucrânia tinham sido substituídas com as palavras — impressas com as letras oficiais municipais — *Na Khui,* ou «Vão-se foder».

Entretanto, com os militares russos a depender quase inteiramente de comunicações analógicas via rádio e sem segurança, os entusiastas do radioamadorismo e as organizações de ativistas de pirataria informática, como a Anonymous, rapidamente conseguiram bloquear e ouvir as frequências de rádio do inimigo. Um grupo de entusiastas amadores de *drones* que se ofereceram como voluntários para o exército ucraniano, Aviarazvetka, pôs no ar um enxame mortal de pequenos *drones* comerciais para seguir o avanço dos carros de combate russos. E, o que é mais importante, três armas cruciais, que iriam revelar-se inesperadamente decisivas, fizeram a sua estreia no campo de batalha: a frota de 142 *drones* Bayraktar TB-2 da Ucrânia, de fabricação turca, armados com mísseis, os NLAW britânico-suecos e os mísseis antitanques portáteis Javelin, de fabricação norte-americana.

No terceiro dia da invasão, enquanto os combates intensos prosseguiam nos subúrbios ocidentais de Quiive, o orador da Duma Estatal Russa, Vyacheslav Volodin, afirmou no seu canal do Telegram que «Zelensky fugiu à pressa de Quieve. Já ontem não estava na capital ucraniana. Fugiu para Levive com a comitiva [...] [e está] sob a proteção de neonazis.»[16]

No final dessa tarde — sábado, dia 26 de fevereiro —, Zelensky filmou-se a si e aos seus assistentes mais próximos, todos em farda de combate, saindo pelas portas da Administração Presidencial da Rua Bankova e caminhando pela rua fora, acompanhados por uma mão-cheia de guarda-costas com equipamento tático. O local — a apenas cinquenta metros da Alameda Khreschatyk, no centro de Quíive — era inconfundível. «Boa tarde a todos», saudou Zelensky. «Quero que todos saibam que ainda estamos na capital, na nossa casa. O líder do partido presidencial está aqui. O diretor do gabinete presidencial está aqui. O primeiro-ministro [Denys] Shmyhal está aqui. [Mykhailo] Podolyak [conselheiro do diretor do gabinete presidencial] está aqui. O presidente está aqui. Estamos todos aqui. Os nossos soldados estão aqui. Os cidadãos estão aqui. Estamos todos aqui a proteger a nossa independência e o nosso país, e é assim que vamos continuar. Glória aos heróis, glória à Ucrânia.»[17]

A caminhada pela Baixa de Quíive foi um risco calculado. Um pouco antes, nessa tarde, as autoridades de Quíive tinham declarado um recolher obrigatório estrito de 36 horas, para varrer a cidade de sabotadores russos, avisando os civis de que seriam vistos como agentes do Kremlin, arriscando-se a serem «liquidados» se pusessem o pé na rua. A equipa de segurança de Zelensky recebera informações secretas de que nada menos do que três grupos de assassinos russos deslocados para Quíive andavam à procura dele.

Os 400 mercenários do Grupo Wagner — a maior parte deles veteranos de forças especiais russas — que foram enviados às escondidas para Quíive em janeiro tinham recebido uma lista de alvos importantes para assassinar, incluindo Zelensky, o primeiro-ministro, o conselho de ministros, o presidente da Câmara de Quíive, Vitali Klitschko, e o irmão Wladimir, ambos antigos campeões mundiais de pugilismo de pesos pesados. As equipas do Grupo Wagner, com a promessa de altas recompensas por cada homicídio, tinham passado as seis semanas anteriores seguindo os movimentos dos seus alvos, por meio de sinais de telemóvel, contou uma fonte próxima do Grupo Wagner à jornalista britânica Manveen Rana, que cultivara contactos entre os seus membros, na África do Norte e do Centro.[18]

As ordens dos homens do Grupo Wagner eram para esperar até chegarem à cidade equipas uniformizadas de Spetsnaz — forças especiais russas — para garantir um corredor de saída de Quiive, depois de os seus alvos terem sido assassinados. Disseram também aos mercenários que Putin queria atrasar os homicídios para mostrar que estava a negociar com Zelensky. E, de facto, no dia 27 de fevereiro, Zelensky concordou enviar uma delegação para se reunir com uma equipa russa na fronteira da Bielorrússia — mas manifestou ceticismo quanto à seriedade de Moscovo.

Os comandantes do Grupo Wagner asseguraram aos seus homens em Quiive de que nenhum acordo seria feito e que o esforço seria simplesmente uma «cortina de fumo», disse a Rana uma fonte próxima de membros importantes do grupo. Todavia, quando o assalto planeado a Quiive ficou bloqueado, nos subúrbios do norte e do ocidente, os mercenários ficaram sob forte pressão de Moscovo para avançar nas suas operações, para assegurar uma vitória visível. Os serviços secretos ucranianos relataram posteriormente que as equipas do Grupo Wagner tentaram assassinar Zelensky em pelo menos duas ocasiões, mas caíram numa emboscada e foram mortas. Segundo a fonte de Rana, os homens do Grupo Wagner no terreno ficaram «alarmados» com a precisão com que os Ucranianos tinham antecipado as suas iniciativas, dizendo que os serviços secretos da equipa de segurança de Zelensky tinham uma precisão «assombrosa».

Além dos assassinos do Grupo Wagner — e sem que estes o soubessem —, um grupo diferente de assassinos chechenos também andavam à procura de Zelensky. Horas depois da caminhada de Zelensky, forças especiais ucranianas «eliminaram» um grupo de chechenos nos arrabaldes de Quiive, antes de conseguirem chegar ao presidente. Oleksiy Danilov, o diretor do Conselho Nacional de

Segurança e Defesa da Ucrânia, disse aos canais de televisão ucranianos que a denúncia do seu paradeiro veio do seio dos serviços secretos russos. «Posso dizer que recebemos informação do SFS, que não quer fazer parte desta guerra sangrenta», afirmou Danilov. «E graças a isso, o grupo de elite [checheno] que veio aqui para eliminar o nosso presidente foi destruído.» Segundo o ministro do Interior ucraniano, o pelotão assassino checheno tinha andado por Quíive numa ambulância roubada e os seus membros foram «em parte mortos a tiro, e em parte detidos».[19]

Aeroporto de Hostomel, Quíive

Nas primeiras horas do primeiro dia da guerra, a prioridade do exército russo era estropiar a infraestrutura militar da Ucrânia — centrando-se na destruição de bases aéreas, num esforço para rapidamente ganhar superioridade no ar. Onze aeroportos militares por todo o país foram atingidos por ataques aéreos no primeiro dia de combates, destruindo vários helicópteros e aviões ucranianos no solo. Os depósitos de munições também estavam na mira. Felizmente, nos dias que antecederam a invasão, o exército ucraniano tinha dispersado ao máximo os armazéns de artilharia, armas e aeronaves, o que, em parte, neutralizou a devastação dos primeiros ataques aéreos russos.

O alvo estratégico mais importante para a Rússia era o Aeroporto de Quíive. Passar a controlá-lo e estabelecer uma ponte aérea permitiria um assalto aéreo rápido à capital, decapitando o governo e permitindo que Putin declarasse vitória dentro de dias ou mesmo horas. A partir da madrugada do dia 24, Hostomel levou uma surra brutal de jatos russos. Ao meio-dia, uma força imensa de helicópteros russos — incluindo cargueiros de tropas Mi-8 e helicópteros de ataque Ka-52 — fez a primeira tentativa ousada de aterrar no aeroporto.

As centenas de paraquedistas da 31.ª Brigada de Guardas de Assalto Aéreo que entraram em helicópteros numa planície remota da fronteira entre a Bielorrússia e a Ucrânia não faziam ideia de que iriam combater. Disseram-lhes que estavam a ser enviados para exercícios na Bielorrússia Ocidental. Porém, assim que as unidades se encontraram no ar, os oficiais de maior patente voltaram-se para os homens e disseram-lhes que estavam de facto em guerra com a Ucrânia. Em vez de irem para Grodno, os helicópteros viraram para sul, entraram no espaço aéreo ucraniano e atravessaram rapidamente e em voo raso os 66 quilómetros que separam a fronteira da Bielorrússia de Hostomel.

«As tropas estavam bastante chocadas», afirmou Nikita Ponomarev, um paraquedista posteriormente capturado pelos Ucranianos. «As pessoas ficaram pálidas, especialmente tendo em consideração que estávamos a ser atingidos em pleno voo.»[20] Debaixo de fogo cerrado de armas ligeiras dos ucranianos que defendiam o seu território, Ponomarev e os camaradas lançaram-se de corda dos helicópteros para o asfalto de Hostomel e espalharam-se pelas pistas, pelos hangares e pelas instalações do aeroporto. No assalto inicial, os Ucranianos relataram ter derrubado seis helicópteros — incluindo dois Ka-52, os mais recentes helicópteros de combate da Força Aérea Russa — com mísseis terra-ar portáteis MANPAD. Apesar de os paraquedistas russos terem conquistado a pista, o fogo era tão intenso que uma força de 18 aviões de transporte Il-76, que trazia a bordo a principal força de assalto russa, foram obrigados a desistir da aproximação à pista e voltaram para a base. As tropas da 31.ª Brigada de Guardas de Assalto Aéreo que sobreviveram tiveram de se estabelecer à volta do perímetro do aeroporto, defendidos por uns quantos carros de combate que tinham sido trazidos de helicóptero debaixo de fogo intenso.[21]

Hostomel era um objetivo estratégico demasiado significativo para ser abandonado, de modo que, no final da tarde de 24 de fevereiro, os Russos se reagruparam e tentaram de novo aterrar aviões repletos de paraquedistas para ajudar os homens que tinham ficado isolados no solo. Desta vez, os Russos perderam dois Il-76 — tendo um deles sido abatido por um caça ucraniano

Su-27, segundo a Força Aérea Ucraniana —, matando perto de 300 tropas de elite que estavam a bordo.[22]

Thunder Run é a designação dada pelas forças Norte-Americanas aerotransportadas quando atacam um aeroporto sem terem primeiro conseguido a superioridade aérea. Funcionou no caso da 101.ª Divisão Aerotransportada dos EUA e da 173.ª Brigada Aerotransportada em abril de 2003, na Operação Liberdade Iraquiana. Não funcionou para os Russos em Hostomel. Apesar da enorme superioridade geral da aviação russa — 1511 aviões de combate e 1543 helicópteros de combate, comparando com 98 aviões de guerra ucranianos e 112 helicópteros —, a incapacidade da Força Aérea Russa para neutralizar os oponentes e estabelecer superioridade aérea foi fatal no assalto a Hostomel — e tornou-se uma debilidade estratégica séria à medida que a guerra progredia.[23]

Em Hostomel, quando rompeu a madrugada de 25 de fevereiro, havia um «sentimento sinistro» no ar, recordou Ponomarev. A 4.ª Brigada de Reação Rápida da Ucrânia, uma força de infantaria de elite motorizada, posicionou-se no início da madrugada para recapturar o aeroporto. À primeira luz do dia, disparos da artilharia ucraniana que fora posicionada durante a noite começaram a massacrar as construções, matando dezenas de paraquedistas e destruindo grandes quantidades de equipamento, ao longo de duas horas de barragem de fogo à queima-roupa. «Não sobrou coisa alguma — nem sequer um torreão [de tanque]», afirmou Ponomarev. «Quase ninguém sobreviveu nesse dia.»[24]

Um dos primeiros russos mortos em Hostomel foi o sargento Ilnur Sibgatullin, de 31 anos, de Nijnecamsque, uma pequena cidade na república do Tartaristão. O funeral de Sibgatullin, com honras militares plenas na sua cidade natal, seis dias depois do início da invasão, seria também o primeiro funeral militar oficial da guerra. Compareceram centenas de pessoas. Sibgatullin fora um «rapaz gentil, que dava alegria à alma», afirmou o seu antigo professor em comentários publicados na rede social VKontakte. À medida que as baixas cresciam, as autoridades locais, por toda a Rússia, rapidamente se deram conta de que aquelas demonstrações públicas fúnebres não eram boas para a moral. Depressa os funerais militares plenos ficaram reservados para os oficiais de maior patente.

Os oficiais da sitiada 31.ª Brigada Russa de Guardas de Assalto Aéreo disseram aos homens que estavam para chegar mais equipamento e mais reforços, dentro de 24 horas. Não chegou uma coisa nem outra. «Depois de três dias, éramos ainda só nós», afirmou Ponomarev.[25] Quando a unidade recebeu a ordem de tentar uma retirada, no dia 27 de fevereiro, mais de 50 paraquedistas da 31.ª Brigada tinham sido mortos em Hostomel, e outros tantos feridos, segundo os serviços secretos ucranianos — um quarto da força de assalto, incluindo os seus comandantes, o coronel Sergei Karasev e o major Alexei Osokin. As fotografias tiradas depois de o campo aéreo ter sido retomado mostravam os corpos dos soldados russos espalhados pelo chão e nas trincheiras e em cima de tanques em chamas. Um gigantesco Antonov Airlines An-225 — o maior avião do mundo — foi destruído pelo fogo ucraniano durante o assalto final para reconquistar o aeroporto, durante o qual Ponomarev e dúzias de outros soldados foram capturados.[26]

Mais para norte, duas imensas colunas russas, uma deslocando-se para Quíive pela zona de exclusão de Tchernóbil, na fronteira da Bielorrússia, e outra avançando ao longo da margem oriental do Rio Danápris, pela província de Tcherniguive, estavam em dificuldades. A força em movimento formava uma coluna quase contínua de 60 quilómetros, da fronteira à capital. No terceiro dia da guerra, a coluna ficara quase imóvel devido a avarias, falta de combustível e uma resistência inesperada e assanhada nos subúrbios prósperos do norte de Quíive, cujos nomes, com o tempo, se tornariam sinónimos da brutalidade russa — Bucha, Irpino e Motijin.

As colunas depressa se tornaram alvos fáceis de ataques por pequenos grupos de tropas ucranianas equipadas com NLAW e Javelin, assim como com *drones* Bayraktar de longo alcance, de voo raso e lento. Um desses grupos foi formado a partir de um conjunto de vários profissionais de Quíive — incluindo advogados, engenheiros, contabilistas e proprietários de cafés — que, nos anos anteriores, tinham formado um «clube de combate» e se tinham alistado nas Forças de Defesa Territorial. Dmytro «Lysy» — uma alcunha e nome de guerra que quer dizer «Careca» — era um bancário de 42 anos que se tornara negociante de criptomoedas e se dedicava a jogos na Internet. Alistara-se em 2020, em parte porque queria «andar pela mata com uma arma, como no *paintball,* e ficar um bocadinho em forma», e em parte «porque estou a ter uma crise de meia-idade tardia».[27] (Lysy — um homem maciço que usava uma camisola de capuz com uma imagem de um boneco cossaco mostrando o bíceps avantajado — pediu que o seu nome completo não fosse usado, porque tem família em Voronej, na Rússia.)

Mas quando Lysy viu o primeiro tanque russo, no segundo dia da invasão, os jogos de guerra tornaram-se mortalmente sérios. No dia 24 de fevereiro, os membros da sua unidade foram de carro para um ponto de encontro antecipadamente combinado, num estacionamento muito usado para fazer piqueniques, no Parque Nacional Zalissia, a noroeste de Quíive. Os membros do «clube de combate» receberam uniformes, Kalashnikov de serviço e capacetes, mas não coletes de proteção — os que podiam pagá-los, tinham-nos comprado. Pelo menos meia dúzia dos membros do grupo trouxeram também os seus pequenos *drones* comerciais com câmara, que forneciam imagens em tempo real nos seus telemóveis («somos basicamente uma mão-cheia de aspirantes a fanáticos burgueses de tecnologia», brincou). Entraram em camiões do exército, juntamente com algumas dezenas de membros regulares do exército ucraniano — que tinham trazido uma remessa de mísseis antitanque NLAW em grandes caixas de plástico, «como se fosse para transportar tubas».[28]

O grupo, da dimensão de um pelotão, passou uma noite num celeiro, tentando passar despercebido, por temer os informadores locais — mas os habitantes depressa souberam da sua presença. «Deve ter sido o cheiro do tabaco de qualidade», riu-se Lysy, que fumava Rothmans. Trouxeram-lhes comida, vodca caseira de contrabando, *pickles* e toucinho defumado. O tenente dos militares regulares aceitou a comida, mas mandou a vodca para trás. A meio da manhã seguinte — 25 de fevereiro —, ouvia-se o fogo de artilharia não muito longe. O oficial não conseguia comunicar com o quartel-general usando o seu rádio antiquado, de maneira que usou o telemóvel. Disseram-lhe que uma coluna de russos se dirigia na direção em que se encontravam. *Razyeboshit', tak mozh'te* — «ataquem, e fodam-nos o melhor que conseguirem», foi a recordação de Lysy do tom geral das ordens.[29]

Uma quantidade de pequenos *drones* levantaram voo e depressa localizaram o inimigo a cerca de dois quilómetros, avançando rapidamente. A coluna russa era liderada por um tanque T-72, seguida de uma coluna de pelo menos 20 BMP-2, veículos blindados de transporte de pessoal, misturados com mais tanques. Os membros semicivis do «clube de combate» foram postos ao longo de um trecho de mata que ladeava a estrada, com as suas Kalashnikov, para atacar qualquer infantaria que viesse a pé — mas ninguém caminhava. A coluna de carros de combate avançava sem proteção. «Era como se estivessem a ir para uma parada ou algo do género», disse Lysy num café de Quiive, meses depois, recordando a sua primeira batalha. O primeiro ataque de NLAW caiu como um «relâmpago, mas um relâmpago muito, muito curto»; a ogiva descendente do míssil atingiu o terceiro BMP mesmo acima do ponto mais vulnerável do veículo. As munições do veículo blindado de transporte de pessoal começaram a detonar «como fogos de artifício». A escotilha traseira abriu-se, «mas ninguém saiu [...]; o BMP entrou em ebulição demasiado depressa»[30].

Momentos depois, outro NLAW, disparado de umas centenas de metros, atingiu um tanque, provocando uma explosão muito maior. Ao contrário dos tanques de batalha norte-americanos, as munições de um T-72 estão todas armazenadas à volta do interior da torre, para ficarem acessíveis ao sistema automático de alimentação. O impacto direto do NLAW fizera detonar as munições, fazendo a torre «saltar no ar e dar uma pirueta acima da linha das árvores, como num filme», recordou Lysy. «Foi o meu primeiro "chupa-chupa"» — a gíria desdenhosa do exército ucraniano para a aparência de chupa-chupa da arma principal, com a torre anexada, depois de ter sido arrancada por uma explosão interna. Os outros veículos russos abriram fogo indiscriminadamente, despedaçando o mato à volta de Lysy com disparos de metralhadora de calibre elevado. Foi isso — e o som de um helicóptero que se aproximava — que fez Lysy e os camaradas procurar proteção num ribeiro próximo, quase congelado. «Fiquei com a cara na água [e] quase morri de frio [...]. Isso não teria sido muito heroico.»[31]

Nas duas semanas seguintes, vivendo com dificuldades em casas de vilarejos e dormindo por vezes em chiqueiros gelados e estábulos, o «clube de combate» juntou-se a diferentes unidades ucranianas. A parte mais perigosa, recordou Lysy, foi conseguir iludir grupos de russos que pilhavam, procurando também comida, mantimentos e casas, como os irregulares ucranianos. Lysy afirmou ter testemunhado pessoalmente 11 ataques bem-sucedidos a carros de combate russos. Só teve pena de dois camaradas mortos num ataque de míssil de um helicóptero russo, no dia 2 de março — e do facto de «nunca me terem deixado disparar um NLAW para me vingar dos filhos da puta».[32]

Sume

Na tarde de 24 de fevereiro, a unidade de Vadim Shishimarin da 4.ª Divisão Cantemirovscaia da Guarda de Tanques atravessou a fronteira ucraniana, perto do vilarejo de Cozinca, na província de Belgroda, 20 quilómetros a noroeste de Carquive. Era a primeira vez que Shishimarin saía da Rússia. Porém, a paisagem e as construções dos dois lados da fronteira eram praticamente iguais: casas de vilarejo, de madeira, só com um piso, construções pré-fabricadas padronizadas de betão da era soviética com cinco andares, o solo fértil da cintura de chernozem que se espalha por todo o norte da Ucrânia e centro-sul da Rússia.

A coluna imensa que se deslocava para a província ucraniana de Sume não tardou a ficar parada. A unidade de Shishimarin passou grande parte dos dias 24 e 25 de fevereiro parada «no meio da rua [onde] ficámos para nos reagruparmos e reabastecer o equipamento», disse posteriormente a um tribunal de Quiive.[33] Na tarde de 26 de fevereiro, o 13.º Regimento de Tanques de Shishimarin conseguiu chegar à pequena aldeia de Comichi, na ponta ocidental da província de Sume, perto da província de Poltava. Demoraram dois dias para andar 91 quilómetros no interior da Ucrânia — distância essa que, em tempo de paz, é uma viagem de carro de duas horas. O regimento formou em ângulo reto, perto de uma floresta, fora de Comichi, e estabeleceu-se.

Para evitar o risco de ataques de infantaria noturnos, os sapadores russos puseram fios de alarme presos a granadas de som ao longo do perímetro do campo. Os soldados foram avisados para não sair mais de trinta ou trinta e cinco metros do campo. A precaução revelou-se mortal. Na segunda noite em Comichi, um homem — «provavelmente, um recruta», segundo um camarada de Shishimarin, o soldado raso Ivan Maltisov — tropeçou num fio de alarme. Os outros soldados russos que estavam de guarda abriram fogo com uma rajada de arma automática e feriram o camarada. Depois de cinco dias de guerra, tendo passado mais tempo parados do que em movimento e sem terem seriamente confrontado o inimigo, o pelotão de Shishimarin ficara com quatro feridos, incluindo o comandante.[34]

O oficial comandante do regimento mandou retirar os homens feridos para um hospital militar da Rússia. Na manhã de 28 de fevereiro, um comboio militar de cinco veículos — dois BMP-2, veículos de combate de infantaria, um camião KamAZ, com os feridos, e dois camiões de abastecimento — abandonou o campo de Comichi, regressando à Rússia. O sargento Shishimarin foi designado para escoltar o comboio militar.

A coluna com os feridos passou pelas aldeias de Comichi e Tchupaquivca. Shishimarin e os outros soldados não tinham telefones, porque foram confiscados, de modo que não podiam fotografar nem filmar a paisagem. Todavia, os oficiais tinham os deles. Um tenente de 24 anos, Mikhail Shalayev, natural de Murmansque, fez um esporádico diário em vídeo da viagem em direção à Ucrânia num BMP-2 semelhante ao de Shishimarin. Quando Shalayev foi capturado por forças ucranianas, no dia 3 de abril, as filmagens do seu telemóvel foram dadas ao cineasta Mikhail Tkatch, que as editou no que há de mais próximo a um documentário em tempo real da linha da frente da invasão vinda do lado russo.[35]

Shalayev filmou a sua unidade — que fazia parte do 70.º Batalhão da 42.ª Divisão Motorizada de Guardas Fuzileiros — andando ruidosamente pelos vilarejos bombardeados, no sul da província de Luansque. A claustrofobia e a tensão no interior do veículo de combate de infantaria são palpáveis. O rugido do motor é tão alto que a equipa tem de gritar para se fazer ouvir. O cinto da metralhadora, à direita do banco do comandante, tilinta à medida que o veículo dá guinadas em estradas esburacadas. A única coisa que se vê do mundo exterior é através de um conjunto estreito de fendas feitas de vidro à prova de bala. Os seis homens no ventre do veículo não veem seja o que for do exterior. A experiência, como me apercebi ao viajar na parte de trás de um BMP do exército russo até Shatoi, na Chechénia, é como estar sentado numa lata de sardinhas quente e apinhada que é levada aos pontapés pela estrada abaixo.[36]

No vídeo, um BMP-2 que ia atrás de Shalayev é atingido. A coluna fica debaixo de fogo durante três horas. A metralhadora do BMP encrava. «Isto está fodido. Eles estão a foder-nos», grita. «Temos de sair daqui.» Quando Shalayev volta a ligar o vídeo, vai a pé e, à distância, os destroços do seu carro de combate vomitam fumo preto. Ele volta a câmara do telemóvel para filmar o que parece um pedaço de carne queimada do tamanho de um saco de lixo que se encontra na rua do vilarejo à sua frente. «Isto é parte do corpo de alguém», diz Shalayev numa voz desconcertada. «Alguém que explodiu.»[37]

De volta à província de Sume, o comboio de Shishimarin conseguiu andar cerca de um quarto do percurso de 100 quilómetros de volta à Rússia quando encontram o mesmo cenário. Nas imediações do vilarejo de Grinchenkovo, o veículo da frente — um BMP-2 — foi diretamente atingido com um míssil guiado antitanque portátil. Um segundo míssil atingiu o camião KamAZ que levava os feridos. Debaixo de fogo intenso dos soldados da 93.ª Brigada Mecanizada da Ucrânia, Shishimarin e cerca de 15 sobreviventes puseram vários homens feridos no último BMP, que virou e voltou na direção de Comichi. Shishimarin e os restantes homens capazes foram a pé.

Três meses depois, ainda se viam sinais da batalha na estrada para Grinchenkovo. «Da estrutura enferrujada do BMP emana um cheiro nauseabundo. Debaixo do veículo encontra-se um capacete carbonizado e pedaços secos e meio decompostos de qualquer coisa que não queremos tentar saber o que é — fragmentos de um corpo humano», escreveram Svyatoslav Khomenko e Nina Nazarova, repórteres do Serviço Russo da BBC. «No que já foi a parte de trás de um camião KamAZ, veem-se canecas de metal queimadas e caixas de alumínio também queimadas com etiquetas que mal se veem — "Salsichas de vaca", "Flocos de trigo com carne de porco". Numa vala, vê-se um colete à prova de bala rasgado.» Ao lado da estrada, uma cruz improvisada, feita de dois pedaços de ferro oxidados, assinala o local onde os habitantes sepultaram mais tarde os «nove ou dez» russos mortos, abandonados pelos camaradas em retirada.[38]

A cerca de um quilómetro, Shishimarin e os outros soldados que fugiam também a pé viram um Volkswagen cinzento que se aproximava. Os Russos abriram fogo, rebentando um dos pneus da frente. O condutor mergulhou para fora do veículo e protegeu-se numa vala. Apesar de o carro ter sido danificado, ainda estava a trabalhar, e poderia levá-los de regresso à segurança da sua unidade. Cinco dos fugitivos russos apinharam-se no carro — o suboficial maior Makeev ficou ao volante e, ao lado, no lugar do passageiro, ficou um homem de camuflado sem insígnia. Shishimarin nunca o vira, mas, pela sua conduta, pensou tratar-se de um oficial. Quando o homem foi morto, algumas horas depois, encontraram-lhe nos bolsos cartões de crédito em nome de Ivan Kufakov — mas nunca se descobriu a sua patente nem a sua unidade.[39]

O próprio Shishimarin sentou-se atrás do condutor com o seu camarada Ivan Maltisov, um soldado raso de 20 anos, do vilarejo de Parapino, na Mordóvia, que estivera apenas três meses no exército e se alistara como *kontraktnik* há poucas semanas. O primeiro-tenente Kalinin ia no porta-bagagens aberto do carro. Começaram a viagem, com o pneu rebentado a fazer barulho, na direção do vilarejo de Tchupaquivca.

A casa de tijolos brancos e de um só piso de Katerina e Alexander Shelipov, na rua principal do vilarejo, tem uma cerca de metal vermelho com um portão azul. No jardim crescem túlipas. Costumavam ter vacas, gansos e patos, mas dava demasiado trabalho e, aquando da invasão russa, já só tinham um pato. Katerina Shelipova é da região de Gomel, na Bielorrússia, e trabalhou durante 30 anos como professora pré-primária. Conheceu o marido no início da década de 1980 num casamento. Alexander foi para o exército e prestou serviço nas Tropas Fronteiriças do KGB, na Crimeia, tendo depois trabalhado como tratorista de primeira classe. «Ele conseguia trabalhar com qualquer equipamento — numa escavadora, numa grua, numa ceifeira-debulhadora», recordou Katerina. «Era muito gentil. Os vizinhos adoravam-no. Sempre que alguém pedia ajuda, ele deixava o que estava a fazer e ia ajudar.» O casal teve dois filhos, um rapaz e uma rapariga, que morreu de cancro com oito anos.[40]

No primeiro dia da guerra, o povoado próximo de Aquetirca foi bombardeado. Pouco depois, colunas de carros de combate russos começaram a passar por Tchupaquivca, e os Shelipov foram para a pequena cave debaixo da casa para se protegerem. Os vizinhos do lado, que não tinham cave, juntaram-se-lhes. Katerina dormiu na cave, mas Alexander preferiu ficar na parte de cima para guardar a esposa, a casa e os vizinhos. Numa tarde, contou 800 veículos militares russos que passaram pela sua casa.

Na noite de 27 para 28 de fevereiro, o quarto dia de guerra, as forças ucranianas puseram fora de serviço um tanque russo na extremidade do vilarejo. De manhã, Katerina saiu da cave para fazer o pequeno-almoço, enquanto o marido dormia um pouco, depois do que ele chamava o «turno da noite». Depois do pequeno--almoço, Alexander disse à mulher que ia sair para «ver a cratera aberta pela explosão». Ela não queria deixá-lo sair. «Não lhe dei um casaco», disse Katerina a um tribunal de Quiive dois meses depois. «Perguntei-lhe: "Por que razão vais lá?" E ele disse: "Não demoro nada". Pegou na bicicleta e foi.» Vestia um corta-vento e tinha um boné de malha.[41]

Alexander juntou-se a vários habitantes que observavam os destroços do tanque carbonizado, e depois voltou para casa pedalando na bicicleta. Estava quase a chegar a casa quando um amigo — outro tratorista de Tchupaquivca — lhe ligou para o velho telemóvel de botões da Samsung. Parou, desmontou da bicicleta e atendeu a chamada. Um Volkswagen cinzento aproximou-se, com um pneu rebentado a fazer barulho no asfalto novo, vindo da direção de Grinchenkovo.

O suboficial maior Makeev, ao volante, e Ivan Kufakov, o suposto oficial sem insígnia, foram os primeiros a dar-se conta de Shelipov, no passeio, a falar ao telemóvel. Makeev voltou-se para o sargento Shishimarin e «mandou Vadim disparar, dizendo que o homem poderia estar a denunciar a nossa posição aos militares» ucranianos, recordou Ivan Maltisov. Vadim não obedeceu. Kufanov — que nem Maltisov nem Shishimarin tinham encontrado nem visto anteriormente — «começou a gritar numa voz de comando que ele devia obedecer à ordem, porque se não o fizesse poderíamos ser apanhados pelos militares, e nunca conseguiríamos alcançar os nossos tropas para pedir ajuda».

O Volkswagen estava quase ao lado de Shelipov. Shishimarin levantou a carabina automática e disparou três ou quatro tiros, um dos quais atingiu Shelipov na cabeça, matando-o instantaneamente. «Não queria matá-lo», explicaria Shishimarin posteriormente. «Só disparei para me deixarem em paz.»[42]

Katerina Shelipova deslocava-se para o poço do quintal com baldes vazios nas mãos quando ouviu os disparos. Começou a marcar o número do marido enquanto corria para a rua. Viu o Volkswagen passar — e o soldado russo magricela, com cara de bebé, no banco de trás, com a Kalashnikov na mão. Fechando o portão com medo, ficou sem se mexer durante cinco minutos, até se arriscar de novo a sair. O marido Alexander estava deitado no chão numa poça de sangue. «Comecei a gritar», recordou. «A gritar muito.»[43]

No Volkswagen, o oficial que dera a ordem para disparar tranquilizou Shishimarin, que nunca tinha disparado por estar irado. «Não te preocupes, não penses nisso», afirmou. «O mais importante é conseguirmos safar-nos.» Poucos minutos depois, encontraram um Lada Samara branco, mandaram-no parar e, de arma em riste, disseram ao condutor para sair, roubando de seguida o carro. Desta vez, o primeiro-tenente Kalinin estava dentro do carro, com Makeev no porta-bagagens. Kufakov conduzia. «Que é que aconteceu agora mesmo?», perguntou o oficial. «Por que razão decidiste matar um civil?» Ao ouvir as explicações, o tenente mandou toda a gente ativar as travas de segurança das armas e não disparar contra civis.[44]

O dono do Lada Samara roubado era um paramédico local. Telefonou aos amigos de Perelug, o vilarejo mais próximo, a sete quilómetros, para avisá-los de que um carro cheio de russos fugidos ia naquela direção. Três homens, todos entusiastas da caça, pegaram nas caçadeiras e apressaram-se a fazer uma emboscada amadora numa ponte próxima. «Deixámo-los aproximar-se, e vimos que havia realmente pessoas de uniforme no interior», recordou o caçador Alexander Ivakhnenko, cujo sobrinho tinha sido um soldado que fora morto no decurso da retirada ucraniana de Ilovaisque, em agosto de 2014. Ivakhnenko apontou e disparou dois tiros para o condutor, de uma distância de cinquenta metros, atingindo Ivan Kufakov fatalmente na cabeça. O carro saiu da estrada e caiu num pequeno lago. Os passageiros arrastaram-se para fora do carro, dispararam na sua direção e começaram a correr. Os três caçadores, que só tinham espingardas de ferrolho, deixaram-nos ir. No corpo de Kufakov encontraram cartões de crédito e «bolsos cheios de preservativos», recordou Ivakhnenko. «Libertador do caralho.»[45]

Os quatro sobreviventes avançaram aos tropeções por pântanos, leitos de ribeiros e campos, deitando fora granadas e cartuchos de substituição à medida que avançavam. O tenente Kalinin ficou ferido na perna, mas ia coxeando. Encontraram abrigo numa cabina de um vigia, perto de um chiqueiro, nos arredores do vilarejo de Olenovescoi. Nikolai Yaryzko, de 62 anos, voltou para a cabina ao fim da tarde e deu com quatro soldados de armas apontadas — um deles deitado num banco com uma perna ferida. Pediram-lhe comida, mas ele não tinha. Kalinin não parava de ligar para um camarada a que chamava «mano» ao telemóvel. Este camarada — presumivelmente outro oficial — prometeu repetidamente enviar um tanque ou um veículo blindado de transporte de pessoal para resgatá-los. Nem uma coisa nem a outra apareceu durante todo o dia seguinte. A coluna de resgate fora atacada, relatou o «mano» de Kalinin, o oficial executivo do regimento tinha desaparecido e o comandante estava também desaparecido.

Enquanto esperavam pelo resgate, os russos conversavam com o anfitrião, Yaryzko — a que chamavam respeitosamente «Pai». «O tenente diz-me: "Que vilarejos têm vocês aqui? Casas de tijolo, ruas asfaltadas. Chamam a isto um vilarejo?"», recordou Yaryzko, cujo filho mais velho combateu no Dombás, em 2015, e cujo filho mais novo estava na linha da frente. «Eu disse que sim, é um vilarejo — um vilarejo negligenciado pelos nossos padrões. Para ele, era espantoso que vivêssemos assim tão bem.»[46]

Os exaustos russos perguntaram ao «Pai» se deveriam render-se — mas quando ele lhes disse que havia caçadores na aldeia, vetaram a ideia, com medo de serem mortos. Estavam demasiado assustados para deixar a cabina, de modo que usavam o chiqueiro adjacente como casa de banho. À noite, ficavam de vigia à vez, enquanto esperavam em vão por ajuda. Contudo, na segunda noite, às duas da manhã, Shishimarin adormeceu quando estava de vigia. Yaryzko tirou o telemóvel de cima da mesa, juntamente com uma lanterna, e saiu silenciosamente.

A polícia não atendeu a sua chamada, de modo que chamou os caçadores locais. Porém, quando estes regressaram armados à cabina, os russos já tinham fugido. Caminharam toda a noite, chegando finalmente a Comichi de madrugada. Todavia, em vez de regressarem à sua unidade, os quatro decidiram render-se. «Eu não queria combater. Quando chegámos ao acampamento das nossas tropas, não vi razão para voltar lá», explicou Shishimarin. «Pensei que era necessário render-me e ficar vivo.»[47]

Os russos tinham medo de ser linchados pelos habitantes, de modo que caminharam furtivamente pelo leito de um ribeiro até chegar ao centro do vilarejo. Aí, dirigiram-se à praça, depuseram as armas e levantaram os braços. Os habitantes repreenderam-nos, mas não os magoaram. Shishimarin e os seus três camaradas foram detidos pela 93.ª Brigada Mecanizada ucraniana. Nos cinco dias que Vadim Shishimarin estivera na Ucrânia, perdera 11 camaradas próximos, vira dois veículos russos serem destruídos, roubara dois carros, fizera um refém e matara um civil desarmado.

Nova Cacóvca

Larisa Nagorskaya acordou, ainda não tinha amanhecido o dia 24 de fevereiro, com um som aterrorizante de foguetes e mísseis de cruzeiro a atravessar o céu, por cima da sua casa. O fogo de barragem vinha da Crimeia, pensou. Nenhum projétil acertara em Nova Cacóvca, mas voavam na direção norte, para atingir alvos bem no interior da Ucrânia.[48]

Setenta quilómetros a sul, milhares de tropas russas emergiam da autoestrada E97 que atravessa o istmo de Perecope, que liga a Crimeia à Rússia. O estreito pedaço de terra, com apenas cinco quilómetros de largura, poderia ter sido um ponto de defesa formidável contra uma invasão terrestre. Mas a defesa ucraniana de Perecope ofereceu pouca resistência. Uma segunda autoestrada que liga a Crimeia à Ucrânia em Chonhar, poucos quilómetros a leste, atravessava uma ponte estreita que se pretendia explodir no caso de haver uma invasão. Contudo, a ponte continuava intacta — devido a traição ou cobardia.

Ao meio-dia do primeiro dia da guerra, a bandeira russa tricolor esvoaçava já na represa de Cacóvca. As unidades russas tinham avançado para norte tão depressa que a polícia e as autoridades locais foram totalmente apanhadas de surpresa. Os primeiros tanques russos a chegar posicionaram-se junto do pequeno bosque que, em dezembro, um funcionário local tinha mandado cortar. «Tinham tudo planeado», afirmou Larisa. «Fomos traídos. A ponte [de Chonhar] não foi armadilhada. Os [russos] tinham pessoas aqui, colaboradores.»[49] As suas suspeitas seriam posteriormente confirmadas, quando o antigo diretor da direção-geral do SBU em Quérson foi identificado pelas autoridades ucranianas por mandar os subordinados abandonar os seus postos, enquanto as forças russas invadiam a região.[50]

Nova Cacóvca foi tomada sem disparar um tiro. Contudo, quando os civis tentaram fugir à tarde para norte, as tropas russas dispararam contra vários carros — matando três gerações de uma família que vivia nos arredores de Larisa. O seu marido, Serhii, queria sair para comprar comida, mas Larisa não o deixou — o risco de ser preso pelos Russos era maior no caso dele do que do dela. Larisa juntou-se a um grande grupo de vizinhos que compravam mantimentos em pânico num pequeno supermercado local. Um veículo blindado de transporte de pessoal parou no exterior e alguns soldados russos, de cara tapada, entraram na loja. «Ninguém podia falar», recordou Larisa. «Eles tinham armas. As pessoas ficaram rígidas.» Os soldados agarraram toda a comida que conseguiram — na maior parte biscoitos, chocolates e sopa de massa instantânea — e saíram sem dizer palavra.

A polícia ucraniana local foi rapidamente presa — juntamente com todos os veteranos da «operação antiterrorista» da Ucrânia contra as províncias do Dombás. «Tinham listas com nomes de pessoas e endereços», disse Larisa. Os invasores cortaram também os transmissores locais de televisão e telemóvel, deixando as pessoas de Nova Cacóvca sem acesso a notícias e incapazes de comunicar com o mundo exterior. Uma farmácia local ainda tinha *wi-fi*, e as pessoas juntaram-se à porta para enviar mensagens às famílias. Ao fim da tarde, camiões com altifalantes patrulhavam as ruas, mandando as pessoas para casa e avisando-as do rígido recolher obrigatório.

«Ficámos sentados em casa com alguns vizinhos», recordou Larisa. «Toda a gente ouvira rumores de que as pessoas que tinham tentado fugir tinham sido mortas nos carros. Estávamos todos com medo.»[51]

O maior sucesso dos militares russos foi a penetração a partir da Crimeia, a norte, em direção às estepes do sul da Ucrânia. Tal como a *Wehrmacht* descobrira no verão de 1941, o terreno aberto e plano, com poucas árvores, favorece a deslocação fácil de carros de combate e oferece poucas defesas naturais aos habitantes. Os alvos das forças russas eram duplos: por um lado, entrar a leste ao longo da costa do Mar de Azove até Melitópol e Mariópolis, para criar um corredor terrestre até à República Popular de Donetsque; por outro lado, avançar para ocidente, para ocupar Quérson, Micolaíve e o porto principal da Ucrânia, Odessa, cortando assim inteiramente o acesso do país ao Mar Negro.

As tropas russas rodearam a capital regional de Quérson no dia 28 de fevereiro. Depois de três dias de negociações com o presidente da Câmara local, a guarnição ucraniana com armamento leve retirou e, no dia seguinte, entraram os russos. Os responsáveis pelos planos militares de Putin tinham previsto que as cidades ucranianas de língua russa cairiam sem combate e que os habitantes acolheriam os Russos como libertadores. Na realidade, Quérson e Melitópol seriam as únicas das principais cidades ucranianas a cair sem uma batalha furiosa. Contudo, em nenhuma delas os Russos foram bem-vindos.

Para lá de Quérson, as tropas russas atravessaram as ainda intactas pontes do largo Rio Danápris. Unidades motorizadas de infantaria apressaram-se para nordeste e capturaram a cidade de Energodar, onde se situa uma das 15 centrais nucleares ucranianas que fornecem coletivamente mais de metade da energia do país. Avançaram também para oeste, até Micolaíve, a última grande cidade antes de Odessa. À medida que o avanço ganhava ritmo, nos primeiros dias de março, parecia que pelo menos neste teatro de operações o plano do Kremlin de uma guerra-relâmpago estava a tornar-se realidade.

A pequena cidade de Voznesensque, 85 quilómetros a norte de Micolaíve, tornou-se um importante alvo russo. Conquistar a ponte de Voznesensque, que atravessa o Rio Bug Meridional, permitiria aos invasores cercar Micolaíve, avançar para norte em direção à autoestrada principal que liga Odessa ao resto do país e atacar outra central nuclear importante em Iujenucrainsque, 28 quilómetros a norte. «Se tivessem tomado Voznesensque, teriam cortado todo o sul da Ucrânia», afirmou Vadym Dombrovsky, comandante de um grupo ucraniano de forças especiais de reconhecimento da área e um dos 35 mil residentes de Voznesensque, a maior parte dos quais de língua russa.[52]

A defesa de Voznesensque era assegurada por uma pequena força de tropas regulares ucranianas, apoiadas por várias centenas de membros das Forças de Defesa Territorial, que há meses andava a recrutar, armar e treinar voluntários locais por todo o país. Não tinham tanques, mas tinham granadas lançadas por foguete e mísseis Javelin antitanque, estes últimos fornecidos pelos Norte-Americanos. Para o lado ocidental do rio foram enviadas unidades de artilharia para dar cobertura. À medida que os russos se aproximavam, os sapadores militares fizeram explodir uma ponte ferroviária sobre o rio Bug Meridional e uma pequena ponte sobre o rio Mertvovode, um tributário do rio principal. Isso empurrou o ataque russo para o único sítio que permitia a travessia — a ponte sobre o rio Bug da rua principal.

Na manhã de 2 de março, um dia depois da queda de Quérson, um lançador múltiplo de foguetes, um Grad russo, e a artilharia começaram a disparar e a atirar mísseis e projéteis não-guiados para o centro de Voznesensque. A piscina municipal foi destruída, e vários blocos de apartamentos foram atingidos. Helicópteros Mi-8 depositaram tropas russas de assalto aéreo atrás de um espinhaço florestado a sudoeste da cidade, enquanto uma coluna de carros de combate se deslocava do sudeste. Segundo Yevheni Velichko, o presidente da Câmara de Voznesensque de 32 anos que tinha sido promotor imobiliário, a coluna russa era guiada por estradas secundárias por uma colaboradora local, uma mulher que conduzia um SUV da Hyundai.

As tropas e os tanques russos foram para o vilarejo próximo de Racova. Os soldados disseram aos habitantes para sair, posicionaram os carros de combate entre as casas da aldeia e estabeleceram uma posição de francoatirador num dos telhados. «Têm algum sítio para onde ir?», perguntou um soldado a Natalia Horchuk, uma mulher de 25 anos com três filhos. «Este sítio vai ser atingido.» Ela disse que a família poderia esconder-se na cave. «A cave não ajuda», disse-lhe. Horchuk e a maior parte dos seus vizinhos esconderam os valores e fugiram.[53]

Os russos pilharam os celeiros à procura de sacas para encher com terra e fazer fortificações, queimaram feno para criar uma cortina de fumo e exigiram comida. Cinco tanques, apoiados por um BMP, um veículo blindado de transporte de pessoal, foram para um campo de trigo que domina a ponte estratégica de Voznesensque e dispararam contra um pequeno grupo de voluntários da Defesa Territorial Ucraniana armados de Kalashnikov que se tinham escondido numa construção à saída do campo. Por terem muito menos armamento, retiraram, depois de sofrerem baixas da metralhadora de 30 milímetros do BMP. Outras tropas russas, em dois camiões Ural, aproximaram-se e começaram a descarregar munições de morteiro de 125 milímetros quando começaram os disparos ucranianos, que obrigaram os invasores a retirar.

No final da tarde de 2 de março, os russos estavam em posição para um assalto à ponte, no dia seguinte. Porém, os civis de Voznesensque estavam também preparados para enviar para a artilharia ucraniana, por telefone, as coordenadas do inimigo, por meio de uma rede configurada na aplicação de mensagens Viber, antes de começar o assalto. Mykola Rudenko, proprietário de uma empresa de transporte de brita, arrastou-se a coberto da chuva intensa e da escuridão para as posições que a sua unidade de Defesa Territorial tinha sido obrigada a abandonar anteriormente nesse mesmo dia.

Usando a aplicação Viber, ele e outros voluntários retificaram o fogo da artilharia ucraniana. «Toda a gente ajudou», contou Rudenko. «Toda a gente partilhava informação.» Três dos cinco tanques russos que estavam no campo de trigo foram atingidos em cheio. As equipas de tanques que sobreviveram abandonaram os veículos e arrastaram-se para os BTR ou fugiram a pé, deixando pelo menos dois tanques principais de guerra intactos e uma grande quantidade de munições.

Noutros sítios, à volta de Vosnesensque, pequenos grupos de tropas ucranianas armadas com mísseis Javelin provocavam uma destruição semelhante nos carros de combate russos. Ao longo do dia seguinte — 3 de março —, os russos souberam que os reforços que esperavam da 126.ª Brigada de Infantaria Naval, que tem base em Perevalnoié, na Crimeia, ficaram debaixo de fogo pesado ao longo do percurso e não viriam. Os comandantes deram ordens de retirada — mas não sem antes dispararem aleatoriamente contra o alvo mais próximo à mão, o próprio vilarejo de Racova. A artilharia destruiu o novo telhado da clínica do vilarejo.

Segundo os militares ucranianos, o grupo tático do batalhão russo que atacou Voznesensque perdeu quase 30 dos 43 tanques e veículos blindados de transporte de pessoal, assim como lançadores múltiplos de foguetes, camiões e um helicóptero de ataque Mi-24, que foi destruído por um míssil antiaéreo. Cerca de 15 dos veículos russos tinham sido abandonados em boas condições ou podiam ser reparados. Durante o curso da guerra, os soldados russos em fuga, ironicamente, fizeram da Rússia, por larga margem, o maior fornecedor estrangeiro de carros de combate do exército ucraniano.

Os custos humanos foram igualmente devastadores. No total, segundo estimativas dos oficiais ucranianos, cerca de 100 tropas russas morreram em Voznesensque — cerca de um quarto da força de ataque. Alguns corpos foram recolhidos pelas tropas russas em retirada ou carbonizados no interior dos veículos. Todavia, a maior parte dos corpos ficou onde caiu, sendo depois sepultados pelos habitantes ou recolhidos por uma carrinha municipal pintada, em macabra ironia, com o logótipo «Carga 200» — o nome de código do exército soviético da era do Afeganistão para defuntos. Alguns dos corpos tinham sido armadilhados, segundo o diretor funerário local, Mykhailo Sokurenko, que se fazia acompanhar por um sapador do exército ucraniano, enquanto conduzia pelas redondezas recolhendo corpos de russos. «Às vezes, gostaria de poder pôr estes corpos num avião e deixá-los cair em Moscovo, para se darem conta do que está a acontecer aqui», afirmou Sokurenko.[54]

Ao regressar, depois de dois dias de batalha, os habitantes de Racova deram com as suas casas pilhadas. Os armários estavam ainda abertos e o chão cheio de rações militares russas, frascos de *pickles* meio comidos e conservas roubadas das caves dos habitantes. «Cobertores, talheres, desapareceu tudo. Toucinho, leite, queijo, também desapareceu tudo», contou Natalia Horchuk. «Não levaram as batatas porque não tinham tempo para cozinhá-las.»[55]

A batalha de dois dias de Voznesensque assinalou o avanço mais pronunciado dos Russos em direção a Odessa — e o fim da guerra-relâmpago da Rússia na frente meridional. As unidades russas foram também empurradas das imediações de Micolaíve até uma linha de controlo de cerca de 120 quilómetros de extensão e de 20 quilómetros de largura ao longo da margem ocidental do rio Danápris inferior.

No fim da primeira semana de guerra, quatro das falácias fundamentais de Putin tinham sido postas a nu. Primeiro, os Ucranianos não acolheram os invasores como libertadores. Segundo, o exército ucraniano não só estava preparado como era capaz de combater de maneiras nada convencionais e devastadoramente mortíferas, e estava disposto a fazê-lo. Terceiro, o líder da Ucrânia, Volodymyr Zelensky, não era um palhaço entorpecido por drogas, mas um líder sério e inspirador de tempo de guerra. E quarto, os muito exultados militares de Putin, nos quais ele gastara tanto dinheiro e em quem investira tanto orgulho, revelaram-se embaraçosamente incapazes. Das táticas de carros de combate da era da Segunda Guerra Mundial ao plano rígido de ataque e à estrutura de comando pesadíssima, os militares russos estavam a tentar combater uma guerra do século XX no século XXI — e não conseguiram de modo algum conquistar a vitória de guerra-relâmpago que os securocratas de Putin lhe tinham dito com toda a confiança ser de esperar.

PARTE III
PIROCINESE

CAPÍTULO 8

As coisas desmoronam

> «Tudo o que pensávamos que partilhávamos com o mundo civilizado era tomado de empréstimo.»
>
> Varvara Babitskaya, redatora literária moscovita, fevereiro de 2022[1]

Resistência e opressão

Surgiram protestos por toda a Rússia nos primeiros dias da guerra — especialmente em São Petersburgo, onde vários milhares de pessoas se reuniram perto do centro comercial de Gostinny Dvor, na Nevsky Prospekt, no final da tarde de 26 de fevereiro. Uma pequena multidão desceu a Alameda Rozhdestvensky de Moscovo. Porém, todos os protestos encontraram uma presença policial arrasadora, habitualmente mais numerosa do que os manifestantes. Na Praça Pushkin, a poucas centenas de metros do Kremlin de Moscovo, barreiras tiravam o acesso à parte central da praça. Trios de polícias paramilitares da OMON, com capacetes ao estilo dos usados nas motas, uniformes militares urbanos de camuflado e coletes à prova de bala, posicionaram-se como peças de xadrez a cada cinco metros ao longo dos passeios. Algumas dezenas de jovens juntaram-se acanhadamente, conversando e fumando, em grupos de três ou quatro. Sempre que seis ou mais se juntavam, polícias de uniforme caíam-lhes em cima para verificar documentos e fazer rusgas nas malas.

«Quem vem aqui quer morrer», afirmou Aleksandr, um cineasta de 20 anos. «Não é bravura. É loucura. Arriscamo-nos todos a deitar fora as nossas vidas.»[2]

A máquina de repressão das autoridades fora aprimorada ao longo de duas décadas, chegando a um elevado grau de sofisticação. Em vez de partir cabeças e de atirar gás lacrimogéneo, a polícia russa fazia uma abordagem íntima e pessoal, pondo os manifestantes numa esteira de transporte pseudolegal que ameaçava destruir-lhes as vidas se persistissem. Os que eram presos pela primeira vez por «participar numa reunião não-sancionada» eram multados em 20 mil rublos (260 euros) e ficavam com cadastro criminal na polícia. A multa era passada no momento, com a assinatura de uma confissão. Os suspeitos que recusassem assinar ficavam detidos durante semanas, à espera de uma audiência — com uma probabilidade de 99,5 por cento de serem condenados, em qualquer caso. Na segunda detenção, a multa era de 15 dias na prisão — a menos que a polícia escolhesse acusar os suspeitos de organizar uma reunião, caso em que poderiam ficar três meses presos.

«Estamos a ser levados», escreveu Asya, uma estudante de cinema de 20 anos, ao meu filho de 19, Nikita, no terceiro dia da guerra. «Estamos sentados numa carrinha da polícia. Más notícias: estamos aqui com pessoal que já foi preso duas ou três vezes. Estamos fodidos, pessoal.»[3]

Todos os jovens ativistas do grupo de WhatsApp estabelecido para ligar amigos que estavam nos protestos de Moscovo compreenderam imediatamente por que razão estava Asya tão alarmada. A polícia tinha andado a prender tantos manifestantes que não se dava ao incómodo de escrever formulários de acusação separados — limitava-se a escrever o mesmo para cada um dos manifestantes apanhados na carrinha. Habitualmente, as acusações eram formuladas para apanhar os manifestantes mais radicais de cada grupo. «Afirmam que dissemos palavrões. Está mau.

Tiraram-nos as impressões digitais e estão a verificar os telemóveis», disse Asya ao grupo, horas depois, avisando-os que ia apagar as aplicações incriminatórias do WhatsApp e do Telegram, antes que o representante de serviço do SFS na estação da polícia lhes deitasse a mão.

Asya e a amiga Yasha acabaram por ser libertadas às cinco da manhã. No dia seguinte, aturdidas e submissas, sentadas no apartamento de um amigo, as duas estudantes tinham sido profundamente atingidas pela experiência. «O meu pai diz que me manda para fora do país se eu for a outra manifestação», disse Yasha, uma jovem de 21 anos, com um sorriso soturno. «Mas mesmo que ele quisesse mandar-me embora, não posso deixar a Rússia até pagar a multa. E isso vai demorar pelo menos dois meses.»[4]

A nossa conversa foi interrompida por mais más notícias. Outro amigo — com três condenações anteriores por se manifestar nos últimos cinco anos — tinha sido apanhado pela polícia perto de uma reunião pública para orar na Alameda Gogolevsky. «Fomos levados para a esquadra de Riazã», escreveu — querendo dizer que tinham sido levados numa carrinha para uma cidade que fica a três horas de Moscovo para serem registados. «Ainda estamos na carrinha, sem comida nem água. Há três horas que uma advogada há está à espera à entrada da esquadra. A polícia está lá dentro a decidir qual será a acusação.» A decisão arbitrária quanto à acusação determinaria se os detidos iriam ficar meses ou anos atrás das grades. Despediu-se com a gíria para esta forma particular de detenção sem comunicação: «Puseram-nos na "fortaleza".»[5] No dia seguinte, chegou a notícia da advogada dos manifestantes de que tinha conseguido que ele fosse acusado apenas de «organização» e não de traição — mas, apesar disso, arriscava-se a passar três meses atrás das grades.

No quinto dia da invasão, à medida que a perspectiva de uma guerra curta e vitoriosa se afastava a grande velocidade, o Ministério da Defesa russo foi obrigado a admitir que centenas de soldados russos tinham morrido na Ucrânia. Ao mesmo tempo, as autoridades aumentaram a pressão sobre a oposição. A rádio Echo

Moskvy, um bastião da liberdade de expressão que o Kremlin tolerava há muito tempo, foi encerrada, assim como a *Novaya Gazeta* — cujo chefe de redação, Dmitry Muratov, recebera o Prémio Nobel da Paz em 2020. *Meduza,* uma plataforma noticiosa baseada em Riga, teve o seu serviço de Internet restringido para a maior parte dos russos, e a Dozhd TV, baseada na Internet, foi também invadida pela polícia e fechada.

O Facebook, o Twitter e o Instagram — as plataformas preferidas para fazer comentários contra Putin e para organizar protestos — foram bloqueados por difundirem o «extremismo». Algumas das mais veementes vozes na Internet calaram-se, com medo de lhes levantarem processos criminais pelo que escreviam. Outras vozes, incluindo de filhos de alguns dos homens mais ricos e poderosos da Rússia, que evidentemente se sentiam protegidos das consequências que a «arraia miúda» poderia sofrer pelas suas opiniões, eram mais abertas. Sofia Abramovich, filha de Roman Abramovich, na altura o proprietário da equipa de futebol do Chelsea, disse aos 50 mil seguidores do Instagram que «a maior e mais bem-sucedida mentira que vem da propaganda do Kremlin é que a maioria dos russos está com Putin». Elizaveta Peskova, de 24 anos, filha de Dmitry Peskov, um porta-voz do Kremlin, escreveu «Não à guerra» no Instagram, ao passo que a neta de Boris Ieltsin, Maria Yumasheva, de 19 anos, escreveu também em apoio da Ucrânia. Ksenia Sobchak, filha de Anatoly Sobchak, o antigo presidente da Câmara de São Petersburgo e orientador político de Putin, que agora era apresentador de televisão e político da oposição, também defendeu a paz. «Ninguém, incluindo eu, acreditava até ao fim que haveria um conflito real com a Ucrânia», escreveu Sobchak no Instagram. «O que se segue? Como irá terminar este interminável dia de hoje? É impossível prever. A única coisa que se sabe de certeza é que as pessoas estão a morrer.» Dias depois, Sobchak abandonou o país com a filha, em direção à Turquia.

As autoridades apressaram-se a criar novos instrumentos legais suficientemente draconianos, não só para castigar o desacordo mas também para o dissuadir decisivamente. No fim da primeira semana de guerra, a Duma russa aprovou uma nova lei, apressadamente formulada, com um título kafkiano: «Sobre a disseminação em fóruns públicos de informação obviamente falsa sobre as deslocações militares da Rússia em defesa dos seus cidadãos e em apoio da paz e segurança internacionais.» A nova legislação previa uma pena de prisão de 15 anos para quem difundisse «desinformação» sobre a guerra — e incluía claramente as redes sociais como um dos «fóruns públicos». Isso criminalizava imediatamente fosse quem fosse que se atrevesse a publicar qualquer coisa «falsa» sobre a guerra, o que era definido pela Duma como «contrário às afirmações públicas do Ministério da Defesa». Uma das «falsidades» puníveis por lei era chamar «guerra» à invasão, em vez de usar a designação oficial: «operação militar especial.»

A lei foi especificamente concebida para silenciar ativistas políticos, bloguistas e jornalistas. O Ministro da Justiça da Rússia compilou um guia especial para a polícia e os acusadores públicos, que definia o conceito de «desacreditar» o estado como «uma opinião negativa», sendo «uma afirmação factual» considerada «difusão de informação falsa». No fim dos primeiros seis meses de guerra, um grupo russo de direitos humanos, OVD-Info, registou 17 500 detenções e mais de 200 acusações, com base no que ficou conhecido como a «Lei *Fake*».[6] Depois de Putin ter anunciado uma mobilização parcial, no dia 21 de setembro de 2022, uma nova onda de protestos, em pelo menos 32 cidades — incluindo cidades de Daguestão e da Sibéria Oriental, que até então não se tinham manifestado —, acrescentaria mais 2300 detenções. Vladimir Kara-Murza, um ativista proeminente que foi preso devido à nova lei, chamou ao «Artigo 207.3 [...] um análogo direto do infame Artigo 58 do Código Criminal Estalinista e dos Artigos 70 e 190 do Código Criminal de Brezhnev, no âmbito dos quais os dissidentes eram presos».[7]

Os propagandistas do Kremlin concordavam calorosamente. A lei assinalava uma mudança «para o estalinismo puro», afirmou um conhecido apresentador de televisão que trabalhava para os meios de comunicação controlados pelo estado, com uma gargalhada cínica. «Mas agora estamos em guerra. Não é de algum estalinismo que precisamos? Estaline levou-nos a Berlim, é preciso não esquecer.»[8]

A triste verdade é que a sua piada perversa dava realmente voz ao sentimento beligerante de uma maioria significativa de russos. Compreender sondagens num regime autoritário é especialmente difícil, questão que será discutida mais em pormenor daqui a pouco. Porém, no dia 28 de fevereiro, uma sondagem do estatal Centro de Investigação da Opinião Pública Russa (VTsIOM) mostrou que 68 por cento dos russos apoiavam forte ou moderadamente a guerra, sendo só 26 por centro contra a guerra. Seis meses depois, em agosto de 2022, o VTsIOM noticiou que as suas sondagens oficiais mostravam que o nível de confiança do público russo em Putin tinha aumentado para 81,2 por cento — pelo menos, oficialmente.[9]

Esse apoio quase sem reservas iria continuar até Putin anunciar a mobilização, em setembro, o que tornou a guerra subitamente uma coisa palpável e pessoal para milhões de russos que até então a tinham ignorado — e isso mudou radicalmente a opinião pública. Uma sondagem que decorreu entre 22 e 28 de setembro, levada a cabo pelo independente Centro Levada, mostrou que 47 por cento dos russos sentiam «ansiedade, medo ou pavor» pela mobilização, sentindo 13 por cento «raiva», respondendo 23 por cento que tinham «orgulho da Rússia».

Propaganda

As notícias de televisão eram o principal instrumento de controlo e influência do Kremlin — tão importante para a vitória da Rússia, afirmou Molody, um executivo da televisão, como «um exército inteiro no campo».[10] No início da guerra, qualquer coisa como 86 por cento dos russos viam estações de televisão estatais — e cerca de 70 por cento dos russos afirmavam que a televisão produzida pelo Kremlin era a sua principal fonte de notícias.[11]

Seis meses depois, esses números caíram um terço, segundo Rosmir, um centro independente de sondagens. Contudo, a televisão continuou a ser a ligação umbilical entre o estado russo e o coração e o espírito do povo.

Como vimos, a invasão não foi de modo algum assinalada pelos meios de comunicação do Kremlin nas semanas e nos meses que antecederam o dia 24 de fevereiro. Contudo, como se fosse para compensar o tempo perdido, durante as primeiras semanas de guerra, o Canal Um, a Rossiya 1 e a NTV, todas televisões estatais, fizeram maratonas de debates, que chegaram a ter seis horas de duração, cheios de fala-baratos irados denunciando a NATO, o Ocidente e os «fascistas» e «agentes provocadores» ucranianos. Evgeny Popov, o coapresentador do programa *60 Minut* da Rossiya 1, o programa de debates políticos mais importante da televisão, foi taxativo: os meios de comunicação russos não eram melhores nem piores do que os do Ocidente. «Vemos que vocês [no Ocidente] fecharam todo o acesso aos canais de televisão russos», disse-me Popov. «Odeiam o ponto de vista russo porque se recusam a aceitá-lo [...]. Ao invés, emitem propaganda ucraniana, que é só mentiras em cima de mentiras.»[12]

Na Alameda Zubovsky, Anna Bondarenko, uma produtora de notícias televisivas, estivera a fazer turnos editoriais duplos desde a manhã de 24 de fevereiro. Os patrões do seu canal deixaram instruções: entrar em delírio para incitar os Russos a apoiar a invasão e dar vazão à indignação perante o Ocidente por fomentar o conflito.

Ao mesmo tempo, as ordens do Kremlin eram para não transmitir imagens dos combates propriamente ditos. Durante os primeiros cinco dias da invasão, as notícias da noite do Canal Um, *Vremya,* não transmitiram imagens de combates, preferindo citar políticos que falavam do progresso da «operação militar limitada» na Ucrânia e, num regresso surrealista aos tempos soviéticos, mostrar o que eram, aparentemente, vídeos previamente gravados de Putin a visitar uma fábrica de tecnologia — uma prática conhecida nos círculos televisivos como *konservy,* ou «latas de conserva».

Com o tempo, o gabinete de imprensa do Kremlin começou a disponibilizar imagens mais recentes de Putin, que apareciam no início das notícias quase todas as noites. Ele parecia inchado, rígido e velho, e dava erros básicos de gramática no discurso (ainda que, à medida que a guerra se arrastava, Putin começasse a parecer, paradoxalmente, mais em forma e mais confiante, embora também mais zangado e menos ligado à realidade). Bondarenko estava frustrada. «Este produto é uma merda», desabafou, à medida que chegavam vídeos de movimentos ordeiros de tropas e de soldados sorridentes, fornecidos pelo Ministério da Defesa russo. Claro que o seu estúdio com as últimas tecnologias recebia notícias da Associated Press, da Reuters e da France-Presse, incluindo muitas imagens arrebatadoras que mostravam tanques russos, aviões e helicópteros a explodir em bolas de fogo espetaculares. Porém, aquelas imagens não podiam, em circunstância alguma, ser transmitidas na televisão russa devido à nova lei. «Os pacotes de notícias eram uma desgraça» nos estádios iniciais da guerra, recordou Bondarenko. «Tínhamos sido apanhados desprevenidos, tal como toda a gente.»[13]

A televisão russa apoiava-se também fortemente no testemunho de repórteres estrangeiros na linha da frente, um grupo heterogéneo de vídeo-bloguistas britânicos e norte-americanos que se tornaram estrelas dos meios de comunicação russos. O pressuposto era que as vozes estrangeiras que apoiavam o Kremlin eram de algum modo inerentemente mais credíveis do que os repórteres russos. Graham Phillips era um funcionário público britânico antes de ter ido para a Ucrânia e depois para Donetsque, onde, em 2022, casou com uma linda rapariga local de 17 anos. Phillips, que se diz «o jornalista mais honesto do mundo», foi um vídeo-bloguista popular nos círculos da direita alternativa apoiantes do Kremlin antes da guerra.[14] Depois da invasão, percorreu a Ucrânia ocupada como convidado do exército russo e da DNR e entrevistou prisioneiros de guerra, incluindo britânicos capturados. Em resultado, o governo do Reino Unido impôs sanções a Phillips, por violar a Convenção de Genebra.[15] Outro residente de Donetsque

que se tornou vídeo-bloguista foi Russell Bonner Bentley III, também conhecido como «Camarada Texas», um antigo arborista que se alistou como voluntário na Brigada Vostok da DNR, em 2015.[16] Um dos vídeos do Camarada Texas mostram-no de casaco de cabedal e boné à Mao, à frente de uma linha de tanques russos, em Donetsque. «Daqui é o Texas, na linha da frente com os desnazificadores e libertadores da Ucrânia», anunciou. «Estes rapazes vão salvar e libertar todas as boas pessoas da Ucrânia. E as más? *Boom!* Rebentam com elas.»[17] Scott Ritter, um antigo inspetor de armamento das Nações Unidas no Iraque, foi alistado pela RT (antiga Russia Today), que é financiada pelo Kremlin, depois de ter sido preso por se apresentar na Internet a um polícia fingindo que era uma rapariga de 15 anos, em 2011. Uma voz proeminente no movimento contra a guerra, Ritter apareceu frequentemente na RT culpando os «nazis ucranianos» por terem começado a guerra.[18]

Apesar da sua dúbia veracidade, a mensagem do Kremlin de que a Rússia combatia uma guerra de defesa contra o «genocídio» ucraniano de russófonos da Ucrânia de Leste era implacável e cada vez mais bem apresentada, de modo que conseguiu convencer muitos russos. Alguns amigos e familiares por afinidade surpreenderam-me com a sua devoção semelhante a um culto do líder e da sua infalibilidade. «Não queríamos esta guerra, foi a NATO que começou», afirmou Oleg, um antigo piloto militar de 55 anos que se tornou arquiteto. Perguntei-lhe de onde obtinha as suas notícias. «Não da sua propaganda ocidental, isso é certo. Até a BBC mostrou que os vídeos noticiosos da Ucrânia são falsos.» Quanto aos amigos comuns que estavam a pensar sair do país, afirmou: «Boa viagem. Quem vive na Rússia, acredita na Rússia. Quem não acredita... por que razão precisa a Rússia dela?»[19] Oleg não se importava de não ter marcas ocidentais nem passar férias no estrangeiro, afirmou. Não fora criado com essas coisas, nem iria envelhecer com elas.

«Quando vemos alguém a bater na mulher, um verdadeiro homem não passa ao largo», afirmou Vladislav, um taxista de Moscovo, fazendo eco de um dos tropos mais usados da televisão.

«Temos de ir ajudar. Temos o dever de ajudar os irmãos ucranianos a livrar-se destes fascistazecos.»[20] Ao que um amigo que fora apresentador de rádio russo respondeu: «Claro. De maneira que vamos a casa do vizinho, violamos-lhe nós a mulher, matamo-lo e dizemos que a casa sempre foi nossa.» Até algumas mães, cujos filhos estavam no exército russo, apoiavam apaixonadamente a guerra de Putin. «Os homens têm o dever de defender a terra-mãe», afirmou Viktoria Torchak, uma mulher de 44 anos que trabalha como assistente de vendas, cujo marido era um paraquedista que esteve de serviço na Chechénia e cujo filho de 19 anos cumpria agora o serviço militar. «E o dever das mulheres é dar à luz homens que nos defendam.»[21]

Uma narrativa muito acolhida entre os comentadores ocidentais era que os Russos apoiavam a guerra só porque tinham sido enganados pela propaganda do Kremlin, e que, se tivessem acesso à verdade, isso os libertaria. Isto era verdade, mas era só uma pequena parte de uma verdade muito mais importante. De facto, as publicações estrangeiras de notícias da Internet, como a BBC e a CNN, eram bloqueadas na Rússia, assim como a maior parte das redes sociais ocidentais. Porém, conseguir o acesso era uma questão de fazer uns quantos cliques para instalar uma rede privada virtual, ou RPV, num computador portátil ou num telemóvel — um processo tão simples que até a minha sogra tecnofóbica de 70 anos conseguiu fazê-lo em Moscovo.

O problema não era o acesso à verdade. A verdade não nos liberta se não tivermos vontade de ouvi-la. De facto, alguns russos que conheço e que viveram no Ocidente durante décadas também não querem ouvi-la, embrenhando-se profundamente nos remansos do Twitter, do YouTube e do Telegram para encontrar notícias «não-tendenciosas» reconfortantes — por outras palavras, favoráveis à Rússia.

Um grande número de russos foi realmente enganado pela propaganda do Kremlin. Porém, só acreditaram porque queriam acreditar. A propaganda de Putin dependia do consentimento, da vontade do povo para comprar uma narrativa gloriosa, da qual queriam ativamente fazer parte. E a propaganda funcionava porque emergia e alimentava-se dos preconceitos e medos mais profundos do povo russo — o medo da agressão externa, o desprezo pela ocidentalização dos jovens e pelas suas modas nada tradicionais, a vontade de se protegerem de um mundo hostil e dos seus próprios fracassos, a esperança de vingança de anos de pobreza e humilhação, o desejo de se libertarem finalmente da admiração submissa de tudo o que era ocidental, provando que os Russos eram mais fortes, mais unidos, mais decisivos, mais retos e, em geral, mais grandiosos do que os seus ídolos caídos em desgraça.

Os consumidores ocidentais de notícias ficaram saturados pela cobertura exaustiva, e por vezes chocante, da campanha brutal da Rússia para submeter a Ucrânia, sentindo naturalmente horror, hostilidade e ódio. Os telespectadores russos e os leitores de notícias sancionadas pelo Kremlin, em contraste, eram alimentados com uma dieta constante de atualizações do progresso heroico do seu exército contra os «bandos fascistas» ucranianos e com imagens igualmente horríveis de ataques «genocidas» aos civis do Dombás. Ouvir — e acreditar — que os rapazes russos combatiam e morriam na Ucrânia para salvar o «nosso povo» das garras dos fascistas era reconfortante, compreensível e uma fonte de orgulho. Todavia, a contranarrativa — que o seu país se entregava a uma guerra sem provocação que matara dezenas de milhares de civis em nome da «libertação» de um povo que preferia fugir a viver sob a ocupação russa — não o era. Os Russos — como a maior parte dos seres humanos — preferiam acreditar na história que os validava, e não na que os humilhava. A ausência de uma narrativa alternativa imediatamente acessível apenas tornava a escolha mais fácil. Se as notícias do Kremlin eram as únicas — e as únicas das pessoas conhecidas —, então tornava-se mais fácil viver no nosso país, e na nossa própria pele.

Além disso, havia um forte elemento de ritual teatral na televisão estatal russa, com um conjunto de regras mutuamente entendidas tanto por propagandistas como pelos destinatários da propaganda.

«O povo russo sempre foi espectador da política do seu país», observou o poeta e crítico Dmitry Bykov. «É como um teatro [...]; o russo de hoje faz o que se espera dele. Por vezes aplaude, outras vezes assobia. Porém, não se exige que acredite realmente. Toda a gente sabe que o homem no palco não é o príncipe Hamlet, mas sim Laurence Olivier. Ninguém acredita que o que está a acontecer no palco é efetivamente verdade. Pensa que alguém acredita no que se diz nos debates de televisão? Mas [depois da invasão] o teatro parece mais um circo. As pessoas não são estúpidas. Veem e riem-se nervosamente, e querem ver até quão baixo os atores são capazes de ir.»[22]

A mesma questão complexa de ritual e autoengano aplica-se às sondagens de um estado totalitarista. Muitas foram as sondagens mencionadas já neste livro, e continuarão a sê-lo. As sondagens são problemáticas, não tanto porque os Russos temam as consequências de dizer o que pensam, mas porque a opinião que formulam é frequentemente o que pensam que se espera deles, ou o que desejam que seja verdade.

Um exemplo excelente foi quando mais de 80 por cento dos russos afirmaram, em julho de 2018, acreditar que Sergei e Yulia Skripal foram envenenados na sua casa da Salisbúria não por assassinos russos, mas sim pelos serviços secretos britânicos. Ou sondagens em março de 2022 que mostravam que mais de 70 por cento dos russos culpavam a NATO de provocar a guerra, acreditando um número semelhante deles que o governo de Quíive e o seu líder judeu, Zelensky, eram literalmente nazis.

Estas sondagens mostram que os Russos são especialmente crédulos ou estúpidos? Não creio. Quando afirmaram acreditar que os Britânicos envenenaram a família Skripal ou que Zelensky era um discípulo de Hitler, suspeito que a maior parte estava a mostrar que aceitava a linha oficial — que o tipo no palco realmente era Hamlet —, em vez de darem voz às suas crenças mais profundas. Ou, dito de outra forma, a resposta era efetivamente que concordavam fosse com o que fosse que a linha oficial declarasse. Porque a vida era desse modo mais fácil, mais reconfortante, menos solitária. E porque a verdade, na Rússia, era amiúde tão terrivelmente deprimente.

Nesse sentido, a guerra pusera duas rússias em clara oposição. Uma era urbana, culta, à vontade na Internet e relativamente rica — as pessoas que tinham mais a perder com uma quebra da economia e que iriam sentir a falta de produtos importados, de férias no estrangeiro e do seu estilo de vida de europeu de classe média. Porém, o mais importante é que essa minoria de russos eram pessoas que estavam acostumadas a pensar criticamente, a tirar as suas próprias conclusões sobre o mundo e o seu próprio país. A outra Rússia, a Rússia muitíssimo maior, que valorizava mais o patriotismo do que os bens materiais, que preferia acreditar numa versão gloriosa reconfortante do mundo com base em notícias da televisão, não tinha interesse em procurar verdades alternativas que provavelmente iriam abalá-las e perturbá-las. Acima de tudo, essa maioria de russos confiava no sábio do Kremlin que as orientava, pensava por elas e as protegia dos inimigos que estão por todo o lado. Para mudar essa fé profunda, seria preciso algo drástico, como uma derrota inegável no campo de batalha ou a perspectiva real de os seus filhos, irmãos, maridos e pais serem enviados para combater na Ucrânia contra a sua vontade.

Sanções

O Kremlin estava preparado para sanções económicas na sequência da invasão — na verdade, sobreviver-lhes e sobreviver às quedas do preço da energia foram os objetivos estratégicos gémeos por detrás da acumulação de décadas de uma reserva estratégica de guerra de 650 mil milhões de dólares, levada a cabo pelo Ministério das Finanças e pelo Banco Central. Era graças a estas reservas — e especialmente à pusilânime resposta do Ocidente com respeito a sanções — que a Rússia atravessara facilmente as consequências económicas da anexação da Crimeia de 2014. O círculo mais próximo de Putin pressupôs, muito razoavelmente, que o mesmo aconteceria em 2022: muitos protestos verbais, mas pouco impacto económico real.

Só que desta vez as coisas eram diferentes. Nos primeiros meses da guerra, os governos ocidentais cortaram a maior parte dos bancos russos do sistema de pagamentos SWIFT; congelaram mais de metade dos bens estatais da Rússia e também os bens de subsidiárias ocidentais de empresas russas; e tomaram e congelaram a propriedade, os iates e os bens líquidos de dezenas de milhares de russos ricos na Europa. Todavia, a sanção mais surpreendente e devastadora foi a decisão coletiva de mais de 1300 empresas de sair da Rússia, devido à pressão das redes sociais e ao aviltamento sistemático na Internet — conduzida por Zelensky e a sua equipa — das empresas que continuavam a ter relações comerciais com o regime de Putin. Foi uma jogada que deixou o Kremlin desnorteado e surpreendido.

«Não estavam à espera de tantas sanções», afirmou Aleksei Venediktov, da Echo. «Sei bem que estavam à espera de sanções governamentais — contas congeladas, viagens canceladas, restrições a empresas do estado, como a Aeroflot. [Sanções] contra os grandes. Mas não sanções de empresas privadas [...] A Ford saiu, a Renault fechou. "O que aconteceu?", perguntaram [importantes funcionários do Kremlin]. São milhares de postos de trabalho.» Até políticos ocidentais que tinham aceitado empregos confortáveis em empresas russas — como o antigo primeiro-ministro francês, François Fillon, contratado como diretor da companhia petrolífera Sibur, em dezembro de 2021, que acabou por «fazer as malas e sair, apesar de ser um íntimo de Putin, que lhe oferecera pessoalmente o emprego». Os colegas do antigo primeiro-ministro francês ficaram «espantados», segundo Venediktov. «"Por que razão saíste, Fillon?", perguntaram-lhe. E Fillon respondeu: "Simplesmente não posso ficar."»[23]

O dinheiro foi a primeira coisa, desaparecendo horas depois da invasão dos multibancos de Moscovo e das casas de câmbio, à medida que os Russos faziam fila para levantar as poupanças.

O valor do rublo caiu inicialmente 40 por cento, em comparação com o valor anterior à guerra (ainda que depressa tenha recuperado e até excedido os níveis anteriores à guerra, depois de o Banco Central ter feito uma intervenção para limitar a compra e venda de moeda). Em vários multibancos, o limite diário de levantamentos diminuiu para menos de três euros e meio. Pela primeira vez desde o incumprimento do governo russo das obrigações da sua dívida, em 1998, surgiu o que era na prática um mercado negro de dinheiro em moedas difíceis de obter, com uma casa de câmbio próxima da New Arbat de Moscovo a vender um euro a 300 rublos, contra um mercado cambial oficial de 145 rublos. Não foi só o mercado negro de moedas estrangeiras que voltou aos tempos soviéticos. Em Cazã, no Médio-Volga, o procurador público prendeu «especuladores de açúcar» que foram apanhados a vendê-lo a preços inflacionados. As prateleiras de produtos eletrónicos importados ficaram vazias, porque os consumidores se apressaram a comprá-los antes que os preços aumentassem drasticamente.

Depois, os cartões dos bancos deixaram de funcionar em todas as transações internacionais. À medida que o sistema SWIFT de mensagens entre bancos desligava 80 por cento dos bancos russos, as pessoas que tentavam desesperadamente comprar bilhetes de companhias aéreas estrangeiras depararam com os seus cartões desativados, ficando também os russos que estavam no estrangeiro sem conseguir voltar. «Ri-me dos meus amigos quando me disseram que devia abrir uma conta em Riga [Letónia] há alguns meses», afirmou Svetlana Terekhova, uma gerente de 38 anos de uma empresa de importação de mobílias que ficou bloqueada em Milão, incapaz de pagar o quarto de hotel com os seus cartões Sberbank e VTB. «Disse que estavam a ser paranoicos, e que vivemos num mundo interligado.» A empresa de Svetlana também foi incapaz de pagar aos fornecedores italianos, tornando impossíveis quaisquer novas encomendas. «A nossa atividade comercial está morta. Fiquei desempregada.»[24] O sistema Apple Pay fechou ao fim da primeira semana da guerra, bloqueando pagamentos nas aplicações de metropolitano e de táxi. Muitos bancos ocidentais bloquearam transferências de e para a maior parte dos bancos russos — e, em qualquer caso, o Kremlin restringia o envio de dinheiro para o estrangeiro, para evitar um êxodo incontrolado de liquidez, estabilizando o rublo à custa de fechar as poupanças dos Russos no país.

Porém, foi o poder das empresas privadas, e não dos estados, que realmente fez diferença. Ikea, Zara, McDonald's, Starbucks, H&M, Uniqlo e centenas de outras lojas populares fecharam. Seguiram-se as marcas de luxo. As prateleiras da Gucci, Chanel, LMVH, Prada e dezenas de outras lojas que exibiam a sofisticação e riqueza de Moscovo ficaram vazias. Os programas de computador da Microsoft e da Adobe deixaram de se atualizar. A Netflix desligou todas as contas russas. IBM, Samsung, TikTok, Airbnb, Booking.com, Boeing, Ford, Volkswagen, General Motors, Coca-Cola e Pepsi também saíram. Algumas saíram logo no início, por uma questão de princípio. Outras, numa demonstração significativa do poder das redes sociais sobre as decisões das empresas, só saíram depois de sérias repercussões negativas na Internet por parte dos seus clientes por todo o mundo.

O âmbito do impacto económico e político das sanções será discutido mais pormenorizadamente no último capítulo. Porém, no fim dos primeiros seis meses de guerra, o abandono de empresas internacionais pôs em risco cerca de cinco milhões de empregos. As sanções que atingiram a importação de tecnologia e peças feitas no estrangeiro — sobretudo processadores de computador — puseram de rastos as indústrias automóveis e fabris russas, assim como as indústrias de aviação, de alta tecnologia e de defesa.[25]

Contudo, o mais surpreendente com respeito à Rússia em tempo de guerra foi a vida quotidiana ter continuado perfeitamente normal e o impacto das sanções ter sido relativamente invisível. Em setembro, a McDonald's e a Starbucks da Rua Arbat de Moscovo foram substituídas por cadeias locais semelhantes. A H&M e a Zara fecharam, mas foram substituídas por lojas que vendiam produtos de fábricas de roupa da Bielorrússia. Um amigo que importava café em Moscovo foi obrigado, nas primeiras semanas de guerra, a armazenar com muita despesa os seus bens num armazém localizado na fronteira entre a Polónia e a Bielorrússia, para então voltar a pô-los em camiões russos. Porém, depressa os funcionários aduaneiros encontraram uma solução mais eficiente: limitavam-se a mudar as matrículas dos camiões e os condutores. Na verdade, em junho, o governo russo iria, na prática, legalizar esquemas de «importação paralela» que contornavam as sanções, mantendo as prateleiras dos supermercados caros de Moscovo cheias de Gruyère suíço e de parmesão italiano. Para milhões de russos, era muito fácil acreditar nas garantias dos propagandistas do Kremlin e do próprio Putin de que a Rússia iria sobreviver com base nos seus recursos imensos. «Sei que há quem tenha dificuldades», afirmou Vladimir Solovyov, um apresentador de televisão russo, quando se queixava de sanções contra ele próprio, que lhe deixou a sua casa de campo do Lago Como usurpada pelas autoridades italianas. «Iremos superar tudo isto, iremos resistir. Iremos reconstruir a nossa economia do zero, um sistema independente de bancos, fábricas e indústria. Iremos depender só de nós.»[26]

As sanções culturais e desportivas foram na peugada das financeiras — o que, de novo, foi um choque para o Kremlin. Músicos russos mundialmente famosos foram retirados de espetáculos no Ocidente. E Putin, um fã apaixonado de desportos, ficou particularmente indignado com a exclusão dos desportistas russos de competições internacionais — por exemplo, uma interdição genérica «para os tempos mais próximos» imposta pela Associação Internacional de Federações de Atletismo.

«De súbito, os atletas foram banidos», afirmou Venediktov, citando uma pessoa próxima de Putin que falou da sua reação. «"Biatlo! Estão malucos, porquê o biatlo? Sabemos como os treinos são difíceis. É uma tragédia para os desportistas [...]. E os fãs [do futebol], sentados à espera do Campeonato do Mundo? Meu Deus!"»

O presidente da Câmara de Munique disse a Valery Gergiev — o maior maestro da Rússia, um conhecido pessoal de Putin, que muito o respeita — que ou «condena Putin ou despeço-o da

Filarmónica de Munique», recordou Venediktov. «Gergiev não o condenou e foi despedido, juntamente com a [soprano Anna] Netrebko.» Putin sentiu-se pessoalmente insultado, segundo Venediktov. «Quem é que pensa que é o presidente da Câmara de Munique para tocar no grande Valery Gergiev? Como se atrevem? É uma desgraça! Foi expulso da Filarmónica como um cachorrinho desgraçado. Um amigo de Putin!»[27]

Em resposta ao despedimento de Gergiev e Netrebko e ao cancelamento de uma digressão do Balé Bolshoi em Londres, os meios de comunicação estatais da Rússia começaram a afirmar que a cultura russa como um todo estava a ser atacada. Cartazes eletrónicos no centro de Moscovo proclamavam que «Chekhov foi cancelado na Europa». Na realidade, naquele momento, nada menos do que quatro peças de Chekhov estavam em palco em Londres, mais do que em Moscovo. Contudo, a reação do mundo à invasão do Kremlin foi claramente de uma ordem de magnitude diferente do que ocorrera em 2014. E a própria atitude do Kremlin com respeito a quem discordava foi também o que de mais agressivo se viu desde o fim da URSS.

Êxodo: os Russos

Para milhões de russos que pensavam que tinham uma vida europeia estável de classe média, houve um mundo que entrou em colapso na sequência da invasão da Ucrânia. Para Varvara Babitskaya, redatora de uma revista literária de Moscovo, «os bares da moda que frequentávamos, as férias que fazíamos na Europa, a ideia de que poderíamos ter uma vida normal apesar de estarmos num país desgraçado — tudo isso era uma ilusão [...]. Em apenas alguns dias demo-nos conta de que tudo o que pensávamos que partilhávamos com o mundo civilizado era tomado de empréstimo. Nunca foi nosso. Nunca foi russo. E agora foi-nos tirado».[28]

No dia 5 de março, Putin fez um discurso agressivo, condenando os russos da «quinta coluna» que não apoiavam a guerra, denunciando-os como «traidores». Os ativistas da oposição depararam com a entrada das suas casas pintadas com sinais «Z» brancos — a insígnia de combate dos tanques russos, que se tornara o símbolo da guerra. Ao mesmo tempo, as redes sociais russas enchiam-se de fotografias de carros com o sinal «Z» cujos vidros tinham sido partidos pelos vizinhos que se opunham à guerra.

Havia uma piada que em tempos tinha graça: «Todos os restaurantes temáticos de Moscovo têm o mesmo tema. O tema é: não estás em Moscovo.» Mas, de súbito, à medida que a invasão russa se desenrolava e os adornos da vida civilizada caíram com cada nova sanção, a observação tornou-se triste. No Bar e Cozinha 15, as paredes com o tijolo visível, a decoração de *graffiti* e as lâmpadas artesanais da moda costumavam fazer o bar do meu bairro, na Travessa Pozharsky, parecer um posto avançado de Brooklyn. Agora, parecia uma referência gozona a um mundo ocidentalizado em fuga, que estava a ficar cada vez mais longe.

À medida que as suas vidas, antes hiperligadas, se desligaram, milhares de moscovitas começaram a deixar o país. No sétimo dia da guerra, encontrei-me com um velho amigo no Restaurante Moloko para jantar, às duas da manhã. Alexei estava sentado, encolhido, numa banqueta de cabedal, bêbedo. Estava demasiado absorvido no telemóvel para dar pela minha chegada. Apesar de partilhar o nome com o ponto de encontro dos sinistros Droogs de *Laranja Mecânica,* na verdade, o Moloko era uma homenagem às cervejarias Balthazar de Nova Iorque e Paris. Lampiões de luz quente e de bom gosto brilhavam em esguias colunas pretas e de bronzes polidos. Alexei levantou os olhos, sorriu de lado e brandiu o telemóvel. Estivera à procura de propriedades em Tiblíssi, na Geórgia.

A Geórgia, um antigo estado soviético, russófono, descontraído e que não exigia visto, fora durante anos o destino de eleição de moscovitas autoexilados — jornalistas, artistas, escritores, arquitetos e pessoas do cinema e do teatro. De repente — nos primeiros dias da guerra, tudo parecia acontecer subitamente, em avassaladoras guinadas para pior —, Tiblíssi deixou de ser uma escolha de estilo de vida e passou a ser uma Arca de Noé contra uma maré de repressão política. Contudo, Tiblíssi já estava cheia de russos em fuga, e aproximava-se uma retaliação. Maja Kononenko, uma galerista amiga que ali viveu três anos, avisou que os habitantes estavam a ficar ressentidos — em especial os intelectuais georgianos. «Dizem que fincaram pé e combateram pelo país quando Putin os invadiu [em 2008]», disse Kononenko. «Por que razão fugimos em vez de combatermos o regime em casa?»[29] As rendas das casas subiram rapidamente devido ao influxo de refugiados russos; os empregos eram escassos. Muitos senhorios georgianos recusavam-se a arrendar casas a russos.

As opções de Alexei estavam a acabar. Nesse mesmo dia, mais cedo, um projeto dramático de televisão em que estivera a trabalhar com a Netflix fora abruptamente cancelado, a uma semana de começar as filmagens. O sistema SWIFT isolara o banco de Alexei do resto do mundo, fechando-lhe as poupanças em rublos. Tiblíssi, com ou sem ressentimentos, seria preferível a Moscovo. «A minha vida aqui na Rússia chegou ao fim», afirmou, naquela maneira pedestre que os Russos usam quando falam dos desastres que periodicamente lhes engolem a vida. «Não tenho vontade de ficar por aqui enquanto isto se torna a Coreia do Norte. E sabes que mais? Estou farto de ser um bom cidadão do mundo. Vemo-nos no outro lado.»[30]

Milhões de russos com formação, como Alexei, enfrentaram uma escolha drástica: adaptar-se a um mundo em trevas e repressivo, com menos possibilidades económicas, em casa, ou tentar fugir do país para um futuro incerto no estrangeiro. As dificuldades de milhões de ucranianos que fugiam dos bombardeamentos eram infinitamente mais agudas. O que estava em causa, para eles, era a vida ou a morte. Contudo, os 500 mil russos, aproximadamente, que acabaram por fugir da Rússia nos primeiros meses da guerra também eram refugiados do regime de Putin.

«Guerrilheiros. Tanques a arder. Multidões apinhadas nas plataformas de caminhos de ferro. Emigração. Diz-me que isto não é um filme.» Anna Kachurkovskaya, uma curadora de museu de

47 anos, espreguiçou-se dolorosamente no banco do bar onde se afundava há várias horas, passando em revista as notícias fatais. «Sabes do que mais sinto falta? Não é do passado. Que foi há duas semanas. Tenho nostalgia de um futuro que já não tenho. Aquele cabrão que está no Kremlin roubou-me o futuro.»[31] Porém, em alguns sentidos, Anna invejava os amigos de Quíive. «Eles têm esperança. O mundo está do lado deles. A Europa acolhe-os», afirmou, passando em revista imagens de mares de manifestantes por todo o mundo, agitando as bandeiras amarelas e azuis da Ucrânia. «Quando a guerra acabar, eles voltam para um país livre e europeu. E os Russos? Toda a gente odeia os Russos. Até a maior parte dos russos odeia pessoas como nós, que somos contra o regime.»[32]

O êxodo ganhara ritmo. Mas à medida que os voos para sair do país minguavam, o mesmo acontecia ao número de sítios para onde os Russos poderiam ir sem vistos. A maior parte dos moscovitas da classe média tinha-se habituado à normalidade de ter um visto Schengen europeu nos passaportes. Mas durante dois anos, a União Europeia não emitira vistos devido à covid-19. A embaixada dos EUA não emitia vistos há mais tempo, desde que o Kremlin os obrigou a despedir os funcionários russos, em 2017. Os amigos moscovitas trocavam informações no Facebook — até o acesso ter sido bloqueado, passando então a usar o Telegram, mais seguro. A Turquia não exigia vistos aos Russos, assim como a Arménia, a Geórgia e o Cazaquistão. Muitos intelectuais moscovitas prescientes tinham conseguido passaportes israelitas por ascendência ou casamento — fazendo de Israel uma opção para alguns deles. Um amigo proprietário de um restaurante, que recebera recentemente um passaporte israelita por meio da esposa, contou uma velha piada soviética da década de 1980, quando dezenas de milhares de judeus fugiram da URSS: «Uma esposa judia é agora um tipo de passaporte», afirmou, sorrindo sarcasticamente.[33]

«Tira o teu filho de Moscovo *agora!*» A minha velha amiga Varvara Babitskaya, uma redatora literária, era habitualmente uma das pessoas mais descontraídas que eu conhecia. Agora estava quase histérica. «Ele tem 19 anos», gritou. «Está aqui com um passaporte russo. Não está na universidade. Se não se apresentar para ser alistado, está a desobedecer à lei. Qual é a parte que não entendes?»[34]

O meu filho Nikita estava a divertir-se imenso, passando um ano de intervalo antes de entrar na universidade a trabalhar com uma equipa jovem e brilhante de atores num teatro proeminente de Moscovo. Tinha acabado de ser contratado para coproduzir o principal festival de teatro da Rússia, o Máscara de Ouro. Nikita e os amigos tinham transformado a sala de jantar do apartamento dos avós numa versão moderna do centro de operações de Lenine e Trotsky do Instituto Smolny, ficando a longa mesa cheia de discos rígidos, cinzeiros a deitar por fora, MacBooks e garrafas de vinho. «Somos russos, desastres é o que sabemos fazer melhor», brincou Yasha, de 20 anos, um estudante de realização de cinema com um bigode fino da moda. «Vamos conseguir fazer isto, de alguma maneira.»[35]

No dia seguinte, Yasha foi preso. Ele e uma amiga tinham estado perto de uma manifestação na Alameda Gogolevsky. Quando a força paramilitar da OMON avançara, fortemente armada, a rapariga fugiu. Foi um erro, explicou-me Nikita na noite seguinte. Se conseguirmos, o melhor é ficar firme e sorrir vagamente para os polícias, como se estivéssemos só de passagem. *Sobretudo* se estivermos realmente só de passagem. O meu filho — vestido de fato e gravata, uma camuflagem urbana importante contra a detenção arbitrária — passou cinco horas no centro de processamento para conseguir libertá-los. «Os polícias odeiam ter de fazer isto», relatou. «Também são pessoas.» Odeiam porque são fundamentalmente pessoas decentes, ou porque são preguiçosos e corruptos e preferiam não fazer fosse o que fosse? Nikita fez cara feia.

Era tempo de partir. Os aviões russos tinham sido banidos do espaço aéreo europeu, canadiano e norte-americano, de modo que a Turquia era um dos poucos destinos que ainda aceitava voos de Moscovo. Bilhetes só de ida para Istambul estavam a 1700 euros. Porém, milagrosamente, descobri algumas milhas aéreas esquecidas.

Ainda mais milagrosamente, a companhia aérea Turkish Airlines continuava a emitir passagens de recompensa. Conseguimos reservar a viagem. Espalhou-se a notícia de que Nikita e eu íamos sair da Rússia. Os meus amigos telefonaram-me para me dar dinheiro para levar. A ama de um velho colega apareceu com um maço de euros. Dois anos de propinas do meu filho mais novo, em Roma, foram pagos por uma amiga produtora de televisão, desesperada para tirar dinheiro da sua conta do Sberbank enquanto ainda conseguia fazê-lo. O meu apartamento de Moscovo tornou-se um banco improvisado, comigo a dar dinheiro em espécie a familiares e amigos de russos que viviam no estrangeiro — e recolhia dinheiro de outros que estavam desesperados para tirá-lo do país. Era ilegal levar mais de dez mil dólares em dinheiro para fora do país, de modo que tive de dizer «não» rapidamente.

A Disney, a Warner Brothers, a Sony e outros importantes estúdios de Hollywood bloquearam a estreia dos seus filmes na Rússia. Numa resposta (talvez) irónica, o nosso cinema local da Praça Arbatskaya começou a exibir os filmes de culto *Brat* (*Irmão*) e *Brat 2* — filmes sobre a desesperada década de 1990, violentos e cheios de pobreza, e sobre os russos que fugiram do caos pós-soviético para Nova Iorque. Há duas semanas, eram filmes históricos. Subitamente, pareciam documentários vindos do futuro próximo.

Varvara Babitskaya não podia fazer um último jantar. Fora presa num protesto há dias, tendo sido multada em cerca de 140 euros e tendo ficado com registo criminal. Muito sensatamente, preferiu não ir para as ruas, que estavam cheias de polícias. «Podemos caminhar no quintal», sugeriu. Ao contrário de Alexei — e em comum com a maior parte dos intelectuais de Moscovo —, Varvara não tinha envelopes cheios de euros. Um bilhete para Istambul custar-lhe-ia cinco meses do seu ordenado em rublos, que agora tinham desvalorizado. Estava resignada — e, em qualquer caso, «Quem é que está à minha espera seja onde for no mundo?». Varvara era judia, mas não se tinha organizado para pedir um passaporte israelita — ou não tinha sido suficientemente paranoica.

«Terei de me tornar russa», brincou sombriamente. «Aquela coisa, sabes — aprender a sofrer pela terra-mãe e toda essa merda heroica.»[36]

O Aeroporto de Vnukovo estava deserto, exceto num único ponto de registo de embarque, onde 200 passageiros se alinhavam com crianças, pilhas imensas de bagagem e um número enorme de cães. Não havia pânico, dado que ninguém estava ciente de que este seria um dos últimos voos a sair de Moscovo. Um homem à nossa frente sugeriu graciosamente que fôssemos para outro balcão porque ele «poderia demorar». Tinha três grandes caixas no carrinho — e mais 17 numa pilha imensa, ao lado. «É o meu equipamento de escritório», explicou-se. «Vou estabelecer-me em Riga.»[37] Apesar das histórias que se contavam de ativistas da oposição que tinham sido questionados durante horas pelo SFS — que tinha também procurado mensagens incriminatórias nos seus telefones —, Nikita e eu passámos sem problemas pelo controlo de passaportes e pela alfândega.

Enquanto esperávamos na sala de embarque, o filho de um amigo mandou-nos a notícia de que o seu voo da Aeroflot de Moscovo para Tel Aviv tinha de aterrar em Sótchi, no sul da Rússia. Quando o avião estava no ar, a empresa de *leasing* tinha cancelado o contrato. Nesse dia, o ministro dos Transportes da Rússia sugerira «nacionalizar» — isto é, roubar — todos os aviões que as companhias aéreas russas tinham em regime de *leasing*. A Rússia Unida — o partido de Putin — submeteu um plano para nacionalizar a propriedade de todas as empresas ocidentais que estavam a sair do país. Horas depois, todos os voos e *ferryboats* que entravam ou saíam da Rússia tinham sido cancelados; só um mês depois retomaram hesitantemente as suas operações, e com um serviço muito limitado. Durante a maior parte de março e abril de 2022, só os comboios funcionavam, como se fosse 1917.

As ruas de Istambul estavam pejadas de russos. Ao jantar num restaurante de peixe no bairro Gálata de Istambul, à sombra do telhado de uma igreja russa e de um albergue de peregrinos que já fora o refúgio de milhares de exilados que fugiam do colapso final das forças da Rússia Branca, em 1920, trocámos notícias com uns amigos russos que tinham conseguido sair e com outros que não o conseguiam. A parede medieval de pederneira do restaurante já ouvira tudo isto. Há muitos anos, entrevistei um russo idoso que se apagava, deitado debaixo de um maltratado retrato de Nicolau II. Viveu num sótão, debaixo do telhado de uma igreja, um dos muitos de Gálata, construídos na parte superior de albergues para peregrinos russos que se dirigiam ao Monte Atos. O pai tinha sido o caseiro da embaixada imperial russa, no cimo da colina, onde nascera em 1915. Com cinco anos, viu do jardim da embaixada centenas de navios franceses e britânicos que enchiam o Bósforo, levando refugiados dos exércitos Brancos do barão Pyotr Wrangel, que foram derrotados. O influxo de exilados era hoje menor e menos desesperado. Porém, a impressão de ser expulso de casa para um mundo frio e hostil era a mesma.

Li os diários de Teffi — pseudónimo de Nadezhda Lokhvitskaya, uma autora espirituosa que fugiu de Quiive depois da revolução bolchevique. Como uma nota de dinheiro já fora de circulação que é soprada pelo vento, os acasos da guerra levaram-na primeiro a Constantinopla e depois a Paris. Teffi descreve a sua vida exigente de nostalgia e pobreza, onde antigos coronéis estavam reduzidos a conduzir táxis, antigos nobres se vestiam como ciganos para servir chá nos cafés e todos os tresmalhados do antigo regime se agarravam absurdamente às afetações do seu velho modo de vida. «Os olhos são mortiços, as mãos flácidas ficam caídas e a alma murcha [...]; em nada acreditamos, nada queremos, nada esperamos, estamos mortos. Com medo da morte bolchevique, escolhemos uma vida morta aqui.» Estar exilada, escreveu Teffi, era como ser «um familiar pobre que dá consigo na festa de aniversário de uma casa de ricos».

Enquanto os Russos fugiam do seu país, os que já se encontravam na Europa enfrentavam retaliações. A amiga de 17 anos do meu filho mais novo levou uma bofetada de um estranho quando estava numa rua de Roma a falar russo ao telemóvel com a mãe. Uma mulher russa mais velha, que vivera em Londres durante anos, foi insultada em St. John's Wood. Até os proeminentes ativistas contra Putin e jornalistas, como o escritor Mikhail Zygar (que fugira para Berlim depois de ter sido considerado um «agente estrangeiro»), se aperceberam de que os bancos europeus locais bloqueavam as suas contas por nenhuma outra razão exceto pelo facto de serem de russos.

Em agosto, a Estónia, a Lituânia, a Letónia e a Polónia tentaram banir a emissão de vistos Schengen de turismo aos Russos. Bruxelas resistiu à ideia com base na injustiça de um castigo coletivo — contudo, apesar disso, cancelaram um acordo com Moscovo para facilitar vistos, tornando o processo de pedi-los muitíssimo mais longo e complexo. De uma maneira ou de outra, no final do verão, os números oficiais mostravam que 998 085 detentores de passaportes russos tinham deixado o país desde a invasão da Ucrânia. Metade deles nunca voltou. Mas isso não era nada, comparado com os 7,7 milhões de cidadãos ucranianos que entraram na União Europeia (ainda que 4,7 milhões deles tenham regressado a casa no final de agosto), assim como mais de um milhão que fugiu para a Rússia.[38, 39]

Êxodo: os Ucranianos

Durante os primeiros dias da invasão, as principais estradas que saem de Quiive, da Carquive e de Odessa na direção meridional e ocidental estavam cheias de engarrafamentos. Muitas das principais autoestradas, especialmente as que vão na direção setentrional e nordeste, foram bloqueadas pelo exército ucraniano, receando ataques de artilharia, mas também para deixar um campo livre de fogo para o caso de um ataque russo. Todas as pontes dos rios Danápris e Irpino, exceto duas, foram dinamitadas por sapadores ucranianos, para cortar o avanço russo.

Tal como milhares de outras pessoas, Maria Khromchenko, curadora e crítica de arte, pegou no carro e fugiu, depois de dois dias passados na cave do prédio de apartamentos onde vivia, na parte oriental de Quiive. Quando arriscou ir ao seu apartamento do nono andar, viu um foguete russo a atravessar o céu mesmo por cima da casa. Khromchenko, o marido e os enteados encheram o velho Toyota Land Cruiser com almofadas, cobertores, comida enlatada, uma pilha de artigos eletrónicos («apesar de nos termos esquecido de todos os controlos remotos», recordou) e álbuns de fotografias de família. Teve de abandonar uma coleção de antigas roupas campesinas ucranianas bordadas, que reunira afetuosamente ao longo dos anos, e o cão da família, que acabara de ser submetido a uma operação e foi deixado com os vizinhos. Mas levaram os dois gatos e juntaram-se a uma coluna de veículos que avançava lentamente para sul, numa rota indireta para Vinítsia.[40] A cidadania israelita do marido permitia-lhe sair, mas muitos dos seus amigos enfrentavam uma decisão agonizante — fugir e deixar os maridos para trás, ou ficar, pois todos os homens com menos de 60 anos estavam impedidos de sair devido à ordem de mobilização geral de Zelensky.

A família demorou cinco dias a sair. Nervosos soldados ucranianos, com medo de sabotadores e de agentes russos, mandavam parar e revistavam todos os carros e verificavam os documentos. Numa paragem de camionistas, perto de Bela Tsercva, encontraram uma família que fora roubada à mão armada ao passar por um vilarejo remoto, ficando sem dinheiro, joias ou artigos eletrónicos; contudo, deixaram-nos levar o carro, e os homens do vilarejo indicaram-lhes o caminho. «Foi um pesadelo, ainda que a maior parte das pessoas que encontrámos fosse gentil — fomos muitas vezes acolhidos e alimentados», afirmou Khromchenko. Na fronteira romena, esperaram 20 horas para passar. Porém, depois de estarem em segurança na União Europeia, tiveram uma receção calorosa e bem organizada. Voluntários e organizações de assistência de toda a Europa já estavam no terreno, muitos por iniciativa própria, oferecendo comida quente, albergues e acomodação por toda a Europa.

A União Europeia rapidamente assumiu responsabilidades e alargou a estada sem precisar de visto no território de Schengen de

90 dias para três anos, com o direito de trabalhar. No Reino Unido, um apelo do jornal *Daily Mail* para refugiados ucranianos angariou oito milhões de libras em menos de um mês. Khromchenko decidiu ficar no lado romeno da fronteira e arrendar uma casa grande para acolher refugiados — um projeto que numa questão de semanas conseguiu financiamento de amigos e benfeitores.

Em maio, quando a minha esposa e eu fomos para Pchemichle, na Polónia, para trabalhar como voluntários para a organização Russos pela Ucrânia, constituída por emigrantes russos fugidos do regime de Putin, o acolhimento era impressionante. A World Central Kitchen, uma instituição de caridade norte-americana, montara uma grande tenda de restauração para alimentar quem chegava — com pizas, saladas e sopas. Um hipermercado da Tesco que já não era usado, nos arredores da cidade fronteiriça polaca, fora convertido num imenso dormitório, semelhante a um hangar, que podia acomodar 1500 pessoas. A área de vendas do antigo hipermercado tornara-se uma espécie de espaço de feira de negócios, com dúzias de cabinas onde os governos e as instituições de caridade de todo o mundo ofereciam bilhetes de comboio e de avião gratuitos e acomodação para famílias «adotivas» em Portugal, na Suíça, no Canadá e numa dúzia de outros países. Um par de polícias de Nápoles, *carabinieri,* tinha aproveitado um fim de semana longo para conduzir um miniautocarro cheio de ajuda humanitária, financiada pelos colegas, para a Polónia — regressando com oito refugiados para Nápoles.

Na estação de caminhos de ferro de Pchemichle, uma dúzia de comboios diários chegou a trazer três mil refugiados, a maior parte mulheres e crianças, e um número imenso de animais de estimação. Muitos estavam exaustos e confusos, depois de dias em viagem. No seu desespero, muitos insistiam em continuar até Varsóvia e Berlim. Estas duas cidades estavam de facto inundadas de refugiados, que eram na sua maior parte acomodados em imensas cidades de tendas e centros de conferências. O meu filho Nikita — com um tabardo da organização Russos pela Ucrânia, com uma bandeira russa sem a lista vermelha, só azul e branca — falou pessoalmente com mais de mil refugiados por dia, tentando persuadi-los a interromper a viagem e dirigir-se ao centro de refugiados Tesco para encontrar melhores opções para as suas futuras vidas no exílio. A maior parte destes refugiados eram russófonos do leste da Ucrânia, fugindo da «libertação» dos seus autoproclamados protetores russos. Alguns resistiam à ajuda de russos, mas depressa ficaram aliviados ao saber que a Russos pela Ucrânia não era um truque de propaganda do Kremlin, mas sim uma organização de russos comuns que eram também exilados de Putin. Quase todos os refugiados declararam que regressariam à sua terra natal assim que fosse seguro.

Os refugiados que chegaram a Pchemichle, na Polónia, e a outras encruzilhadas para a Hungria, a Eslováquia e a Roménia eram os sortudos. Centenas de milhares de ucranianos viram-se apanhados pela guerra, com pouca escolha a não ser fugir pelos corredores humanitários estabelecidos pelo exército russo e refugiar-se na Rússia.

Em Mariópolis, a professora Larisa Boiko e a filha de 11 anos, Daria, fugiram da artilharia e dos mísseis no primeiro dia da guerra e refugiaram-se na cave do seu edifício, que há oito anos fora convertido num abrigo antiaéreo. Quando uma resistência ucraniana determinada transformou o assalto russo num duelo selvagem de artilharia, Larisa e Daria esconderam-se, enquanto a sua casa lhes caia em cima. Os 60 residentes da cave eram organizados por um idoso veterano militar, o Tio Borya, que distribuía os beliches e organizava turnos para procurar mantimentos nos apartamentos e lojas locais — e depois nos camiões municipais que enfrentavam os bombardeamentos para entregar comida nos bairros de Mariópolis. A eletricidade falhara no segundo dia, obrigando as pessoas do abrigo a usar malcheirosas lamparinas de parafina dos tempos soviéticos. O mesmo aconteceu com a Internet móvel local, ainda que quem fosse suficientemente corajoso para ir ao terceiro andar conseguisse encontrar um sinal fraco. Uma semana depois do cerco, a casa de banho do abrigo avariou-se e toda a gente tinha de esperar pela noite para «responder lá fora às exigências da natureza».

«Cozinhámos numa lareira improvisada, feita de tijolos, no pátio», recordou Boiko, quando chegou à segurança de Roma, onde ela e a filha ficaram na minha casa. «Dois reformados — um homem e uma mulher — morreram de ataque cardíaco [...]. Tivemos de sepultá-los no pátio, nos intervalos dos bombardeamentos.» Várias mulheres cujos maridos defendiam Azovstal, uma fábrica de aço próxima, ouviram dizer que aí os abrigos eram melhores e mais seguros, de modo que abandonaram a cave para fazer a travessia arriscada, pela cidade, até à Azovstal. Boiko nunca mais soube delas.

Depois de três semanas na cave, suja, com frio e com fome, apareceu um voluntário da defesa civil ucraniana, com um peitilho da Cruz Vermelha, e anunciou que as autoridades da cidade de Mariópolis tinham concordado com os Russos para abrir um corredor humanitário para a retirada de civis. Algumas das pessoas que estavam no abrigo queriam esperar até poderem ir para a Ucrânia que não estava ocupada, ou esperar que as forças ucranianas as libertasse. Porém, Boiko estava desesperada para se ir embora. Na manhã seguinte, os bombardeamentos tinham realmente acabado, de modo que ela e duas dezenas de outras pessoas atravessaram as ruas e os pátios cheios de destroços para chegar ao ponto de encontro estipulado. «A minha cidade natal parecia um filme de guerra», recordou. «Cheirava a morte.» Uma pequena frota de miniautocarros municipais estava à espera — e ficou à espera. Um comandante munido de rádio abortou a retirada, explicando que «os Russos começaram a bombardear outra vez». Distribuiu mantimentos e mandou todos de regresso ao abrigo, para esperar por instruções. «A espera foi a pior parte. Era insuportável voltar [para o abrigo]», recordou.

À terceira tentativa, Boiko e a filha deixaram finalmente Mariópolis e foram conduzidas para um antigo colégio interno fora de Donetsque, onde lhes deram papas de trigo com carne enlatada e lhes permitiram tomar um duche. Os funcionários russos «tratavam-nos com desconfiança, como se estivéssemos infetados com nazismo ou algo assim» — apesar de Boiko, tal como a maior parte dos residentes de Mariópolis, ter no russo a sua língua nativa. No dia seguinte, o grupo foi dividido e levado para diferentes «campos de filtragem», ainda no interior da DNR. Depois de cinco horas de espera, o telemóvel de Boiko foi examinado e ela foi questionada por russos à paisana, os quais pressupôs serem do SFS. «Perguntaram-me quem eram todos os contactos do meu telemóvel, o que o meu [ex-]marido fazia, se eu conhecia pessoas em Azove ou oficiais ou "fascistas" politicamente ativos.»

Boiko teve sorte. O interrogatório só durou 20 minutos, e ela e Daria foram postas noutro autocarro, desta vez para a longa viagem até Rostóvia do Dom, onde lhes deram roupas novas, algum dinheiro e camas num dormitório. Ao longo dos próximos dez dias, mãe e filha viajaram numa série de comboios e autocarros para Moscovo, depois São Petersburgo, em seguida Caliningrado e, finalmente, Polónia. Neste país, uma organização de refugiados contactou uma amiga de escola que vivia perto de Veneza, comprou-lhe bilhetes de avião para Roma e conseguiu voluntários para ajudá-la a fazer a última parte da viagem, até Véneto. «Tive sorte», afirmou Boiko, que de algum modo continuava graciosa e calma, apesar da sua fuga de pesadelo. «Conseguimos sair. Não fomos para a Azovstal. Estamos muito felizes.»[41]

CAPÍTULO 9

Passar das marcas

> «Dantes pensávamos que os Russos tinham o segundo melhor exército do mundo. Agora sabemos que têm o segundo melhor exército na Ucrânia.»
>
> Piada de soldados ucranianos

Negociações

Da sua secretária, no centro de comando militar sob o Palácio Presidencial, Volodymyr Zelensky lançou uma ofensiva tão significativa militarmente como as batalhas que os seus exércitos combatiam no terreno: um pedido de ajuda pessoal e muito emocional aos governos do mundo. «Esta poderá ser a última vez que me veem vivo», disse Zelensky aos líderes europeus numa das suas primeiras videochamadas, dizendo que as mães ucranianas iriam «ver os filhos morrer em defesa de valores europeus». Iriam eles morrer sozinhos ou em vão?[1] Nas primeiras semanas da guerra, Zelensky falou com quase todos os líderes do mundo e fez discursos em parlamentos por todo o mundo. «Pedimos uma resposta. A resposta do mundo. A resposta ao terror», disse ao congresso Norte-Americano. Ao parlamento britânico, fez eco de Winston Churchill: «Não vamos desistir e não vamos perder.»[2] Zelensky revelou-se um bom comunicador, usando inspiração e chantagem emocional nas mesmas doses. «Derrubem este muro», disse Zelensky ao chanceler alemão, Olaf Scholz — citando o desafio do presidente Ronald Reagan aos Soviéticos para demolir o Muro de Berlim —, para apoiar a ideia que defendia de que Putin estava de novo a tentar dividir a Europa. E disse aos parlamentares de Berlim que tinham de ir mais longe para «não terem vergonha de vocês próprios nesta guerra» — uma clara menção às guerras anteriores, com respeito às quais a Alemanha poderia sentir vergonha histórica.

De início, tal como o Kremlin previra, o Ocidente foi forte em retórica, mas fraco em ajuda concreta — especialmente com respeito a armamento pesado, carros de combate e à intervenção da NATO para criar uma zona de exclusão aérea sobre a Ucrânia, que Zelensky desesperadamente pedia. Nos primeiros dias, mesmo na casamata presidencial de Quiive, era forte a convicção de que os Russos iriam em breve cilindrar as defesas ucranianas. Uma única brigada mecanizada ucraniana — a 72.ª — estava disponível para defender Quiive, obrigando os comandantes a deslocar todos os tanques ao seu dispor de centros de treino dos arredores da capital para formar batalhões improvisados. Era claramente insuficiente para enfrentar o grosso da força de tanques russa, caso estes conseguissem ultrapassar os subúrbios de Quiive e entrar na cidade propriamente dita. «As pessoas que sabiam de questões militares chegaram ao pé de [Zelensky] e disseram: "Não vamos conseguir resistir"», afirmou Oleksiy Arestovych, um conselheiro do presidente, ao *The Washington Post*. «A questão simples é que todos os nossos parceiros nos dizem que será muito difícil para nós, que temos quase zero hipóteses de ser bem-sucedidos», disse no primeiro dia de invasão o diretor do Conselho de Defesa e Segurança Nacional, Oleksiy Danilov, a Zelensky. «Não vamos receber muito apoio nos primeiros dias, porque vão esperar para ver como conseguimos defender o nosso país [...]. Talvez não queiram que uma grande quantidade de armas caia nas mãos dos Russos.»[3]

Porém, os Russos nunca conseguiram romper as defesas. O revés inicial no Aeroporto de Hostomel, em combinação com uma resistência muitíssimo mais acirrada do que se esperava, graças a unidades ucranianas que tinham recebido treino da NATO e que tinham armas antitanque fornecidas por esta aliança, provocou uma grande destruição na força avançada russa vinda do norte. Uma imensa resposta pública internacional aos comoventes apelos de Zelensky começou a mudar o estado de espírito político nas capitais europeias. Para ajudar Quiive, a Alemanha oferecera-se inicialmente para enviar nada de mais mortal do que coletes à prova de bala e capacetes, mas os meios de comunicação reagiram muito mal. No dia 3 de março, numa mudança muito significativa de política, o Ministério Federal Alemão de Relações Económicas autorizou o fornecimento de armas letais, na forma de 2700 mísseis terra-ar (SAM).[4]

Ao mesmo tempo, Zelensky depressa se pôs em campo para estabelecer conversações de paz com a Rússia. A sua primeira oferta, apresentada no segundo dia de guerra, foi declarar que o governo ucraniano não tinha «medo de falar do seu estatuto neutro».[5] Também Putin declarou estar disposto a negociar um rápido acordo de paz, dizendo ao presidente chinês Xi Jinping que «a Rússia está disposta a conduzir negociações ao mais alto nível com a Ucrânia».[6] No dia 27 de fevereiro, representantes russos e ucranianos reuniram-se em Gomel, na Bielorrússia. As condições de Putin foram apresentadas pelo antigo ministro da Cultura, Vladimir Medinsky, um conhecido nacionalista radical, mas um funcionário menor, cujo estatuto diminuto pareceu aos Ucranianos representar um insulto calculado. Como condição para pôr fim à invasão, Putin exigia a neutralidade da Ucrânia, a «desnazificação» e a «desmilitarização», assim como o reconhecimento da Crimeia como território russo.[7] Outra reunião, desta vez promovida pelo presidente turco, Recep Tayyip Erdoğan, e que ocorreu em Antália, na Turquia, entre Sergei Lavrov e Dmytro Kuleba, o ministro ucraniano dos Negócios Estrangeiros, chegou também ao fim sem qualquer avanço significativo.[8] Porém, nesta fase inicial da guerra, apesar de tudo, Zelensky tornou claro que pelo menos uma das exigências do Kremlin — o abandono por parte da Ucrânia da via que levava à adesão à NATO — era ainda negociável, apesar de a desistência de quaisquer territórios tomados desde o dia 24 de fevereiro não o ser.

A Ucrânia não iria aderir à NATO «em breve», admitiu Zelensky no dia 15 de março. «É uma verdade e tem de ser reconhecida.» Em vez disso, propôs um estatuto neutro e desnuclearizado para o seu país — sujeito a um referendo nacional.[9] O porta-voz de Putin, Dmitry Peskov, concordou que as conversações estavam a «progredir» — mas exigiu um modelo de «desmilitarização» da Ucrânia, semelhante ao modelo da Áustria e da Suécia, que são países não-alinhados com pequenos exércitos. O negociador ucraniano, Mykhailo Podolyak, ofereceu em resposta outro plano: a neutralidade ucraniana seria garantida por um conjunto de potências europeias, juntamente com os EUA; direitos garantidos para os russófonos da Ucrânia; o regresso das tropas russas às fronteiras anteriores a 24 de fevereiro. Na prática, passou em claro a questão dos territórios disputados da Crimeia e do Dombás, até uma data posterior.[10]

Em retrospetiva, este teria sido um excelente acordo para Putin — um acordo que lhe teria permitido anunciar uma vitória rápida, declarando em triunfo que as repúblicas recém-independentes de Donetsque e Luansque estavam a salvo da agressão ucraniana, a tempo do muito antecipado feriado de 9 de maio, o Dia da Vitória. Contudo, como de costume, Putin sobrestimou os seus poderes e parecia ainda acreditar numa vitória militar. Na realidade, a oferta de paz em Antália, em meados de março, seria a concessão mais generosa de Zelensky. Naquelas primeiras semanas, Zelensky negociava com «as costas contra a parede [...]. Os Russos estavam a meia hora do centro de Quiive», recordou um dos seus conselheiros. «Não sabíamos qual era o nível de apoio que poderíamos esperar da NATO.» Zelensky estava efetivamente «disposto a perder as [LDNR] e a Crimeia, para salvar a vida de milhares de pessoas inocentes».[11] Aquela debilidade não se repetiria. Durante o mês de abril, Boris Johnson — seguido de outros líderes europeus — visitou Quiive com garantias de apoio militar, e, crucialmente, os EUA começaram também a enviar os primeiros fornecimentos de armamento pesado. Em agosto, Zelensky, encorajado pelo sucesso no terreno e pela imensa ajuda militar da NATO, não só voltou atrás na sua ideia de conceder a perda da Crimeia como passou a exigir que a Crimeia voltasse para a Ucrânia. Zelensky bombardeava também regularmente a península, que estava nas mãos dos Russos. Em setembro, depois de Putin ter formalmente anexado as províncias parcialmente ocupadas de Quérson, Zaporíjia, Luansque e Donetsque, Zelensky não só se candidatou à entrada rápida na NATO como declarou que estava disposto a encetar conversações com a Rússia — desde que tivesse outro presidente.

Tanto a hesitação inicial da NATO quanto à ajuda a conceder como a ganância estratégica de Putin tinham uma razão de ser mais profunda do que as dúvidas quanto à capacidade de resistência da Ucrânia. No terceiro dia da guerra, Putin chocou o mundo ao anunciar que tinha posto as forças estratégicas nucleares russas em «regime especial preventivo» — e avisou os países estrangeiros para não interferir na sua invasão da Ucrânia, dizendo que poderia levar a «consequências nunca vistas».

Armas nucleares e MiG

Estaria Putin realmente a planear bombardear o Ocidente com armas nucleares, caso este interferisse na Ucrânia — ou era apenas um *bluff*? Ninguém sabia de ciência certa. Em Londres, Boris Johnson reuniu os principais comandantes militares na sala de reuniões A do seu gabinete em Whitehall — cujo acrónimo britânico é COBRA — para discutir quão seriamente deveriam considerar a ameaça. Apesar de os principais generais descontarem a ameaça de um ataque estratégico por ser «obviamente suicida», a possibilidade de Putin usar uma arma nuclear no campo de batalha foi levada muito mais a sério, segundo um funcionário da Rua Downing com conhecimento direto da reunião.[12] Em Paris, os conselheiros de Emmanuel Macron chegaram em grande parte à mesma conclusão — e também concordaram confidencialmente que, se Putin usasse um dispositivo nuclear tático, a França pressionaria a NATO para «uma resposta convencional esmagadora [...], mas não uma resposta nuclear», segundo um importante conselheiro que falou regularmente com Macron naquele período.[13]

Numa cimeira de Pequim, no dia 4 de fevereiro de 2022, Xi Jinping e Vladimir Putin anunciaram uma «amizade sem limites» sem «áreas proibidas» de cooperação. Os dois líderes declararam que o novo nível de parceria estratégica sino-russa era «superior» às alianças da era da Guerra Fria.[14] Pequim estava ciente dos planos da Rússia para uma operação militar, segundo uma fonte que há muito tempo tem ligações próximas com os níveis superiores da liderança política e militar da China. Contudo, os Russos apresentaram a operação militar que se avizinhava como uma «operação limitada, para recuperar uma província russa perdida [e] reunificar a Rússia, no seio das suas fronteiras históricas». A narrativa russa acomodava-se à chinesa com respeito a Taiwan — apesar de se ter especificado que a operação russa não poderia interferir com os Jogos Olímpicos de Inverno de Pequim, que acabaram no dia 20 de fevereiro de 2022.

O mais importante era que num anexo confidencial à «amizade sem limites» se encontrava uma garantia de segurança mútua — que a Rússia procurara obter da China há décadas, mas que até agora tinha sido incapaz de conseguir, afirmou a fonte. Tal como o Artigo 5 da NATO, Pequim e Moscovo comprometiam-se a ajudar-se mutuamente militarmente no caso de uma invasão estrangeira do seu território e se algumas condições especiais fossem satisfeitas com respeito às causas dessa invasão. Essa ressalva extremamente astuta e presciente, introduzida por insistência chinesa, iria, na prática, excluir territórios recentemente anexados em tempo de guerra, libertando assim Pequim de qualquer compromisso de responder a ataques aos territórios anexados da Ucrânia.[15]

A escala da operação militar russa — em particular o segredo cuidadosamente guardado de um ataque de guerra-relâmpago a Quíive, do qual o próprio Lavrov não esteve ciente pelo menos até 21 de fevereiro — apanhou Pequim de surpresa. Apesar de os Chineses apoiarem oficialmente Putin em sede diplomática, culpando a NATO de provocar o conflito, havia a preocupação séria (inteiramente bem fundamentada) de que Putin tinha ido além dos limites, fazendo o Ocidente assumir uma frente unida, coisa que uma operação limitada no Dombás teria evitado. A ameaça de escalada nuclear de Putin, no dia 27 de fevereiro, alarmou o mundo, incluindo os Chineses. Uma prioridade capital de Pequim era que o confronto entre a Rússia e a NATO «não chegasse a qualquer escalada nuclear, e ajudar a chegar a um cessar-fogo», afirmou a fonte, que tem um contacto pessoal regular com os líderes do Exército Popular de Libertação (EPL). Putin tinha — de maneira completamente irresponsável e perigosa, aos olhos dos Chineses — jogado a sua carta mais perigosa logo no início do conflito.

Por isso, quando, uns dias depois, houve outra ameaça de escalada, na forma de uma oferta do governo polaco para fornecer à Ucrânia a frota completa de caças MiG-29 da era soviética, os Chineses ficaram preocupados. Porém, era pouco provável que os MiG polacos fizessem grande diferença no campo de batalha. No fim da primeira semana de março de 2022, a Força Aérea Ucraniana punha no ar entre cinco e dez missões por dia, aproximadamente, usando um conjunto de cerca de 50 jatos de combate e, segundo o Oryx, uma publicação na Internet de informações secretas com base em fontes públicas, não perdera mais de sete caças desde o início da invasão russa. Os russos, em contraste, faziam 200 saídas por dia, mas em grande parte dos casos não saíam do espaço aéreo russo, para evitar os sistemas de defesa aérea no solo.[16]

Os MiG-29 da Polónia, entre 26 e 33, foram fabricados no início da década de 1980 para a Força Aérea da Alemanha de Leste e vendidos a Varsóvia pelo montante simbólico de um euro cada, em 2003. A Roménia, que tinha 20 jatos MiG-29 semelhantes, desativara-os há muitos anos.[17] Contudo, um país da NATO a fornecer caças de qualquer tipo a Quiive representava um importante passo simbólico, ainda que operacionalmente talvez não fosse significativo, na direção do envolvimento direto da NATO no conflito. De início, Washington estava confiante. Porém, no dia seguinte, 9 de março, o Pentágono mudou abruptamente de posição, declarando que a proposta da Polónia «não era viável».

O que fez mudar a posição de Washington? Em parte, foi uma iniciativa de bastidores, urgente e confidencial, apoiada pelos Chineses e liderada pelo Instituto de Estudos Estratégicos Leste-Oeste, uma instituição baseada no Reino Unido que inclui antigos líderes europeus. Desde a declaração de Putin de 27 de fevereiro quanto à prontidão nuclear, o EPL tem desenvolvido contactos entre canais militares (e não diplomáticos ou políticos) e importantes oficiais generais russos com os quais tem tido contacto pessoal ao longo de anos de exercícios militares conjuntos e de aquisição de equipamentos militares. O objetivo de Pequim era assegurar que, caso houvesse uma decisão política de usar armas nucleares, o exército russo insistiria em ater-se à sua velha doutrina nuclear militar de usá-las unicamente se fossem provocados por ataques em solo russo.

Quando a proposta polaca dos MiG foi noticiada, abriu-se um canal de bastidores entre Washington e o EPL — o que não era habitual, dada a deterioração dos contactos mútuos durante a presidência de Trump. Pequim concordou que se os EUA bloqueassem a proposta polaca, daria o seu melhor para neutralizar ao nível operacional a ameaça de Putin. «Funcionou», afirmou uma fonte chinesa, sem mais pormenores. «Os [EUA] decidiram que fornecer aviões era passar das marcas.»[18]

Apesar de esta iniciativa privada de bastidores, ocorrida no início de março, não ter sido anteriormente noticiada, o facto de, ao longo da guerra, os EUA terem mantido uma atitude fundamentalmente cautelosa quanto ao fornecimento de armas pesadas à Ucrânia confirma que Washington continuou profundamente ciente das preocupações chinesas — que eram partilhadas por muitas das maiores nações da União Europeia. Apesar de uma escalada dramática em fornecimento de dinheiro e equipamentos militares — incluindo artilharia de 155 mm, como a da NATO, capaz de disparar projéteis guiados, e o Sistema de Artilharia de Foguetes de Alta Mobilidade (HIMARS, no acrónimo inglês) —, a NATO inibiu-se de fornecer aviões e helicópteros de ataque, tanques como os da NATO, mísseis de batalha de longo alcance e sistemas de mísseis de cruzeiro.

Ao mesmo tempo, o apoio chinês a Moscovo continuou igualmente cauteloso. Pequim ofereceu apoio diplomático e informativo — mas excluiu cooperação militar significativa, obrigando os Russos a comprar *drones* ao Irão, a retirar processadores de computador de eletrodomésticos e a tentar comprar helicópteros, mísseis e sistemas de defesa de mísseis anteriormente vendidos aos seus clientes militares do mundo em desenvolvimento. Tal como afirmou em maio o ministro da Defesa do Reino Unido, Ben Wallace, os oficiais militares britânicos que andavam pelo mundo a tentar comprar equipamentos soviéticos para dar à Ucrânia como ajuda militar repetidamente «tropeçaram nos Russos, que andavam à procura [...] de reabastecimentos».[19]

Porém, o que realmente mudou a narrativa das tentativas ucranianas para encontrar uma reconciliação com Moscovo, e também a atitude do Ocidente com respeito a disponibilizar armamento pesado a Quiive, foi a realidade em mudança no campo de batalha. Até ao fim do primeiro mês, as forças da Rússia tomaram três cidades ucranianas no Sul sem combates: Quérson, Melitópol e a cidade portuária de Berdiansque, no Mar de Azove. Cercaram Mariópolis, e dedicaram-se a bombardear a cidade até ficar transformada em entulho, como o exército russo fizera em 2000 à capital da Chechénia, Grózni. Porém, em torno de Quiive e de Carquive, um mês de encarniçada resistência ucraniana combatera o avanço russo, fazendo-o ficar num impasse sangrento. Os Russos, dizimados e debaixo de contra-ataque tanto de artilharia como de pequenos grupos móveis armados com mortíferas armas antitanque, responderam com um ciclo perverso de represálias contra a população civil.

Bucha

Nos tempos imperiais russos e soviéticos, as povoações de Bucha e Irpino, cerca de 20 quilómetros a noroeste de Quíive, foram prósperos vilarejos de dachas, dispostas entre pinhais densos e rios serpenteantes. Os Soviéticos tinham construído aí sanatórios e um retiro literário. Boris Pasternak, num poema de 1930, escreveu: «Irpino é a memória do povo e do verão, da liberdade, da fuga da opressão.»[20]

No dia 27 de fevereiro, enquanto decorria a batalha do Aeroporto de Hostomel, poucos quilómetros a sul, as tropas russas entraram em Bucha. A coluna caiu numa emboscada das forças ucranianas. Fogo de artilharia e *cocktails molotov* atirados pelos irregulares daquela área destruíram quase 100 veículos russos na Rua Vokzalna de Bucha e nos vilarejos próximos. Meses depois, à beira da maior parte das estradas da área estavam ainda espalhados amontoados retorcidos de tanques destruídos, latas de ração enferrujadas e as medulas espinais dos soldados russos que morreram queimados nos assentos de aço.

Quatro dias depois, os Russos tinham retirado desordenadamente de Bucha. No dia 3 de março, um grupo de soldados ucranianos ergueu a bandeira amarela e azul da Ucrânia na Câmara Municipal. Voluntários locais das Forças de Defesa Territorial Ucraniana — a maior parte sem armas — saíram das caves das suas casas e foram para improvisados postos de controlo que rodeavam o pequeno povoado. Irina Filkina e os outros empregados do centro comercial Epitsentr K pensavam que a guerra tinha acabado.[21] «Ficámos tão aliviados», recorda Galina Smirnova, que trabalhava no departamento de materiais de construção do Epitsentr. «As colegas do trabalho diziam todas que nos safámos bem, que os nossos rapazes tinham expulsado os ocupantes.»[22]

Estavam muito enganadas. Ao fim da tarde de 3 de março, outra unidade de russos da 64.ª Brigada Distinta de Guardas Fuzileiros Motorizados reocupou o povoado, que estava ainda pejado de carcaças carbonizadas de dúzias de carros de combate russos e de carros de civis, que tinham tentado fugir nos primeiros dias da invasão, cheios de buracos de balas. Colunas de tanques russos, ladeados de tropas desmontadas, passaram por Bucha, rua a rua. Os voluntários da Defesa Territorial Ucraniana, muitíssimo inferiores em armamento, esconderam-se onde podiam. Os russos foram de casa em casa, juntaram-nos e empurraram-nos, juntamente com algumas dezenas de habitantes locais, para o estacionamento de um edifício de escritórios da Rua Yablunska. Depois de um interrogatório perentório, oito dos nove homens da Defesa Territorial foram fuzilados. O único sobrevivente concordara atuar como informador para os Russos e identificar outros camaradas.[23]

Irina Filkina vivia na Rua Yablunska. Há apenas alguns dias, na véspera da invasão, arranjara as unhas com a sua professora de estética, a esteticista local, Anastasia Subacheva. Escolheu vermelho-cereja para o Dia de São Valentim, desenhando «um coração numa unha, porque tinha começado a gostar de si própria», disse Subacheva à CNN.[24] As duas filhas de Filkina, que viviam perto, em Irpino, tinham ido de autocarro para a Polónia assim que começara a guerra. Todavia, Filkina decidira ficar para trás, trabalhando como cozinheira voluntária para as pessoas que se tinham refugiado no cavernoso centro comercial Epitsentr, assim como para os soldados ucranianos que tinham reocupado Bucha brevemente.

No dia 5 de março, com dois dias de segunda ocupação russa, Filkina deu-se conta de que era tempo de partir — urgentemente. Os russos andavam a fuzilar pessoas indiscriminadamente nas ruas. Os oito corpos no estacionamento do edifício de escritórios da Rua Yablunska foram deixados a apodrecer, cobertos de lixo deitado das janelas pelas forças russas de ocupação, que tinham transformado o edifício de escritórios e uma fábrica de vidro próxima em base de operações.[25] Um comboio constante de carros locais estava a levar as pessoas do Epitsentr para território ucraniano livre, numa viagem perigosa pelas linhas da frente. Porém, Filkina não tinha lugar. A filha mais velha, Olga Shchyruk, de 26 anos, implorou-lhe ao telemóvel para não ir na sua bicicleta preta para casa naquele dia, incitando-a a apanhar um dos comboios suburbanos que ainda funcionavam. «Disse-lhe que não era seguro», recordou Shchyruk, uma psicóloga infantil que estava a fazer trabalho voluntário para ajudar outros refugiados ucranianos na Polónia. «A Rússia [tinha] ocupado todo o vilarejo — andavam a matar pessoas.» Filkina respondeu-lhe: «Olga, não conheces a tua mãe? Sabes que sou capaz de mover montanhas!»[26]

Filkina não chegou a casa naquele dia. Imagens de um *drone* ucraniano captaram o momento aparente da sua morte. Nas imagens, vê-se uma mulher a andar com uma bicicleta preta na esquina da Rua Deputatska, para entrar na Rua Yablunska. Um veículo blindado de transporte de pessoal disparou quatro rajadas de uma metralhadora pesada, fazendo a ciclista cair. Um vídeo gravado posteriormente na rua mostra o corpo de uma mulher de blusão azul e calças claras estatelada no chão ao lado de uma bicicleta preta, perto de um poste de eletricidade caído e de destroços de carros carbonizados. Uma perna tinha sido mutilada. O braço estava de lado. Os colegas de Filkina disseram aos militares ucranianos que ela tinha sido morta, e a filha Olga recebeu uma chamada mais tarde, nesse dia, informando-a de que a sua mãe tinha sido morta a tiro. Os militares disseram que seria impossível recolher o corpo porque um tanque russo estava posicionado nas imediações. De início, Shchyruk recusou-se a acreditar na notícia. «Imaginei que [a minha mãe] estava apenas escondida na cave», disse Shchyruk. «Que viu os ocupantes e ficou em algum sítio à espera.»[27]

No dia 29 de março, aquando de outra ronda de conversações em Istambul, o ministro da Defesa da Rússia anunciou uma «redução drástica da atividade militar» nas frentes de Quíive e Tcherniguive. O negociador russo, Medinsky, insistiu que «não era equivalente a um cessar-fogo». O Pentágono também pensava que os Russos estavam a «reposicionar-se, e não a bater em retirada».[28] Estavam enganados. As tropas russas retiraram de Bucha — e de todas as províncias de Quíive e de Tcherniguive — no dia 31 de março, e continuaram a deslocar-se até à fronteira russa. No dia

1 de abril, a força russa de 30 mil homens que fora enviada para tomar Quíive tinha retirado por completo, deixando no campo de batalha centenas dos seus mortos e também centenas de tanques e de carros de combate carbonizados. Deixou também os corpos de centenas de civis assassinados, o que faria dos nomes de Bucha, Irpino e da próxima Motijin sinónimos de crimes de guerra russos.

Os fotógrafos da Agência Reuters foram os primeiros a conseguir imagens do corpo de Filkina, no dia 3 de abril — a mão esquerda fechada saindo da manga azul do casaco, com o distinto verniz vermelho-cereja das unhas, e um coração numa das unhas. Quando viu as fotografias, recordou Shchyruk, «soube que a minha mãe tinha sido morta [...]. Senti quebrar-se-me a espinha. Fiquei no chão, chorando em desespero».[29]

Pelo menos 20 outros corpos de civis estavam por sepultar na Rua Yablonska. No total, 458 corpos seriam encontrados nas ruas e sepultados em valas comuns, só em Bucha.[30] Mais de 400 vítimas tinham sido mortas por fuzilamento, tortura ou espancamento. A Rússia acusou a Ucrânia de orquestrar uma simulação em Bucha, acrescentando a televisão estatal a acusação de que as fotografias e os vídeos eram encenados. Biden pediu que Putin fosse julgado por crimes de guerra cometidos pelos soldados russos em Bucha.[31] Zelensky, com colete à prova de bala e rodeado de jornalistas, visitou a carnificina no dia 4 de abril. O seu rosto estava pálido e mal continha as emoções. «Penso que [Zelensky] envelheceu 20 anos nesse dia», disse um assistente próximo. «Quando voltou a Quíive desfez-se em lágrimas. Estava fora de si [...]. É uma pessoa muito emocional. Era-lhe difícil manter o controlo.»[32]

No dia em que Zelensky visitou Bucha «algo mudou nele», disse o assistente. E a guerra também mudou. Para Zelensky, pessoalmente, e também para a sua comitiva, para os líderes ocidentais e para milhões de pessoas de todo o mundo, a invasão da Rússia revelara-se um ato de selvajaria contra civis, sem precedentes na Europa desde a Bósnia — e, antes disso, da Segunda Guerra Mundial. Desse ponto em diante, não podia haver soluções de compromisso.

Toda a gente ficou chocada

Ao fim da terceira semana de guerra, com um casaco de penas da Loro Piano de 9800 euros e uma camisola de gola alta de 3000 euros da marca italiana Kiton, Putin mostrou-se a uma multidão de 200 mil pessoas que agitavam bandeiras no Estádio Luzhniki de Moscovo, para fazer um discurso provocador. A invasão da Ucrânia tinha que ver com a defesa de «valores universais» de todos os russos, afirmou Putin — antes de a transmissão em direto ter sido cortada, ao cabo de 17 minutos. O vídeo foi cortado por «razões técnicas», explicou posteriormente um porta-voz de Putin. Na verdade, imagens de vídeo partilhadas nas redes sociais mostravam que alguns sectores da multidão tinham começado a assobiar o presidente — um gesto de extremo desagrado na cultura de encenação russa. Alguns dias antes, apareceu um vídeo do governador de Nijni Tagil sendo emocionalmente repreendido pelas mães dos soldados cujos filhos recrutados tinham sido enviados para a Ucrânia, apesar da promessa pública de Putin de que só os soldados profissionais contratados entrariam nos combates.

À porta fechada, Putin demitiu oito generais das mais elevadas patentes e estava «furioso» com o SFS por ter informações secretas erradas e uma má estratégia — ou pelo menos foi o que afirmou Oleksiy Danilov, o diretor do conselho de segurança da Ucrânia. Começaram a circular rumores de que o coronel-general Sergei Beseda, do SFS, e o seu adjunto estavam em prisão domiciliar, acusados de desviar fundos destinados a subornar políticos e comandantes do exército ucraniano.[33] Beseda apareceu mais tarde em círculos oficiais, aparentemente nada afetado pela sua experiência — como se nada tivesse acontecido.

Elvira Nabiullina, a influente diretora do Banco Central da Rússia, tentou demitir-se em protesto pelo prejuízo que a invasão estava a provocar na economia — mas a demissão foi rejeitada, segundo uma fonte próxima.[34] Além disso, fez-se-lhe compreender que os negócios dos membros da sua família iriam sofrer consequências, de maneira que não saiu — mordazmente, contudo, nunca mais usou senão roupas pretas em todas as reuniões do seu gabinete.

Houve também casos noticiados de insubordinação e revolta entre os militares. Na Crimeia, 12 membros da Guarda Nacional — incluindo um capitão — foram dispensados por se recusarem a ir para a guerra na Ucrânia, defendendo que as ordens eram «ilegais». Os 12 processaram o governo para inverter a dispensa e serem readmitidos, uma cartada que apenas uns meses depois iria parecer uma atitude de desafio impensável.[35]

Até patriotas apaixonados, como Igor Girkin, se tornaram críticos severos da campanha fracassada do Kremlin. «Depois de 29 dias de operação especial, nenhum dos objetivos estratégicos foi atingido», disse Girkin à OSN, uma publicação da Internet. «O meu maior receio é que estejamos a ser empurrados para um jogo de forças demorado e sangrento, que será extremamente perigoso para a Federação Russa.»[36]

No dia 13 de abril, um cruzador de 11 mil toneladas com mísseis guiados, *Moskva,* navio-almirante da Frota do Mar Negro, foi atingido por dois mísseis de cruzeiro antinavios ucranianos Neptuno e incendiou-se. Um vídeo captado por telemóvel, feito a partir de um dos navios de resgate, mostrava o incapacitado navio inclinado para um dos lados e a vomitar fumo denso. Os rebocadores da marinha russa tentaram puxá-lo, mas acabou por afundar-se às três horas da manhã seguinte. Tal como acontecera com a perda do submarino *Kursk* em 2000, a reação inicial da marinha foi negar e baralhar. A sede da Frota do Mar Negro em Sebastopol reconheceu que ocorrera um incêndio a bordo, alegadamente provocado por um cigarro — uma explicação recorrente, que depois se tornaria a causa oficial de várias explosões de paióis de munições russos, incêndios em armazéns e ataques em aeroportos, que se tornou no gozo de um popular meme ucraniano de Internet. Mais tarde, nesse mesmo dia, o almirantado russo concedeu que o navio estava com dificuldades e acabou por admitir que se afundara numa tempestade, morrendo um marinheiro, estando 27 desaparecidos e tendo 396 sido salvos. Tratava-se do cruzador *Moskva,* ao qual os defensores ucranianos da Ilha das Serpentes enviaram a sua mensagem insolente: «Navio de guerra russo, vão-se foder!» O afundamento do *Moskva* — um veterano de conflitos na Geórgia, na Síria e na Crimeia, e, de longe, o navio mais poderoso do Mar Negro — foi a perda naval mais séria que a Rússia teve numa guerra desde 1944. O afundamento espoletou júbilo em Quíive e por toda a Ucrânia, proporcionando um muito necessário ímpeto moral na sequência das horríveis revelações de Bucha. A perda do *Moskva* tornou-se também objeto de um conjunto de selos dos correios ucranianos, estampados com a famosa mensagem (mas com asteriscos) da Ilha das Serpentes. Os correios ucranianos lançaram primeiro um selo com a expressão *русский корабль иди нахуй*, em março, e tornou-se de imediato um sucesso internacional, com um preço de mercado dez vezes superior a qualquer selo ucraniano dos últimos trinta anos. Depois do afundamento do Moskva, foi impresso um segundo selo, semelhante ao primeiro, mas com a palavra «Feito» escrita de atravessado. (Pode acreditar em mim: sou filatelista.)

Apesar da bravata pública de Putin, grande parte dos empresários russos e da elite governativa ficou em estado de choque imediatamente a seguir à invasão — um choque que parecia ficar pior com cada má notícia. O encerramento do sistema SWIFT e das lojas ocidentais, o bloqueio do espaço aéreo europeu a aviões russos, a proibição do Banco Central Russo de transferência de dinheiro para fora do país, cinco conjuntos de sanções graves às exportações russas, a retirada de Quíive, o massacre de Bucha, o afundamento do *Moskva*... «todas as manhãs, adiava a leitura de notícias no telemóvel até ter bebido café e ter olhado pela janela por uns momentos, para ganhar coragem», afirmou uma influente colega de Sergei Lavrov, a quem irei chamar Angelina Melnikova. «Todos os dias, mais uma merda qualquer.» Para Melnikova, o momento em que se deu conta de que «estávamos completamente lixados» foi quando o UPDK — oficialmente, o braço diplomático da Rússia, que, não oficialmente, é o braço de administração das propriedades do Ministério dos Negócios Estrangeiros — ficou sem papel para imprimir documentos, obrigando o gabinete a usar o lado em branco de folhas já impressas.[37]

Vse prosto okhuyeli foi uma expressão que ouvi em muitas conversas com empresários, jornalistas e contactos no governo de Moscovo, quando aí regressei no início de maio — uma expressão muito obscena e dificilmente traduzível que significa, literalmente, «toda a gente comeu caralho [do choque]». Um bilionário das telecomunicações que tem ligações próximas com contratos estatais, sócio de um dos mais importantes *siloviki* da Rússia, deu uma festa para os amigos mais próximos na sua propriedade privada, perto de Moscovo, na primeira semana de guerra. «Brindamos ao passado, aos bons tempos», disse o homem de negócios aos amigos, levantando um copo do seu melhor clarete. «Esses dias acabaram-se [...]. Temos de encontrar uma nova felicidade.» A conversa à mesa, segundo um dos convivas, era sobre liquidar bens, vender quadros, livrar-se de aviões privados que já não podiam entrar na Europa nem nos EUA com passaportes russos a bordo.[38]

No Ministério dos Negócios Estrangeiros, «toda a gente compreendia tudo», afirmou Melnikova, que teve uma carreira empresarial de grande sucesso e que passou algum tempo nos EUA antes de se tornar uma executiva no Ministério. «Mas ninguém falava do caso. [A guerra] era como uma pessoa de família que foi presa por fazer qualquer coisa horrível [...]; um tema doloroso que seria de mau gosto mencionar.» Ao mesmo tempo, grande parte da ira privada de Melnikova não tinha Putin por objeto, mas sim «todo o Ocidente, que provocou esta situação». Tal como muitos russos da sua classe e geração, Melnikova era um exemplo vivo do pensamento dúplice de George Orwell — que se define como a capacidade para ter, simultaneamente, duas crenças mutuamente contraditórias. Para ela, Putin e a sua comitiva era «uma mão-cheia de bandidos e de velhos *apparatchick* do KGB» — contudo, considerava que a resposta do Ocidente era sobretudo motivada por «temer a Rússia [...] e pura russofobia». Tal como muitos profissionais de Moscovo, a perspectiva de emigrar era uma impossibilidade prática. No Ocidente, nunca conseguiria ter o mesmo estilo de vida, com uma mansão num prestigiado subúrbio de Moscovo, uma equipa de amas, dois carros caros e um marido que não trabalhava.

Depois do choque veio a paranoia. Uma apreensão intensa apoderou-se de todos os meus velhos contactos no governo e no exército. Das 60 e tal mensagens de texto que enviei nos primeiros dias depois de regressar a Moscovo, talvez umas 20 tenham sido respondidas — a maior parte das quais explicando que não podiam estar em contacto com um jornalista estrangeiro. Perguntei a um antigo funcionário importante qual era a sua leitura do sentimento entre os seus antigos colegas do Kremlin. «Qual *sentimento*? Estás num comboio», respondeu. «Não és o condutor do comboio. Sabes que vai parar em algum sítio para onde talvez não queiras ir. Mas vais saltar do comboio e ficar para trás?»[39] Alguns velhos conhecidos estavam resignados, outros tornaram-se agressivamente nacionalistas. Um antigo diretor da estação de rádio liberal Echo Moskvy — anteriormente um bastião de valores democráticos — telefonou-me, bêbedo, para anunciar que estava com uns amigos a beber na dacha. «Adivinha ao que estamos a brindar?», perguntou. «Ao sucesso das armas russas! Glória à Rússia!»

Anna Bondarenko, uma redatora de televisão estatal, parecia culpar-me pessoalmente pelas sanções e por provocar a guerra. «Que estavam vocês a fazer com os exercícios da NATO?», perguntou. «O que esperavam que fizéssemos? Só estavam à procura de uma desculpa para lixar a Rússia.» Perguntei-lhe pela família que tinha na Ucrânia. «Ah, ficaram todos fascistas», respondeu. «Acreditaram em todas as vossas notícias falsas de Bucha. Apesar de eu lhes ter enviado todas as provas — corpos que se levantam depois de as câmaras terem passado, corpos a virar-se, tudo isso. Mas levaram uma lavagem cerebral. Mandaram-me foder e para não voltar a telefonar.» Bondarenko parecia muito confiante que em breve as lojas de Moscovo estariam de novo fornecidas — e mesmo que não estivessem, ela compraria todas as roupas de *designer* em Dubai. «Não há mais viagens de compras para Milão?

Pior para Milão. Vão todos à falência sem clientes [russos]», afirmou. «É o preço a pagar pelo vosso ódio!»

Ao mesmo tempo, os cartazes com o «Z», os toldos e os autocolantes nos carros, que tinham proliferado em Moscovo nos primeiros dias da guerra, tinham desaparecido por completo em maio. As autoridades da cidade parece que preferiam fingir — juntamente com a maior parte dos cidadãos da capital — que a guerra não estava a ocorrer. Os cafés, bares, clubes, restaurantes e teatros da cidade estavam apinhados. Esforçando-me por escutar as conversas dos estranhos à minha volta, nunca ouvi uma só pessoa falar em público da Ucrânia ou da guerra antes da ordem de mobilização de Putin, em setembro. Moscovo, a capital de uma potência a combater uma guerra significativa, era aparentemente o único sítio na Europa onde se podia muito facilmente fingir que a invasão nunca acontecera.

Carquive

Nas primeiras semanas do conflito, Jimmy S. e os compinchas, em Wantage, Oxfordshire, andavam a seguir a invasão russa no YouTube e no TikTok — e pelas mensagens de vídeo do amigo Lambie. Os primeiros vídeos de Lambie quase não se distinguiam de uma divertida despedida de solteiro na Europa de Leste: Lambie com um monte de «rapazes fixes» a erguer imperais num *pub* em Resóvia, na Polónia; Lambie a abraçar um par de lindas ucranianas num bar de Levive; Lambie a apontar como um pateta com os dois polegares no ar para um boné de beisebol das Forças Armadas Ucranianas que uma das raparigas lhe pusera na cabeça. Depois havia vídeos de Lambie de uniforme ucraniano camuflado, uma *selfie* horizontal de Lambie estendido no chão de exaustão — mas ainda a sorrir — depois de uma marcha de treino. Depois, Lambie estava nas linhas da frente, a filmar explosões. Filmou rajadas de tanques a atingir casas de vilarejos, um jato russo em voo rasante, seguido por uma bola de fogo. Mais assombrosamente, filmou uma chuva fantasmagórica do que parecia neve brilhante e luminosa a cair lentamente numa paisagem noturna de inverno. «Fósforo branco», explicou Jimmy. «Coisa danada. Queima tudo por onde passa.»

Depois, Lambie estava morto, devido a um morteiro numa trincheira, algures perto de Carquive. Jimmy entendeu a notícia como um sinal de que era a sua vez. Reservou um bilhete da Ryanair para Resóvia, e depois foi fazer uma tatuagem em memória do amigo, no braço direito: a palavra «Lambie» dentro de um boneco em forma de carneiro. «Fui combater porque se não combatermos esta guerra aqui, vamos combatê-la em casa», disse-me Jimmy, enquanto fazíamos juntos uma viagem de comboio de oito horas, de Quíive para Levive, em junho. «Quero que o meu filho cresça num mundo seguro e livre, sabe?» Sentindo aparentemente algum ceticismo da minha parte, olhou para um lado e para o outro e baixou a voz: «Além disso, a minha ex-namorada queria que eu andasse sempre a mudar as fraldas. Não é para mim.»

Na fronteira, em Pchemichle, Jimmy foi em direção a uma tenda exatamente à frente da saída da alfândega ucraniana que estava assinalada com um cartaz enorme com a cruz das Forças Armadas da Ucrânia e com as palavras «VOLUNTÁRIOS ESTRANGEIROS» em inglês, alemão e polaco. Dois funcionários militares ucranianos registaram-lhe os dados num computador portátil e disseram-lhe que um contrato estaria pronto a assinar dali a dias, depois das verificações de segurança. Um miniautocarro esperava para transportá-lo a ele e mais meia dúzia dos voluntários do dia para um albergue próximo, e depois, quando fossem autorizados, para um centro de treinos. Durante três semanas, Jimmy aprendeu técnicas básicas de infantaria e de armas de pequeno porte com «rapazes fantásticos de todo o lado [...]; um par de britânicos, ex-militares. Alguns polacos, alemães». Um par de britânicos de origem paquistanesa, de Leeds, juntaram-se-lhes também — mas Jimmy e os amigos evitavam-nos por serem «um par de doidos [...]; ninguém quer doidos ao lado numa trincheira, não duvide disso». Os oficiais e treinadores da Legião Internacional eram todos ucranianos e, na sua maioria, não falavam inglês. Mas faziam-se compreender «gritando alto e dizendo muitos palavrões», recordou Jimmy.

Os novos recrutas estrangeiros receberam «o pior equipamento, coletes terríveis à prova de bala» e foram destacados para uma parte sossegada da linha da frente, perto de Carquive. A tarefa que tinham era quase exclusivamente manter as trincheiras, mas nunca atacar — «não queriam que nos fizessem prisioneiros». Alguns dos rapazes tinham trazido os seus próprios *drones* caros, que deixaram nos malões trancados, mas depressa os camaradas ucranianos os roubaram. Jimmy teve de encomendar pela Internet, de uma loja norte-americana, o seu próprio colete à prova de bala, por 800 dólares, e um capacete Kevlar de alta qualidade que foi ainda mais caro — equipamento pesado que ele carregava para Levive quando estava de folga, com medo de lho roubarem. Os Ucranianos «precisam de nós para fazer relações públicas, não nos deixam fazer grande coisa em termos de combate», disse Jimmy. Contudo, dois membros da sua unidade tinham sido mortos por artilharia e fogo de morteiros em combates pesados no sul de Carquive. As suas alcunhas — juntamente com pequenas bandeiras polacas e alemãs — fazem parte de outra tatuagem no antebraço de Jimmy. «Até Valhala» — o grito de guerra *viking* — era a legenda na parte de cima da tatuagem, com espaço em branco para mais três nomes, antes de ficar simétrica. Perguntei-lhe se aquilo não era um bocado mórbido. «Não sei», sorriu. «Pode ser otimista.» O plano de Jimmy era passar a folga quinzenal em festas em Levive, antes de voltar para combater. «Vou para casa [para Inglaterra] quando se vencer a guerra, e não antes.»[40]

A cidade industrial de Carquive, a apenas 30 quilómetros da fronteira com a Rússia, é russófona, com um presidente da Câmara notavelmente a favor da Rússia; deveria ter sido o alvo mais fácil do Kremlin. Em 2014, a cidade viu algumas das maiores manifestações contra Maidan, e foi um dos principais alvos das operações de influência de Sergei Glazyev, para tentar fomentar um golpe de estado a favor de Moscovo. Na primeira semana da invasão de

2022, bombardeamentos russos brutais e ataques com foguetes destruíram parte do principal edifício administrativo na Praça da Liberdade de Carquive. Porém, em vez de capitular, o presidente da Câmara, Ihor Terekhov, saiu para combater, publicando imagens suas nas redes sociais, de pistola em punho, e jurando resistir aos invasores. «Os agressores russos estão a tentar fazer de Carquive uma cidade lastimável, como as que têm na Rússia», disse Terekhov aos jornalistas — em russo. «Mas não vão conseguir. E, como vê, o povo de Carquive defende a sua cidade, de armas na mão.»[41]

Alguns dias apenas antes da invasão, disseram ao soldado russo Ivan Kudryavtsev que a sua unidade estava prestes a embarcar num exercício de treino. Kudryavtsev telefonou à mãe no dia 20 de fevereiro e pediu-lhe dinheiro para «comprar comida» antes dos «exercícios». Disse-lhe que a sua unidade motorizada de fuzileiros estava na fronteira com a Bielorrússia. No dia seguinte, disse ao irmão que estavam a «sair», sem especificar para onde. Seria o último contacto direto de Kudryavtsev com a família.

Kudryavtsev nasceu em agosto de 2001, na região de Onsque, na Sibéria Central. Tal como muitos dos soldados que combateram na Ucrânia, era filho da era de Putin — e fora criado na pobreza das províncias profundas. Quando Ivan tinha sete anos, o pai deixou a mãe, que, por sua vez, abandonou os dois filhos e uma filha com paralisia cerebral. O irmão de Kudryavtsev, com nove anos, telefonou à esposa do tio, Nina, e pediu-lhe para os acolher. «Seria uma pena serem levados para um orfanato», disse Nina. «A mãe recusara-os, o pai também não precisava deles, de maneira que ficámos com eles.» Porém, Nina não podia cuidar da irmã doente, que desapareceu sem deixar rasto no sistema russo de assistência social.

Kudryavtsev e o irmão foram para a escola no pequeno povoado de Nazivaevsque, edificado para dar apoio à linha Transiberiana, que passa pelo centro. Gostava de futebol, filmes de guerra soviéticos, jogos de computador e de apanhar cogumelos e frutos silvestres na floresta com o avô. Ivan apareceu duas vezes no jornal local, *Nasha Iskra* — uma vez como novo guarda-redes da equipa de futebol da terra, outra vez no verão de 2020, quando ele e outros habitantes de 18 anos votaram pela primeira vez. «Estes rapazes dizem que não podiam faltar a um acontecimento tão importante para o nosso país», escreveu o jornal. Em 2021, acabou um curso na Escola Técnica Ferroviária de Onsque — e tanto ele como o irmão foram chamados em outubro. Dois meses depois, Ivan telefonou para dizer à tia que se tinha alistado como soldado contratado, um mês antes da data em que supostamente os recrutas poderiam tornar-se profissionais. «Não sei como assinou o contrato», disse Nina. «Disse que fizeram um treino intensivo. Parece que estavam a prepará-los [para alguma coisa]. Ninguém nos disse fosse o que fosse.»

No dia 21 de março, uma das mães dos jovens da unidade de Kudryavtsev recebeu um telefonema do filho. Tinha sido capturado. «Disse ele: "Estamos sentados na cave, sem comida nem bebida"», disse a mulher à tia de Ivan, Nadezhda. «"Somos alimentados por pessoas idosas, ucranianos".»[42]

Cinco dias depois, no dia 26 de março, canais ucranianos no Telegram noticiaram que 30 russos tinham sido capturados depois de combates intensos no pequeno povoado de subúrbio, Vilquivca, 19 quilómetros a leste do centro de Carquive e a cerca de 50 quilómetros da fronteira mais próxima com a província de Belgroda, na Rússia. Os prisioneiros foram levados para o vilarejo próximo de Mala Rohan' — a seis quilómetros da Fábrica de Tratores de Carquive — para um interrogatório brutal.[43] Segundo uma série de curtos vídeos publicados na manhã seguinte no Reddit por bloguistas militares apoiantes dos Ucranianos, pelo menos uma dúzia de homens com uniformes russos, todos aparentemente feridos e vários com sacos na cabeça, foram alinhados no pavimento de um estacionamento, com as mãos atadas atrás das costas.[44] Todos tinham as braçadeiras brancas que os Russos usam para se distinguirem dos Ucranianos, que usam braçadeiras amarelas ou azuis. Um soldado de uniforme ucraniano — não se vê a cara no vídeo — caminha calmamente ao longo da linha de prisioneiros, disparando nas pernas de cada um deles com uma Kalashnikov. «Quem são os oficiais?», pergunta em russo enquanto os homens atingidos gemem e gritam. «Quem são os cabrões dos oficiais? Fala [...]; Que merda andam a fazer a atirar bombas para Carquive?»

Outro soldado ucraniano verifica um corpo de bruços e diz: «Este já era. Está morto.»

«Onde estão as unidades de reconhecimento? As unidades de reconhecimento, cabrão!», continua o primeiro interrogador, avançando na linha dos prisioneiros. O prisioneiro, com um saco ensanguentado na cabeça, responde num sussurro.

«Vieram pelo outro lado do vilarejo...» A voz perde-se em silêncio.

«Fala! Vá lá, fala!», diz o interrogador. O soldado não responde. O ucraniano bate-lhe no peito com a coronha da arma. Ele não responde. Puxa-lhe o saco da cabeça, mostrando um rosto jovem coberto de sangue. «Este desmaiou.»

O soldado ferido era Ivan Kudryavtsev.

«A voz dele. Mesmo antes de tirarem o saco, disse imediatamente que era ele», disse a mãe adotiva de Kudryavtsev, Nina, que soube do vídeo, no dia 10 de abril, por um conhecido de Ivan. «A voz de Ivan ainda não mudou, é de criança, apesar de ter 20 anos», confirmou a tia Nadezhda. «E os lábios dele. Apesar de estarem ensanguentados e inchados, é claro que são os lábios dele.»

Lyudmila Denisova, a Comissária dos Direitos Humanos da Ucrânia, afirmou que o vídeo era «um filme que os próprios russos fizeram [...]; é falso». O comandante-chefe das Forças Armadas da Ucrânia, Valeriy Zaluzhny, anunciou também no Facebook que os Russos estavam a distribuir «vídeos encenados mostrando supostamente a atitude desumana de alegados "soldados ucranianos" perante "prisioneiros russos"». Mas Oleksiy Arestovych, um conselheiro da administração presidencial, admitiu que os vídeos «poderão mostrar um crime de guerra» e prometeu que o incidente seria investigado. Arestovych recordou também às tropas ucranianas «a importância de seguir as leis da guerra» e de respeitar a Convenção de Genebra.

Para a família de Ivan Kudryavtsev em Onsque, o debate sobre a alegada brutalidade ucraniana com os prisioneiros de pouco servia. No dia 4 de maio, a sua mãe adotiva, Nina, recebeu uma nota oficial do Ministério da Defesa Russo afirmando que «Kudryavtsev Ivan Ivanovich, um alistado comum, está desaparecido» — sem mencionar que se tinha inscrito como *kontraktnik* profissional. O oficial comandante de Kudryavtsev, na base da unidade, em Ielnia, na província de Esmolensco, disse-lhe que «não tinha informações». Só por intermédio de um grupo informal do Telegram, organizado por família e amigos dos soldados que aparecem no vídeo de 26 de março, é que Nina descobriu que três dos camaradas de Kudryavtsev foram dados como mortos. No início de junho, os serviços de segurança da Rússia começaram a contactar e questionar membros do grupo de Telegram, avisando-os para não falar com a imprensa. A tia de Kudryavtsev e a mãe adotiva ignoraram-nos. «Não podemos ficar em silêncio», disse Nadezhda a jornalistas da *Meduza* em junho. «Estamos prontas para tudo. Morto ou vivo, para termos paz nas nossas almas. Pelo menos que seja sepultado condignamente. Para não ficar a apodrecer ali.»[45]

Quérson

A cidade de Quérson caiu nas mãos dos Russos no dia 5 de março, depois de o presidente da Câmara local ter conseguido um cessar-fogo e uma rendição pacífica, permitindo que as tropas ucranianas presentes na cidade, em número muitíssimo menor, batessem em retirada sem serem molestadas. No dia seguinte, milhares de residentes vieram para as ruas para bloquear o avanço das colunas russas com os seus corpos e para gritar «Vão-se foder» aos assustados e surpreendidos soldados russos. Uma desobediência civil daquela dimensão — mesmo quando as tropas começaram a disparar para o ar para dispersar os manifestantes — era uma coisa inteiramente desconhecida nas suas jovens vidas russas da Rússia de Putin. Porém, as manifestações não impediram as novas autoridades russas de estabelecer um governo fantoche, recrutado de ativistas locais apoiantes da Rússia, e um antigo presidente da Câmara, apresentando-se todos como líderes de uma nova «República Popular de Quérson».

Em Nova Cacóvca, 100 quilómetros a nordeste de Quérson, Larisa Nagorskaya juntou-se a um grupo de amigos e a centenas de residentes numa manifestação de apoio a Quiive, na praça principal da cidade. Alguns jovens subiram aos telhados dos edifícios circundantes e cobriram-nos com enormes bandeiras ucranianas. Outros ataram balões de hélio a uma bandeira gigante amarela e azul, e deixaram-na voar, ao som de saudações. As tropas russas, de cara tapada, estavam ao lado de veículos blindados de transporte de pessoal, nas imediações da praça, mas não intervieram.

Nessa noite, as câmaras de segurança gravaram um grupo de 15 homens armados que foram a casa de uma ativista local que ajudara a organizar a manifestação. A ativista fora visitar a filha, com quem passou a noite; no dia seguinte, fugiu de Nova Cacóvca, atravessando as linhas da frente, para Zaporíjia, que estava nas mãos dos Ucranianos. Os Russos, aparentemente, tinham listas com o nome das pessoas que participaram na reunião — assim como listas com o nome de veteranos que tinham combatido com forças ucranianas. «Alguém os traiu», afirmou Nagorskaya. «Foram de porta em porta, prenderam todos os homens que eram veteranos e levaram-nos para uma cave algures.» A expressão *zabrali na podval* — literalmente, «foram para a cave» — tornou-se uma abreviatura comum para os raptos sistemáticos, e também para a tortura, levada a cabo pelos Russos. O verbo *prilitelo* — literalmente, «veio a voar» — passou a significar «ataques de artilharia ou de mísseis». Um representante da assembleia regional, veterano ucraniano do exército e pai de um amigo de Masha (a filha de 11 anos de Nagorskaya), recebeu uma chamada urgente no telemóvel de um amigo que pedia para se encontrar com ele. Na esquina da sua casa, os russos estavam à sua espera, levando-o para um jipe. Mantiveram-no de vendas nos olhos durante um mês numa cave gelada, interrogando-o brutalmente e espancando-o regularmente antes de acabarem por libertá-lo com dentes, costelas e nariz partidos, segundo Nagorskaya.

As autoridades locais começaram a despedir oficiais locais que não tinham fugido nem tinham sido presos. No local de trabalho de Nagorskaya, a estação de tratamento de águas, todos os trabalhadores foram convocados para uma reunião com o novo diretor — um conhecido político local que fora representante regional do Partido das Regiões de Yanukovych e que há seis meses desaparecera misteriosamente, porque fora para Sótchi, na Rússia. Agora, estava de volta, com uma mensagem simples: «Isto agora é a Rússia», disse o novo chefe aos empregados da companhia das águas, recordou Nagorskaya. «Serão pagos em rublos. Cacóvca será russa para sempre. Quem não gosta, pode ir-se embora.»

O marido de Nagorskaya, Igor, decidiu seguir o conselho. Uma viagem de táxi atravessando as linhas da frente até Zaporíjia custava o equivalente a 200 dólares — e os Nagorsky temiam que Igor pudesse ser questionado e recrutado para o exército ucraniano. Receavam também que fosse recrutado para o exército russo, caso ficasse. De modo que Igor foi de miniautocarro para a Crimeia ocupada pelos Russos, depois para Rostóvia e acabou por chegar a Breslávia, na Polónia, onde encontrou trabalho como faz-tudo, para conseguir algum dinheiro enquanto esperava pelo fim da guerra.

Toda a polícia ucraniana desapareceu no primeiro dia, sendo substituída por patrulhas de rapaces soldados russos. «Os russos roubaram tudo», afirmou Nagorskaya. «Alguns agricultores locais tinham arrendado um depósito para armazenar 60 toneladas de sementes de girassol. Foi tudo roubado. Costumávamos ter a maior estação de energia solar da Ucrânia — mas os russos levaram os painéis todos. Os soldados russos entravam nas lojas e aviavam-se. Ninguém podia fazer fosse o que fosse.»

No final de março, cerca de 60 por cento dos vizinhos de Nagorskaya tinham-se ido embora — alguns para território controlado pela Ucrânia, mas a maior parte escolheu (tal como o seu marido) a rota mais longa, mas mais segura, ao longo da Crimeia. Várias famílias da Buriácia, na Sibéria Oriental — famílias dos soldados destacados em Nova Cacóvca —, tinham arrombado as casas vazias, onde começaram a viver. «Para nós, estas são casas modestas, de pessoas comuns. Para os buriácios, era como se estivessem a viver num palácio.» Uma família nova deitou abaixo uma garagem e usou as folhas de metal para improvisar uma cerca alta à volta da casa de dois andares que tinham ocupado. «Deviam ter medo de que os habitantes locais os odiassem a ponto de incendiar-lhes a casa.»

Segundo as estimativas de Nagorskaya, cerca de metade das pessoas que ficaram em Nova Cacóvca eram ativamente favoráveis aos Russos — especialmente as famílias de velhos *apparatchiki* comunistas, e pessoas que tinham chegado da Rússia há relativamente pouco tempo. Nagorskaya afirmou que cerca de «90 por cento» dos funcionários locais recusaram trabalhar com os Russos. Os que concordaram colaborar, ganharam promoções incríveis, como um arquivista que foi nomeado diretor-adjunto da inspeção local de impostos. Uma vizinha de Nagorskaya que fora despedida do hospital por roubar, e que estava «zangada com as autoridades ucranianas», ofereceu-se para voltar ao trabalho, tendo sido readmitida pelas novas autoridades. O diretor da escola de Masha recusou lecionar o novo programa russo e foi despedido, sendo substituído por um dos professores mais novos, que concordou fazê-lo. Todavia, depressa se tornou claro que trabalhar para os Russos era escolher uma carreira de alto risco. Nas províncias ocupadas de Quérson e Zaporíjia, cerca de 35 funcionários instalados por Moscovo foram mortos a tiro, com bombas nos carros ou envenenados. Em agosto, quando a cidade ficou sob ataque contínuo dos Ucranianos, o novo diretor da administração regional de Quérson, Kirill Stremousov, gravou um vídeo provocador prometendo que a cidade nunca seria retomada — apesar de ser claro pelas cúpulas de uma catedral que se via atrás de si que estava em Voronej, na Rússia, e não em Quérson.[46]

Em Nova Cacóvca, os canais ucranianos desapareceram da televisão e foram substituídos por canais de Luansque e da Crimeia e pelo canal Donbas 24, controlados pelos Russos, assim como canais do centro de Moscovo. Nagorskaya e os vizinhos viram a destruição de Mariópolis com horror — mas a conclusão a que chegaram foi que estavam dispostos a fazer tudo para evitar que Nova Cacóvca tivesse o mesmo destino. «A atitude da maior parte das pessoas era impedir a guerra», disse Nagorskaya. «Estavam dispostas a aceitar tudo, até os Russos, desde que não desatassem aos tiros.»

Em maio, tinha voltado uma aparência de normalidade. As tropas russas tinham deixado de saquear e tinham ordens para serem educados. As autoridades locais começaram a dar passaportes russos aos reformados, condição necessária para receberem as pensões em rublos. Apareceram produtos russos nas lojas — mais caros e de muito pior qualidade do que os ucranianos. Porém, dia e noite, os foguetes e mísseis de cruzeiro disparados da Crimeia, chegando a 50 a cada 24 horas, rugiam nos céus em direção a alvos por todo o território ucraniano. Depois, no início de junho, os Ucranianos começaram a ripostar, atingindo um paiol importante de Nova Cacóvca, que explodiu espetacularmente e ardeu durante dois dias. As janelas de muitas das casas próximas partiram-se. Algumas pessoas estavam iradas, outras diziam que era um pequeno preço a pagar pela libertação. Todavia, alguns soldados russos disseram a um amigo meu que «se tiverem de sair daqui, não vão deixar tijolo em cima de tijolo».

Nagorskaya decidiu que chegara a hora de pôr Masha em segurança. «Esta guerra vai voltar a Cacóvca antes de acabar», afirmou, quando íamos num comboio polaco de Pchemichle para Cracóvia. «E eu não quero estar aqui quando isso acontecer.» Juntou 500 dólares para um *provodnik* ou guia as levar ao longo das linhas da frente para Zaporíjia. A maior parte do dinheiro era para subornar soldados russos nos 20 pontos de controlo que teriam de atravessar, explicou-lhes o condutor. Deixando os gatos e os cães com a família, Nagorskaya e a filha partiram para uma vida nova na Breslávia. Num dos pontos de controlo, os soldados russos perguntaram por que razão ela se ia embora. «Isto aqui é tão adorável, é uma terra tão rica — e agora pertence à Rússia.»[47]

CAPÍTULO 10

Impasse

«Tudo entrou em derrocada, estava tudo podre, e era só traidores.»

Yevgeny Tarle (1874–1955), historiador soviético, sobre a derrota de Nicolau I na Crimeia[1]

Os exércitos inimigos

«Se eu quiser, tomo Quieve em duas semanas», disse Putin, na sequência da anexação de 2014 da Crimeia, a José Manuel Barroso, o presidente da Comissão Europeia que estava de saída.[2] Tanto os Ucranianos como os especialistas militares ocidentais acreditaram nele. A memória das batalhas desastrosas de Ilovaisque e Debaltseve — onde as unidades ucranianas de carros de combate foram cercadas e destruídas pelos Russos — fez a ajuda militar da NATO centrar-se em treinar e fornecer ao exército ucraniano armas ligeiras mais apropriadas para uma resistência ao estilo de guerra de guerrilha. «A ideia de que o exército russo poderia ser derrotado no campo de batalha não entrou nas nossas considerações», afirma um importante comandante do exército britânico intimamente envolvido na ajuda da NATO a Quíive durante aquele período. «Para ser franco, subestimámos os Ucranianos e sobrestimámos muitíssimo os Russos.» Quando veio a invasão de

2022, «Estávamos à espera de umas forças armadas [russas] competentes, combinadas e poderosas, com boa coordenação entre a infantaria, os tanques e a artilharia», disse o oficial. «Em vez disso, vimos tanques sem apoio de artilharia a serem abatidos por atacantes [...]. Tinham metal a mais e homens a menos.»[3]

Em 2020 — a última estatística oficial russa disponível —, o número total de soldados profissionais russos, em contraste com recrutas, ascendia a 405 mil, espalhados por força aérea, marinha e exército. No início da guerra, as forças terrestres totais da Rússia contavam 280 mil homens, segundo estimativas da NATO. Combinando unidades da infantaria naval, da polícia paramilitar Rosgvardia, unidades da Chechénia e mercenários do Grupo Wagner, a Rússia iria pôr no terreno quase 200 mil homens para tomar a Ucrânia — aos quais acrescentaria forças recrutadas nas LDNR depois da invasão.

No início da guerra, o exército ucraniano tinha cerca de 90 mil tropas no terreno, prontas para combate, a maior parte estacionadas ao longo da linha de controlo do Dombás. Porém, a força global de todas as forças armadas ucranianas contava com 195 626 membros no ativo, segundo números oficiais. E, ao longo de oito anos de guerra no Dombás, um número impressionante de 900 mil homens e mulheres tinham combatido nas linhas da frente, constituindo uma vasta força de reserva com experiência recente de combate. Nos primeiros dias de guerra, a Ucrânia anunciou uma mobilização geral, proibindo qualquer homem entre os 18 e os 60 anos de deixar o país e exigindo-lhes que se registassem nos centros de recrutamento locais. Em abril de 2022, 6 970 035 homens ucranianos com idades compreendidas entre os 16 e os 49 anos foram considerados aptos para o serviço militar, apesar de o alistamento não ser obrigatório, ao contrário da Rússia, dado que mesmo no final de setembro Quíive afirmava ter voluntários em número suficiente. «Para um ataque bem-sucedido, por todos os cânones dos regulamentos da infantaria, é preciso ter uma superioridade de um para três», segundo Yury Fedorov, um analista militar russo.[4] A força de invasão da Rússia, com menos de 200 mil homens, estava longe de ser suficiente.

Os voluntários estrangeiros iriam também fazer parte do exército ucraniano — uma pequena parte, mas simbolicamente importante. Já antes da guerra, várias dúzias de militares, sobretudo de veteranos, do Reino Unido, dos EUA, de França e até de Marrocos desempenhavam funções como soldados regulares. Com a eclosão da guerra, várias centenas mais iriam viajar para a Ucrânia para se alistarem — incluindo, segundo Arestovych, um conselheiro de Zelensky, uma força de 250 dissidentes russos.[5] Entre esses russos encontrava-se Igor Volobuyev, de 50 anos, um antigo vice-presidente do Gazprombank da Rússia, que abandonou uma vida confortável como executivo em Moscovo para combater na Ucrânia. «No momento em que a guerra começou, soube logo que queria ir defender a Ucrânia», disse Volobuyev, vestido com uniforme militar de combate ucraniano, com a insígnia da legião «Liberdade para a Rússia», uma unidade militar especial que fazia parte das forças armadas ucranianas e era constituída inteiramente por nacionais russos. O logótipo da unidade era tricolor, branco-azul-branco — a bandeira da Rússia, mas com a lista vermelha substituída pela branca, para eliminar a associação com «sangue e violência», afirmou Volobuyev, cuja deserção no final de fevereiro provocou ondas de choque na comunidade empresarial russa. «Encontrei soluções de compromisso de mim para mim durante muito tempo [...]. Mas no dia 24 de fevereiro tornou-se impossível qualquer conversa de soluções de compromisso. Eu não podia fazer parte deste crime. Derrotar a Rússia agora é a única maneira de criar um país democrático e civilizado.»[6]

Com as forças ucranianas concentradas ao longo da linha de controlo do Dombás estabelecida em 2015, os ataques da Rússia na fronteira setentrional, relativamente sem defesa, em direção a Quiive, Sume e Carquive pareciam uma estratégia sensata para um golpe de misericórdia. Quando fracassou, o exército russo deu consigo a enfrentar uma força de defesa — paradoxalmente — em número superior, recrutada de uma população com um quarto da sua dimensão.

A principal razão do fracasso inicial do exército foi a recusa de Putin de declarar realmente guerra à Ucrânia. As forças armadas russas, tal como as suas predecessoras soviéticas, estão ainda maioritariamente concebidas para combater uma guerra terrestre aberta contra a NATO. A eficácia da sua capacidade de combate dependia de recrutas que podiam ser rapidamente treinados para desempenhar tarefas básicas — mais crucialmente como infantaria de apoio das unidades de carros de combate. Porém, no dia 8 de março — Dia Internacional da Mulher —, Putin prometeu publicamente às «mães, esposas, irmãs, noivas e namoradas dos nossos soldados e oficiais» que os recrutas «não participam nem participarão» nas hostilidades.[7] Um dia depois, o ministro da Defesa russo admitiu que «veio à luz a presença de recrutas em algumas unidades das forças armadas russas no território da Ucrânia» — mas acrescentou que «quase todos» estes soldados acidentais tinham já regressado a casa.[8] Apesar de o avanço russo ter ficado bloqueado, Putin continuou a recusar-se a declarar que a «operação militar especial» era uma guerra e também a introduzir o recrutamento geral.

Foi essencialmente com a sua configuração de paz que o exército russo foi enviado para a guerra na Ucrânia. Quase sem exceção, as unidades do exército russo eram deliberadamente mantidas a 70 por cento da sua capacidade oficial completa, na expectativa de que a falta de homens seria compensada por recrutas em tempo de guerra. Os recrutas russos também não treinavam num centro, sendo antes distribuídos pelas unidades individuais para aí treinarem com soldados contratados profissionais. De modo que quando chegou a ordem para sair para a campanha ucraniana, todas as unidades do exército russo tiveram de fazer o que podiam sem o influxo de recrutas acabados de se alistar, além de terem de deixar para trás os recrutas que já tinham. Uma brigada russa tinha uma força hipotética, em tempo de guerra, de 3500 homens. A 70 por cento, em tempo de paz, a prontidão perfazia apenas 2450 homens. Sem recrutas, todas as unidades tinham apenas cerca de 1715 soldados contratados.

A unidade de armamento combinado do exército russo que constituía a sua espinha dorsal era o Grupo Tático de Batalhão (GTB), sendo que cinco dos quais formariam uma brigada. Cada GTB deveria ter entre 600 e 800 homens — incluindo infantaria motorizada, deslocando-se em carros de combate, assim como tanques, artilharia, armas de apoio e defesas aéreas. De todos os elementos do GTB, a infantaria era o mais importante, tendo como tarefa proteger os tanques e conquistar território. Sem infantaria, os carros de combate e os tanques ficavam cegos e quase sem defesa contra mísseis antitanque modernos como o Javelin e o NLAW.

Nas vésperas da guerra, o exército de Putin aumentou exponencialmente o número de GTB — mas não conseguia recrutar os soldados profissionais necessários para operá-los. Não era o equipamento que faltava, mas sim os soldados. Contudo, em vez de admitir que eram incapazes de cumprir as ordens do Kremlin para expandir as forças armadas, os generais do exército resolveram o problema limitando-se a reduzir a dimensão das unidades. Os batalhões de infantaria motorizada diminuíram para 345 homens, nas vésperas da guerra, quando anteriormente esse número se situava entre 461 e 539, segundo a fonte britânica de defesa. A Rússia tinha realmente aumentado o número de GTB — mas só no papel.

Os cerca de 120 GTB que terão atacado a Ucrânia levavam a totalidade de carros de combate e armamento de suporte, mas estavam longe de ter a força completa de combate em termos de número de homens. E essa inadequação — em territórios arborizados, como nos arredores de Quiive, e em áreas urbanas, como nos subúrbios da cidade — fez toda a diferença. Um pelotão motorizado de artilharia típico do exército russo estava concebido para incluir três esquadrões de sete homens, operando cada um a partir de um veículo de combate de infantaria. Cada veículo precisava de um comandante, um condutor e um artilheiro, deixando quatro homens para desmontar e andar no terreno — e, mais importante, para ver e disparar. Sem recrutas, contudo, cada pelotão tinha apenas talvez dois soldados de infantaria por veículo. Algumas forças ucranianas relataram ter atacado carros de combate que só tinham uma tripulação de três soldados. «Sem homens que possam sair, fica-se com uma unidade de infantaria motorizada que não tem infantaria», disse a fonte britânica. «Toda a gente está presa aos seus veículos. Ficam sem saber o que está a acontecer. Não têm pessoal em número suficiente para as tarefas comuns da infantaria, como enfileirar-se [avançar para combate em fila indiana], expurgar edifícios ou proteger um elemento.»[9]

Nos primeiros dias da guerra, o problema de pessoal do exército russo piorou ainda mais com as muitas baixas entre as tropas mais fortemente treinadas. A estratégia de guerra-relâmpago dos generais de Putin obrigava a enviar forças de elite aerotransportadas e infantaria naval para levar a cabo missões de alto risco, como a tomada do Aeroporto de Hostomel. Nas primeiras semanas de guerra, mais de 150 veículos BMD da infantaria ligeira — usados em exclusivo pelas forças russas aerotransportadas — foram confirmadamente destruídos, uma perda imensamente desproporcional ao das baixas sofridas pelas unidades regulares do exército. Os obituários dos oficiais divulgados na imprensa russa local mostram também um número enorme de baixas nas forças aerotransportadas — as melhores tropas russas.

Em abril, os generais de Moscovo tinham começado a posicionar batalhões de treino para substituir as perdas sofridas no campo de batalha. Todas as brigadas do exército russo tinham um «terceiro batalhão», constituído por instrutores experientes e pelos seus veículos de reserva, estacionados na base doméstica, dedicada a treinar recrutas. Segundo interceções ucranianas de rádio e agentes secretos, cada vez se via mais unidades de treino dessas no Dombás. Em teoria, o exército russo poderia reunir mais 30 ou 40 GTB, exclusivamente operados por instrutores capazes, com uma experiência relativa. Porém, fazê-lo teria o custo de arruinar a capacidade russa de longo prazo de repor homens e treiná-los.

A suposta eficácia e modernidade do exército no qual Putin tinha posto tanto dinheiro revelou-se também uma farsa. Em agosto, Pavel Filatyev, um soldado russo profissional, publicou no

VKontakte, o Facebook russo, um testemunho pormenorizado do tempo em que esteve no 56.º Regimento de Guardas de Assalto Aéreo. Quando se alistou na unidade supostamente de elite, Filatyev apercebeu-se de que não tinha cama na caserna e que a eletricidade e a água faltavam frequentemente. Uma matilha de cães selvagens vagueava pelos edifícios. Nem havia comida suficiente: só pão duro e «sopa», que era apenas batatas cruas na água. No papel, a sua unidade tinha 500 soldados; mas, na verdade, só tinha 300. Teve de comprar o seu próprio uniforme de inverno, depois de lhe darem roupas de verão e botas do tamanho errado. A sua carabina estava enferrujada e encravava após alguns tiros; foi enviado para a Ucrânia sem colete à prova de bala, que ele pressupôs ter sido roubado e vendido pelos oficiais. Foi conduzido para a frente de batalha num camião que transportava bombas de morteiro, mas não tinha travões. «Todo este [equipamento] tem 100 anos, grande parte não funciona bem, mas nos relatórios [dos oficiais] tudo está provavelmente perfeito», escreveu Filatyev, que desertou da sua unidade e fugiu para França. «O exército russo é um manicómio e é tudo só para exibição.»[10]

Com o Kremlin firmemente contra a mobilização completa, o exército esforçou-se imenso para maximizar a campanha normal de recrutamento em tempos de paz, que tradicionalmente tinha lugar na primavera e no outono. Uma lei aprovada à pressa na Duma, na primeira semana da guerra, tornou obrigatório que todos os homens em idade de recrutamento — dos 18 aos 26 anos — se registassem no centro local de recrutamento, sem esperar convocação, sob pena de serem presos. Como resultado, registaram-se fogos postos em vários centros de recrutamento por toda a Rússia; pelo menos 16 foram aparentemente para tentar destruir registos em papel de potenciais recrutas locais.

O exército fez uma campanha batizada como «mobilização na sombra». Os recrutas atuais que já estavam ao serviço pelo menos há três meses foram fortemente pressionados pelos oficiais para se alistarem como soldados contratados. Os reservistas — homens que já tinham cumprido o serviço militar obrigatório de um ano — foram também convocados para treinos obrigatórios, no decurso dos quais lhes ofereciam grandes somas de dinheiro para voltarem ao exército.

Foram oferecidas recompensas de três a cinco mil dólares — perto de um ano de ordenado médio das regiões mais pobres da Rússia, o que inclui as repúblicas de minoria étnica. Essas regiões que não eram russas também foram, e não por coincidência, bastante sobrerrepresentadas em termos de baixas russas reveladas. O Daguestão, uma área muçulmana do Cáucaso do Norte, liderou o número de mortes oficialmente reveladas, com 207 nos primeiros quatro meses de guerra, ficando as repúblicas siberianas da Buriácia (164) e de Tuva (127) em segundo e terceiro lugares — ainda que os verdadeiros números tenham sido muito superiores. Em contraste, uma procura nas redes sociais, nos jornais locais e em anúncios oficiais, levada a cabo pela Mediazona, uma publicação russa independente da Internet, revelou que, no mesmo período, só oito soldados eram de Moscovo, e 26 da segunda maior cidade, São Petersburgo.[11]

Em setembro, depois de as forças armadas russas terem perdido mais de seis mil quilómetros quadrados de território perto de Carquive devido aos contra-ataques ucranianos, ficou claro que fora malsucedida a tentativa de combater a guerra com um exército de prescindíveis, incluindo mercenários, tropas coloniais e até (como veremos) reclusos. No dia 21 de setembro, Putin anunciou uma mobilização «parcial» de 300 mil reservistas com experiência militar, apesar de partes da ordem que não foram divulgadas, mas que foram descobertas pela *Nezavisimaya Gazeta,* mostrarem que o governo planeava de facto mobilizar até 1,2 milhões de homens.

As cenas de caos e fuga em massa de março repetiram-se com mais urgência. Numa semana, 250 mil homens russos fugiram do país — consideravelmente mais do que a força reunida pelo Kremlin para a força original de invasão. As pessoas esperavam três dias para atravessar a fronteira para a Geórgia, antes de os carros de fora serem proibidos de entrar na república russa vizinha de Ossétia do Norte. Tendas de recrutamento foram postas pelo exército russo nas fronteiras com a Geórgia e a Finlândia, para apanhar os reservistas em fuga. E, tal como em março, os bilhetes de avião para sair da Rússia mudaram de mãos em troca de fortunas. «Troco um Toyota Corolla por um bilhete de ida para Istambul», lia-se numa publicação de uma rede social russa que um amigo meu me enviou. Por coincidência, eu estava de novo em Moscovo e tinha comprado um bilhete para a Turquia na madrugada anterior ao anúncio de mobilização de Putin. O jovem sentado a meu lado no avião comprara o bilhete um dia depois, e pagou cinco vezes mais. Pertencia a toda uma classe de licenciados recentes de uma escola de arquitetura de Moscovo que tinham sido convocados com base no facto de todos terem recebido formação militar obrigatória no curso que tinham tirado. «Sou uma das rãs que saltaram para fora da água a ferver», disse-me. «Sou capaz de combater para defender o meu país. Mas não combato para tomar o país dos outros.» Os centros de recrutamento foram objeto de uma nova onda de ataques incendiários, com um diretor de recrutamento morto a tiro no dia 26 de setembro na cidade siberiana de Uste-Ilimsque.[12]

Zombeteiros a fazer-se de oficiais de recrutamento telefonaram a Nikolai, o filho de 32 anos de Dmitry Peskov, porta-voz do Kremlin, convocando-o para um exame médico no dia seguinte. «É óbvio que não!», respondeu Nikolai, indignado, segundo um vídeo partilhado na Internet. «Tem de compreender que não é apropriado da minha parte estar lá. Tenho de resolver isto a outro nível.» A palavra-chave era «óbvio». A ideia de que os filhos da elite russa prestariam realmente serviço, de arma na mão, era para eles um absurdo impertinente e autoevidente. Em contraste, muitos dos mais famosos dançarinos, futebolistas, estrelas de televisão, bloguistas e políticos da Ucrânia fizeram do alistamento uma questão de orgulho.

Os Kadyrovtsy

Os Daguestaneses, os Tuvanenses e os Buriácios não eram as únicas forças coloniais na linha da frente da ordem de combate da Rússia. Várias unidades de chechenos, tanto irregulares, usados como esquadrões para cometer assassinatos no início da guerra, como tropas regulares, combateram em todas as principais frentes da guerra, de Hostomel a Mariópolis.

Os Chechenos são soldados formidáveis. Apesar dos esforços de Estaline para esmagá-los, preservaram uma cultura guerreira ultraviril que lhes foi proveitosa depois da queda da União Soviética, quando as quadrilhas chechenas se tornaram grupos de mafiosos dos mais bem-sucedidos e notórios da Rússia pós-soviética. Foi a vitória sangrenta na Chechénia que fez a carreira de Vladimir Putin, que era então primeiro-ministro. Porém, para tomar e manter a Chechénia, Putin usou representantes locais — nomeadamente Ahmad-Haji Kadyrov, o antigo mufti ou líder religioso da independente República Chechena da Ichequéria, que, num *volte-face* em 1999, se juntou ao lado russo. Depois do seu homicídio em 2004, o filho Ramzan ficou como sátrapa de Moscovo na anterior república rebelde, mantendo o seu poder com uma combinação de um dilúvio de fundos do Kremlin e um reino de terror que viu milhares de pessoas raptadas, torturadas e mortas.

Ramzan Kadyrov referiu-se frequentemente a Putin como «segundo pai». Em troca, Putin agraciou-o com o título de Herói da Rússia e deu-lhe rédea solta para estabelecer a lei xaria na sua república, restringindo a venda e o consumo de álcool e perseguindo os homossexuais. A invasão da Ucrânia deu a Kadyrov uma oportunidade perfeita para mostrar lealdade a Putin e, ao mesmo tempo, a independência operacional dos seus combatentes. A elite de combate das forças de Kadyrov totalizam cerca de 12 mil homens, sendo que um número significativo foi mobilizado tanto para o primeiro assalto a Quiive como para as operações meridionais que partiram do Dombás e se dirigiram para Mariópolis. As forças chechenas — conhecidas como «Kadyrovtsy», ou «povo de Kadyrov» — estavam soberbamente equipadas com os últimos equipamentos táticos, incluindo capacetes com microfone, joelheiras, capacetes Kevlar e óculos escuros envolventes. Ao contrário das forças russas regulares, usavam telemóveis à vontade, publicando regularmente vídeos muito bem produzidos no TikTok, mostrando combatentes de extravagantes barbas a disparar cintos inteiros de munições das suas metralhadoras PKM para edifícios civis em Mariópolis e a salvar crianças ucranianas dos escombros.

No sul da Ucrânia, o líder dos Kadyrovtsy era um homem de 52 anos, Adam Delimkhanov, um impressionante antigo comandante rebelde checheno de barbas brancas que mudou de lado com Ahmad Kadyrov e passou a fazer parte da Duma russa em 2007. No fim de abril de 2022, Delimkhanov — com um equipamento tático preto característico, concebido para contrastar com a sua longa barba cor de neve e um colete preto à prova de bala decorado com rádios Motorola bidirecionais — aparecia num vídeo triunfante, filmado nas ruínas a arder da fábrica Azovstal de Mariópolis, rodeado por um grupo dos seus homens. «A operação especial para destruir e expurgar Mariópolis foi concluída», disse Delimkhanov aos espectadores. «As ordens do presidente Vladimir Putin foram cumpridas.»[13] No dia seguinte, Delimkhanov e os dois Kadyrov foram agraciados com a medalha de Heróis da Rússia por Putin.[14]

Os combatentes chechenos faziam parte das forças lideradas pelos Russos que tomaram brevemente o Aeroporto de Hostomel. Ramzan Kadyrov até publicou um vídeo em que afirmava estar com os seus homens em Hostomel e em que era visto a analisar mapas com comandantes numa casamata subterrânea. Fontes ocidentais dos serviços secretos consideraram que o vídeo era falso, com base em informação obtida de telemóveis dos membros da equipa de segurança de Kadyrov. Porém, a participação ativa na guerra era, para Kadyrov, uma parte vital da sua imagem pública, mostrando como as forças armadas de um grande poder dependiam do seu bando de combatentes chechenos. Em abril, Kadyrov lançou um canal de língua árabe no Telegram, aparentemente para capitalizar essa proeminência, uma jogada ambiciosa para o líder de uma pequena região que não é de língua árabe.[15] E Kadyrov lançou uma grande campanha de recrutamento, usando estrelas do desporto e mestres de artes marciais para encorajar voluntários — a quem era oferecido um bónus de cerca de 2300 dólares, e um pagamento de mil dólares por mês, com incentivos no caso de operações bem-sucedidas, afirmou um recrutador em mensagens de texto a um jovem pretendente a combatente.

Os combatentes chechenos foram acusados de alguns dos piores crimes de guerra do conflito. Em abril, a provedora ucraniana dos direitos humanos, Lyudmila Denisova, acusou os Kadyrovtsy de matar a tiro os seus próprios camaradas feridos e de «operarem uma câmara de tortura» na fábrica de vidro da Rua Yablonska, em Bucha, um vilarejo dos subúrbios de Quiive. Artem Hurin, um vereador da cidade vizinha de Irpino que também foi comandante-adjunto nas Forças Territoriais de Defesa da Ucrânia, foi dos primeiros a visitar o local, depois de os soldados de Putin terem retirado, quando as forças ucranianas tomaram de novo a cidade, no dia 2 de abril. Hurin contou uma litania de histórias horríveis que ouviu de residentes que foram torturados e violados por tropas russas sem lei e viu provas de «civis executados», que estavam mortos na rua — muitos por um esquadrão de combatentes chechenos que tinham começado a executar pessoas pelo menos desde 5 de março. Uma mulher recordou como suportou quatro dias de tortura por um soldado checheno e outro bielorusso, antes de lhe matarem brutalmente o marido com um tiro na cabeça. Anatoliy Fedoruk, o presidente da Câmara de Bucha, disse aos repórteres que as tropas chechenas ataram faixas brancas aos braços de civis capturados, assinalando-os aparentemente para serem executados. Muitos dos corpos de civis executados na cidade tinham essas faixas brancas.

As tropas do Dombás

Uma das maiores fontes de novos recrutas para o exército invasor não era a própria Rússia, mas sim o recrutamento em massa de jovens das repúblicas do Dombás. Já antes da invasão de 2022, a DNR e a LNR tinham, segundo as suas próprias estimativas, 44 mil tropas treinadas — qualquer coisa como 1,5 por cento da população de aproximadamente três milhões daquelas repúblicas. Por padrões comuns em tempos de paz, essa proporção de mobilização já era extremamente elevada — aplicada a outros países, as forças armadas dos EUA teriam 4,9 milhões de soldados e os Chineses 21 milhões. Em meados de fevereiro, quando as repúblicas do Dombás noticiaram uma suposta intensificação de ataques ucranianos (que Quiive negou), o presidente da DNR, Denis Pushilin, foi à televisão anunciar uma mobilização geral. Além de reservistas com experiência militar, a mobilização incluiria todos os homens capazes entre os 18 e os 65 anos. Várias isenções médicas ao recrutamento foram também eliminadas. Segundo algumas estimativas, a mobilização em massa poderá ter conseguido mais 60 mil homens — o que significa que as repúblicas separatistas do Dombás tinham mais de 100 mil homens no terreno —, que é 60 por cento de toda a força regular russa original posta em campo.

No final de abril, o antigo ministro da Defesa da DNR, Igor Girkin, noticiou no Telegram que as repúblicas do Dombás tinham sido «exaustivamente varridas» de homens. Alexander Khodakovsky, um antigo ministro da Segurança da DNR que liderou a unidade Vostok daquela república na batalha por Mariópolis, queixou-se que «tropas sem experiência nas forças armadas» estavam a ser mobilizadas. «O que é que se pode esperar de um músico do conservatório, mobilizado à pressa, sem qualquer motivação e sem ideia alguma de questões militares?», perguntou Khodakovsky no Telegram, admitindo que as tropas inexperientes da DNR dispostas no terreno para manter linhas defensivas em torno de Carquive sofreram muitas baixas.

Girkin, apesar da sua história de cooperação próxima com os serviços secretos militares russos, revelou-se um crítico amargo da maneira como a guerra de Putin tem sido combatida. Mesmo durante os combates mais ferozes da Primeira Guerra Mundial, as Forças Armadas Imperiais Russas davam às tropas de camponeses recrutados um treino militar básico mínimo, afirmou Girkin — que antes de começar uma guerra real era um proeminente encenador de reconstruções militares, especializado naquele período. Os novos recrutas da DNR e da LNR, em contraste, eram chamados e «enviados para a batalha» na esperança de que «aprendam tudo por si nuns quantos dias — se sobreviverem».[16] Muitas unidades do Dombás — que, ao contrário das suas equivalentes russas mais disciplinadas, podiam continuar a usar telemóveis — publicavam fotografias de grupos desorganizados de homens de camuflado. Muitos tinham carabinas Mosin M1891, com cinco tiros de ação de ferrolho, concebidas duas décadas antes da Primeira Guerra Mundial e excluídas do exército russo no início da década de 1950.

Ao contrário dos seus equivalentes russos, os recrutas da DNR não se inibiam de usar as redes sociais para dar voz à ira veemente por serem colocados nas linhas da frente, muito para lá das suas casas do Dombás. No dia 28 de março, um vídeo filmado na parte de trás de um camião militar repleto de jovens soldados separatistas foi publicado no Reddit. «Somos recrutas do Dombás», disse o soldado que gravava o vídeo, enquanto apontava a câmara à sua volta, mostrando os seus 20 camaradas. «Trabalhadores comuns, caralho!», acrescentou outro. «Miúdos! Somos só miúdos, caralho. Somos civis. Estudantes comuns!», gritou um terceiro, enquanto os outros começam a interromper com os seus próprios comentários. «Demos connosco na Rússia, com armas!» «Levaram miúdos de 18 anos!» «Estamos metidos numa bela merda! Que caralho estamos aqui a fazer? Estamos [na província de] Sume, [no norte da Ucrânia], por alguma porra de razão.» «Há um vídeo no YouTube onde o nosso pessoal foi preso. Fomos traídos.» «Carradas dos nossos rapazes foram mortos.» «Exato; o Ministério da Defesa russo não faz ideia do que estamos aqui a fazer. Fomos levados ilegalmente para a Rússia. Levem-nos de volta para o Dombás! Somos enviados com Kalashnikov contra Grad [lançadores múltiplos de foguetes], artilharia, morteiros. Somos de Chaquetar,

Torez, Snejnoi [cidades separatistas de Donetsque]. Décima quinta divisão, quarto batalhão. Pessoal do Dombás, ouçam! Fomos abandonados. Pedimos que partilhem este vídeo!»[17]

Khodakovsky afirmou que os recrutas inexperientes seriam habitualmente mantidos em áreas seguras, na retaguarda. Porém, Girkin queixou-se repetidamente que a infantaria «prescindível» das LDNR era rotineiramente enviada para a frente de batalha por comandantes russos em vários ataques frontais. Vários bloguistas militares ucranianos relataram que recrutas das LDNR estavam a ser usados para atrair fogo, de maneira a permitir que russos e tropas separatistas profissionais identificassem a localização a partir da qual as forças ucranianas disparavam. Em qualquer caso, era provável que o número elevado de baixas nas unidades separatistas explicasse a discrepância extrema entre os números oficiais de mortos noticiados pelas forças armadas russas e os relatórios ucranianos de baixas do inimigo. Os jovens da LNR e da DNR eram uma importante fonte de carne para canhão. A outra fonte era um grupo de veteranos, jovens pobres e criminosos, recrutados como mercenários pelo exército privado do Kremlin.

Wagner

O Grupo Wagner, uma empresa militar privada, foi fundado em 2014 por Dmitry Utkin, um antigo tenente-coronel das forças especiais do GRU. Fora-lhe atribuída uma assinatura pessoal de rádio, «Wagner», quando prestava serviço na 2.ª Brigada Independente de Spetznaz, devido à sua paixão pelo Terceiro Reich. Fotografias publicadas em 2021 mostraram que tinha tatuagens no pescoço e no peito com o símbolo usado nos colarinhos dos uniformes da *Waffen*-SS e com a águia *Reichsadler* dos nazis. As instruções originais de Utkin eram para recrutar veteranos militares como forças mercenárias, cuja existência poderia ser desmentida, para combater ao lado dos separatistas do Dombás. A primeira vez que surgiram no campo de batalha foi em Luansque, no verão de 2014, e depois foram combater na Síria, na Líbia, na República Centro-Africana e no Mali, muitas vezes ao lado de forças alinhadas com o governo russo. E, como vimos, os mercenários do Grupo Wagner foram enviados para Quiive como esquadrões de assassinos secretos no período que antecedeu a invasão russa de 2022.

As ligações do grupo com as forças de segurança russas eram diretas e foram bem documentadas. Uma base crucial de treino do grupo na região de Stávropol, no sul da Rússia, era propriedade do GRU. As tropas do Grupo Wagner foram transportadas por aeronaves militares russas e usavam os serviços de saúde militares da Rússia — e o estado russo também emitiu passaportes para os seus membros.[18] Pensa-se que o financiamento inicial terá vindo de Yevgeny Prigozhin, um milionário de São Petersburgo da área da restauração com ligações próximas a Putin. Apesar de Prigozhin negar oficialmente ligações ao Grupo Wagner, no verão de 2022, o seu rosto apareceu nos cartazes de recrutamento do grupo por todas as províncias russas.

Os esforços do Grupo Wagner para recrutar em massa eram desenvolvidos em paralelo — e em competição — com a «mobilização na sombra» oficial, conduzida pelo exército russo. Mas graças às origens do fundador e de muitos dos seus membros, conseguia chegar a grupos de potenciais soldados desavindos e violentos aos quais o Kremlin não tinha conseguido chegar. Segundo um relatório de maio de 2022 dos Serviços Secretos Federais da Alemanha, a que o *Der Spiegel* conseguiu deitar a mão, o Grupo Wagner recrutou sobejamente extremistas russos da direita radical e neonazis. Entre eles encontrava-se a «unidade de reconhecimento» Rusich de «sabotagem e ataque», cujo símbolo era uma versão eslava pagã do Sol Negro nazi e cujo cofundador, Alexei Milchakov, era infame por ter um vídeo no YouTube a cortar a cabeça de um cachorrinho. «Não vou ser profundo e dizer que sou nacionalista, patriota, imperialista, e assim por diante», afirmou Milchakov num vídeo de dezembro de 2020. «Digo-o sem peias: sou nazi.» Outro era o Movimento Imperial Russo, um grupo de supremacia branca que os EUA classificaram há dois anos como uma «organização terrorista global».

Em julho de 2022, o Grupo Wagner foi autorizado a recrutar reclusos das prisões russas. Yevgeny Prigozhin foi filmado a chegar a várias colónias prisionais russas num helicóptero e a dirigir-se a grupos de centenas de reclusos de uniforme preto. A oferta do Grupo Wagner era imbatível — um indulto completo de crimes até ao homicídio, inclusive, em troca de seis meses de serviço. «Tenho mais 11 anos para passar na cadeia», disse ao *The Guardian* um recluso que ouviu a oferta de Prigozhin na colónia penal n.º 8, na região de Tambov, 300 milhas a sul de Moscovo. «Ou morro neste buraco de merda ou morro lá, não faz muita diferença. Pelo menos, terei a oportunidade de lutar pela minha liberdade. Todos nós comparamos isto à roleta russa.» Outro recruta do Grupo Wagner era Ivan Neparatov, que já cumprira 13 dos 25 anos de pena por ter assassinado três pessoas que lhe deviam dinheiro. Neparatov persuadira também um vizinho a levá-lo de carro a casa de uma empresária em Sergiev Posad, a sua cidade natal, onde roubou e estrangulou a mulher e esfaqueou o vizinho 88 vezes, para compor o cenário. Neparatov juntou-se ao Grupo Wagner no início do verão, mas foi morto por uma bomba ucraniana. Postumamente, foi galardoado pelos seus serviços com a medalha russa «Por Mérito para a Pátria». Segundo Olga Romanova, diretora da ONG Rússia Presa, que defende os direitos dos reclusos, até ao início de setembro, já cerca de 11 mil reclusos russos se tinham alistado para ir para a Ucrânia, um número que afirmou estar a crescer rapidamente.[19]

Num sentido, a campanha intensiva de recrutamento nas prisões levada a cabo pelo Grupo Wagner era, sem dúvida, um sintoma do desespero do exército russo. Mas era também significativo de outra maneira menos óbvia. Ao recrutar ladrões e homicidas, rapazes pobres de províncias distantes e tropas de repúblicas remotas de minorias étnicas, o Kremlin estava também a mostrar que queria manter a guerra num perfil discreto. Manter as baixas num exército de prescindíveis reduzia as hipóteses de uma reação popular negativa. E mesmo quando Putin anunciou, no final de setembro, que iria mobilizar os 300 mil reservistas na Rússia, fez questão de sublinhar que «não estamos a falar de pessoas que desconhecem o exército [...]; os estudantes irão continuar a estudar, sem serem perturbados». Na prática, essa ressalva foi ignorada e as convocações caíram em cima de homens sem qualquer experiência militar. Contudo, o Grupo Wagner cumpriu dois propósitos importantes: forneceu combatentes para as linhas da frente e fê-lo com base em sectores da sociedade cujas mortes seriam as menos inconvenientes politicamente.

Só que havia um problema. À medida que a força militar do Grupo Wagner crescia, assim como o seu financiamento e perfil público, cresciam também as ambições políticas de Progozhin. As tropas do Grupo Wagner assumiram a liderança nos combates sangrentos pelas cidades do Dombás de Soledar e Bacmute, capturando a primeira em dezembro. Durante os ataques, tanto Progozhin como os seus homens foram para o YouTube e para o Telegram queixar-se da incompetência e má gestão do Estado-Maior do exército, ainda que tenham evitado cuidadosamente quaisquer críticas ao comandante-chefe, Putin. Os membros do Grupo Wagner adoraram a reputação pública de serem brutais, publicando vídeos dos seus homens a executar desertores, que haviam sido devolvidos em trocas de prisioneiros, despedaçando-lhes o crânio com martelos de forja. Depois, Progozhin gozou com o Parlamento Europeu, enviando-lhe um martelo de forja sujo de sangue falso e com um logótipo do Grupo Wagner, após aquela instituição ter declarado em novembro que a Rússia era um «estado que patrocinava o terror».[20] Também especulou publicamente acerca de fundar o seu próprio partido político russo ultrapatriótico, levando alguns comentadores ocidentais a perguntarem-se se Progozhin e o seu exército privado poderiam chegar a disputar o poder do próprio Putin.

Porém, a verdade é que todo o exibicionismo público de Progozhin era um sinal da sua falta de influência real no Kremlin. Publicitar as suas vitórias nas redes sociais era a única maneira de pôr o seu nome na secretária de Putin (por meio de relatórios impressos da imprensa, dado que o próprio Putin é famoso por nunca ter usado a Internet). E o exército ressentido rapidamente se pôs em campo para acabar com os excessos mais egrégios do Grupo Wagner, afastando o grupo em janeiro de 2023 do recrutamento de reclusos, quando o exército regular formou os seus próprios «batalhões punitivos» para presidiários. As perdas militares do Grupo Wagner chegaram a 50 por cento da sua força da linha da frente, segundo estimativas ocidentais.[21]

O cilindro russo

Em meados de maio de 2022, a guerra concentrava-se em duas batalhas desesperadas — a batalha pela fábrica de aço Azovstal em Mariópolis, no Sul, e nas cidades gémeas de Severodonetsque e Lisichansque, no Leste. Putin já declarara vitória em Mariópolis no dia 20 de abril, depois de os últimos civis terem sido retirados, sob os auspícios das Nações Unidas, do complexo de casamatas por baixo da fábrica de aço. Muitos dos soldados regulares ucranianos renderam-se. Putin cancelou o ataque frontal à fábrica e mandou isolar os restantes defensores «tão bem que nem uma mosca consiga passar».[22] Mas algumas centenas de defensores obstinados, na sua maior parte membros do Regimento Azov, que na propaganda russa se tornara o símbolo do «nazismo» ucraniano, mantiveram as suas posições. Fotografias extraordinárias tiradas pelos últimos defensores mostravam as imensas salas de máquinas de siderurgia reduzidas a um amontoado pós-apocalíptico de metal retorcido e maquinaria rebentada. No subsolo, os últimos defensores viviam num labirinto de pesadelo de passagens subterrâneas, casamatas e armazéns, enquanto os medicamentos e a comida diminuíam. Por fim, no dia 17 de maio, os últimos 211 soldados capazes e os 260 feridos saíram da fábrica despedaçada para um cativeiro brutal numa prisão de Olénivca, na DNR. Dois meses depois, 53 dos prisioneiros seriam mortos numa explosão que as autoridades da DNR afirmaram ter sido um ataque ucraniano de míssil — mas que Quíive considerou um ato deliberado de homicídio em massa para eliminar provas de tortura.

Numa tentativa de flanquear Severodonetsque — a «segunda capital» do Dombás —, a Guarda Nacional Russa e algumas unidades do exército tentaram repetidamente atravessar o Rio Siversqui Donetes usando pontes flutuantes. Ao longo de três dias, entre 6 e 8 de maio, colunas sucessivas de veículos blindados russos de transporte de pessoal foram sistematicamente destruídas pela artilharia ucraniana e pelos seus helicópteros.[23]

A travessia do Rio Siversqui Donetes deveria ser uma operação conjunta entre as forças armadas regulares e a Guarda Nacional paramilitar, mais recente, cujo papel principal não era combater, mas sim reprimir a desobediência civil. Mas foi a Guarda Nacional da Rússia, ou Rosgvardia, que sofreu o grosso das baixas do desastre do rio Siversqui Donetes. O comandante da Rosgvardia, Viktor Zolotov, um antigo guarda-costas de Vladimir Putin, ficou pessoalmente humilhado e furioso porque uma operação que deveria ser uma demonstração da competência dos seus homens no terreno acabara numa derrota sangrenta. Segundo uma fonte que tinha ligações empresariais próximas com um importante *silovik*, o que aconteceu depois tornou-se lendário nos círculos governamentais. Zolotov entrou precipitadamente numa reunião de planeamento militar, pouco depois do massacre, e confrontou o ministro da Defesa, Sergei Shoigu, que ele aparentemente culpava por ter dado falsamente a luz verde a repetidos ataques, apesar de a ameaça ucraniana não ter ainda sido eliminada. «Chega de mentiras!», gritou Zolotov a Shoigu, segundo a fonte — e depois esmurrou-o.[24] Apesar de a história não ser suscetível de confirmação independente, se for verdadeira, mostra um nível de frustração e um corrosivo jogo de culpabilização em resultado da falta de progresso no campo de batalha.

Incapaz de flanquear os Ucranianos, as forças armadas russas voltaram ao que costumam fazer: bombardearam Severodonetsque até ficar só entulho. No fim de maio, o governador ucraniano de Luansque, Serhiy Haidai, noticiou que 90 por cento das construções da cidade tinham sido destruídas. Zelensky admitiu também que entre 50 a 100 soldados ucranianos estavam a ser mortos todos os dias. Mas foi só um mês depois, no dia 29 de junho, que os ucranianos finalmente retiraram de Severodonetsque e da cidade gémea de Lisichansque, deixando que as ruínas vazias e sem população fossem ocupadas.[25]

O duelo excruciante de artilharia pelo domínio de Severodonetsque foi tão intenso que, no auge da batalha, o Ministério da Defesa britânico calculou que a artilharia russa disparava 20 mil projéteis por dia. As forças armadas ucranianas disseram que estavam a usar cerca de cinco a seis mil cartuchos por dia, quase esgotando o seu próprio abastecimento de munições de artilharia de padrão soviético de 152 mm, fazendo Quiive ficar dependente do Ocidente para ser reabastecido. Imagens captadas por *drones* da área em redor das cidades destruídas mostraram campos completamente cobertos de crateras de bombas, imagens reminiscentes da frente ocidental da Primeira Guerra Mundial (ainda que o ritmo de fogo dificilmente fosse comparável com os 1,5 milhões de projéteis disparados pelos Britânicos no primeiro dia da Batalha do Soma). Mas a escolha da Rússia de uma agressão de artilharia sem descanso, preterindo um ataque direto mecanizado, com tanques e tropas, era em si altamente significativo. Tomar uma área urbana pela força exige tropas bem treinadas e, acima de tudo, muito motivadas.

No final do outono, depois de importantes conquistas ucranianas nos arredores de Carquive e da recaptura de Quérson, a Rússia tentou voltar a ganhar iniciativa, atacando as cidades de Soledar, Bacmute e Vuledar, no centro do Dombás. Dúzias de vídeos pungentes filmados a partir de *drones* ucranianos mostravam uma grande variedade de formas de incompetência militar e desespero, de ondas de soldados avançados da infantaria russa ceifados pela artilharia a vários tanques e veículos blindados de transporte de pessoal destruídos por minas, artilharia e foguetes de artilharia fornecidos pelos EUA, e até pequenos *drones* comerciais adaptados para deitar granadas. Contudo, apesar das perdas aparentemente imensas, os Russos conseguiram reconquistar o território.

Ao mesmo tempo que enviava tropas regulares e mercenárias para o «moedor de carne de Bacmute», Moscovo mudou de tática e passou a atacar a infraestrutura crítica da Ucrânia. A partir de novembro, ondas de drones Shahed, feitos no Irão, mísseis de cruzeiro de alta e baixa precisão e foguetões terrestres abateram-se sobre estações de energia e instalações elétricas, de Levive, mais a oeste, a Carquive, mais a leste. Durante alguns períodos dos meses mais escuros do inverno, até 40 por cento das cidades ucranianas noticiaram faltas de energia. No Ano Novo de 2023, as forças ucranianas afirmaram que haviam abatido até 80 por certo dos mísseis russos. Porém, o fogo de barragem implacável continuou — mas não conseguiu abalar a determinação dos Ucranianos para combater.

Lend-Lease

Como na Primeira Guerra Mundial, e na Segunda, foi uma intervenção de fornecimentos, liderada pelos EUA, que mudou o curso do conflito. No dia 9 de maio de 2022, Joe Biden assinou «Uma Lei [...] para emprestar ou alugar artigos de defesa ao governo [ucraniano] para proteger populações civis na Ucrânia da invasão militar russa e para outros propósitos». A lei fora aprovada por maioria uns dias antes, com 417 votos a favor e dez contra, no congresso dos EUA. A data era muitíssimo simbólica. Foi no dia 9 de maio que a URSS celebrou a sua vitória face à Alemanha nazi — uma vitória que se tornara possível devido a um enorme programa de ajuda militar dos EUA. Só que desta vez a lei de *Lend-Lease* abrangia os oponentes de Moscovo, pondo assim a Rússia simbolicamente no papel do Terceiro Reich.

No total, o pacote de ajuda de 2022 dos EUA à Ucrânia, no âmbito da lei *Lend-Lease,* ascenderia a uns impressionantes 55 mil milhões de dólares — quase tanto como todo o orçamento militar anual da Rússia. É verdade que grande parte do dinheiro estava destinado a voltar diretamente para as empresas que trabalham para as forças armadas norte-americanas e para estas próprias forças armadas. Porém, centenas de milhões de dólares eram destinados a pagar fornecimentos diretos e imediatos de armas de ataque mortais às forças armadas da Ucrânia.

Havia, contudo, uma importante ressalva do lado de Washington. A ameaça nuclear de Putin de 27 de fevereiro não tinha sido esquecida, nem o aviso dos Chineses de que a NATO deveria evitar envolver-se diretamente no conflito. E apesar de o acordo do início de março entre Washington e Pequim com respeito aos MiG polacos nunca ter sido formalmente renovado, o entendimento de que a China se inibiria de armar a Rússia desde que os EUA e a NATO se inibissem de qualquer envolvimento integral na Ucrânia foi claramente acatado pelas duas novas superpotências.

No dia 10 de maio — o dia depois da assinatura da lei *Lend-Lease* —, os ministros da Defesa dos EUA e da Rússia, Lloyd Austin e Sergei Shoigu, falaram ao telefone.[26] Segundo uma importante fonte do governo do Reino Unido que foi informada da conversa, um tema capital de Austin foi reassegurar Shoigu de que os EUA não estava prestes a entrar na guerra e que a ajuda não devia ser entendida como um ataque militar à Rússia.[27]

Os EUA inibiram-se de fornecer armas a Quíive que poderiam atingir o interior da Rússia — como sistemas de LMF que disparam mísseis com um alcance de 185 milhas. Os propagandistas russos denunciaram a ajuda norte-americana como um ato de agressão aberta, e Dmitry Peskov disse que enviar armas para uma zona de guerra era «deitar gasolina no fogo». Porém, isto era só para inglês ver. No interior do Kremlin, a contenção de Washington não passou despercebida. Dmitry Medvedev, um antigo presidente russo, apesar de se ter reinventado como superbelicoso, considerou «razoável» a decisão norte-americana de não fornecer armas de longo alcance.[28]

Contudo, as armas que os EUA enviaram iriam mudar completamente as coisas: artilharia de campo de 155 mm muitíssimo precisa, padrão da NATO, capaz de disparar projéteis guiados por GPS com o auxílio de foguetes, e Sistemas M142 de Artilharia de Foguetes de Alta Mobilidade (HIMARS, no acrónimo inglês). Mais de 100 lançadores de obuses M777 enviados pelos EUA no início de maio tinham já ajudado a fazer uma diferença vital na batalha pelo Rio Siversqui Donetes. A diferença tática crucial não era tanto os lançadores de obuses em si, mas sim o tipo de artilharia do último modelo que podiam disparar, propulsionados por foguetes e guiados por satélite. Chegando a custar até 46 mil dólares cada cartucho, alguns projéteis tinham uma precisão de 2,86 metros a uma distância de 40 quilómetros, segundo James Riley, o vice-presidente dos sistemas de mísseis Raytheon.[29] Com efeito, os M777 transformavam cada cartucho num míssil de cruzeiro em miniatura, atingindo com extraordinária precisão um alvo específico visível aos artilheiros em tempo real no ecrã de num *tablet*.

Os foguetões HIMARS eram igualmente precisos, mas com um alcance maior de 80 quilómetros, e transportavam uma ogiva muito maior. No dia 28 de junho, os ucranianos usaram HIMARS para atingir a guarnição russa da Ilha das Serpentes — a 20 quilómetros da costa ucraniana, pela fronteira romena — que controlava a aproximação por via marítima a Odessa. Foram os defensores ucranianos da Ilha das Serpentes que, numa atitude de desafio, enviaram a famosa mensagem ao cruzador *Moskva*. As tropas russas retiraram durante a noite por lancha, permitindo que o exército ucraniano chamasse a si uma vitória muitíssimo simbólica na manhã seguinte. Não foi só o «navio de guerra russo» que se tinha ido foder — para o fundo do mar. Os ocupantes russos da Ilha das Serpentes foram pelo mesmo caminho.

No inverno de 2022/2023, com a guerra a intensificar-se no Dombás e os Russos a esforçar-se arduamente para inverter as suas perdas de outono nas áreas de Carquive e de Quérson, a dinâmica do apoio ocidental começou a mudar. Uma campanha incansável de Zelensky pedindo tanques de combate, artilharia de foguetões com mais alcance e jatos de ataque começou a dissolver a cautela da NATO para não provocar o Kremlin.

Talvez algo surpreendentemente, foi Emmanuel Macron, de França, quem quebrou o tabu quanto aos tanques, ao enviar veículos franceses de combate de artilharia. Em janeiro, sob pressão de aliados europeus como a Polónia, que queria enviar tanques de batalha Leopard 2 para Quíive, mas que estava contratualmente impedida de o fazer pelos seus fabricantes alemães originais, o chanceler alemão Scholz concordou, relutante, com deixar os seus vizinhos doarem tanques, mas também com dar vinte e quatro dos seus. O Reino Unido aceitou enviar um esquadrão de catorze Challenger 2, e os EUA, cinquenta tanques Abrams. É claro que esses números não estavam sequer perto de se comparar à força em tanques que a Rússia tinha antes da guerra. Porém, um importante Rubicão simbólico fora atravessado no respeitante ao programa de *lend-lease* da NATO.

CAPÍTULO 11

O preço da ilusão

«Fala-se muito de vias de saída. Nós queremos fechá-las e ajudar Putin a ir com toda a velocidade contra o muro para onde se dirige.»

H. R. McMaster, tenente-general do exército norte-americano, 5 de abril de 2022[1]

Guerra-relâmpago económica

Um dos principais pontos das mensagens do Kremlin, tanto para o povo russo como para o resto do mundo, era que a economia russa estava a safar-se bem das sanções. «A guerra-relâmpago económica contra a Rússia nunca teve hipótese de ser bem-sucedida», disse Putin em junho a uma audiência do Fórum Económico de São Petersburgo que não incluía líderes regionais, com exceção de Aleksandr Lukashenko, da Bielorrússia — mas incluía uma delegação dos Talibã. «Como os nossos antepassados, resolvemos qualquer problema; toda a história de mil anos do nosso país o mostra [...]. As previsões soturnas sobre o futuro da economia russa não se realizaram.»[2]

Pelo menos inicialmente, Putin parecia ter razão. Ao longo do primeiro ano da guerra, a economia russa pôs realmente em causa as expectativas ocidentais, revelando-se mais resistente do que muitas pessoas estavam à espera. Em fevereiro de 2023, o Fundo Monetário Internacional relatou que o produto interno bruto da Rússia se contraíra 2,2 por cento em 2022 — em contraste com o crescimento que se esperava de 3 por cento. A inflação anual foi de cerca de 12 por cento, inferior a muitos países europeus. E, ao longo do ano, a Rússia conseguiu aumentar a produção de petróleo em 2 por cento e incrementar em 20 por cento os rendimentos da exportação de petróleo, atingindo 218 mil milhões de dólares, segundo estimativas do governo russo e da Agência Internacional de Energia. A Rússia ganhou também 138 mil milhões de dólares com o gás natural, um aumento de quase 8 por cento relativamente a 2021, porque o recorde de preços serviu de contrabalanço aos cortes de exportações para a Europa.[3]

Porém, estes números mais felizes do que se esperava foram todos impelidos por um único fator: um aumento imenso dos preços do petróleo e do gás, no rescaldo da invasão, que no fim do verão se reduzira a zero. Em maio, Fareed Zakaria concluiu no *Washington Post* que «é agora claro que a guerra económica contra a Rússia não está a funcionar tão bem como as pessoas pensavam [...]; o governo russo irá ter consideravelmente mais receitas de petróleo e gás do que antes da guerra».[4] Contudo, essa previsão só continuou a ser verdadeira enquanto a Europa se apressava a encher as suas instalações de armazenamento de inverno com gás — o que será discutido mais em pormenor na próxima secção — e os consumidores globais se apressaram a comprar o máximo de petróleo russo que conseguiam antes de o preço máximo de 60 dólares o barril entrar em vigor, no dia 5 de dezembro de 2022, por todo o Ocidente. Em janeiro de 2023, os preços do gás europeu por atacado caíram para níveis anteriores à guerra. No cômputo geral, as receitas do governo russo provenientes da produção e exportação de petróleo e gás caíram 46 por cento entre janeiro de 2022 e 2023, segundo o Ministério das Finanças russo.

A aparente estabilidade do rublo (que, depois de uma grande desvalorização inicial, depressa voltou aos níveis anteriores à guerra) e a relativa saúde do mercado de valores russo (o índice

MOEX da bolsa de valores russa tinha caído uns meros 50 por cento) eram também ilusórias. Na verdade, os dois indicadores foram deliberadamente manipulados. De acordo com as novas regras introduzidas pelo Banco Central em março de 2022, qualquer companhia em território russo que recebesse rendimentos em moeda estrangeira era obrigada a converter 80 por cento desses rendimentos para rublos, o que distorcia o mercado a favor do rublo. Além disso, a Gazprom tentou obrigar os seus clientes ocidentais a pagar pelo gás em rublos — o que na prática significava apenas que tinham de abrir contas em rublo nos poucos bancos russos que não eram abrangidos pelas sanções, e converter formalmente os seus pagamentos em numerário em rublos, antes de o contrato ser considerado estabelecido — antes de desistir discretamente da ideia, em dezembro de 2022. Em Moscovo, só uma fração dos volumes de rublos anteriores à guerra era efetivamente comerciada, e, mesmo assim, a maior parte eram dólares fictícios, sem fundamento em reservas efetivas de dinheiro líquido.

Quanto à bolsa de valores, a realidade é que os acionistas estrangeiros de «países que não são amigos» (isto é, o Ocidente) foram impedidos de liquidar as suas posições — mantendo, na prática, o mercado num estado de animação suspensa. Como fez saber Andrei Movchan, o economista russo que fundou a Renaissance Capital, a suspensão das operações normais da bolsa reduziu, na prática, o valor acionista das ações russas, se não para zero, pelo menos «para um valor incognoscível, que já não é determinado pelo mercado». Na verdade, as ações foram comercializadas com um desconto de 30 a 40 por cento relativamente ao valor de mercado fictício — que já caíra para metade. E dado que muitas empresas dependiam das suas próprias ações como garantia para contrair empréstimos, isso significava que uma grande proporção das empresas privadas da Rússia estavam, para todos os propósitos práticos, funcionalmente na bancarrota — juntamente com todos os bancos russos que lhes tinham emprestado dinheiro tendo como garantia o valor das suas ações russas. Isso deixou «o estado como a entidade de último recurso a quem recorrer para pedir empréstimos», afirmou Movchan — a única fonte de capital num país sem acesso aos sistemas financeiros internacionais. E apesar de o Kremlin poder, em teoria, imprimir todo o dinheiro que desejasse, na prática, a economia russa continuava a depender demasiado de importações de equipamento, tecnologia, bens de consumo e perícia estrangeira para evitar uma inflação catastrófica. «Quando se cria demasiado dinheiro, o risco é cair na opção do Zimbabué [de hiperinflação]», afirmou Movchan. O valor do rublo, quer o Kremlin goste disso quer não, «continua a ser relativo às importações [da Rússia]».[5]

O valor das receitas russas provenientes das mil e trezentas companhias ocidentais que saíram da Rússia nos primeiros meses da guerra e o valor dos seus investimentos na Rússia representavam, conjuntamente, 600 mil milhões de dólares. A sua saída do país «inverteu quase num só golpe três décadas de integração económica russa» com o resto do mundo, ao mesmo tempo que «desfez anos de investimento estrangeiro na Rússia», segundo um relatório da Escola de Gestão de Yale. Estas empresas estrangeiras davam emprego a cerca de cinco milhões de russos diretamente, chegando aos oito milhões, indiretamente.[6] Alguns destes trabalhadores conseguiram novos emprego em clones das empresas que fecharam, estabelecidos por novos proprietários russos. Um desses casos foi a cadeia *Vkusno i Tochka* (Saboroso e é isso), que abriu nas antigas instalações da McDonald's, usando o mesmo equipamento e oferecendo um menu semelhante. Outro caso foi a cadeia Stars Coffee, fundada pelo *rapper* Timati — conhecido sobretudo devido ao sucesso da música «Putin é o meu Melhor Amigo» —, que assumiu o controlo dos cafés da Starbucks e usou um logótipo praticamente igual.[7] Porém, milhões de pessoas ficaram desempregadas — deixando ao estado poucas alternativas a não ser criar novos empregos no sector público.

Desde a anexação da Crimeia em 2014 e das sanções ocidentais que se seguiram, o Kremlin tem-se esforçado para tornar a economia russa independente de importações, em particular o sector fabril, e, consequentemente, imune a futuras sanções. O primeiro mantra depois da Crimeia era «substituir importações» — o conceito de que de algum modo a Rússia poderia sobreviver e prosperar sem importar bens, serviços ou talento do Ocidente. O segundo mantra era a «soberania tecnológica» — a teoria de que a Rússia poderia criar as suas próprias tecnologias, de transmissores de telemóveis a turbinas de gás, que seriam equivalentes aos ocidentais.

Ambas as iniciativas fracassaram. Em 2022, quando a União Europeia e os EUA atingiram a Rússia com a total desativação da importação de peças estrangeiras, *software* e sobretudo processadores de computador, o efeito na economia russa foi ruinoso. No fim de maio, a produção russa de carros caíra 75 por cento. Os indicadores do valor acrescentado bruto interno da Rússia caíram 62 por cento no sector da construção, 55 por cento na agricultura e 25 por cento no sector fabril. O sector fabril russo — incluindo a indústria de armamento — foi obrigado a reaproveitar e reciclar peças.[8] No fim de março, a Uralvagonzavod — a maior fábrica de tanques da Rússia, sediada em Nijni Tagil — foi obrigada a suspender a produção de tanques T-72B3 por falta de processadores de computador, segundo os serviços secretos ucranianos.[9] «Temos relatórios de ucranianos segundo os quais quando encontram equipamento militar russo no terreno, este está cheio de semicondutores tirados de máquinas de lavar roupa e de frigoríficos», afirmou Gina Raimondo, secretária do comércio dos EUA, em maio.[10] A Aeroflot, a companhia aérea russa, foi obrigada a imobilizar 40 por cento dos aviões, para lhes tirar peças que permitam continuar a fazer a manutenção da restante frota — apesar de a Boeing e a Airbus terem cessado todo o apoio e manutenção e de terem avisado que os aviões com peças reaproveitadas não eram seguros. «Todos os aviões deixaram de imediato de receber atualizações de *software*», queixou-se à jornalista Yevgenia Albats um homem de negócios com ligações ao Kremlin. Por isso, «pedimos a um jovem com uma pasta preta para vir cá adulterá-lo».[11]

Oficialmente, no fim de 2022, o índice de preços ao consumidor, na Rússia, indicava uma taxa de inflação anual de cerca de 12 por cento. Porém, os números da inflação real em sectores que dependem de importações, como os tecnológicos, hoteleiros e automóveis, situavam-se entre 48 e 61 por cento, segundo uma pesquisa de mercado de importantes retalhistas. Cada dia de guerra custou aos contribuintes russos cerca de 500 milhões de dólares.[12]

Para cobrir o défice, o fornecimento de dinheiro russo duplicou de fevereiro a junho, e as reservas russas em fundos estrangeiros diminuíram 75 mil milhões de dólares nos primeiros seis meses de guerra. O ministro das Finanças, Anton Siluanov, admitiu em julho que, no fim da guerra, o orçamento do governo russo teria provavelmente um défice equivalente a dois por cento do PIB — um buraco que ele sugeriu tapar retirando um terço do Fundo Nacional de Riqueza da Rússia.[13]

As sanções estavam sem dúvida a prejudicar a economia russa. Mas estavam a funcionar? Isso dependia de como se definia o seu objetivo. Em março, Biden anunciou que as sanções visavam «provocar prejuízo equivalente ao poder militar» para «desgastar a força russa» e para assegurar que a Rússia «nunca mais conseguiria ameaçar os seus vizinhos». Por esse critério, parece que as sanções foram eficazes na redução da máquina de guerra russa. No fim de agosto, Moscovo estava a comprar projéteis de artilharia à Coreia do Norte e *drones* ao Irão e tinha retirado aeronaves, foguetes e pessoal da sua missão militar na Síria.

Porém, seria provável que as sanções abalassem o poder de Putin ou lhe mudassem o comportamento? Biden afirmou que o objetivo nunca foi esse. «Eu não afirmei que as sanções iriam dissuadi-lo», disse Biden a uma cimeira da NATO em março. «As sanções nunca dissuadem.»[14] Isto foi francamente calculista. Segundo um antigo funcionário da Casa Branca que teve um papel determinante na elaboração da primeira leva de sanções em 2014, grande parte da estratégia da equipa de Biden era «fomentar uma divisão entre os *siloviki* do Kremlin e a classe empresarial da Rússia». É de admitir que essa estratégia não funcionou entre 2014 e 2022 — mas o princípio de que «há um contrato entre Putin e a elite [empresarial] segundo o qual esta não se mete na política e ele deixa-a enriquecer» não desapareceu, afirmou o funcionário.[15]

Alguns russos ricos fugiram realmente para portos seguros quando as sanções começaram a doer. Segundo o estudo da Escola de Administração de Yale, cerca de 15 mil — ou 20 por cento — dos indivíduos mais ricos da Rússia, definidos como pessoas com mais de 30 milhões de dólares, deixaram o país. Apesar das restrições, as transferências de capital para fora da Rússia saltaram de 22 mil milhões de dólares no primeiro quartel de 2022 para mais de 70 mil milhões no segundo, de acordo com os números do próprio Banco Central. Empresas de imóveis do Dubai relataram aumentos de vendas a compradores da Rússia da ordem dos 100 e até 200 por cento, em comparação com o mesmo período do ano anterior.[16] Porém, estas estatísticas podem também ser lidas ao contrário: 80 por cento dos russos ricos não saíram. E não é de admirar: o Kremlin tornou muito claro que a fuga seria encarada como um ato de traição. No dia 26 de fevereiro, Putin chamou todos os principais oligarcas e, segundo uma pessoa que esteve na reunião, ordenou-lhes na prática que escolhessem ou a completa lealdade e obediência, ou a cassação dos seus bens, a prisão ou o exílio.[17] A maior parte dos membros menores da elite também não tinham muita escolha — os seus interesses comerciais estavam demasiado intimamente ligados à Rússia e ao estado russo, pelo que o exílio não era uma escolha racional.

O estado de espírito entre cerca de uma dúzia de empresários ricos russos com quem falei em Moscovo nos meses depois da invasão era mais ou menos de resignação estoica — «Que podemos nós fazer?» e «Não vai durar para sempre» — combinada com uma raiva profunda e por vezes furiosa não pelo Kremlin, mas pelo Ocidente. «Aqueles lambe-botas [na Europa] não se importaram de ficar com o meu dinheiro e de me bajular», disse o diretor de uma importante empresa russa de importação de tecnologia que tinha propriedades em Itália e Londres. Não fora incluído pessoalmente nas listas de sanções, mas mesmo assim deu com as suas contas bancárias europeias congeladas, simplesmente por ser russo. «O que aconteceu ao estado de direito deles e ao respeito pela propriedade privada?» A Europa e os EUA «decidiram que somos todos criminosos e que temos de sofrer pelos crimes de um anormal [Putin]», queixou-se um magnata das telecomunicações sediado em São Petersburgo. «Querem-nos sentadinhos aqui na Rússia. Muito bem. Ficamos aqui, com os nossos.»[18]

O Kremlin foi acusado de aplicar os seus próprios padrões de comportamento ao lidar com países estrangeiros — ao pressupor, por exemplo, que Zelensky e a elite de Quíive eram venais e que facilmente se corrompiam. Porém, também o Ocidente pareceu pressupor que os Russos iriam reagir como europeus ou norte-americanos perante a perspectiva de dificuldades económicas — deitando as culpas para cima dos líderes e exigindo mudança. Contudo, a realidade da Rússia era muito diferente. Para começar, as crises económicas — a maior parte delas muito pior do que a depressão provocada pelas sanções de 2022 — já tinham ocorrido não há muito tempo, da hiperinflação de 1992–1993 ao colapso do rublo em 1997, 2008 e 2014. Uma minoria relativamente pequena de russos urbanos vivia algo como uma vida de classe média próspera, europeia, onde a Ikea, a Starbucks e a Zara eram coisas dadas como garantidas. Para a maioria dos russos que viviam com perto do ordenado médio de 802 libras por mês, ou menos — ou os 14 por cento que viviam abaixo da linha de pobreza de 120 libras —, a perda de lojas de luxo em Moscovo ou o preço de aparelhos eletrónicos importados fazia pouca diferença.[19]

O mais importante é que para a maioria dos russos e para o seu governo havia um sentido manifesto de que as suas dificuldades eram por uma boa causa. «Como russos, vivemos para quê?», perguntou Vladimir Solovyov, um apresentador de televisão, no final de agosto. «Não para o McDonald's ou para o Kentucky Fried Chicken. O propósito da nossa vida é defender a verdade, e o que é correto. Defender os nossos irmãos com os nossos corpos vivos, quando são atacados por escórias fascistas.»[20] A mensagem constante nos canais de televisão controlados pelo Kremlin era que o Ocidente estava a enfrentar uma devastação económica em resultado das sanções. «As pessoas acostumadas à retórica patriótica falsa podem ficar caladas durante décadas. [Os] limites da paciência dos cidadãos comuns [...] ainda não foram realmente postos à prova», escreveu o economista Valery Kizilov, do Instituto de Investigação Financeira de Moscovo, num influente ensaio intitulado em parte «Por Que Razão os Russos Não Reparam na Crise Económica». «Ao nível das mais elevadas autoridades russas, não se pode chamar[-lhe] uma crise inequívoca. A perspectiva oficial é que as economias dos países adversários sofrem muito mais. Neste sentido, o regime voltou aos modelos retóricos estagnados do final da década de 1970 e do início da década de 1980.» A Rússia não enfrentava um «colapso, mas sim um declínio».[21]

Talvez o sinal mais significativo de que o Kremlin não receava uma reação adversa da elite nem do povo com respeito ao declínio económico foi a decisão de Putin de usar o principal trunfo económico da Rússia — a dependência europeia da Gazprom — para tentar ganhar vantagem política.

Gás contra armas

No início do verão de 2022, à medida que se tornava claro para Putin e a sua equipa que o plano da guerra-relâmpago tinha sido malsucedido, o Kremlin tentou fazer do resultado da guerra uma batalha entre o gás e as armas. Enquanto as armas fornecidas pelo Ocidente fustigavam as posições russas no terreno, um corte de gás levado a cabo pela Rússia fustigava os consumidores europeus com a energia a preços elevadíssimos e a pior crise de custo de vida numa geração.

Em 2021, o gás russo representava 45 por cento das importações de gás da União Europeia. A Alemanha, a maior economia da Europa, era a mais dependente da Gazprom — e gerações dos seus líderes tiveram um papel determinante no incremento dessa dependência. A lógica não foi inteiramente racional. Gerhard Schröder, um antigo chanceler alemão (que foi para o conselho de administração do gasoduto Nord Stream e do gigante petrolífero estatal Rosneft, da Rússia, quando terminou o seu mandato, em 2005), defendeu que a dependência alemã do gás russo era igual à dependência russa do dinheiro alemão. Mais integração económica geraria uma relação mais estável entre a Europa e Moscovo.

O risco moral inerente a essa equação tornou-se visível depois da anexação russa da Crimeia em 2014. Como vimos, em vez de cancelar o projetado gasoduto Nord Stream 2 — e numa atitude de desafio perante a forte pressão dos EUA —, a sucessora de Schröder, Angela Merkel, deu luz verde ao projeto de 9,4 mil milhões de euros financiado pela Gazprom.

Em julho de 2018, numa cimeira da NATO em Bruxelas, o presidente dos EUA, Donald Trump, queixou-se de que «devíamos estar a proteger-nos da Rússia, e a Alemanha vai e paga milhares de milhões de dólares por ano à Rússia [...]. A Alemanha é totalmente controlada pela Rússia, [porque] 60 a 70 por cento da energia deles vem da Rússia, e agora mais um gasoduto... penso que isso é muito inapropriado».[22] Os avisos de Trump foram inteiramente ignorados — e quando disse praticamente o mesmo na Assembleia Geral das Nações Unidas, os delegados alemães riram-se e zombaram abertamente.

O calcanhar de Aquiles da Europa, o gás, era claramente visível enquanto Bruxelas preparava sanções contra Putin na sequência da invasão da Ucrânia de 2022. As sanções incluíam restrições bancárias e às exportações, e até um preço máximo do petróleo a começar em dezembro de 2022. Mas, algo crucial, não incluíram o gás. De facto, a Europa tinha ficado mais dependente do gás da Rússia do que em 2014. Importantes nações consumidoras de energia da União Europeia tinham ficado politicamente agarradas a planos de energia verde, o que significava fechar centrais elétricas alimentadas a carvão, abandonar planos de fraturamento hidráulico (*fracking*) e, na Alemanha, fechar centrais nucleares. O gás natural — que emite menos poluentes e menos dióxido de carbono por unidade de energia — foi acolhido como uma solução de recurso semiverde até as energias renováveis, como a eólica e a solar, conseguirem preencher a lacuna deixada pelo carvão e pelo nuclear.

Putin pensava que o gás era a arma mais poderosa da Rússia na sua guerra diplomática para abalar o apoio político e militar da Europa à Ucrânia. Porém, em vez de usar ameaças cada vez piores, ao longo do verão de 2022, Putin limitou-se a cortar o fornecimento — o que, na prática, além de ser uma sanção que impôs a si próprio, deu à Europa meses de aviso para se preparar para faltas de gás no inverno. De junho em diante, a Gazprom cortou a Polónia, a Letónia, a Lituânia e a Finlândia e reduziu em 40 por cento o fornecimento de gás à Alemanha pelo gasoduto Nord Stream 1, ostensivamente porque um conjunto crucial de turbinas de gás que tinham sido enviadas para serem reparadas pela Siemens Energy no Canadá tinham sido alvo de sanções.

O efeito imediato, como Putin tinha esperado, foi o pânico. Tal como o ministro da Economia alemão, Robert Habeck, disse em julho, uma interrupção completa do gás russo seria um «cenário de pesadelo» para o seu país. Com a pressão de Berlim e da Agência Internacional de Energia, e ignorando as objeções ucranianas, o governo de Otava levantou as sanções que afetavam as turbinas. O ministro dos Recursos Naturais do Canadá, Jonathan Wilkinson, justificou a decisão afirmando que «os nossos amigos e aliados europeus» precisavam de manter o seu «acesso [a] energia de confiança e em conta, enquanto continuam a fazer a transição para se afastar do petróleo e gás russos»[23].

Em meados de julho — o mês com menos consumo de gás —, a capacidade alemã de armazenagem de gás situava-se nos 63 por cento, muito longe de chegar ao objetivo de 90 por cento no dia 1 de novembro. Fizeram-se planos de contingência, dando prioridade de acesso à eletricidade e ao gás caso ocorressem cortes sérios, ficando os hospitais e serviços de emergência no topo da lista, depois as famílias e, por fim, as necessidades industriais. As autoridades locais por toda a Alemanha fizeram planos para fechar piscinas, desligar iluminação pública e semáforos e adaptar dormitórios à escala industrial, concebidos para pacientes do coronavírus, para se tornarem «salas aquecidas» ou «ilhas de calor». Entretanto, a procura de aquecedores elétricos e a óleo, painéis de infravermelhos e fogões de campismo explodiu, e as empresas de instalação de fogões a lenha e de bombas térmicas relataram longas listas de espera e uma falta crónica de peças e de pessoal qualificado.[24] Klaus Müller, o regulador de energia da Alemanha, disse que os preços do gás ao consumidor poderiam triplicar em 2023. E o antigo embaixador alemão em Londres, Thomas Matussek, avisou que «se chegar a tanto, estamos provavelmente a entrar na maior crise económica que a Alemanha atravessou desde o fim da Segunda Guerra Mundial».[25]

Em setembro, o Kremlin anunciou que o Nord Stream 1 continuaria fechado indefinidamente, por razões técnicas — que não seriam resolvidas até «o Ocidente coletivo» levantar as sanções à Rússia. Só a Hungria, amiga de Putin, continuava a receber o seu fornecimento integralmente, por meio de gasodutos terrestres mais antigos, atravessando a Turquia. A República Checa, a Eslováquia, a Áustria, Itália e a Alemanha continuaram, estranhamente, a importar gás russo que atravessava a Ucrânia, que, ainda mais estranhamente, continuava a cobrar à Gazprom uma taxa de transporte por meio de uma subsidiária suíça. Na verdade, a própria Ucrânia continuou a importar gás russo usando um esquema que desafiava a lógica e que envolvia inverter o fluxo de um gasoduto da Eslováquia, o que permitia a Quíive afirmar que estava a importar gás europeu, quando, na verdade, estava simplesmente a reimportar o produto da Gazprom.

A Rússia «está a tentar atacar com a pobreza e o caos político onde não pode ainda atacar com mísseis», afirmou Zelensky quando o encerramento do Nord Stream foi noticiado, enquanto a Alemanha anunciava um pacote de 65 mil milhões de euros (56 mil milhões de libras esterlinas) para ajudar os consumidores em dificuldades. Semanas depois, a primeira-ministra britânica, Liz Truss, anunciou um preço máximo para a energia, financiado pelo Estado, num valor de cem mil milhões de libras esterlinas, para proteger a economia do choque de preços. Contudo, com os preços do gás por atacado dez vezes mais caros do que no ano anterior, as contas de energia elevadíssimas por todo o continente e a inflação nos estados do báltico a ultrapassar os 20 por cento, a agitação política parecia inevitável. No início de setembro, mais de 70 mil manifestantes em Praga foram para as ruas para protestar contra o apoio do seu governo à Ucrânia.

Só que a derrocada política ocidental que Putin desejava não aconteceu. A Europa — em particular a Alemanha — revelou-se muito mais ágil a encontrar fontes alternativas de energia do que Putin previra. Na véspera da invasão, a Europa importou da Rússia cerca de 46 por cento do seu gás. Porém, também recebeu 25 por cento da Noruega, por gasodutos, e 29 por cento na forma de gás natural líquido (GNL) dos EUA, da Argélia e do Catar. As importações da Europa de GNL aumentaram com uma rapidez surpreendente. Os engenheiros alemães apressaram-se a construir terminais flutuantes que no final do ano iriam quadruplicar a capacidade de importação de GNL. Em janeiro de 2022, a Europa só importava pouco mais de quatro mil milhões de metros cúbicos (mmc) de GNL norte-americano por mês, em contraste com menos de oito mil mmc em gás russo comum (o que já era um número historicamente baixo, graças à introdução de energias renováveis). Um ano depois, as importações de GNL americano e canadiano tinham já quase completamente suplantado o gás russo comum. E, o que era mais importante, o politicamente poderoso Partido dos Verdes reconheceu que as realidades políticas tinham precedência sobre os objetivos climáticos e concordou com a reabertura de centrais elétricas alimentadas a carvão e com a suspensão do encerramento das últimas três centrais nucleares do país. Graças também a um inverno excecionalmente ameno, e a uma redução voluntária do uso doméstico de energia de quase 20 por cento, as reservas alemãs de gás mantiveram-se nos 80 por cento, mesmo em fevereiro de 2023.

Em vez de Berlim se submeter perante a intimidação, a tentativa de Putin para fazer chantagem afastou aquele que fora o seu mais poderoso aliado europeu. «Temos de pôr fim ao autoengano de que alguma vez recebemos gás barato da Rússia», afirmou a ministra dos Negócios Estrangeiros, Annalena Baerbock, no dia

28 de agosto. «Podemos não ter pagado muito dinheiro pelo gás, mas pagámos em segurança e independência. E os Ucranianos já pagaram com milhares de vidas.»[26]

Para a Rússia, fazer dos fornecimentos de gás uma arma foi mais do que arriscado — foi o equivalente diplomático a vestir um colete suicida. No dia 1 de setembro, quando a Gazprom anunciou a segunda interrupção «temporária» do Nord Stream 1 desde a invasão, o preço do gás por atacado na Europa chegou até a baixar 21 por cento, do máximo de agosto, 345 euros por megawatt por hora para 245 euros.[27] Em finais de fevereiro de 2023, nos Serviços Holandeses de Transferência de Títulos, o padrão europeu de contratos, os avanços mensais de futuros de gás natural ficaram abaixo dos simbolicamente importantes 50 euros por megawatt por hora — o preço mais baixo durante mais de dois anos e mais de 85 por centro abaixo do máximo atingido no verão.[28]

Apesar das dificuldades económicas, o principal efeito da guerra do gás de Putin foi levar os líderes europeus a afastar-se permanentemente da dependência do gás russo. No dia 5 de setembro, Scholz, o chanceler alemão, afirmou que a Rússia já não era «um parceiro energético de confiança». E o presidente do Conselho da União Europeia, Charles Michel, disse que o uso que a Rússia fez «do gás como arma não irá mudar a determinação da União Europeia [...]. Iremos acelerar a nossa via em direção à independência energética. O nosso dever é proteger os nossos cidadãos e apoiar a liberdade da Ucrânia».[29]

A perspectiva de a Europa se libertar da sua dependência do gás russo representou uma catástrofe estratégica para a Rússia. Putin eliminou permanentemente uma fonte de rendimento que representava mais de um terço de todas as exportações de energia da Rússia, perdeu o maior mercado de exportação de energia e perdeu também para sempre a influência política sobre a Europa, construída ao longo de décadas. No dia 26 de setembro, essa destruição da relação energética da Rússia com a Europa assumiu uma forma literal, quando quatro explosões submarinas fizeram estalar as duas condutas do Nord Stream 1 e um dos canos do

Nord Stream 2, fazendo o Mar Báltico ferver com fugas de gás de um quilómetro, enquanto uns estimados 300 milhões de metros cúbicos de gás de cada gasoduto flutuava até à superfície. Putin afirmou num discurso televisivo, numa cerimónia do Kremlin para assinalar a anexação de quatro áreas de ocupação russa da Ucrânia, que «o Ocidente [...] passou à sabotagem». Os verdadeiros culpados são ainda desconhecidos e, apesar de os investigadores suecos e dinamarqueses terem confirmado que os estragos foram de facto um ato de sabotagem, não nomearam suspeitos.[30] Porém, em março de 2023, o *New York Times*, seguido pelas revistas alemãs *Die Welt* e *Spiegel*, noticiou que os gasodutos tinham sido atacados por um pequeno grupo de sabotadores independentes, apoiado por um homem de negócios ucraniano sem ligações ao governo de Quiive. Independentemente de quem foram os responsáveis, o ataque ao Nord Stream assinalou um ponto sem retorno da fase final da guerra. Apesar de a Rússia ter em dezembro sugerido inutilmente a ideia de reabrir o gasoduto restante do Nord Stream 2, na prática, seja qual for o acordo a que se venha a chegar no fim da guerra, um regresso à dependência da Europa do gás russo barato está fora de questão.

Porém, Putin estava a preparar — pelo menos, era o que ele imaginava — um plano B: exportar, alternativamente, o gás russo para a China. Numa reunião por videochamada com funcionários destacados da energia e da economia, em abril de 2022, Putin admitiu que as tentativas dos «países ocidentais para afastar os fornecedores russos e substituir os nossos recursos energéticos por fontes alternativas iriam, inevitavelmente, afetar a economia global como um todo». Afirmou ainda que «as consequências das [sanções] podem ser extremamente dolorosas, sobretudo para quem iniciou essa política» e sublinhou que era essencial que a Rússia «redirecione as nossas exportações gradualmente para os mercados em crescimento rápido do Sul e do Leste. Para isso, temos de determinar as instalações cruciais de infraestruturas e começar a construí-las num futuro próximo».[31]

Contudo, os planos de Putin para um *povorot na vostok,* ou salto para leste, não faziam grande sentido económico, nem prático. Em fevereiro de 2022, a Rússia exportou 83 por cento do seu gás, ou 170 mil mmc, para a Europa, 12 por cento para antigos estados soviéticos e apenas dois por cento, ou 12,5 mil mmc, para a China. No outono de 2022, o campo de gás russo mais ocidental ligado por gasoduto à China era o Tchaiandina, a cerca de 2400 quilómetros diretamente a norte de Pequim. A capacidade anual máxima projetada do Tchaiandina era de apenas 25 mil mmc — e isso só em 2025. O gasoduto Power of Siberia 1 ligou Tchaiandina à China, e foi construído entre 2014 e 2019 a um custo de 45 mil milhões de dólares, sendo inteiramente financiado por bancos russos. O custo elevado, além de generosas reduções de impostos para os Chineses, tornou o gasoduto deficitário — como o admitiu o ministro-adjunto russo da Energia, Yuri Sentyurin, em abril de 2015, quando afirmou que o Power of Siberia não dizia respeito a «investir num projeto que tem de pagar os custos».[32] Outros gasodutos atualmente em construção irão ligar o Power of Siberia 1 ao campo Covíqueta, a ocidente, e aos campos de gás de Sacalina e de Cabarovesque, a oriente, através da central de processamento de gás de Amur — que tem uma capacidade máxima de 39 mil mmc por ano, perfazendo cerca de nove por cento do consumo anual de gás da China. Isso significa que mesmo na sua futura capacidade máxima, o Power of Siberia 1 pode transportar menos do que um só dos gasodutos da Rússia que entram na Europa, o Nort Stream 1, de 55 mil mmc.[33] Além disso, os contratos de longo prazo de gás negociados com os Chineses em 2019 baseavam-se nos preços baixos, anteriores à crise.

A única maneira de a Rússia conseguir chegar perto de substituir os clientes europeus perdidos seria por meio de um projetado gasoduto Power of Siberia 2 com uma capacidade anual de 50 mil mmc, que ligaria a Península de Iamal, no Ártico, à China, ao longo de 2800 quilómetros de gasoduto, atravessando toda a Sibéria e a Mongólia. Porém, isso até agora não passa de um plano no papel. E quem o financiaria? Não seria a Gazprom, que, devido às sanções internacionais, não tem acesso a financiamento internacional nem à aquisição de equipamento ocidental. Em abril de 2022, e em antecipação das «elevadas despesas de capital», a Gazprom, pela primeira vez em 30 anos, suspendeu o pagamento de dividendos. Essencialmente, «se a Rússia não consegue vender gás ao Ocidente, não consegue vendê-lo seja a quem for», disse o economista Andrei Movchan. «O que significará encerrar poços de gás.»[34]

Por outras palavras, a proposta de Putin de «saltar para leste» dependia inteiramente da boa vontade e do dinheiro de Pequim. Mas apesar do apoio diplomático ostensivo que Pequim deu a Moscovo, a ameaça de sanções dos EUA nas suas operações globais fez muitos dos mais destacados bancos chineses, como o ICBC, o Banco do Novo Desenvolvimento e o Banco Asiático de Investimento Infraestrutural suspender todo o crédito e financiamento à Rússia. Gigantes chineses da energia, como a Sinochem, também suspenderam todos os investimentos e consórcios russos. Em agosto, a UnionPay — o equivalente chinês do Visa e do MasterCard — deixou também de cooperar com os bancos russos, mencionando as sanções.[35] Algumas empresas chinesas continuaram ativas na Rússia — mas só as que não tinham operações fora da Rússia nem da China, nada tendo a perder com as sanções internacionais.

A Rússia imaginava-se um importante parceiro político e económico de Pequim, quase uma superpotência idêntica. Porém, a verdade é que, antes da guerra, a Rússia era apenas o décimo primeiro mais importante parceiro comercial da China. Em 2021, o comércio da China com os EUA tinha um valor de 1,3 biliões de dólares, e com a União Europeia era um pouco superior a um bilião — mas com a Rússia não chegava aos 70 mil milhões. Na sequência da guerra, o volume de comércio russo com a China disparou para mais de 100 mil milhões de dólares até setembro, a maior parte graças ao aumento das importações chinesas de crude russo. Todavia, as relações comerciais de Pequim com a União Europeia e os EUA eram mais de 20 vezes superiores. Além disso, havia razão para pensar que Pequim estava a tirar todo o partido da fraqueza económica que a Rússia atravessava, em resultado das sanções.

Antes da guerra, a Rússia representava cerca de 12 por cento das exportações globais de petróleo — 53 por cento das quais iam para a Europa e 39 por cento para a Ásia. Ao contrário do gás, o petróleo russo não precisava de dispendiosos gasodutos, de modo que o petróleo que já não ia para a Europa podia ser facilmente enviado para a Ásia. Porém, tanto a Índia como a China insistiram implacavelmente num desconto enorme para comprar petróleo russo. Pequim já tinha feito exatamente o mesmo ao Irão — é uma das vantagens de ser o comprador de último recurso para contornar sanções. Alimentada pelas sanções, a diferença entre o preço do petróleo no padrão de referência global do crude Brent e o do crude russo dos Urais — que era de apenas alguns dólares antes da guerra — alargara-se em março para cerca de 30 dólares o barril, e foi ainda mais longe depois de o preço máximo da União Europeia ter entrado em vigor, em dezembro de 2022. Em janeiro de 2023, o Ministério das Finanças russo anunciou que, apesar dos 86 dólares do preço global do petróleo, o preço médio que a Rússia recebia por barril de petróleo era de apenas 49,50 dólares, cerca de metade do ano anterior. Um estudo de 2019 da Saudi Aramco revelou que a Rússia era um dos sítios mais dispendiosos do mundo para se produzir petróleo, ficando a cerca de 42 dólares o barril, nas explorações russas terrestres, e a 44 dólares nas marítimas — em comparação com o crude saudita, que custa apenas 17 dólares. Além disso, o transporte marítimo do petróleo russo ficara também muitíssimo mais caro, devido às sanções que complicam os seguros marítimos e de carga, assim como os pagamentos.

Apesar de no decurso da guerra a Rússia ter conseguido aumentar dezasseis vezes as suas exportações para países que violam as sanções, como a Índia, mesmo uma queda relativamente pequena nos preços mundiais seria devastadora para a Rússia. E fazer baixar os preços mundiais do petróleo era precisamente o que Biden se propôs atingir.

Guerra mundial Z

Em julho, Biden dirigiu-se a Riade para a sua primeira reunião com o príncipe da coroa Mohammed bin Salman, para negociar um aumento da produção de petróleo saudita para «estabilizar» o preço do crude — quer dizer, baixá-lo. Usar os sauditas para abalar Moscovo foi uma tática que funcionou com Ronald Reagan em 1982. O congressista Charlie Wilson, entre outros, conseguiu persuadir os sauditas de que os Soviéticos estavam a aniquilar os correligionários dos árabes no Afeganistão e que precisavam de ser derrubados por uma combinação de mísseis Stinger contrabandeados para os Mujahidin e preços baixos do petróleo, que iriam fazer ruir a economia soviética (e fez). Quatro décadas depois, contudo, os EUA tinham muito menos força negocial sobre os sauditas — especialmente depois de Washington os ter desancado por se terem envolvido numa guerra brutal no Iémen e por terem raptado e assassinado o jornalista dissidente Jamal Khashoggi em Istambul, em 2018.

O esforço de Biden não produziu resultados imediatos. Em setembro, os preços mundiais do petróleo começaram a subir em direção ao valor psicologicamente importante de 100 dólares o barril, enquanto os compradores se apressavam a antecipar-se ao prazo de 5 de dezembro, após o qual o preço máximo ocidental de 60 dólares o barril seria imposto ao crude russo, assim como uma interdição completa da importação de produtos de petróleo refinado russo na Europa. No primeiro aniversário da guerra, o preço voltara aos 86 dólares o barril — menos, no caso da Rússia, o desconto do crude dos Urais.

Porém, foi Putin, ironicamente, que forneceu o argumento potencial mais forte para os sauditas aumentarem a produção e baixarem os preços. Uma semana depois da visita de Biden a Riade, Putin apareceu em Teerão para se reunir com o presidente do Irão, Ebrahim Raisi, e também com Recep Tayyip Erdoğan, da Turquia. A razão ostensiva para a cimeira era a discussão do futuro da Síria — onde a Rússia foi instrumental para salvar o regime do aliado do Irão, Bashar al-Assad, contra a resistência apoiada pelos sauditas e pelo Ocidente. A verdadeira razão era mostrar uma nova e emergente aliança antiocidental e antidemocrática entre Moscovo e Teerão.[36]

As relações da Rússia pós-soviética com o Irão sempre foram ambivalentes. Na década de 1990, o regime de Ieltsin construiu um reator nuclear civil em Buxer e ajudou Teerão, dissimuladamente, a desenvolver o seu míssil balístico Shehab-3, de médio alcance. Porém, com Putin, a Rússia juntou-se ao Ocidente para travar o programa de armas nucleares do Irão — em parte porque Moscovo via com inquietação um Irão com armas nucleares a ganhar músculo na região, e em parte porque apoiar os aiatolas tinha prejudicado as relações económicas da Rússia com o Ocidente. A guerra da Ucrânia mudou tudo isso, quando a Rússia ultrapassou o Irão como o Estado pária com mais sanções do mundo.

Dado que as relações com o Ocidente se tinham desagregado, uma aliança com o Irão passou a parecer uma proposta estratégica atrativa para Moscovo. Em Teerão, o conselheiro de política externa de Putin, Yuri Ushakov, disse aos repórteres que um «diálogo confiante» se tinha desenvolvido entre a Rússia e o Irão e que, «na maior parte das questões, as nossas posições são próximas ou idênticas».[37] Mais no imediato, a Rússia precisava de *drones* iranianos para enfrentar a ameaça dos Bayraktars de fabrico turco, que os ucranianos tinham usado com uma eficácia devastadora. Em Novembro, frotas de drones Shahed («Mártir») feitos no Irão estiveram na linha da frente de um enorme ataque russo à infraestrutura elétrica da Ucrânia.

Putin fingiu não se importar com o isolamento internacional da Rússia. No dia 8 de julho, na cimeira do G20 em Bali, na Indonésia, o ministro dos Negócios Estrangeiros russo, Sergei Lavrov, teve o seu primeiro confronto com líderes ocidentais desde que a Rússia atacou a Ucrânia. «[Lavrov] passou grande parte das negociações fora da sala», disse Baerbock, a ministra alemã dos Negócios Estrangeiros, aos repórteres. «Do lado da Rússia, não há um milímetro de vontade de falar.» Lavrov saiu deliberadamente da sala de conferências quando Baerbock começou a falar — uma prova, afirmou a ministra posteriormente, de que o sentimento na sala era «19 contra um contra a invasão da Rússia, ainda que existissem discordâncias quanto às sanções». Os líderes ocidentais recusaram-se depois a ser fotografados ao lado de Lavrov.[38] Em setembro, incisivamente, a Rússia, a Bielorrússia, o Afeganistão, a Venezuela e a Síria não foram convidados para enviar sequer embaixadores ao funeral da rainha Isabel II — um evento a que assistiram representantes da Coreia do Norte e do Irão.

A China continuou a ser o último grande aliado internacional — e mais ou menos o único. No início da guerra, o ministro dos Negócios Estrangeiros chinês, Wang Yi, denunciou o Ocidente por ter «dois pesos e duas medidas» quanto à soberania e integridade territorial e acusou os países que sustentam a soberania da Ucrânia, sem dizer quais são, ao mesmo tempo que se recusam a reconhecer o direito chinês de governar Taiwan — um feito impressionante de contorcionismo lógico. «O lado chinês rejeita qualquer tentativa de traçar paralelos entre a crise da Ucrânia e a questão de Taiwan, e defenderá firmemente os seus interesses essenciais», declarou Wang. «A China opõe-se ao aproveitamento da situação para promover uma mentalidade de Guerra Fria, empolar o confronto de blocos e criar uma nova Guerra Fria.»[39] Porém, esse apoio diplomático não se traduziu, como vimos, numa disposição para violar as sanções norte-americanas, para comprar o petróleo russo ao preço de mercado nem para fornecer o material militar ou o financiamento de que a Rússia precisava desesperadamente. E, em novembro, o presidente chinês, Xi Jinping, deu uma reprimenda velada, mas inconfundível, a Moscovo, quando afirmou que o mundo devia «opor-se conjuntamente ao uso de armas nucleares e às ameaças de as usar». Algumas semanas depois, Xi reafirmou a sua perspectiva de que o uso nuclear na Ucrânia era «totalmente inaceitável», em reuniões com Biden.

Contudo, algumas potências continuaram indecisas — nomeadamente a Índia (que recusou participar nas sanções internacionais, preferindo deitar mão a todo o petróleo russo a preço de desconto que conseguisse) e o aliado intermitente da Rússia: a Turquia. As relações de Putin com Erdoğan sempre foram tempestuosas, nomeadamente porque a Turquia continuou a ser um aliado oficial dos EUA e manteve-se em oposição à Rússia e ao Irão aquando do conflito na Síria. Em julho, numa reunião entre Erdoğan e Putin em Teerão, havia uma mudança clara no equilíbrio de poder entre os dois líderes que em tempos se tinham classificado como «amigos». Erdoğan fez Putin esperar embaraçosamente à frente dos repórteres — uma jogada de poder clássica de ditadores habitualmente usada pelo próprio Putin, que, em duas ocasiões célebres, fez Angela Merkel ficar quatro horas à espera e o Papa quase duas.[40]

A Turquia tinha acolhido as primeiras fracassadas rondas de negociações entre Quiive e Moscovo, em março e abril. E, em julho, a Rússia, a Turquia e o Irão encontraram uma coisa com a qual todos concordavam: a oposição aos curdos pró-norte-americanos da Síria. A relação pragmática e ocasionalmente de confronto com Washington alinhava-se frequentemente com a implacável hostilidade de russos e iranianos. Em agosto, o ministro dos Negócios Estrangeiros da Turquia, Mevlüt Çavuşoğlu, também conseguiu persuadir os Russos a abrir um corredor marítimo para exportação de cereais ucranianos a partir de Odessa — aliviando algumas das críticas de países africanos e do Médio Oriente ao bloqueio naval russo, que fizera disparar o preço mundial dos cereais.

Internacionalmente, a Rússia praticamente sozinha. Numa votação do dia 5 de março da Assembleia Geral das Nações Unidas, que «deplorou nos termos mais fortes a agressão da Federação Russa à Ucrânia», só a Bielorrússia, a Síria, a Coreia do Norte e a Eritreia votaram ao lado da Rússia. Cuba falou em defesa de Moscovo, mas acabou por se abster — juntamente com 34 outros países, incluindo todos os membros da União Económica Euro-Asiática de Putin e os aliados ambivalentes da Rússia: a China, a Índia e a Turquia.[41] A Coreia do Norte, o inesperado apoiante internacional da Rússia, ofereceu-se para fornecer artilharia a Moscovo, para ajudar a conquistar a Ucrânia, e mão de obra para reconstruí-la — uma oferta que o presidente da DNR, Denis Pushilin, acolheu de braços abertos. Porém, os antigos aliados de Putin no seu próprio estrangeiro próximo rejeitaram não só Moscovo como também a sua associação com a Rússia. Em agosto, os líderes do Azerbaijão e do Cazaquistão — ambos aliados simbólicos de Moscovo — reuniram-se em Bacu, mas recusaram-se vincadamente a falar russo em público. No Cazaquistão, ergueram-se bandeiras ucranianas em várias cidades.

Repressão

À medida que a guerra na Ucrânia desacelerava e ficava num impasse sangrento, ao longo do verão de 2022, Putin intensificou, no seu próprio país, a guerra contra a dissidência — apesar de a oposição pública à guerra se ter tornado quase invisível.

À parte de alguns pequenos protestos dispersos nos primeiros dias da guerra, e outro protesto mais sério que se reacendeu na sequência do anúncio de Putin, em setembro, de uma mobilização parcial, durante a maior parte da guerra não houve praticamente qualquer movimento discernível contra a guerra, nenhumas greves, nem desobediência civil, nem sequer uma campanha de *graffiti*, de protestos em massa na Internet ou de ataques informáticos. No dia 14 de março, a produtora do Canal Um, Marina Ovsyannikova, interrompeu uma transmissão em direto de *Vremya*, um programa de notícias que vai para o ar ao início da noite, exibindo um cartaz que dizia «Não à guerra!». Esteve no ar 15 segundos, até o estúdio cortar a transmissão. Ovsyannikova foi multada em 200 libras — mas uma sondagem subsequente mostrou que só nove por cento dos telespectadores de *Vesti* se tinham apercebido do cartaz. Em julho, Ovsyannikova tentou de novo ter impacto, fazendo um protesto solitário no Aterro Sofiisky de Moscovo com um cartaz que dizia: «Putin é um homicida. Os seus soldados são fascistas. Trezentas e cinquenta e duas crianças morreram. Quantos mais vão morrer antes de parares?» Desta vez, foi posta sob prisão domiciliária, e depois levantaram-lhe um processo com base nas leis das notícias falsas, que podem pô-la na prisão por dez anos. Em janeiro de 2023, na véspera da leitura da sentença, Ovsyannikova fugiu dramaticamente da Rússia para França, deslocando-se em sete carros diferentes e atravessando a fronteira a pé.[42]

A verdade deprimente era que o tipo de repressão de Putin, com alvos muitíssimo precisos e de alta tecnologia, funcionava bem. Ovsyannikova foi um dos 20 mil casos abertos pelas autoridades russas com base no Artigo 20.2 do Código de Infrações Administrativas que abrangia «A violação da ordem estabelecida, organizando ou promovendo reuniões, comícios, manifestações, marchas ou piquetes».[43] Ao longo dos primeiros sete meses de guerra, cerca de 18 500 pessoas foram oficialmente detidas em protestos, segundo a ONG OVD-Info. Muitas destas infrações eram absurdamente insignificantes. A Internet russa estava cheia de vídeos de pessoas a serem detidas por atos surrealmente obscuros de protesto. Um homem mostrou um cartão de débito do banco estatal Sberbank impresso com a palavra *Mir*, ou «Paz», e foi levado pela polícia. Outro exibiu uma cópia de *Guerra e Paz*, de Lev Tolstoi, na Chama Eterna, em Moscovo, e foi imediatamente preso. Uma jovem que, numa corajosa demonstração de resistência dadaísta, desenrolou um papel com as palavras «Duas Palavras» na Praça Vermelha (sugerindo *net voine*, ou «Guerra não») foi também detida — o mesmo acontecendo a outra que exibiu uma folha completamente em branco.

Uma coisa que a polícia do estado de Putin fazia muito bem era policiar (outra era a governação local, que, com respeito à satisfação dos clientes, estava afinada a um nível de eficácia máximo, desconhecido no resto da Europa). A maquinaria da repressão funcionava com uma eficácia extrema. Os ativistas que eram apanhados pelas ubíquas câmaras de rua de Moscovo eram localizados por meio de programas de reconhecimento facial, chegando depois a polícia às suas casas. Entre março e julho, os tribunais russos proferiram 3003 condenações por contravenção das leis de censura militar — incluindo por «desacreditar o exército» —, e 87 pessoas foram acusadas com o crime mais sério de «espalhar intencionalmente informação deliberadamente falsa», que era punível com até 15 anos de prisão. Em setembro, o jornalista Ivan Safronov foi condenado a uns impressionantes 22 anos com acusações de traição, devido a um artigo de 2019 no diário *Kommersant* sobre a venda russa de caças ao Egito. Centenas de políticos, jornalistas e figuras públicas foram oficialmente classificados como «agentes estrangeiros» — no caso da diretora do *The New Times*, Yevgenia Albats, e do diretor de Echo Moskvy, Aleksei Venediktov, porque ganhavam dinheiro com um canal do YouTube ou através de anunciantes estrangeiros.[44]

O jornal *online* independente *The New Times* foi multado quatro vezes por citar informação noticiosa internacional sobre o bombardeamento de Carquive, Odessa e Micolaíve. Mas uma vez que a informação que o jornal divulgara não tinha sido publicada no *website* do Ministério da Defesa russo, o juiz concluiu que não tinha acontecido. Além disso, segundo a acusação, Putin tinha anunciado que a operação militar especial era conduzida «para proteger a Rússia de uma invasão a partir do território da Ucrânia».[45] Quando Albats — uma das mais corajosas jornalistas que ainda trabalham na Rússia — encetou uma digressão pelas províncias russas para falar com pessoas comuns sobre a guerra, em agosto, apercebeu-se de que estava a ser fortemente vigiada pelo SFS, fazendo questão de ser vista a fotografar, a partir de SUV pretos, todas as pessoas com quem falava.

«Quando perguntava às pessoas num mercado de Tver o que pensavam da operação militar especial, só os apoiantes inequívocos respondiam. Todos os outros ou recusavam responder ou escondiam-se atrás de expressões como "Não sabemos tudo" ou "Sabe-se lá quem começou aquilo"», contou Albats. «As pessoas que concordaram falar num sítio previamente combinado pediram para não especificar a profissão delas nem o local de trabalho, porque "é uma cidade pequena e eles vão acabar por descobrir".» Vários jornalistas locais do jornal independente *Pskovskaya Guberniya* e ativistas do partido de oposição, Yabloko, tinham sido espancados por arruaceiros, espancamentos esses aparentemente organizados pelo SFS. «Depois disso, muitas pessoas bem conhecidas na cidade foram para os estados do Báltico», escreveu Albats. «Os que ficaram nem sequer publicam nas redes sociais, quanto mais participar em ações de rua.»[46]

Era devido ao medo e à eficiência da polícia secreta de Putin que os Russos não protestavam contra a guerra. Outra razão era a falta de liderança. Bloguistas proeminentes da oposição, como Ilya Yashin, Vladimir Kara-Murza e Evgeny Roizman tinham sido tolerados antes da guerra. Mas depressa «uma certa regra não-dita [foi] estabelecida para pessoas bem conhecidas», escreveu Albats. «Primeiro, as autoridades [apresentam] três "casos administrativos", seguidos de uma janela de três ou quatro semanas para a pessoa sair, e, se ela não o fizer, há uma rusga — pouco antes das seis da manhã — e depois prisão.»[47] Alguns ativistas não tiveram tanta sorte. Em maio, Alexei Gorinov, um representante municipal do Distrito Krasnoselsky de Moscovo, fez uma intervenção, dizendo que não iria discutir a proposta de organizar um concurso local de arte infantil «enquanto as crianças estão a ser mortas na Ucrânia». Gorinov não teve um processo administrativo; em vez disso, foi de imediato criminalmente acusado de divulgar «notícias militares falsas» e sentenciado a sete anos de prisão. Porém, Gorinov era um conhecido aliado do muitíssimo mais proeminente Ilya Yashin, e a intenção da sentença, segundo este, era sugerir que ele devia sair. «Mas eu recuso-me a sair», disse Yashin ao Fishman de Tel Aviv, um canal noticioso do YouTube. «Por que razão haveria eu de sair do meu próprio país? Tenho tanto direito a estar aqui como qualquer outra pessoa.»[48] Dois meses depois, Yashin também foi detido e acusado do mesmo crime — juntamente com Vladimir Kara-Murza e Evgeny Roizman, um antigo governador de Nijni Novogárdia. Em dezembro, Yashin começou a cumprir uma pena de oito anos.

A quarta razão de ser do silêncio dos Russos foi a eficácia das restrições do Kremlin no acesso à informação. Desde o início da guerra, o Gabinete do Promotor Público e os tribunais bloquearam mais de sete mil publicações na Internet. Em julho, 25 milhões de russos usavam redes privadas virtuais (RPV) para ter acesso a informação alternativa na Internet. Porém, as autoridades tecnologicamente experientes aperceberam-se disso e fizeram com que as aplicações dos bancos e serviços estatais deixassem de funcionar em telemóveis com RPV instaladas.[49]

Além disso, havia o simples e deprimente facto de que, depois do êxodo em massa da classe média em março e abril, poucos eram os ativistas que restavam em Moscovo e São Petersburgo para protestar. «Por que razão não ficas no teu país e combates Putin?», perguntou em maio um cliente de um café georgiano a uma mesa de exilados russos de Moscovo, em Tiblíssi. «Se vocês não estão lá para o fazer, quem o fará?»[50]

Era uma pergunta incisiva. No auge dos protestos civis contra Putin em Moscovo, em 2011–2012, cerca de 100 mil cidadãos cívicos que estavam dispostos a arriscar ser presos pelas suas convicções foram para as ruas. Porém, na sequência da invasão de 2022, pelo menos meio milhão de pessoas saíram do país — incluindo grande parte dos intelectuais de Moscovo e de São Petersburgo, nomeadamente jornalistas e ativistas. No total, em finais de 2022, algo como 112 mil russos viviam na Geórgia, cem mil no Cazaquistão e outros tantos na Sérvia, 78 mil na Turquia, 65 141 na Arménia, 37 364 em Israel, 30 mil no Quirguistão e 21 mil nos EUA.[51] Tal como o regime czarista antes da Primeira Guerra Mundial, a polícia de estado de Putin tinha conseguido aprisionar ou exilar quase qualquer potencial revolucionário perigoso. Em fevereiro de 1917, um proletariado urbano sem líder mas esfomeado e uma descontente classe média também urbana ergueram-se relutantemente contra o regime. Entre março e setembro, desde que a «operação militar especial» continuasse largamente invisível — longe dos olhos, longe do coração —, o descontentamento popular parecia uma possibilidade remota.

Para os russos comuns, qualquer forma de protesto público tornara-se não só impensavelmente perigosa mas também, o que era muito mais importante, aparentemente inútil. E quanto aos russos privilegiados (cujos filhos, como vimos, se sentiam suficientemente imunes às leis feitas para os plebeus para publicar no Instagram memes contra a guerra em atitude de desafio)? A experiência de Albats foi em grande parte como a minha. «Durante os seis meses de guerra, não encontrei uma só pessoa que fosse mais ou menos bem conhecida ou das altas esferas ou rica que apoiasse abertamente a guerra», escreveu Albats em agosto. «Disseram-me, contudo, que o antigo adjunto do primeiro-ministro, que é agora diretor de uma empresa do estado, foi trabalhar para os gabinetes da administração presidencial com uma *T-shirt* com um "Z" no peito, numa atitude de desafio. Se esta pessoa estava a antagonizar a administração ou a usar a *T-shirt* como sinal de lealdade eterna, é coisa que não se sabe.» Tal como as minhas próprias fontes, as de Albats estavam profundamente paranoicas com a ideia de se reunir em público ou de alguém ouvir o que diziam. Uma das pessoas que Albats entrevistou «repetiu várias vezes que "a sociedade não considerou bem as implicações de usar Novichok contra os oponentes". Aparentemente, o medo de que o puxador da porta do palácio de luxo ou do carro possa estar besuntado com uma substância química militar não deixa por um só momento em paz grande parte da elite russa cimeira».

Se uns quantos membros preeminentes da elite russa tinham razões para temer uma retribuição violenta caso enveredassem pela dissensão, o motivo de muitíssimos outros era um impulso muito mais baixo: cobardia e conformidade. Na sequência da guerra, só um diplomata russo — Boris Bondarev, da delegação russa em Genebra do controlo de armas — se demitiu por questões de princípio, e só um funcionário destacado do estado, o antigo ministro das Finanças e chefe de pessoal de Ieltsin, Anatoly Chubais, fez o mesmo. «Não é uma questão de consciência», disse-me Bondarev por Zoom de parte incerta, na Suíça, onde agora vive com a mulher e o gato. «É uma questão de coragem. Não para fazer frente à repressão política, porque, apesar de haver repressão na Rússia, é muito limitada. O medo é de ir contra a corrente [...]. Ninguém quer ser um corvo branco.»

A explicação de Bondarev da razão pela qual tão poucos dos funcionários seus colegas se pronunciaram é que os Russos são «extremamente servis» e «patologicamente receosos de assumir qualquer responsabilidade, sendo por isso que há uma cultura de "só o senhor é que sabe"». O fenómeno é especialmente pronunciado nos funcionários russos, como Bondarev viu numa carreira de 20 anos no Ministério dos Negócios Estrangeiros russo. «As funções no governo estão fortemente construídas sobre o conformismo [...]. O patrão tem sempre razão, e nós não temos direito à nossa própria opinião.» Em conversas com os colegas diplomatas russos em Genebra, depois de começar a guerra, Bondarev descobriu que a maior parte se limitou a «encolher os ombros e a dizer: "Que podemos nós fazer?"», antes de irem a público «gritar apaixonadamente que a Ucrânia queria atacar a Rússia com mosquitos transformados em armas biológicas, ou outro disparate qualquer». E Bondarev teve sérias dúvidas antes de enviar a sua carta de demissão. «Caso eu tivesse estado em Moscovo quando a guerra começou, não sei se teria feito uma declaração pública», admitiu. «Sei que poucas pessoas iriam ouvir-me — e depois eu iria para a prisão ou ficaria sentado sem trabalho e sem perspectivas. Há pessoas que querem pronunciar-se, mas pesam os riscos e é compreensível que vejam que estes são muito maiores do que o que irão ganhar em troca. Não há nenhum ponto positivo em pronunciar-se».[52]

Como os colegas de Bondarev, grande parte da elite reconciliou-se com a perda das suas férias no estrangeiro, das suas propriedades e bens no estrangeiro, da perspectiva de uma educação ou futuro no estrangeiro para os seus filhos, assim como com a perda de qualquer prosperidade futura. «Alguns dão ao regime até à primavera de 2023, outros preveem maior intensificação da repressão nos próximos meses e estão confiantes de que o regime tem força suficiente para sobreviver mais dez anos», escreveu Albats. «Insistem que as eleições de 2024 e a próxima etapa não vai mudar seja o que for.» E, contudo, perguntou Albats, será que a classe governativa de Putin, constituída por milionários e bilionários de dólares, habituados a ganhar dinheiro na Rússia e a gastá-lo por todo o mundo, «irá concordar em viver e morrer numa jaula? Não estou assim tão certa».[53]

A parte mais irresponsável da guerra de Putin foi a destruição do equilíbrio delicado entre o estado e os criadores de riqueza mais eficazes da Rússia — os homens e mulheres de negócios e a classe média, que tinham estado dispostos a tolerar o regime sem protestar, desde que os deixassem ganhar dinheiro em paz. Sempre foram apoiantes do regime por reflexo, porque a riqueza que tinham fora montada em cima do sistema, que também a garantia. Não apoiavam a oposição — ainda que em privado concordassem com os seus valores — porque a mudança política representava uma ameaça ao bem-estar e à estabilidade. Porém, ao mesmo tempo, o apoio que davam ao regime dependia do entendimento de que o estado lhes permitiria ficar ricos e que iria mais ou menos proteger-lhes a propriedade. Tal como afirmou um oligarca proeminente, sócio de um importante *silovik*, «A maior parte dos homens de negócios são patriotas da sua própria propriedade e de nada mais».[54]

Os membros mais importantes da nomenclatura da era de Putin — os homens de negócios burocratas que controlavam o estado e as suas maiores empresas — reconciliaram-se com o facto de terem sido isolados do Ocidente e de todos os seus benefícios, depois de terem sido objeto de sanções, em 2014. Nestes homens estavam incluídos os decisores que conduziram a Rússia à guerra, de novo, em 2022 — homens que nada tinham a perder com uma rutura total com o Ocidente.

Os membros menos importantes da nomenclatura e da classe de homens de negócios eram menos otimistas e não se reconciliaram tão bem com essa perda. Porém, também não tinham qualquer poder formal ou informal no processo de decisão do Kremlin. Na sua maior parte, não podiam sair, porque não tinham conseguido dinheiro suficiente para abandonar o que tinham na Rússia. É certo que não estavam à espera da guerra, nem precisavam dela, nem ativamente a apoiavam — guerra essa que representava um sério golpe para os seus interesses, estilos de vida e perspectivas. Todavia, à medida que a guerra se desenrolou, muitos continuavam a dizer-se «patriotas» por inércia — e também porque era perigoso não o ser.

«Claro que as elites — pelo menos parte delas, incluindo as que perderam tudo ou quase tudo — compreendem que todas as decisões de Putin, incluindo a mais importante de 24 de fevereiro, são suicidas para o país, para a sociedade, para a economia, para o capital humano e para a reputação da Rússia», escreveu Andrei Kolesnikov, do Centro Carnegie de Moscovo. «Porém, não fazem seja o que for para retificar a situação. Têm medo. São incapazes de se juntar. Não têm os instrumentos para mudar o autocrata. Eles próprios os destruíram, porque não os usaram nas últimas duas décadas, dado pensarem que a democracia não valia um chavelho, que a maneira de ganhar dinheiro é ter ligações com o Kremlin e o SFS, sem qualquer género de eleições competitivas [...]. E assim continuamos o nosso movimento descendente constante pela manga de retirada do mundo.»[55]

Contudo, a guerra criou um vasto e poderoso eleitorado dos irados em silêncio, um eleitorado que, depois da bomba do anúncio de Putin da mobilização, no dia 21 de setembro, se tornou mais visível. Tal como na antiga URSS, a Rússia tinha um pequeno número de francos dissidentes, mas um elevadíssimo número de pessoas que simplesmente se conformavam, porque era do seu interesse fazê-lo. A guerra mudou isso. Emergiram novas classes de oponentes latentes, cujos interesses pessoais divergiam dos interesses do Kremlin, incluindo as famílias dos jovens que poderiam ser enviados para combater e que até então não se consideravam oponentes do regime — grandes multidões que bloquearam estradas em Macatchcala, no Daguestão, por exemplo, ou jovens desesperados que incendiaram centros de recrutamento na Sibéria. Surgiram mesmo divisões entre proeminentes apoiantes do regime. Ramzan Kadyrov questionou-se em voz alta por que razão era necessária uma mobilização quando cinco milhões de homens do SFS, do Ministério das Situações de Emergência e da polícia paramilitar OMON ficavam em casa. O coronel-general Sergei Melikov, antigo diretor-adjunto da Guarda Nacional da Rússia, e agora líder da República do Daguestão, amaldiçoou oficiais de recruta muito entusiásticos por serem «completamente estúpidos» e pediu desculpa às pessoas de Derbente, onde carros com altifalantes tinham andado pelas ruas dando ordens a todos os homens para se apresentarem para serem recrutados. A reserva de lealdade de Putin manteve-se forte, nomeadamente porque qualquer russo com mais de 40 anos sabia muito bem por experiência pessoal que uma mudança de regime significava caos, sublevações e uma prolongada crise económica. Porém, os milhões que ficaram atemorizados e irados com a mobilização poderiam estar dispostos, em certas circunstâncias, a apostar numa alternativa ao sistema vigente, assim que esta surgisse e desde que fosse viável.

Os Ocidentais defendem amiúde que a Rússia poderia ser melhor. Os Russos respondem habitualmente que poderia ser pior. Ambos teriam razão. Porém, a realidade básica da Rússia posterior à invasão continuava a ser o facto de as coisas terem de ficar muito pior — ainda pior do que há memória, como, por exemplo, no início da década de 1990 — para que a irada classe média silenciosa ficasse suficientemente desesperada para contemplar uma mudança de regime. «Não haverá impacto político em resultado das sanções», previu Movchan. «As sanções irão impedir o desenvolvimento económico russo. Irão provocar uma recessão e inflação. Contudo, isso não será devastador. Não haverá rebeliões de esfomeados. Iremos apenas regredir 20 anos. E a via para a recuperação será difícil. E o povo irá aceitá-la como algo que resulta da hostilidade ocidental.»[56]

Capítulo 12
Até Valhala

«O regime de Putin tem tudo que ver com o roubo de riqueza enterrada no chão. E um dos recursos mais profundamente enterrados na Rússia é o abissal conservadorismo do povo. A sua falta de formação, a lealdade, a resistência à mudança, a ignorância e a hostilidade a tudo o que é estrangeiro ou novo é também uma espécie de petróleo, depositado em camadas muito profundas e antigas. É algo valioso que pode ser extraído e explorado como qualquer outro recurso natural.»

Dmitry Bykov, poeta e crítico russo, 2022[1]

Regresso ao futuro

As nações começam guerras porque pensam que podem ganhá-las. Vladimir Putin esperava uma guerra curta e vitoriosa. O seu plano de ataque era, antes de tudo, um golpe de estado militar mais sério, e não uma campanha militar prolongada. Em vez disso, obteve uma guerra que se tornou mais sangrenta, mais longa e mais destrutiva para o seu país do que ele ou qualquer um dos membros do seu círculo mais próximo poderia ter imaginado.

Todas as guerras que foram levadas a cabo tiveram três fases: o ataque de abertura, o esforço para ficar em vantagem e o estágio final. Este último tem inevitavelmente dois resultados: ou a maré da guerra se volta irreversivelmente a favor do nosso lado, como as vitórias dos Aliados em 1918 e em 1945; ou o conflito acaba num tipo qualquer de paz mutuamente acordada — na melhor das hipóteses, uma paz negociada, como entre o Egito e Israel, em 1973, e, na pior, um impasse exausto, como na Coreia, em 1953, ou em Chipre, em 1974.[2]

Este livro foi escrito durante o esforço para ficar em vantagem no conflito da Ucrânia. Em setembro de 2022, a Ucrânia conseguiu um importante avanço nos arredores de Carquive e, no mês seguinte, reconquistou a cidade de Quérson. Se incluirmos o território do qual se retirou nos arredores de Quíive em março, a Rússia perdeu cerca de 54 por cento das terras ucranianas que tinha tomado em 2022. A partir de janeiro de 2023, as forças russas, ao início lideradas por ondas humanas de assalto, terrivelmente sangrentas, por parte dos mercenários do Grupo Wagner em Bacmute e Soledar, começaram a retomar partes do Dombás. Esta fase — amiúde a parte mais sangrenta e demorada de uma guerra — continuará sem resolução enquanto os dois lados continuarem a acreditar que irão acabar por prevalecer. «Nenhum dos lados está interessado em negociar, porque cada lado está a tentar ganhar completamente, melhorar a sua posição no campo de batalha e, assim, ficar numa posição mais forte para negociar», afirmou Gideon Rose, autor de *How Wars End*.[3] Durante as primeiras negociações com o Kremlin, em março e abril de 2022, Quíive propôs abandonar as suas ambições de se juntar à NATO, e considerar reconhecer a anexação da Crimeia e a independência das repúblicas do Dombás, em troca da retirada russa para as posições anteriores a 24 de fevereiro. Aquando do primeiro outono da guerra, esse resultado tornara-se inconcebível. Zelensky comprometeu-se a reconquistar não apenas o território ocupado pela Rússia em 2022 mas também a Crimeia. Comprometeu-se também a não falar com Putin, e pediu formalmente uma adesão acelerada à NATO e à União Europeia. O Kremlin, pela sua parte, anunciou apressadamente referendos locais para anexar o Dombás e as partes ocupadas do sul da Ucrânia mais significativas. Essa anexação iria pôr fim, esperava Putin, a mais avanços da Ucrânia, apresentando-os como ataques à própria Rússia. E, no dia 21 de setembro, Putin renovou explicitamente a sua ameaça de usar armas nucleares se a Rússia — incluindo, implicitamente, os seus novos territórios ucranianos — fosse atacada. A Ucrânia ignorou esses avisos e pressionou para retomar Quérson. Mais provocativamente, ao longo do outono e inverno, uma série de cada vez mais ousados ataques ucranianos de sabotagem e com *drones*, no interior profundo da Rússia, incluiu a destruição parcial de um bombardeiro estratégico num aeródromo militar perto de Riazã, a 200 quilómetros de Moscovo, assim como ataques contra a infraestrutura de eletricidade e gás em Crasnodar, Briansk, Belgroda e na região de Moscovo.

O último momento em que Putin poderia facilmente ter declarado vitória e começado a negociar a paz foi quando Lisichansque — a última cidade da província de Luansque ainda em mãos ucranianas — foi finalmente tomada pelas tropas russas, no dia 5 de julho. Em vez disso, intensificou esforços. «Hoje ouvimos que querem derrotar-nos no campo de batalha. Que havemos de dizer? Eles que tentem», disse Putin aos líderes parlamentares no dia 7 de julho. «Ouvimos muitas vezes que o Ocidente quer combater-nos até ao último ucraniano. Isto é uma tragédia para o povo ucraniano, mas parece que tudo aponta para aí. Toda a gente deveria saber que, em grande parte, ainda nem sequer começámos seriamente.» Estas não eram palavras de um líder que estava seriamente a pensar negociar a paz.[4] E além de ameaçar usar armas nucleares, no discurso de 21 de setembro, e de declarar uma mobilização inicial de 300 mil reservistas russos, com uma cláusula secreta para ter no futuro 1,3 milhões, Putin afirmou também que o Ocidente «não nos quer livres, querem-nos como colónia; não querem uma parceria entre iguais, querem roubar-nos». Num discurso de 40 minutos a roçar a incoerência, dirigindo-se às elites russas ali reunidas, Putin passou da denúncia do «totalitarismo, despotismo e *apartheid*» do Ocidente atual para a pilhagem histórica da Índia, o bombardeamento de Dresda na parte final da Segunda Guerra

Mundial e a «multiplicidade de géneros» que estão em moda no Ocidente. Para o caso de haver alguma dúvida de que Putin via a guerra em termos da sobrevivência existencial do povo russo, sublinhou que a missão da Rússia era «defender as nossas crianças das experimentações monstruosas concebidas para lhes destruir a consciência e a alma».[5] Tal como Andrei Kolesnikov, do Centro Carnegie, escreveu no Twitter, o discurso de Putin era «um conjunto de chavões conspiratórios de uma iliteracia inacreditável que há 30 anos se lia em jornais marginais nacionais-patrióticos [...]. Agora, tornou-se a política de uma antiga superpotência, que nem nos dias dos líderes soviéticos podia dar-se ao luxo de fazer tal discurso».

Nos primeiros dias e meses da guerra, o Kremlin fez o que qualquer instituição faria perante um plano que foi pelos ares — organizou uma tentativa de ocultar os factos e fingiu que tudo estava a correr como previsto. Aparentemente, a estratégia a longo prazo de Putin era esperar que a história se repetisse. Depois da Chechénia, da Geórgia, da Crimeia e da Síria, a indignação e a determinação do Ocidente acabaram por se diluir, apagadas pelas preocupações políticas domésticas e pela fome de gás barato. Em julho, o diretor da CIA, Williams Burns, disse que Putin esperava que os EUA sofressem de «distúrbio de défice de atenção» e se «esquecessem da Ucrânia».[6] Quando, em setembro, o Ocidente não só não se esqueceu da Ucrânia como apoiou ativamente a resistência no campo, Putin mudou radicalmente de rumo. Depois da mobilização, da anexação e das ameaças nucleares, o Kremlin estava claramente a dar sinais de que estava disposto a ir muito mais longe do que o Ocidente quereria tolerar. Nas vésperas do primeiro aniversário da invasão, Putin fez um discurso belicoso em que atribuía sem hesitações a culpa pela guerra ao Ocidente, descrevendo-o como uma «ameaça existencial» à Rússia. «Quanto mais armas enviam para a Ucrânia, mais temos responsabilidade pela situação de segurança na fronteira russa», disse ao parlamento russo no dia 21 de fevereiro de 2023. Chamando ao aniversário um «ponto de viragem para o nosso país», previu que a guerra da Ucrânia iria «dar forma ao futuro do nosso país e do nosso povo» e que «cada um de nós tem uma responsabilidade colossal» pelo seu resultado.[7]

E assim entrou o conflito na sua fase final e mais perigosa — já não uma aventura militar, mas a nova grande guerra patriótica da Rússia pela sobrevivência.

No período que conduziu à guerra, esperar que o futuro fosse como o passado não era um pressuposto inteiramente inadequado. Especialmente quando os antigos marxistas do Kremlin acreditavam sinceramente que as forças históricas inexoráveis estavam do seu lado. «Não há alternativas aos processos históricos objetivos nos quais se forma um mundo multipolar com base no respeito pelo princípio da soberania e da igualdade dos estados», afirmou Lavrov em julho.[8] Fazendo eco — talvez inconscientemente — da retórica do último período de Brezhnev, Putin previu o colapso económico e cultural iminente dos EUA, da União Europeia, do dólar, do euro, do liberalismo económico ocidental e do Ocidente em geral. O mundo estava a assistir ao «início da rutura cardinal da ordem mundial ao estilo norte-americano», disse Putin aos líderes da Duma em julho, no mesmo Salão de Santa Catarina do Kremlin onde teve a sua fatídica reunião do Conselho de Segurança. «Isto é o início da transição do egocentrismo liberal-globalista norte-americano para um mundo verdadeiramente multipolar.» Ao mesmo tempo — e de novo aparentemente sem se dar conta da contradição —, Putin culpou esse império ocidental moribundo de provocar a guerra. «Dizem, como ouvimos hoje, que começámos a guerra no Dombás, na Ucrânia», afirmou Putin. «Não. Quem começou foi o Ocidente coletivo.» Para compor o ramalhete, culpou também o Ocidente por «travar a Rússia» deliberadamente — sem especificar exatamente como ou por que razão o inimigo tinha conseguido fazê-lo.[9]

Nesse sentido, a viragem de Putin para a retórica de uma guerra patriótica conforme a operação se arrastava no seu segundo ano era simplesmente a continuação do mesmo tema — a invasão era uma guerra de defensa nacional contra um ocidente implacavelmente russofóbico, determinado a destruir o país e a sua civilização. Porém, o que se revelou um desastre para a Rússia não era necessariamente um desastre para os *siloviki*. Afinal, tinham conseguido a Rússia que queriam — uma Rússia em que o seu domínio não seria posto em causa por uma elite nem por uma classe média ocidentalizadas. «Quem quer outro [protesto de 2011 da praça] Bolotnaya que o faça em Tel Aviv», afirmou um importante homem de negócios russo, sócio de um destacado *silovik*, resumindo o pensamento do comparsa. «Estão [os *siloviki*] tristes? Não. O programa foi cumprido [...]. O vetor foi restabelecido.»[10] A elite russa, graças às sanções, fora privada à força dos bens que tinha no Ocidente — e, da perspectiva dos *siloviki*, o mesmo aconteceu às suas lealdades divididas.

A comunicação de julho de Putin aos líderes da Duma deu pistas importantes quanto à sua visão de uma Rússia do pós-guerra. Essa visão apoiava-se no oxímoro orwelliano do «liberalismo autoritário» — a ideia de que a Rússia era de facto mais livre do que o Ocidente, porque protegia os seus cidadãos da tirania das perspectivas liberais minoritárias que tinham arruinado as sociedades ocidentais e destruído a sua autoconfiança.

Putin não se importava de ignorar o facto de ter sido uma economia de mercado, um comércio liberal e uma política monetária racional que trouxeram os biliões de dólares e euros estrangeiros que enriqueceram a Rússia — e o seu círculo próximo — durante duas décadas. Também nada disse sobre como sobreviveria a economia depois de a Europa conseguir finalmente desabituar-se do gás russo. Fez silêncio sobre o défice orçamental que estava no horizonte, sobre o rendimento disponível em queda e sobre o facto de a economia estar a sobreviver sobretudo devido à legalização de importações ilegais de tecnologia e bens. Nem mencionou o desastre demográfico que se avultava na Rússia, nem a redução da população ativa, a fuga para o estrangeiro dos melhores especialistas e técnicos, as imensas perdas da guerra ou a iminente primitivização e nacionalização da economia. A visão de Putin era, em suma, que a Rússia poderia ficar sozinha num mundo globalizado — um plano que era «suicida e arcaico», escreveu Kolesnikov, do Centro Carnegie.[11]

A guerra permitiu que Putin, Patrushev, Bortnikov e os outros realizassem um sonho a que muitos idosos podem aspirar, mas pouquíssimos alcançam: criar um futuro que reflita uma versão idealizada dos seus próprios passados. A nova Rússia seria mais típica de meados do século XX do que do século XXI. Enquanto a Europa eliminava fronteiras e consagrava a livre deslocação de pessoas, capitais e ideias, Putin tinha o fetiche da defesa da soberania nacional russa — que, de facto, ninguém tinha tentado destruir. À medida que o mundo se afastava de impérios e abandonava colónias, Putin erigiu o seu poder numa visão imperial de uma Rússia que se tinha integralmente desagregado em 1991. E tal como os grandes ditadores do século XX, Putin cultivava a obediência das massas, deu-lhes à colher fantasias de militarismo e de morte heroica, criou o culto do líder que o identificava com o próprio estado, eliminou quaisquer meios legítimos de pôr o seu poder em causa e tentou governar para sempre. Usou julgamentos mediáticos para prender oponentes, e esquadrões assassinos para silenciá-los, estabeleceu o controlo estatal completo dos meios de comunicação e fez equivaler a oposição política à traição. Além disso, com as ameaças nucleares recorrentes, Putin tornou claro que fazia equivaler o seu regime à própria Rússia, estando disposto a ir aos limites últimos da destruição para assegurar a sua própria sobrevivência. A Rússia de Putin tornou-se uma espécie de culto da morte.

«Sou apoiado por milhões»[12]

Apoiava a Rússia realmente Putin quando foi para a guerra com a Ucrânia? Para começar a responder a esta pergunta, é importante recordar que o segredo do domínio de 22 anos que Putin exerceu na política russa foi invariavelmente o facto de as suas perspectivas e políticas sempre refletirem de perto as ideias da maioria do seu povo. Putin não era um ditador que mantinha o poder unicamente pela repressão e pela propaganda. Ao invés, como o seu aliado intermitente, Recep Tayyip Erdoğan, Putin era um dos populistas mais brutalmente bem-sucedidos do século XXI.

«Eu não inventei o fascismo», disse Benito Mussolini a um dos primeiros biógrafos, em 1925. «Extraí-o do subconsciente do povo italiano.»[13] Do mesmo modo, Putin e o seu exército de propagandistas extraíram da consciência coletiva mais profunda e tenebrosa da Rússia a mistela de imperialismo russo com valores e simbolismos ortodoxos e soviéticos que deu forma à ideologia do putinismo. O segredo do sucesso de Putin como líder era que ele tanto liderava como era liderado pelo povo.

A maior parte das comparações jornalísticas e políticas entre Putin e Hitler constituem uma forma preguiçosa de insulto — tão equivocadas como a própria afirmação bizarra de Putin de que o presidente da Ucrânia, Volodymyr Zelensky, era «fascista». Porém, até 24 de fevereiro de 2022, quando começou a guerra, e à semelhança do *Führer* e do *Duce*, o domínio de Putin baseava-se muito mais em consentimento do que em coerção. Putin habituou-se ao apoio ativo de uma massa crítica do seu próprio povo — com quem partilhava uma visão da Rússia como uma nação forte e poderosa e também a sua crença de que os povos menores do império deviam submeter-se a Moscovo com a maior parte dos seus compatriotas.

Porém, foi a invasão da Ucrânia uma extensão dessa crença partilhada ou uma rutura? As sondagens antes da invasão mostravam que, de facto, o povo russo tinha uma atitude profundamente ambivalente quanto a uma guerra propriamente dita contra a Ucrânia. Em maio de 2014, quando os combates no leste da Ucrânia estavam no auge, só 31 por cento dos russos apoiavam, ou apoiavam mais ou menos, «o envio de ajuda militar direta, como a introdução de tropas». Em agosto de 2015, esse apoio caiu para apenas 20 por cento.[14] Numa sondagem de 2015 do independente Centro Levada, só 33 por cento responderam positivamente ou «mais ou menos positivamente» se apoiariam que as tropas regulares do exército russo combatessem com os rebeldes do Dombás — quando em novembro de 2014 esse número era de

45 por cento. Por outras palavras, apesar da propaganda televisiva generalizada do Kremlin, mesmo o apoio a uma operação limitada na Ucrânia caiu depois do primeiro ano da guerra por procuração. Em setembro de 2017, só 41 por cento dos russos pensavam que Moscovo devia ajudar de alguma maneira as províncias secessionistas de Donetsque e Luansque da Ucrânia do Leste. Isso ajuda a explicar a relutância do Kremlin em reconhecer a presença de soldados russos na Ucrânia do Leste entre 2014 e fevereiro de 2022 — mas aprofunda o mistério quanto à razão que terá feito Putin escolher uma invasão total.[15]

Sondagens de abril de 2021 mostravam que os Russos estavam divididos igual por igual quanto a uma intervenção na Ucrânia, dizendo 43 por cento dos inquiridos num inquérito do Centro Levada que a Rússia devia intervir num conflito (18 por cento «sim, definitivamente», 25 por cento «apoia moderadamente»), em contraste com 43 por cento que afirmavam que a Rússia não devia intervir (25 por cento «não apoia muito» e 18 por cento respondendo «não, definitivamente»). Significativamente, 66 por cento das pessoas com menos de 25 anos declararam ter uma atitude «positiva» perante a Ucrânia.[16]

A administração presidencial esteve sempre obcecada com sondagens — tanto mais que, no início da década de 2000, o Kremlin assumiu o controlo de três instituições nacionais independentes de sondagens, com o apoio de estruturas federais e regionais pertencentes à Guarda Nacional Russa, ao SFS e a muitas outras. Todas enviavam para o Kremlin, na maior parte dos casos, dados confidenciais sobre o estado de espírito público. Em geral, presumia-se que as sondagens eram muitíssimo profissionais e anónimas.[17] Por isso, por que razão assumiu o Kremlin o risco de invadir a Ucrânia quando o apoio popular estava tão profundamente polarizado?

Parte da resposta era que, tal como acontece com todas as sondagens, os dados dependiam da pergunta que se fazia. Segundo uma sondagem feita pela Internet e encomendada pela CNN na Rússia em fevereiro de 2022, 50 por cento dos inquiridos apoiavam o uso da força contra a Ucrânia — se isso permitisse impedir aquele país de se juntar à NATO. Sessenta e quatro por cento pensavam que os Russos e os Ucranianos eram «um povo», e 71 por cento tinham uma perspectiva «positiva, e não negativa» da antiga União Soviética. Só 25 por cento dos inquiridos se opunham ao uso da força por parte da Rússia para reunificar a Rússia com a Ucrânia.[18]

Além disso, havia a fé de Putin no poder da máquina mediática do Kremlin para dar forma à narrativa nacional. As políticas do Kremlin sempre foram, invariavelmente, muito bem calculadas com a opinião pública em mente. Porém, como vimos, o Kremlin também formava essa opinião pública por meio do enorme império mediático, no qual o estado russo gastava quantidades desmedidas de dinheiro. Eram duas faces da mesma moeda, um circuito de retroalimentação que se reforçava a si próprio constantemente.

Nesse caso, foi a invasão uma guerra de Putin ou da Rússia? Numa emissão radiofónica ao povo italiano no dia 23 de dezembro de 1940, Winston Churchill afirmou que «um homem, e só um homem, estava decidido a mergulhar a Itália [...] no turbilhão da guerra». Tanto políticos e meios de comunicação ocidentais como os seus oponentes russos exprimiram sentimentos semelhantes quanto a Putin. No início da guerra, o escritor Boris Akunin pediu-me para rever uma declaração que escrevera com o bailarino Mikhail Baryshnikov e o economista Sergei Guriev. «A verdadeira Rússia é maior, mais forte e mais duradoura do que Putin», escreveram Akunin, Baryshnikov e Guriev. «Essa Rússia está viva e continuará viva depois dele. O ditador está a combater uma guerra não só contra a Ucrânia mas também contra o melhor do seu próprio país. Está a asfixiar o futuro da nossa Rússia. Mostremos ao resto do mundo que Putin não fala por todos os russos.»

Concordo. Sem dúvida que a parte mais educada se opôs a Putin. Infelizmente, tanto para a Rússia como para o mundo, essa «melhor» parte não era a maior parte. Quando a invasão propriamente dita começou realmente, o número de russos que a apoiavam saltou para mais de 75 por cento. As sondagens na Rússia, como discutimos, poderão ser distorcidas por autoengano, um forte hábito de conformidade pública ao falar com estranhos e uma fobia pessoal contra um posicionamento em oposição à maioria. Contudo, em grande parte, Putin tinha razão. A sua máquina de propaganda funcionou — pelo menos na medida em que produziu um amplo consenso, publicamente admitido, a favor da guerra. E mesmo depois da mobilização de setembro, de uma série de derrotas táticas ao longo do inverno e do sombrio espetáculo de perdas excruciantes no Dombás, esse consenso continuou depressivamente firme. Segundo uma série de sondagens do Centro Levada de Moscovo, o apoio «às ações das forças militares russas na Ucrânia» baixou para 72 por cento em setembro e de novo para 71 por cento em dezembro, mas em janeiro de 2023 regressara a uns sólidos 75 por cento.[19]

A verdade é que Putin de facto falava pela maioria dos russos. Isso pode ser deprimente para mim, para a minha esposa russa e para a maior parte dos meus amigos russos. Contudo, o facto de desejarmos que não fosse verdade não o torna falso. A invasão da Ucrânia foi uma criação de Putin e de um minúsculo grupo de homens altamente paranoicos que o rodeavam e que ficaram convencidos de que um golpe preventivo contra a agressão ocidental era necessário para a sobrevivência da Rússia. Porém, há um sentido importante em que não foi apenas uma guerra do Kremlin. Foi genuinamente apoiada por uma massa crítica de russos.

«Este homem não pode ficar no poder»

Putin e o seu círculo mais próximo estavam há vários anos convencidos de que os EUA estavam apostados em conseguir uma mudança de regime em Moscovo. A sua paranoia foi aparentemente confirmada pelo comentário precipitado de Joe Biden quando este discursou às multidões reunidas à frente do Castelo Real de Varsóvia, em março. «Por amor de Deus, este homem não pode continuar no poder», afirmou Biden.[20] Os funcionários de imprensa da Casa Branca rapidamente clarificaram — Biden não estava a pedir a destituição de Putin, insistiram, mas apenas a dizer que era imperativo que ele já não tivesse poder para dominar os vizinhos.

Todavia, a questão continuava em aberto. Como seria um regime depois de Putin? A maior parte das agressões militares épicas do século XX acabou em derrota, ocupação militar e a criação de um novo regime feito à imagem dos regimes dos poderes vitoriosos — os casos mais famosos são a Alemanha, a Itália e o Japão. Claro que, com a repetida ameaça de Putin de usar armas nucleares, essa opção não estava em aberto para a Rússia. Houve alguns exemplos recentes de aventuras militares malsucedidas que derrubaram governos autoritários e inauguraram uma nova era de democracia liberal. A queda da junta argentina, depois de serem humilhados pelos Britânicos na Guerra das Malvinas, em 1982, foi um desses exemplos; a transformação da Sérvia num país europeu mais ou menos democrático, depois da queda de Slobodan Milošević em 2000, foi outro. A derrota da Rússia na guerra da Crimeia em 1856 trouxe um período de relativo liberalismo que culminou na libertação dos servos da gleba e na venda do Alasca aos EUA.

Infelizmente para a Rússia, um resultado liberal na sequência da queda de Putin não era provável por uma simples razão: o vício das fantasias imperiais não era fácil de expulsar do corpo político. O veneno estava muito fundo. Como vimos, a maior parte dos russos desejava uma restauração do seu país ao estatuto de superpotência, mesmo já em 1999 — antes de 20 anos da propaganda nacionalista incansável de Putin. Em termos simples, o nacionalismo foi uma corrente muitíssimo mais poderosa na opinião popular russa contemporânea do que o liberalismo favorável ao Ocidente. E uma derrota militar às mãos do armamento da NATO iria provavelmente fortalecer, e não enfraquecer, essa tendência.

A imprensa ocidental tem tido tendência para descrever os sitiados liberais da Rússia, como o detido Aleksei Navalny, como a principal oposição ao domínio de Putin. Porém, na verdade, a direita ultranacionalista da Rússia representava uma oposição potencial a Putin muito mais formidável e perigosa. Pessoas como Igor Girkin e Zakhar Prilepin (antigos oficiais do SFS e da polícia paramilitar OMON, respetivamente) criticaram amargamente Putin pela corrupção e gatunagem, antes de entrarem temporariamente nas fileiras que o apoiam, quando o presidente começou as suas aventuras militares na Ucrânia. Contudo, como vimos, mesmo no decurso da guerra de 2022, Girkin queixou-se da ineficácia e incompetência das forças armadas russas e das suas lideranças, declarando em setembro, no rescaldo do avanço ucraniano em Carquive, que «a guerra está perdida [...]; só falta ver quão mal perdida».

No rescaldo da derrota da Alemanha, em 1918, os oficiais nacionalistas explicaram o desastre com a teoria da facada nas costas — a *Dolchstoßlegende* —, que afirmava que os exércitos alemães tinham sido traídos por civis de Berlim, derrotistas e sem força. Uma versão russa da *Dolchstoßlegende* envolveria certamente deitar as culpas à corrupção do círculo mais próximo de Putin, que roubou o exército dos meios materiais e políticos para ganhar a guerra. Evitar uma reação adversa nacionalista desse género seria a primeira prioridade do círculo próximo de Putin, se quisessem preservar a sua riqueza, influência e vidas.

«O Ocidente devia ter cuidado com o que deseja [com respeito à queda de Putin]», afirmou um antigo funcionário russo destacado, que durante mais de 15 anos trabalhou de perto com Putin. «Quem vier depois será muito pior [...]. Se Patrushev e companhia levarem a sua avante, irão instalar alguém muito mais agressivo, mais da linha dura.»[21]

«A história irá absolver-me»

Apesar do custo em sangue e devastação económica que em muito excedeu as expectativas do Kremlin, Putin conseguiu ser bem-sucedido numa coisa ao longo do seu primeiro ano de guerra: a ofensiva russa «libertou» pelo menos toda a província de Luansque do Dombás (ainda que parte desse território tenha sido reconquistado pelos Ucranianos em setembro) e metade de Donetsque.

Conseguiu também capturar algumas das terras de cultivo mais ricas da Ucrânia, assim como controlar pelo menos um dos bancos da foz do Rio Danápris, o maior rio do país. As tropas russas apoderaram-se também de quase 600 quilómetros da costa marítima da Ucrânia, deixando Quiive com o controlo de apenas 150 quilómetros da área costeira do Mar Negro. No cômputo geral, entre 2014 e 2022, a Rússia ocupou cerca de 21 por cento do território da Ucrânia.

Porém, Putin não foi bem-sucedido em todos os outros aspetos importantes — sobretudo nos termos por si estabelecidos no início da guerra. Na emissão de 24 de fevereiro, Putin definiu quatro objetivos para a «operação especial» da Rússia: «proteger os habitantes do Dombás, desmilitarizar e desnazificar a Ucrânia» e «trazer à justiça quem cometeu inúmeros crimes sangrentos». Fazendo eco do líder soviético Leonid Brezhnev antes da invasão da Checoslováquia, em agosto de 1968, e do Afeganistão, em dezembro de 1979, Putin afirmou que decidira atuar em resposta a um pedido dos líderes do Dombás. Sublinhou também que «a Rússia não tem planos para ocupar territórios ucranianos» — o que, como depois se viu, queria evidentemente dizer que os exércitos de Putin iriam ocupar apenas as partes supostamente «russas» da Ucrânia.

A ideia de Putin de proteger os russos étnicos no Dombás acabou por equivaler a matá-los aos milhares. Segundo uma análise do governo do Reino Unido de filmagens feitas por *drones*, cerca de 92 por cento dos edifícios de Mariópolis foram destruídos ou danificados durante o assalto russo, e a capacidade económica da cidade — que se centrava na fábrica de aço de Azovstal — foi inteiramente obliterada. Em Severodonetsque e Lisichansque, a destruição dos edifícios fora de 90 por cento. Calcula-se que cinco milhões de refugiados tenham fugido da zona imediata de guerra para partes mais seguras da Ucrânia e para a Europa, em contraste com cerca de 900 mil ou 1,6 milhões que foram para a Rússia, ou que para lá foram deportados. Estes números sugerem um forte desejo de não ser «libertado» por Moscovo — de permanecer, ao invés, na Ucrânia. Muitos refugiados do Dombás com quem falei tinham tido simpatia pela Rússia e tinham apoiado o Partido das Regiões de Yanukovych, mas mudaram de opinião quando foram confrontados com a realidade da agressão e ocupação da Rússia.

«Dizem que vieram salvar-nos — do quê? Nunca pedimos seja a quem for para nos salvar», afirmou Larisa Boiko, a professora de Mariópolis que passou três semanas numa cave protegendo-se de bombardeamentos, antes de fugir com a filha Daria para a Rússia. «Vimos o que é esta "ajuda" russa. Sepultámos os vizinhos no quintal da nossa casa. A nossa cidade foi destruída pela artilharia.»[22]

Nos oito anos depois da rebelião de 2014 do Dombás, de muito menores dimensões, as cidades e províncias de Luansque e Donetsque não tinham conseguido restabelecer senão uma fração da prosperidade que tinham antes da guerra, quanto mais reconstruir o destruído Aeroporto de Donetsque ou reabrir muitas das minas profundas de carvão de antracite que ruíram ou ficaram inundadas no decurso da guerra. «Quando me vim embora [em 2014], partes de Donetsque pareciam uma zona de guerra de um filme», afirmou Dina Olevskaya, uma empresária de 39 anos que fugira para Quíive durante os combates. «Não tanto devido aos combates, mas porque tudo foi pilhado e despedaçado [pelas populações locais]». Em novembro de 2021, quando Dina regressou a Donetsque para ver a mãe, «não tinham ainda sequer substituído o vidro da loja de bebidas que foi roubada [em 2014]», recordou. «Só puseram tábuas. Os únicos carros caros que vi eram conduzidos por homens de camuflado — bandidos locais. Perguntei à minha mãe: "E que tal? Estás a gostar de fazer parte do mundo russo?" Ela disse: "Pagam-me a pensão em rublos, mais do que quando éramos da Ucrânia".» A mãe de Dina recusou-se a ir com ela para Quíive e foi transferida para Stávropol, na Rússia, nos primeiros dias da guerra.[23]

A devastação e carnificina que trouxe a invasão de Putin de 2022 foi, em muitos graus, de magnitude maior do que na guerra de 2014, cujos males iria supostamente reverter. Em maio, circulou no Kremlin um documento interno, elaborado pelo Ministério da Economia da Rússia, projetando a futura prosperidade de um Dombás ocupado pela Rússia, baseada na exploração dos ricos campos de gás que se encontram debaixo de Izium, Sloviansque e Cramatorsque. «Havia gráficos bem elaborados, mostrando as receitas projetadas e como os gasodutos iriam ligar-se ao Blue Stream [gasodutos russos que chegam à Turquia]», afirmou um executivo bancário russo a quem um amigo do governo mostrou o documento. «O problema era que [a maior parte] das cidades ainda estava nas mãos dos Ucranianos. E [o amigo do governo] afirmou que o estudo só estava a circular por *e-mail* porque o Ministério tinha ficado sem papel. *I smekh i grekh* [...]: tem graça, mas rir é pecado.»[24]

No fim de junho, o Kremlin anunciou um programa de recuperação económica para os territórios ocupados que incluía irmanar povoados e cidades russas com os povoados e cidades recentemente libertados no Dombás, anexando assim dezenas de orçamentos locais a uma zona de guerra destruída e despovoada. Em outubro, as áreas ocupadas foram formalmente anexadas à Federação Russa como quatro novas províncias federais. Contudo, como vimos, a economia da Rússia já estava gravemente sobrecarregada com o ónus da produção de guerra e com uma queda acentuada das receitas de energia, depois dos máximos atingidos no verão de 2022. A probabilidade de Moscovo reunir recursos para os gastos à escala do Plano Marshall que são necessários para reconstruir o Dombás não andava longe do zero.

A guerra não só não «desmilitarizou» a Ucrânia, como Putin exigiu, como conseguiu exatamente o oposto. Nos cálculos de um importante oficial das forças armadas do Reino Unido baseado em Quíive, as capacidades militares reais do país, depois de seis meses de conflito brutal, «eram dez vezes maiores do que no início da guerra». A Ucrânia tinha um milhão de homens e mulheres armados, com milhares a receber formação na Polónia, no Reino Unido e nos EUA para saber usar as armas mais sofisticadas da NATO.

Quanto ao objetivo de Putin de «desnazificar» a Ucrânia, é difícil ver como o Kremlin planeou demonstrar qualquer tipo de vitória, mesmo que a guerra-relâmpago de três dias para decapitar o governo tivesse sido bem-sucedida. De facto, a Ucrânia tinha, como se fez notar, o seu pequeno grupo de pessoas de extrema-direita, incluindo um único ultranacionalista — num parlamento com 450 lugares. Porém, os «nazis» não dominavam certamente a política ucraniana, e a perspectiva de encontrá-los em número suficiente para encher tribunais ao estilo de Nuremberga, depois de uma vitória russa, parecia absurda. «Oh, não subestime os recursos dos meus colegas», brincou um repórter da televisão russa que conheci em Donetsque, em 2014, e que cobria a frente do Dombás para a Rossiya 1. «Tenho a certeza de que alguém teria encontrado bandeiras nazis para mostrar quando prendêssemos alguns fascistas paramilitares em Quíive. [As tropas russas] trouxeram provavelmente um fornecimento delas nos tanques.»[25]

Em termos de «trazer à justiça quem cometeu inúmeros crimes de sangue», os propagandistas russos tiveram de se contentar com prisioneiros do Regimento Azov, capturados nas ruínas da fábrica Azovstal, para mostrar em parada às câmaras. No dia 9 de maio — Dia da Vitória —, um grupo de cerca de 50 prisioneiros ucranianos, supostamente do Regimento Azov, foi exibido e algemado pelas ruas de Donetsque. A maioria parecia que tinha sido espancada. Alguns coxeavam ou tinham ligaduras nos membros. Eram escoltados por soldados da DNR de camuflado, cuja função simulada era proteger os desafortunados prisioneiros da ira dos locais de Donetsque que faziam o favor de lhes gritar insultos, dar-lhes pontapés e cuspir-lhes para cima. Num eco deliberado da parada de prisioneiros alemães pelas ruas de Moscovo do dia 17 de julho de 1945 (testemunhada pela minha tia Lenina), os prisioneiros de guerra eram seguidos por uma fila de máquinas de lavagem de ruas, que desinfetavam as ruas do contágio fascista. Construíram-se cárceres especiais aquando da restauração (mais tarde abandonada a favor de uma completa reconstrução) do teatro destruído de Mariópolis, que, evidentemente, estava a ser preparado para um grande julgamento mediático dos criminosos de guerra «nazis». Porém, no final de setembro, a Rússia libertou duas dúzias dos seus mais destacados prisioneiros, os comandantes do Regimento Azove capturados em Azovstal, em troca do oligarca preso Viktor Medvedchuk e de prisioneiros de guerra russos.

E quanto aos outros objetivos da guerra de Putin? Em vez de pôr cobro à expansão da NATO, Putin precipitou a maior expansão da aliança desde 2007. Antes do conflito, as fronteiras diretas da Rússia com a NATO estendiam-se ao longo do semienclave de Caliningrado, de parte da Letónia e da Estónia e de um pequeno território do norte da Noruega. Com a Finlândia e a Suécia na NATO, essa fronteira expandiu-se mais de mil e cem quilómetros. Dmitry Kisilev, um propagandista do Kremlin, gabou-se de o Mar de Azove — um mar minúsculo quase todo rodeado de terra, na costa norte do Mar Negro, que também é quase todo rodeado de terra — «se ter tornado um mar russo» em resultado da invasão. O outro lado da moeda dessa dúbia vitória era que o Mar Báltico, estrategicamente muito mais significativo, se tinha tornado, na prática, um lago da NATO. A fronteira da Rússia com a NATO passava agora a 60 quilómetros de São Petersburgo.

Putin «dispôs-se a tornar a Rússia novamente magnífica», afirmou David Petraeus, um antigo diretor da CIA. «O que Putin fez de facto foi a NATO voltar a ser magnífica».[26] Em julho, a Polónia anunciou que estava no processo de adquirir 500 lançadores de foguetes HIMARS aos EUA — e também 48 caças, 600 morteiros e 180 tanques à Coreia do Sul.[27] A Alemanha decidiu gastar mais 100 mil milhões de euros nas forças armadas — uma vez e meia mais do que todo o orçamento anual de defesa da Rússia. Em outubro, Zelensky respondeu à anexação formal da Rússia dos territórios ocupados oficializando o pedido de adesão rápida à NATO, o que faria de um ataque à Ucrânia um ataque a toda a aliança. Apesar de isso representar uma escalada excessiva para a maior parte dos membros da NATO, a guerra tornou muitíssimo mais provável que Quíive iria pelo menos ter garantias de segurança semelhantes às da NATO por parte das nações mais poderosas do mundo, assim como uma relação militar funcional tão próxima com a aliança como qualquer membro integral.

O estágio final da NATO

Manter um regime odioso no poder com medo de algo ainda mais instável e perigoso tem uma longa história na diplomacia ocidental. Os EUA desejavam fortemente preservar a União Soviética — como o prova o notório discurso «medricas de Quieve» de 1991 de George H. W. Bush — por temerem uma manta de retalhos de estados falhados com armas nucleares que poderiam ficar no seu lugar. Do mesmo modo, o francês Emmanuel Macron tinha «muito medo de uma situação do género da [República de] Weimar» caso Putin caísse em resultado da guerra da Ucrânia, segundo um estadista europeu destacado que falou com Macron regularmente durante a crise.[28] Esse medo foi a raiz da controversa insistência de Macron de ser «imperativo que Putin não seja humilhado» em qualquer futuro acordo de paz — e que a União Europeia não poderia seguir a política dos «tipos mais belicistas» da Europa, porque assim iria «arriscar-se a prolongar o conflito e a fechar completamente as comunicações [com Putin]».[29] A posição de Macron enfureceu naturalmente os Ucranianos — e os Polacos e os bálticos, a quem ele implicitamente acusara de serem *fauteurs de guerre*, ou «belicistas».

A guerra, de facto, uniu a NATO como nunca. Porém, as divisões nessa unidade, que o estágio final iria trazer à luz, já eram evidentes em setembro, quando Macron fez os seus comentários sobre o belicismo. Essas divisões aprofundaram-se depois do extraordinariamente hostil discurso de Putin de 21 de setembro, em que prometeu ao Ocidente que a ameaça de usar armas nucleares «não era *bluff*». «Os Norte-Americanos pensam que Putin chegou ao fim do caminho, que não há esperança de melhorar o diálogo, que qualquer [outro líder] seria melhor do que Putin», afirmou o estadista. A perspectiva no Palácio do Eliseu era que «essa lógica é perigosa [...]; um Putin enfraquecido é uma opção melhor para a segurança europeia do que um Putin destituído».[30]

À medida que os países ocidentais destinavam milhares de milhões de dólares ao apoio das forças armadas, em abril e maio, tornou-se um lugar-comum defender que o tempo estava do lado da Ucrânia. A Rússia estava isolada, incapaz de substituir os homens e equipamentos perdidos. A Ucrânia tinha o apoio ativo das nações mais poderosas e prósperas do mundo, muitas das quais estavam ativamente a enviar equipamentos militares. Na verdade, tornou-se cada vez mais claro no decurso do outono e inverno que era o contrário que era verdade. As forças de Putin poderão ser mal lideradas e indisciplinadas, mal equipadas e mal treinadas, mas o peso bruto dos seus números permitiu que as tropas russas não só mantivessem a linha depois da retirada de Quérson em outubro como, além disso, começassem a conseguir conquistas árduas no Dombás. Segundo estimativas da NATO, no primeiro aniversário da guerra o exército russo perdera até 40 por cento dos seus tanques de batalha (passando de 2927 para 1800) e até 200 mil homens, que foram mortos ou feridos. Porém, Putin continuou aparentemente sem se perturbar, o apoio público da guerra continuou sólido e os militares russos continuaram a arrastar-se em frente.[31]

Na verdade, talvez o tempo não estivesse do lado da Ucrânia, afinal de contas. Quando o conflito entrou no seu segundo ano, parecia que a guerra se transformaria numa corrida para reconquistar o máximo de território possível aos Russos antes de os pedidos de paz oriundos dos seus aliados ocidentais começarem a ameaçar a corda salva-vidas de fornecimentos militares de Quíive. Um ressentimento ocidental generalizado perante a intimidação russa, e ira perante a brutalidade da guerra, significava que os países da NATO nunca abandonariam o apoio à Ucrânia, pondo-se de joelhos perante Putin. Porém, dada a escolha entre apoiar a Ucrânia indefinidamente numa guerra sem fim, combatida exclusivamente com armas da NATO, e uma paz negociada, muitos europeus favoreciam esta última.

Em junho, um relatório do Conselho Europeu de Relações Exteriores (CERE) sobre as atitudes quanto à guerra da Ucrânia em dez países europeus incluía várias mensagens fatídicas para o futuro. A boa notícia para Quíive era que havia um apoio quase universal à Ucrânia, com 73 por cento dos inquiridos de dez países culpando a Rússia pela guerra, dizendo mais de 50 por cento — chegando aos 71 por cento na Polónia — que os governos deviam cortar todas as relações económicas e culturais com Moscovo. E 58 por cento em dez países — atingindo 77 por cento na Finlândia — queriam que a União Europeia reduzisse a sua dependência da energia russa, mesmo às custas dos objetivos climáticos do bloco.

Porém, a má notícia da sondagem do CERE era uma divisão clara entre os Europeus que queriam a paz o mais depressa possível, mesmo que fosse às custas de perdas territoriais para a Ucrânia, e os que queriam justiça, definida como a restauração da integridade territorial da Ucrânia e a responsabilização da Rússia. Nos dez países, 35 por cento apoiavam a «paz» e 22 por cento a «justiça» — com um terceiro grupo oscilante, que partilhava os sentimentos contra a Rússia daqueles que apoiavam a justiça, mas também daqueles que queriam a paz e que temiam uma escalada do conflito, totalizando 20 por cento dos inquiridos. Quem apoiava a paz mais fortemente eram os Italianos, com 52 por cento, ao passo que 41 por cento dos polacos pretendiam que se castigasse a Rússia. Todavia, o mais preocupante para a Ucrânia é que os inquiridos na Alemanha, em Itália e em França disseram que estavam muito preocupados com o custo de vida e com os preços da energia, ao passo que o maior receio dos inquiridos na Suécia, no Reino Unido e na Polónia era a ameaça de guerra nuclear. As duas posições favoreciam uma paz negociada.

«Nos estágios iniciais da guerra, os países da Europa Central e Oriental sentiram que a sua atitude belicosa perante a Rússia fora legitimada», escreveram Mark Leonard e Ivan Krastev, coautores do relatório. «Porém, na fase seguinte, países como a Polónia poderiam ver-se postos à parte se o campo da "paz" se tornasse mais apelativo entre os outros Estados-membros». À medida que o conflito se arrastava e os custos aumentavam, os governos seriam cada vez mais obrigados a «equilibrar a procura de unidade europeia com opiniões que divergem não só entre cada Estado-membro mas também no interior de cada estado», escreveram os autores, fazendo notar um «abismo cada vez maior entre as posições de muitos governos e o sentimento público dos seus respetivos países».[32]

Em fevereiro de 2023, dezenas de milhares de manifestantes pedindo paz e que se pusesse fim ao armamento da Ucrânia foram para as ruas de Berlim e Praga. Na Hungria, Áustria, Croácia e em partes do Partido Republicano dos EUA, cresceu a oposição à ajuda dispensada à Ucrânia. Uma sondagem de dezembro de 2022 da Ipsos em vinte e oito países ocidentais revelou que 64 por cento dos inquiridos afirmaram que «dada a crise económica atual, [o meu país] não tem condições para dar apoio financeiro à Ucrânia», e 42 por cento responderam que «os problemas da Ucrânia não nos dizem respeito, e não devemos interferir» (ainda que, talvez paradoxalmente, 70 por cento tenham concordado que «temos de apoiar países soberanos estrangeiros quando são atacados por outros países»).[33] O presidente da Croácia, Zoran Milanović, anunciou em dezembro que se «opunha ao envio de armas letais [para a Ucrânia], porque isso prolonga a guerra» e chamou ao apoio ocidental a Quiive «profundamente imoral, porque não há solução». Nos EUA, algo como 40 por cento dos eleitores republicanos (e 15 por cento dos democratas) afirmaram que a América estava a ajudar «de mais» a Ucrânia.[34] É visível que o apoio público para armar a Ucrânia não é de modo algum infinito.

«O que é melhor? Um conflito paralisado ou uma guerra persistente?», perguntou a minha fonte, o estadista, que discutiu a crise ucraniana com Macron, Boris Johnson e outros líderes europeus destacados. «Ninguém está a dizer que [os conflitos paralisados] são situações boas ou desejáveis. Contudo, chega-se a um ponto em que um bom amigo da [Ucrânia] terá de dizer: "Já morreram pessoas suficientes; chegou a hora de reconstruir o vosso país, e estamos preparados e dispostos para vos ajudar a fazê-lo".» A fonte rejeitou fortemente a ideia de que essa solução de compromisso seria equivalente a uma vitória para Putin. «As sanções contra Putin são de uma escala que isola a Rússia do investimento, da tecnologia, do desenvolvimento. Moscovo está completamente isolado politicamente.» Em última análise, afirmou, «a verdadeira vitória para a Ucrânia não é uma questão de território. A melhor vitória é ser próspero e livre [...]; um país que será a inveja dos Russos».[35]

Para as conversações de paz, a questão crucial — e o principal obstáculo — era o risco moral. A pescadinha de rabo na boca era desoladora. Apesar de todos os contratempos e problemas que as sanções e os reveses militares impuseram, a Rússia tinha efetivos, vastos fornecimentos antiquados de artilharia e de armas nucleares para defender durante muito tempo a maior parte do território que conquistou à Ucrânia e depois anexou. A implacável campanha de recrutamento de outono de 2022 — dos esforços do Grupo Wagner nas prisões russas à mobilização parcial de reservistas ordenada por Putin — assegurava um fornecimento constante de tropas, apesar de não terem motivação e de estarem mal treinadas. À exceção de um completo colapso da moral e uma derrocada das forças armadas russas, era difícil ver como a guerra poderia acabar sem que os Ucranianos perdessem algum território. Ao mesmo tempo, o Ocidente não podia recompensar Putin pela sua agressão.

Em maio, Henry Kissinger, o antigo veterano secretário de estado dos EUA, suscitou uma reação irada de Zelensky por se atrever a sugerir que reconquistar território ocupado pela Rússia em 2014 — incluindo as LDNR e a Crimeia — seria uma má ideia. «Levar a guerra para lá [da linha de controlo anterior a 24 de fevereiro] não diria respeito à liberdade da Ucrânia, mas sim a uma nova guerra contra a própria Rússia», disse Kissinger a uma audiência em Davos. Zelensky opôs-se, insistindo que a Ucrânia não concordaria com a paz até a Rússia devolver a Crimeia e o Dombás. Na verdade, tratava-se de uma fantasia — como até os amigos da Ucrânia admitiam. «Não conheço ucranianos do governo que acreditem efetivamente que podem expulsar a Rússia da Crimeia ou das LDNR», afirmou Michael McFaul, antigo embaixador dos EUA em Moscovo que foi conselheiro de Obama e agora é conselheiro de Zelensky. «Ainda que não possam dizê-lo antes das negociações, é claro.»[36]

O estágio final da Ucrânia

Putin estava encurralado numa ilusão: se se limitasse a combater, então apareceria, de algum modo, uma vitória mágica ao estilo da Crimeia, que salvaria a Rússia da catástrofe económica em que a guerra a mergulhou. Porém, também Zelensky deu consigo encurralado numa ilusão: a ideia de que, com armas ocidentais suficientes, os seus soldados conseguiriam expulsar os Russos de todo o território que conquistaram desde 2014.

A convicção de uma vitória ucraniana última era partilhada não apenas por Zelensky, e grande parte da classe política ucraniana, mas também pelo povo — assim como por muitos legisladores e comentadores de Washington. A ideia nasceu no rescaldo da retirada russa de Quíive, no final de março, e foi reforçada pelos sucessos ucranianos em agosto e setembro, quando os foguetes HIMARS lhes permitiram lançar contraofensivas em Carquive e Quérson, assim como ousadas operações de sabotagem e com *drones* que destruíram alvos bem no interior da Crimeia, fazendo os russos que lá passavam férias apressar-se a voltar para casa.

Sem dúvida que foi a resistência ucraniana, inesperadamente acirrada, que obrigou a interromper o avanço russo sobre Quíive. Porém, as derrotas de Quíive foram também, em grande parte, culpa da própria Rússia. Falsa confiança, má informação quanto à falta de resistência, falta de infantaria, terríveis táticas de carros de combate — os Russos fizeram os erros todos do catálogo, e pagaram caro por isso. Nos arredores de Quíive, ficaram expostos de três lados, numa saliência longa e vulnerável. A retirada foi a primeira decisão inteligente do Estado-Maior russo na fase de abertura da guerra. E, o que é crucial, esses erros não se repetiram.

A situação na Ucrânia de Leste ocupada pelos Russos era muito diferente. Para começar, muitos dos soldados que combatiam ao lado das unidades russas eram oriundos do Dombás. E fossem quais fossem os seus aspetos menos felizes em moral e equipamento, combatiam para defender territórios que consideravam o seu lar. As linhas de abastecimento da Rússia para Luansque e Donetsque eram curtas e diretas. A Rússia e os seus representantes locais tiveram oito anos de experiência na «russificação» de territórios ocupados, com uma mistura de terror, propaganda e dinheiro. E o mais importante é que as lealdades dos habitantes locais estavam divididas. Entre 2014 e 2022, milhões de pessoas — predominantemente as que eram favoráveis a Quiive — deixaram a região e começaram uma nova vida noutras paragens da Ucrânia. Depois da invasão russa, fugiram ainda mais pessoas, fazendo de Severodonetsque e Lisichansque cidades-fantasma em ruínas. Essas fugas, que, na prática, constituíram uma limpeza étnica, foram desastrosas para o futuro da região. Porém, política e militarmente, favoreceram a Rússia.

Aleksandr Chernykh, um repórter do diário de negócios *Kommersant,* foi um dos poucos jornalistas que não propagandistas a visitar o Dombás ocupado pela Rússia. Em dezembro de 2022, Chernykh passou um mês das suas próprias férias em Donetsque e Mariópolis, recolhendo materiais para um livro — apesar de ter dúvidas de que pudesse alguma vez ser publicado na Rússia. «Há [lá] pessoas que querem juntar-se de novo à Ucrânia — mas pouquíssimas», escreveu-me Chernykh (antes de apagar a mensagem). «Mas mesmo as que são favoráveis a Quiive têm medo de ser de novo "libertadas" com combates intensos, e isso será terrível. E leem redes sociais da Ucrânia e falam com os seus familiares desse país e concluem que serão tratadas como traidoras por terem ficado para trás. "Na Rússia, temos mais hipóteses de sobreviver", afirmam.» Porém, de longe a maioria mais significativa dos cidadãos de Mariópolis que aí ficaram e que falaram com Chernykh estava zangada com a Ucrânia e o seu exército por não terem deixado a cidade para os Russos, o que teria salvo milhares de vidas. Paradoxalmente, Chernykh descobriu que muitos residentes favoráveis aos Russos estavam também zangados com a Rússia. «Queríamos que os Russos viessem, mas assim não, destruindo a nossa cidade», foi o resumo de Chernykh desse estado de espírito. Em Donetsque, muitas pessoas queixavam-se da incompetência das forças armadas russas por não terem conseguido derrotar as forças de Quiive — e queixavam-se também das ondas sucessivas de mobilizações. Porém, tanto em Donetsque como em Mariópolis, relatou Chernykh, o estado de espírito dominante entre as pessoas que eram favoráveis e desfavoráveis a Quiive era que «não há maneira de voltarmos agora para a Ucrânia».[37]

Anne Nivat, do *Le Point,* uma das únicas jornalistas ocidentais a fazer reportagens a partir das áreas ocupadas, visitou também Donetsque sem se dar a conhecer, em dezembro. Não encontrou «rigorosamente pessoa alguma» que quisesse que a sua região voltasse ao controlo da Ucrânia.[38] A verdade desconfortável é que a maior parte dos resistentes que ficaram no Dombás, e certamente na Crimeia, irão muitíssimo provavelmente ver um avanço de Quiive não como uma libertação, mas como uma conquista e ocupação.

O ataque, como os Russos aprenderam à sua custa ao perder pelo menos mil homens por semana nos avanços em direção às cidades do Dombás de Soledar e Bacmute em janeiro e fevereiro de 2023, revelou-se bem mais difícil e sangrento do que a defesa. E apesar de ser certamente verdade que a Rússia enfrentou uma crise quanto à substituição de carros de combate e foguetes mais sofisticados, assim como de tropas treinadas, não lhe faltou artilharia básica do século XX para massacrar o avanço ucraniano e, depois da mobilização de Putin, não faltou também carne para canhão.

A batalha para reconquistar territórios ucranianos perdidos seria, consequentemente, um jogo de números. E, para Zelensky, não era de modo algum claro que os números estivessem a bater certo. Ao longo da linha da frente, na maior parte dos sítios, as armas pesadas russas eram em número superior às ucranianas, numa proporção de até oito para uma. Contudo, o número de armas pesadas fornecidas pelo Ocidente continuava a ser na casa das dezenas. No início de setembro, só 24 sistemas HIMARS de foguetes norte-americanos estavam operacionais (em comparação, por exemplo, com os 500 encomendados pelas forças armadas polacas para a sua própria defesa nacional). Em junho, o primeiro-ministro dos Países Baixos, Mark Rutte, tal como muitos outros líderes ocidentais que visitaram Quíive, prometeu morteiros autónomos e carros de combate modernos — mas, na prática, essa promessa traduziu-se em cinco tanques e 12 armas.

«É uma questão de quantidade contra qualidade», afirmou um importante diplomata militar da NATO em Quíive, que fora um oficial de infantaria britânico. «A precisão da artilharia é importante. Pode ser devastadora, e [os Ucranianos] estão a apostar que será decisiva. Contudo, a quantidade também conta [...]; digamos que um triplo-7 [morteiro norte-americano de 155 mm] vale cinco armas pesadas russas. Ou mesmo dez. Mas isso não nos leva muito longe se enfrentarmos 20 ou 100 [armas russas].»[39]

O que alimentou a resistência ucraniana nos primeiros meses da guerra, e ajudou a manter tanto a moral geral como o apoio popular a Zelensky elevadíssimo, foi a esperança de uma completa vitória. No início da guerra, Washington assegurara, de forma categórica, a Zelensky e ao mundo que não se permitiria que Putin ganhasse. «Estamos convosco. Ponto final, parágrafo», afirmou Biden, em Varsóvia, em março. «Temos de continuar unidos hoje e amanhã e depois [...]. Haverá custos, mas é um preço que temos de pagar, porque as trevas que alimentam a autocracia não estão à altura da chama da liberdade que ilumina as almas de todos os povos livres. Na luta perene pela democracia e pela liberdade, a Ucrânia e o seu povo estão nas linhas da frente, combatendo para salvar a sua nação, e a sua corajosa resistência faz parte de uma luta mais geral por princípios democráticos essenciais, que unem todos os povos livres.»[40]

Em setembro, os EUA encorajaram fortemente Zelensky a acreditar que podia ganhar. Para David Petraeus, o avanço de setembro na Carquive foi um sinal de que «a maré mudou claramente [...];

a Ucrânia tem sido incomparavelmente melhor do que a Rússia a recrutar, treinar, equipar, organizar e usar forças adicionais».[41] Tal como muitos observadores em Washington, Petraeus pensava que «as implicações são drásticas. São muito, muito claras. A Ucrânia, ao longo do tempo, terá de enfrentar combates duros, mais baixas, mais ataques russos de retaliação a infraestruturas civis. Porém, a Ucrânia irá, ao longo do tempo, reconquistar o território de que a Rússia se apropriou desde 24 de fevereiro». Além disso, alguns dos militares mais agressivos dos EUA insistiram que também a Crimeia teria de ser retomada para a Ucrânia ficar estrategicamente a salvo de futuras agressões russas. «A Crimeia é essencial para a segurança futura da Ucrânia», disse-me em janeiro de 2023 o tenente-general Ben Hodges, antigo comandante das forças dos EUA na Europa.[42]

Washington prometeu que competia aos Ucranianos decidir o seu próprio futuro e que a NATO não negociaria sem o seu envolvimento. Havia também uma forte convicção no seio do governo ucraniano de que quaisquer concessões territoriais mais não fariam senão abrir o apetite de Putin por terras — uma hipótese com forte apoio no interior da Circular de Washington. Só a derrota da Rússia — de preferência seguida da implosão do regime de Putin — poria a Ucrânia a salvo da agressão russa no futuro. «Ele não pode apropriar-se do território dos vizinhos e safar-se com isso, é tão simples quanto isso», afirmou Biden depois de Putin ter anunciado a anexação em setembro. «A América e os seus aliados não vão ficar intimidados com Putin, nem com as suas palavras e ameaças irresponsáveis [...]. Vamos continuar o nosso rumo, continuar a fornecer equipamento militar para que a Ucrânia possa defender-se, defender o seu território e a sua liberdade.» Porém, enquanto a guerra entrava penosamente no seu segundo ano, os funcionários ocidentais começaram a dar voz a uma perspectiva mais sorumbática — ainda que talvez mais realista — do fim da guerra. O secretário-geral da NATO, Jens Stoltenberg, avisou que o Ocidente devia preparar-se para «a corrida de fundo» de um conflito prolongado.[43] Na Hungria, Áustria, Croácia, Itália e em partes do

Partido Republicano dos EUA, crescia a oposição à ajuda dispensada à Ucrânia. Uma inquietação com o apoio ocidental dado à Ucrânia era também partilhada em muitas partes de África, cujos fornecimentos foram afetados pela guerra. Só trinta e quatro países impuseram sanções à Rússia desde o início da guerra, e oitenta e sete países continuavam a oferecer aos cidadãos russos entrada sem necessidade de visto, incluindo a Turquia, a Argentina, o Egito, Israel, o México, a Tailândia e a Venezuela. E em fevereiro de 2023, o presidente da China, Xi, anunciou uma nova «iniciativa de paz» que se apoiava na «necessidade de defender os princípios da soberania, integridade territorial e a Carta das Nações Unidas», mas, em simultâneo, também «o respeito pelos legítimos interesses de segurança da Rússia». Descodificando, Xi queria dizer uma paz que só verbalmente aceitasse a integridade territorial da Ucrânia, ao mesmo tempo que reconhecia que as partes da Ucrânia favoráveis à Rússia tinham alguma autonomia quanto à determinação do seu próprio futuro.

Em janeiro de 2023, Rose Gottemoeller, antiga subsecretária de estado dos EUA, falou sobre a maneira de sanar esse aparente paradoxo. «Não pode obviamente haver um regresso ao estatuto anterior», disse-me, insistindo, na mesma frase, que os EUA iriam «fazer valer a lei internacional».[44] Mas é claro que as duas coisas não podem ser verdadeiras em simultâneo.

A partir de setembro, Zelensky começou a insistir que só uma completa recuperação de todo o território ucraniano — incluindo todo o Dombás e toda a Crimeia — iria contar como vitória. Isto era sem dúvida uma peça justificável de maximalismo em tempo de guerra. Porém, objetivamente, com o governo ucraniano a enfrentar uns impressionantes 600 mil milhões de dólares em estragos provocados às infraestruturas (e que ainda não acabaram), uma queda devastadora de 45 por cento do produto interno bruto e um quarto da sua população deslocada no país ou no estrangeiro, uma guerra interminável era economicamente insustentável. Em agosto, o défice orçamental de Quíive era de cinco mil milhões de dólares por mês, e, no fim de 2022, os donativos estrangeiros terão ascendido a pelo menos 27 mil milhões de dólares para pagar os salários dos trabalhadores e soldados do sector público ucraniano.[45] No fim de julho, as forças armadas ucranianas já estavam a avisar que se lhes acabara os projéteis. A guerra era combatida com sangue e determinação ucranianos, mas era apoiada exclusivamente por dinheiro e armas ocidentais.

A ilusão de uma vitória total sustentou a moral ucraniana. Mas também tornou uma solução de compromisso com Putin impossível. Era um paradoxo tão fundamental que não admirava que a classe política ucraniana se recusasse decididamente a discuti-lo ou a contemplar a sua resolução. O êxodo em massa de pessoas deslocadas do Dombás levantava um imenso problema político e económico para Zelensky. Os novos refugiados, muito justificadamente, odiavam a Rússia. Esperavam que Zelensky libertasse os seus lares. Se isso não acontecesse, a sua ira voltar-se-ia para «quem quer que fosse, sem exceção, que pensassem que tinha traído a Ucrânia», avisou um aliado de Zelensky, membro do parlamento. «Pode ser a NATO — do género: prometeram ajudar-nos, mas não nos deram armas suficientes.»[46]

No pior dos cenários, o parlamentar favorável a Zelensky temia que uma solução de compromisso com Putin poderia levar a «uma nova Maidan — mas nacionalista, de pessoas que nunca aceitarão qualquer tipo de acordo com Putin», e que derrubaria qualquer governo de Quíive que tentasse propor a paz em quaisquer termos que não a vitória total. Faria a pequena Maiden de outubro de 2019 «contra a solução de compromisso» — quando Zelensky tentou concordar com um referendo nas repúblicas rebeldes — «parecer que não era nada», afirmou. «A guerra uniu-nos [...], mas uma paz [negociada] poderá despedaçar-nos.»

Contudo, a alternativa a um acordo negociado seria uma guerra sem fim na Ucrânia, que devastaria ainda mais aquele país e o seu povo — além de fazer continuar as perturbações no fornecimento de energia e alimentos, com todas as dificuldades daí resultantes para a economia mundial e com a instabilidade política que se seguiria. E é claro que havia outro cenário ainda mais terrível, caso Putin usasse armas nucleares táticas, que colocaria o Ocidente num dilema impossível. A NATO poderia cumprir as suas ameaças de avançar com uma resposta convencional devastadora em território que os Russos consideravam agora fazer parte da terra-mãe, arriscando-se assim a mais ataques russos — ou nada fazer, e, na prática, legitimar o uso de armas nucleares no campo de batalha, abrindo assim um novo e perigoso capítulo na história da guerra.

Paz sem honra

Em setembro, depois de um hiato de quatro meses, Dmitry Peskov, porta-voz do Kremlin, deu sinais de que Putin estava «pronto para negociar com o presidente da Ucrânia, Volodymyr Zelensky, sobre a maneira como a operação especial será concluída e sobre a observância não de condições mas dos interesses da Rússia».[47] Dificilmente era um ponto de partida promissor. E os discursos irados de Putin de setembro de 2022 a fevereiro de 2023, fazendo disparar o conflito de uma «operação militar especial» para algo próximo a uma nova Grande Guerra Patriótica, mostraram que não tinha qualquer intenção de recuar.

Putin tinha de vencer ou morrer. Logo, fosse qual fosse o resultado da guerra no terreno ou à mesa de negociações, Putin teria de aclamá-la como vitória. Em conversas com funcionários destacados, em agosto, disseram a uma fonte com bons contactos que algum do território ocupado «poderia ser negociável» — ainda que se esclarecesse que Putin só queria negociar com Washington, e não com Zelensky, o que era diretamente contrário à posição que o próprio Biden afirmou de que Quiive faria as conversações necessárias.[48]

Com Zelensky ainda a insistir na devolução da Crimeia à Ucrânia, e com os seus exércitos a avançar em Carquive e Luansque, era óbvio que o abismo entre as expectativas dos dois lados continuava a ser imenso. Porém, depois da euforia da guerra, muitos membros da elite russa estavam a dar-se conta de que chegara a hora de consolidar o que tinham conquistado e de abandonar o que tinham perdido. O mais importante é que uma sondagem interna que circulou no Kremlin em agosto mostrou que o apoio público da guerra estava a perder fôlego, segundo uma fonte que falou com vários funcionários destacados que viram os números. Ainda que não tenham mostrado à fonte os números detalhados, falaram-lhe das conclusões básicas: 15 por cento do público estava ativamente a favor da guerra, com uma percentagem semelhante ativamente contra a guerra. Outros 35 por cento eram passivamente a favor, e 35 por cento passivamente contra. Por outras palavras, uma população aproximadamente dividida ao meio — com minorias irredutíveis a favor e contra, divididas ao longo de quase exatamente as mesmas linhas da sondagem de abril de 2021 do Centro Levada quanto a uma intervenção militar na Ucrânia. Putin poderia ter aproveitado para retirar dividendos ou para apostar forte. Escolheu apostar forte da maneira mais dramática possível.

A esperança e expectativa de Putin era que a sua invasão-relâmpago decapitaria não apenas a hidra da interferência ocidental de uma vez por todas, mas também que a sua vitória rápida o catapultaria de novo para os níveis de popularidade dos tempos da Crimeia. Descobriu-se que estava muitíssimo enganado. No primeiro aniversário da sua invasão, a estimativa da NATO era que as suas perdas no campo de batalha ascendiam ao impressionante número de 200 mil militares mortos, seriamente feridos ou capturados — mais do que toda a sua força invasora original.[49]

Putin pretendera também que a invasão da Ucrânia fosse a sua apoteose, um grande ato de reunificação das três nações eslavas da Rússia, da Bielorrússia e da Ucrânia, que lhe asseguraria o estatuto de um dos heróis russos da edificação de estados. Em junho, em São Petersburgo, durante as celebrações do trigésimo aniversário da morte de Pedro, *o Grande*, Putin comparou-se abertamente ao primeiro imperador da Rússia. «Pedro enfrentou a tarefa de reconquistar o que era seu», afirmou Putin. «E agora temos de fazer o mesmo.»

Se a guerra-relâmpago de Putin tivesse sido bem-sucedida, ele poderia ter acabado a presidência com um triunfo que cimentaria o seu legado. Porém, tal como aconteceu no rescaldo imediato da sua impulsiva anexação da Crimeia, Putin deu de novo consigo tolhido pelos acontecimentos que tinha posto em marcha. Não podia abandonar o poder, porque os oportunistas que o rodeiam fariam dele o bode expiatório do fracasso da guerra na Ucrânia. O seu futuro político, e até a sua vida, ficara refém de conseguir impedir uma grande derrota no campo de batalha. E ao contrário dos grandes ditadores de meados do século XX, o regime de Putin não tinha o apoio de um tipo qualquer de ideologia coerente. Putin aproveitara-se de uma tendência profunda de nacionalismo russo que já existia antes de chegar ao poder. Mas o putinismo era coisa que não existia — só havia uma mistura quimérica de etnonacionalismo religioso, um medo paranoico e milenarista da interferência estrangeira e cleptocracia. Putin não só não deixaria um legado ideológico perene, como qualquer legado de prosperidade e estabilidade que possa ter criado foi destruído pela sua própria decisão de fazer uma guerra na Ucrânia. Putin ganhou um quinto da Ucrânia e aumentou a dimensão da Rússia em meio por cento. O preço das suas ilusões não foram apenas os milhares de vidas perdidas, mas também um futuro perdido para a Rússia. O mais sinistro de tudo é que a mal concebida guerra abriu uma caixa de Pandora de futuros alternativos para a Rússia muito mais assustadores do que o regime de Putin alguma vez o foi.

Referências

Introdução

1. «Vremya Pokazhet», NTV, 14 de abril de 2014.

Prólogo: À beira

1. Transcrição da reunião do Conselho de Segurança, Kremlin.ru, 21 de fevereiro de 2022.
2. Entrevista ao autor, Moscovo, abril de 2022.
3. Kremlin.ru, 21 de abril de 2022.
4. Kremlin.ru, 23 de abril de 2022.
5. Kremlin.ru, 23 de abril de 2022.
6. Entrevista ao autor, Istambul, março de 2022.
7. Yuri Butusov, «Отвода войск РФ от границ Украины нет, а замечена новая активность врага, – Бутусов» [«Nenhuma retirada das forças russas da fronteira ucraniana, avistadas novas atividades do inimigo»], Censor.net, 18 de fevereiro de 2022.
8. Entrevista ao autor, Quíive, julho de 2022.
9. Lesia Vasylenko, parlamentar ucraniana, @lesiavasylenko, Twitter, 14 de fevereiro de 2022.
10. Entrevista ao autor, Quíive, julho de 2022.
11. Entrevista de Vladimir Sevrinovsky, *Meduza,* 19 de maio de 2022.
12. Svyatoslav Khomenko e Nina Nazarova, «"Things Just Turned Out that Way": The Journey of Russian Soldier Vadim Shishimarin from the Ukrainian Border to a Life Sentence», Serviço Russo da BBC, 28 de maio de 2022.
13. Entrevista ao autor, Moscovo, março de 2022. Alguns pormenores foram mudados para lhe proteger a identidade.
14. Entrevista ao autor, Moscovo, março de 2022. Alguns pormenores foram mudados para lhe proteger a identidade.

15. Entrevista ao autor, Quíive, julho de 2022. Alguns pormenores foram mudados para lhe proteger a identidade.
16. Entrevista ao autor, Quíive, julho de 2022. Alguns pormenores foram mudados para lhe proteger a identidade.
17. Página em memória de Irina Filkina, *website* Epitsentr K, 6 de março de 2022.
18. *Website* Epitsentr K, 6 de março de 2022.

Capítulo 1: Raízes envenenadas

1. Mykola Riabchuk, «Ukrainians as Russia's negative "other"», *Communist and Post-Communist Studies,* vol. 49, n.º 1, *Special Issue: Between Nationalism, Authoritarianism, and Fascism in Russia: Exploring Vladimir Putin's Regime,* pp. 75–85, março de 2016.
2. Vladimir Putin, «Sobre a Unidade Histórica de Russos e Ucranianos», Kremlin.ru, 12 de julho de 2021.
3. «The war in Ukraine could change everything», evento TED para membros, 1 de março de 2022.
4. Entrevista ao autor, Roma, março de 2022.
5. Serhii Plokhy, Capítulo 1, «The Edge of the World», *The Gates of Europe: A History of Ukraine,* Penguin, 2016.
6. Janet Martin, «Introduction», *Medieval Russia, 980–1584,* Cambridge University Press, 2007.
7. Serhii Plokhy, Capítulo 4, «Byzantium North», *The Gates of Europe.*
8. Serhii Plokhy, Capítulo 8 «The Cossacks», *The Gates of Europe.*
9. Norman Davies, «The Forgotten History of Poland and Ukraine», *The Spectator,* 3 de julho de 2022.
10. Alexander Mikaberidze, *The Russian Officer Corps of the Revolutionary and Napoleonic Wars,* The History Press, 2005, p. 38.
11. Serhii Plokhy, Capítulo 13, «The New Frontiers», *The Gates of Europe.*
12. Serhii Plokhy, Capítulo 14, «The Books of the Genesis», *The Gates of Europe.*
13. Serhii Plokhy, Capítulo 16, «On the Move», *The Gates of Europe.*
14. Anne Applebaum, Capítulo 1, «The Ukrainian Revolution, 1917», *Red Famine: Stalin's War on Ukraine,* Penguin, 2017.

15. Serhii Plokhy, «Casus Belli: Did Lenin Create Modern Ukraine?», *The Ukrainian Research Institute at Harvard University,* 27 de fevereiro de 2022.
16. Serhii Plokhy, «Casus Belli».
17. Anne Applebaum, Capítulo 6, "Rebellion, 1930», *Red Famine.*
18. Anne Applebaum, Capítulo 7, «Collectivization Fails, 1931–1932», *Red Famine.*
19. Anne Applebaum, Capítulo 11, «Starvation: Spring and Summer, 1933», *Red Famine.*
20. Anne Applebaum, Capítulo 13, «Aftermath», *Red Famine.*
21. Anne Applebaum, Capítulo 11, «Starvation: Spring and Summer, 1933», *Red Famine.*
22. Anne Applebaum, «Introduction», *Red Famine.*
23. Anne Applebaum, Capítulo 15, «The Holodomor in History and Memory», *Red Famine.*
24. «On June 22, at 4 o'clock Sharp», Spasstower.ru, 22 de junho de 2020.
25. Serhii Plokhy, Capítulo 22, «Hitler's Lebensraum», *The Gates of Europe.*
26. Serhii Plokhy, Capítulo 22, «Hitler's Lebensraum», *The Gates of Europe.*
27. Vladimir Putin, «Sobre a Unidade Histórica de Russos e Ucranianos».
28. Serhii Plokhy, Capítulo 24, «The Second Soviet Republic», *The Gates of Europe.*
29. M. E. Sarotte, *Not One Inch: America, Russia and the Making of Post-Cold War Stalemate,* Yale University Press, 2022.

Capítulo 2: «E Moscovo está em silêncio»

1. Simon Saradzhyan, «Does Russia Really Need Ukraine?», *The National Interest,* 25 de fevereiro de 2014.
2. Ray Furlong, «Showdown in Dresden: The Stasi Occupation and the Putin Myth», Rádio Europa Livre/Rádio Liberdade, 2 de dezembro de 2019.
3. Chris Bowlby, «Vladimir Putin's Formative German Years», BBC News, 27 de março de 2015.
4. Chris Bowlby, «Vladimir Putin's Formative German Years».

5. Serhii Plokhy, Capítulo 25, «Good Bye, Lenin!», *The Gates of Europe*.
6. Vladimir Putin, «Sobre a Unidade Histórica de Russos e Ucranianos», Kremlin.ru, 12 de julho de 2021.
7. Serhii Plokhy, Capítulo 25, «Good Bye, Lenin!», *The Gates of Europe*.
8. Serhii Plokhy, Capítulo 25, «Good Bye, Lenin!», *The Gates of Europe*.
9. Owen Matthews, «Epilogue», *Stalin's Children*, Bloomsbury, 2008.
10. Vladimir Putin, «Sobre a Unidade Histórica de Russos e Ucranianos».
11. «Putin: Soviet Collapse a "Genuine Tragedy"», Associated Press, 25 de abril de 2005.
12. Vladimir Putin, «Sobre a Unidade Histórica de Russos e Ucranianos».
13. Oleg Shchedrov, «Putin Honours Stalin Victims 70 Years After Terror», Reuters, 30 de outubro de 2007.
14. Andrew Roth, «Vladimir Putin Says He Resorted to Driving a Taxi After Fall of Soviet Union», *The Guardian*, 13 de dezembro de 2021.
15. Entrevista ao autor, Quiive, julho de 2014.
16. «Trust in Public Institutions», Levada.ru, 6 de outubro de 2021.
17. Entrevista ao autor, Moscovo, 2008.
18. Entrevista ao autor, Londres, novembro de 2006.
19. Lana Estemirova, «Putin's Terror Playbook: If You Want a Picture of Ukraine's Future, Look to My Home», *The Guardian*, 13 de abril de 2022.
20. Entrevista ao autor, Moscovo, abril de 2022.
21. Serhii Plokhy, Capítulo 26 «The Independence Square», *The Gates of Europe*.
22. «Memorandum on Security Assurances in Connection with Ukraine's Accession to the Treaty on the Non-Proliferation of Nuclear Weapons», Treaties.un.org, 5 de dezembro de 1994.
23. «NATO Expansion: What Yeltsin heard», National Security Archive, Washington, DC, 16 de março de 2018.
24. Jamie Dettmer, «Russia's Putin Says Western Leaders Broke Promises, But Did They?», VOA News, 11 de janeiro de 2022.
25. James Goldgeier, «Not Whether But When», American University, 1999.

26. M. E. Sarotte, *Not One Inch: America, Russia and the Making of Post-Cold War Stalemate,* Yale University Press, 2022.
27. Entrevista ao autor, Moscovo, julho de 2019.
28. «Fishman» com Mikhail Fishman, YouTube, 4 de abril de 2022.
29. DonPress, 31 de outubro de 2018.
30. Malcolm Haslett, «Yushchenko's Auschwitz Connection», BBC News, 28 de janeiro de 2005.
31. «Fishman», 17 de abril de 2022.
32. Jonathan Wheatley, *Georgia from National Awakening to Rose Revolution, Burlington,* 2005.
33. Charles Fairbanks, «Georgia's Rose Revolution», *Journal of Democracy,* vol. 15, n.º 2, p. 113, 2004.
34. *Revealing Ukraine*, realizado por Igor Lopatonok, produção executiva de Oliver Stone, 2019.
35. «Yushchenko to Russia: Hand Over Witnesses», *Kyiv Post,* 28 de setembro de 2009.
36. Serhii Plokhy, Capítulo 26, «The Independence Square», *The Gates of Europe.*
37. tsenzor.net, «Viktor Medvedchuk Questioned by SBU», 25 de setembro de 2008.
38. Nathaniel Copsey, «Ukraine», *in* Donnacha Ó Beacháin e Abel Polese (eds.), *The Colour Revolutions in the Former Soviet Republics,* Routledge, 2012, pp. 30–44.
39. Entrevista ao autor, Moscovo, abril de 2022.
40. William J. Burns, *The Back Channel – A Memoir of American Diplomacy,* Penguin Random House, 2020.
41. Owen Matthews e Anna Nemtsova, «The Kremlin Has a New Weapon in Its War on Real or Imagined Enemies, From Opponents at Home to Foreign Revolutionaries», *Newsweek International,* 28 de maio de 2007.
42. Boris Reitschuster, «Putin's Prügeltrupp» [«O esquadrão de espancamento de Putin»], *Focus Magazine,* Munique, 2 de abril de 2007.
43. Viktor Yushchenko, «I've Dealt With Putin Before: I Know What it Will Take to Defeat this Brutal Despot», *The Guardian,* 24 de abril de 2022.
44. Anne Applebaum, «Epilogue: The Ukrainian Question Reconsidered», *Red Famine.*
45. Debate da Intelligence Squared com Radosław Sikorski e Owen Matthews, 9 de março de 2022.

46. «Disturbing Role of American Consultants in Yanukovych's Ukraine», Freedom House, 28 de fevereiro de 2014.
47. Christopher Miller e Mike Eckel, «On the Eve of his Trial, a Deeper Look Into How Paul Manafort Elected Ukraine's President», Rádio Europa Livre/Rádio Liberdade, 27 de julho de 2018.
48. TASS, 4 de outubro de 2011.
49. Entrevista ao autor, Moscovo, dezembro de 2021.
50. Entrevista de Ekaterina Gordeeva com Aleksei Venediktov, Tell Gordeeva, YouTube, 10 de março de 2022.
51. Steven Pifer, «Does the Kremlin Understand Ukraine? Apparently Not», *The Moscow Times*, 21 de dezembro de 2021.
52. «Fishman», 17 de abril de 2022.
53. Serhii Plokhy, Capítulo 26, «The Independence Square», *The Gates of Europe*.
54. *Argumenty i Fakty*, 17 de agosto de 2013.
55. Sonia Koshkina, *Maidan: The Untold Story*, Bright Star, 2015.
56. Mikhail Zygar, Capítulo 16, *All the Kremlin's Men: Inside the Court of Vladimir Putin*, PublicAffairs, 2016.
57. «The Whole Truth About the Terrible Secret Yanukovych Told Angela Merkel», YouTube, 1 de dezembro de 2013.
58. «John McCain tells Ukraine Protesters: "We Are Here to Support Your Just Cause"», *The Guardian*, 15 de dezembro de 2013.
59. Mikhail Zygar, Capítulo 16, *All the Kremlin's Men*.
60. Mikhail Zygar, Capítulo 16, *All the Kremlin's Men*.
61. «Respostas a Perguntas de Jornalistas», Kremlin.ru, 17 de fevereiro de 2014.
62. «Fishman», 17 de abril de 2022.
63. Serhii Plokhy, Capítulo 26, «The Independence Square», *The Gates of Europe*.
64. Mikhail Zygar, Capítulo 16, *All the Kremlin's Men*.
65. Mikhail Zygar, Capítulo 16, *All the Kremlin's Men*.
66. Mikhail Zygar, Capítulo 16, *All the Kremlin's Men*.
67. «1.5 Thousand Paratroopers and 400 Marines are Being Deployed to Kyiv», LV.ua, 20 de fevereiro de 2014.
68. Entrevista ao autor, Quíive, julho de 2022.
69. Sonia Koshkina, *Maidan*.

Capítulo 3: Ídolos a sangrar

1. Vladimir Putin, «Sobre a Unidade Histórica de Russos e Ucranianos», Kremlin.ru, 12 de julho de 2021.
2. Owen Matthews, «Thinking With the Blood», *eBook* da *Newsweek,* 2015.
3. Mikhail Zygar, Capítulo 16, *All the Kremlin's Men: Inside the Court of Vladimir Putin,* PublicAffairs, 2016.
4. Sonia Koshkina, *Maidan: The Untold Story,* Bright Star, 2015.
5. Entrevista ao autor, Moscovo, abril de 2022.
6. Mikhail Zygar, Capítulo 17, *All the Kremlin's Men.*
7. Mikhail Zygar, Capítulo 17, *All the Kremlin's Men.*
8. Andrey Lipsky, «Представляется правильным инициировать присоединение восточных областей Украины к России», *Novaya Gazeta,* n.º 19, 24 de fevereiro de 2015.
9. Daniel Treisman, «Why Putin Took Crimea: The Gambler in the Kremlin», *Foreign Affairs,* vol. 95, n.º 3, maio–junho de 2016.
10. Daniel Treisman, «Why Putin took Crimea».
11. Daniel Treisman, «Why Putin took Crimea».
12. Mikhail Zygar, Capítulo 16, *All the Kremlin's Men.*
13. Entrevista ao autor, Istambul, março de 2022.
14. «Putin Q&A: Full Transcript», Person of the Year Special Issue, *Time,* 19 de dezembro de 2007.
15. Entrevista de Ekaterina Gordeeva com Aleksei Venediktov, Tell Gordeeva, YouTube, 10 de março de 2022.
16. Mikhail Zygar, *All the Kremlin's Men.*
17. Roman Anin, Oleysa Shmagun e Jelena Vasic, «Ex-Spy Turned Humanitarian Helps Himself», Organized Crime and Corruption Reporting Project, 4 de novembro de 2015.
18. Mikhail Zygar, Capítulo 17, *All the Kremlin's Men.*
19. White House, Office of the Press Secretary, «Remarks by President Obama and Prime Minister Netanyahu Before Bilateral Meeting», 3 de março de 2014.
20. Mikhail Zygar, Capítulo 17, *All the Kremlin's Men.*
21. «Fishman» com Mikhail Fishman, YouTube, 1 de maio de 2022.
22. Entrevista ao autor, Donetsque, agosto de 2014.
23. Entrevista ao autor, Quiive, julho de 2022.
24. «Участник "прослушки" Глазьева: "Это компиляция и подтасовка"» [«Uma das pessoas nas conversas gravadas de

Glazyev: "Isto é uma compilação e uma armadilha"»], Business FM (bfm.ru), 23 de agosto de 2016.
25. «English Translation of Audio Evidence of Putin's Adviser Glazyev and Other Russian Politicians' Involvement in War in Ukraine», *UaPosition: Focus on Ukraine,* 29 de agosto de 2016.
26. «English Translation of Audio Evidence of Putin's Adviser Glazyev and Other Russian Politicians' Involvement in War in Ukraine».
27. «Беседы "Сергея Глазьева" о Крыме и беспорядках на востоке Украины. Расшифровка», *Meduza,* 22 de agosto de 2016.
28. Entrevista ao autor, Quíive, agosto de 2014.
29. Entrevista ao autor, Donetsque, agosto de 2014.
30. Entrevista ao autor, Donetsque, agosto de 2014.

Capítulo 4: O amanhã pertence-me

1. @visegrad24, Twitter, 21 de agosto de 2022.
2. Charles Clover, «The Unlikely Origins of Russia's Manifest Destiny», *Foreign Policy,* 27 de julho de 2016.
3. Anton Shekhovtsov, «Aleksandr Dugin's Neo-Eurasianism: The New Right à la Russe», *Religion Compass: Political Religions,* vol. 3, n.º 4, pp. 697–716, 2009.
4. Aleksandr Dugin, «Мы должны забрать у либералов как минимум половину медийного поля!» [«Temos de tomar pelo menos metade do campo dos meios de comunicação dos liberais!»], Nakanune.ru, 28 de setembro de 2012.
5. Vyacheslav Golyanov, «Владимир Путин как спаситель от "сатанинского" Запада», [«Vladimir Putin como Salvador do Ocidente "Satânico"»], Baltinfo.ru, 13 de junho de 2012.
6. Entrevista ao autor, Moscovo, 2007.
7. Masha Gessen, *The Future Is History: How Totalitarianism Reclaimed Russia,* Riverhead Books, 2017, pp. 388–389.
8. «Политолог, философ Александр Дугин: Это великая война континентов» [Aleksandr Dugin, Politólogo e Filósofo: Esta É uma Grande Guerra de Continentes»], *Komsomolskaya Pravda,* 20 de fevereiro de 2014.
9. Aleksandr Dugin, «Шестая колонна» [«A Sexta Coluna»], *Vzglyad,* 29 de abril de 2014.

10. «Daughter of Russian Nationalist Hailed as Martyr», Reuters, 23 de agosto de 2022.
11. Courtney Weaver, «Malofeev: The Russian Billionaire Linking Moscow to the Rebels», *Financial Times,* 24 de julho de 2014.
12. Owen Matthews, «Vladimir Putin's New Plan for World Domination: After Sochi and Crimea, the World», *The Spectator,* 22 de fevereiro de 2014.
13. Courtney Weaver, «Malofeev».
14. Courtney Weaver, «Malofeev».
15. «Oshybka Prezidenta», *Forbes Russia,* n.º 1, janeiro de 2015.
16. Charles Clover, «Putin and the Monk», *Financial Times,* 25 de janeiro de 2013.
17. Timothy Snyder, «Putin's Rationale for Ukraine Invasion Gets the History Wrong», *The Washington Post,* 25 de fevereiro de 2022.
18. Alec Luhn, «Russian Orthodox Church Suggests Tsar's Death Was a Jewish "Ritual Murder"», *The Daily Telegraph,* 28 de novembro de 2017.
19. Cécile Chambraud, «The Russian Orthodox Church Closes Ranks Behind Putin Over Ukraine War», *Le Monde,* 20 de abril de 2022.
20. Boris Kagarlitsky, «Glazyev Opts for Hara-Kiri», *The Moscow Times,* 2 de setembro de 2003.
21. Entrevista ao autor, Moscovo, 2018.
22. «English Translation of Audio Evidence of Putin's Adviser Glazyev and Other Russian Politicians' Involvement in War in Ukraine», *UaPosition: Focus on Ukraine,* 29 de agosto de 2016.
23. Vladislav Surkov, *Almost Zero,* Inpatient Press, 2017.
24. «In first interview since departure, Russia's former "gray cardinal" questions existence of Ukraine», RFE/RL, 26 de fevereiro de 2020.
25. «Assessing Russian Activities and Intentions in Recent US Elections», Gabinete do Diretor dos Serviços Secretos Nacionais, 6 de janeiro de 2017.
26. Entrevista ao autor, Moscovo, 2017.
27. Marine Turchi, «How a Russian bank gave France's far-right Front National party 9mln euros», *Mediapart,* 24 de novembro de 2014.
28. Comunicado à imprensa do Gabinete de Negócios Estrangeiros do Departamento de Justiça dos EUA, 3 de março de 2022.

29. Entrevista ao autor, Moscovo, novembro de 2016.
30. Entrevista ao autor, Moscovo, 2015.
31. «Saakashvili Resigning From Post of Odesa Regional State Administration Head», Interfax-Ukraine, 7 de novembro de 2016.
32. Entrevista ao autor, Moscovo, 2015.
33. Iuliia Mendel, *The Fight of Our Lives: My Time with Zelenskyy*, Signal Books, 2022.
34. Entrevista ao autor, Moscovo, agosto de 2021.
35. Melinda Haring, «Why Zelenskyy Needs a New Chief of Staff Right Now», Atlantic Council, 27 de setembro de 2019.
36. «Eight Ukrainians Make Forbes Magazine's List of World Billionaires», *Kyiv Post*, 8 de março de 2012.
37. Entrevista ao autor, Quíive, julho de 2022.
38. «President v Oligarch», *The Economist*, 28 de março de 2015.
39. Entrevista ao autor, Quíive, julho de 2022.
40. Serhii Rudenko, *Zelensky: A Biography*, Polity Books, 2022.
41. Serhii Rudenko, *Zelensky*.
42. Iuliia Mendel, *The Fight of Our Lives*.
43. *Revealing Ukraine*, realizado por Igor Lopatonok, produção executiva de Oliver Stone, 2019.
44. Iuliia Mendel, *The Fight of Our Lives*.
45. Serhii Rudenko, *Zelensky*.
46. Entrevista ao autor, Moscovo, 2019.
47. Entrevista ao autor, Moscovo, agosto de 2019.
48. Entrevista de Zelensky à revista *Time*, 2 de dezembro de 2019.
49. Serhii Rudenko, *Zelensky*.
50. Serhii Rudenko, *Zelensky*.
51. Andrei Soldatov e Irina Borogan, «Prison Swaps, Putin Style», *The Moscow Times*, 16 de agosto de 2022.
52. Entrevista ao autor, Quíive, junho de 2022.
53. «Ukraine Conflict: Anger as Zelensky Agrees Vote Deal in East», BBC News, 2 de outubro de 2019.
54. «"Серйозний успіх Москви": у Росії радіють через підписання Україною "формули Штайнмаєра"» [«"Um Sucesso Muito Sério para Moscovo": Rússia fica Satisfeita com a Concordância da Ucrânia com a "Fórmula de Steinmeier"», TSN.ua, 1 de outubro de 2019.
55. «Thousands Protest Ukraine Leader's Peace Plan», France 24, 6 de outubro de 2019.

56. «Far-Right Groups Protest Ukrainian President's Peace Plan», Associated Press, 14 de outubro de 2019.
57. Entrevista ao autor, Quíive, junho de 2022.
58. Serhii Rudenko, *Zelensky*.
59. Iuliia Mendel, *The Fight of Our Lives*.
60. Iuliia Mendel, *The Fight of Our Lives*.

Capítulo 5: Em pé de guerra

1. Stephen Kotkin, «Uncommon Knowledge with Peter Robinson, Hoover Institution», YouTube, 4 de março de 2022.
2. Entrevista ao autor, Moscovo, agosto de 2019.
3. Entrevista com Dmitry Bykov, «Vkhod-Vykhod» com Stanislav Kryuchkov, Khodorkovsky Live, 9 de maio de 2022.
4. Entrevista com Dmitry Bykov, «Vkhod-Vykhod».
5. Entrevista ao autor, Moscovo, junho de 2022.
6. «First Person: An Astonishingly Frank Self-Portrait by Russia's President Vladimir Putin», Public Affairs, 2000.
7. Entrevista ao autor, Londres, 2001.
8. «First Person».
9. Michael Khodarkovsky, *Russia's 20th Century: A Journey in 100 Histories*, Bloomsbury 2019.
10. «Директор Федеральной службы безопасности России Николай Патрушев: Если мы «сломаемся» и уйдем с Кавказа – начнется развал страны» [«Diretor do SFS, Nikolai Patrushev: Se Quebrarmos e Abandonarmos o Cáucaso, o País Começará a Desintegrar-se»], *Komsomolskaya Pravda*, 19 de dezembro de 2000.
11. Oleg Kashin, «How Hallucinations of Eccentric KGB Psychic Influence Russian Policy», *The Guardian*, 15 de julho de 2015.
12. «Interview with Nikolai Patrushev», *Rossiskaya Gazeta*, 26 de abril de 2022.
13. Vitaliy Tseplyaev, «Puppet Mastery in Action: Nikolai Patrushev on the Methodology of Coloured Revolutions», *Argumenty i Fakty*, 10 de junho de 2020.
14. «Who and Why Was Litvinenko Killed?», *The New Times*, n.º 1, 5 de fevereiro de 2007.
15. Entrevista ao autor, Moscovo, julho de 2018.
16. Entrevista ao autor, Moscovo, julho de 2022.

17. Entrevista ao autor, Moscovo, janeiro de 2017.
18. Mark Galeotti, «Surkov's End and the Kleptocrats' Triumph», *The Moscow Times,* 21 de fevereiro de 2020.
19. Mark Galeotti, «Surkov Hints Putin Himself no Longer Essential for the System to Persevere», *The Moscow Times,* 12 de fevereiro de 2020.
20. Mark Galeotti, «Surkov's End and the Kleptocrats' Triumph».
21. «I Created the System': Kremlin's Ousted "Grey Cardinal" Surkov, in Quotes», *The Moscow Times,* 27 de fevereiro de 2020.
22. Entrevista ao autor, Moscovo, junho de 2022.
23. Serviço Russo da BBC, 2 de outubro de 2021.
24. «Thanks to COVID-19, Vladimir Putin Has Become Almost Invisible», *The Economist,* 2 de outubro de 2021.
25. Michel Rose, «Macron Refused Russian COVID Test in Putin Trip Over DNA Theft Fears», Reuters, 11 de fevereiro de 2022.
26. Mikhail Rubin, Dmitry Sukharev, Mikhail Maglov, Roman Badanin, com a participação de Svetlana Reuter (*Meduza*), «Investigation for Vladimir Putin's 70th Birthday», Proyet.media, 1 de abril de 2022.
27. Sam Tabahriti, «Oliver Stone Claims Vladimir Putin Has "Had This Cancer"», *The Insider,* 22 de maio de 2022.
28. Entrevista ao autor, Moscovo, dezembro de 2021.
29. Nahal Toosi, «CIA Director: Putin "Too Healthy"», *Politico,* 20 de julho de 2022.
30. Mikhail Zygar, «How Vladimir Putin Lost Interest in the Present», *The New York Times,* 10 de março de 2022.
31. William Burns, discurso na Universidade de Tecnologia da Geórgia, 14 de abril de 2022.
32. Entrevista ao autor, Moscovo, junho de 2022.
33. Roman Badanin, Mikhail Rubin e a equipa de Projekt Media, «A Portrait of Yury Kovalchuk, The Second Man in Russia», Projekt. media, 9 de dezembro de 2020.
34. Nataliya Gevorkyan, Natalya Timakova e Andrei Kolesnikov, Capítulo 4: «The Young Specialist», *in First Person: Conversations with Vladimir Putin,* Public Affairs, 2020.
35. Badanin *et al.,* «A Portrait of Yury Kovalchuk».
36. Badanin *et al.,* «A Portrait of Yury Kovalchuk».
37. Anastasia Kirilenko, «Putin and the Mafia. Why Alexander Litvinenko Was Killed», *The Insider,* 21 de janeiro de 2016.

38. Gabriel Ronay, «A Tale of Russian Mafia, a Bulgarian Businesswoman and 1bn», *The Sunday Herald,* 22 de fevereiro de 2009.
39. «Investigative Authorities in Bulgaria Suspect the Estonian Company AS "Tavid" of Large-Scale Money Laundering», SKY Radio, 5 de janeiro de 2009.
40. Badanin *et al.,* «A Portrait of Yury Kovalchuk».
41. Badanin *et al.,* «A Portrait of Yury Kovalchuk».
42. Badanin *et al.,* «A Portrait of Yury Kovalchuk».
43. Badanin *et al.,* «A Portrait of Yury Kovalchuk».
44. Luke Harding, «Revealed: The $2bn Offshore Trail that Leads to Vladimir Putin», *The Guardian,* 3 de abril de 2016.
45. Luke Harding, «Revealed».
46. Mikhail Zygar, «How Vladimir Putin Lost Interest in the Present».
47. Mikhail Zygar, «How Vladimir Putin Lost Interest in the Present».

Capítulo 6: Verdade ou *bluff*?

1. Entrevista ao autor, Moscovo, junho de 2022.
2. «Zelenskiy: Russian Passports in Donbas Are a Step Towards "Annexation"», Reuters, 20 de maio de 2021.
3. «Havrysh: Ukraine–NATO Cooperation Not Excluding Strategic Partnership Between Moscow», *Kyiv Post,* 26 de maio de 2010.
4. «Ukraine Drops NATO Membership Bid», *EU Observer,* 6 de junho de 2010.
5. *Sir* Winston Churchill, *Reader's Digest,* dezembro de 1954.
6. «Deschytsia States New Government of Ukraine Has No Intention to Join NATO», Interfax-Ukraine, 29 de março de 2014.
7. «Ukraine Crisis: PM Yatsenyuk to Seek Nato Membership», BBC News, 29 de agosto de 2014.
8. «Ukraine's Parliament Backs Changes to Constitution Confirming Ukraine's Path Toward EU, NATO», Agência Ucraniana de Informação Independente, 7 de fevereiro de 2019.
9. «Russia as Aggressor, NATO as Objective: Ukraine's New National Security Strategy», Atlantic Council, 30 de setembro de 2020.
10. «Zelensky Said in Britain that Ukraine Needs a MAP in NATO», UNN Agency, 8 de outubro de 2020.

11. Entrevista ao autor, Londres, dezembro de 2021.
12. Entrevista ao autor, Londres, dezembro de 2021.
13. Entrevista de Ekaterina Gordeeva com Aleksei Venediktov, Tell Gordeeva, 10 de março de 2022.
14. Liz Throssell (porta-voz do Alto Comissariado para os Direitos Humanos das Nações Unidas), comunicado em Genebra, 21 de agosto de 2020.
15. Iuliia Mendel, *The Fight of Our Lives: My Time with Zelenskyy,* Signal Books, 2022.
16. Entrevista ao autor, Quíive, julho de 2022.
17. Iuliia Mendel, *The Fight of Our Lives.*
18. Kira Latukhina, «Putin Spoke About the Genocide in the Donbas», *Rossiyskaya Gazeta,* 9 de dezembro de 2021.
19. Iuliia Mendel, *The Fight of Our Lives.*
20. Entrevista ao autor, Quíive, julho de 2022.
21. Entrevista ao autor, Moscovo, dezembro de 2021.
22. Anton Stepura, «DNR Militants Declare Permission to Conduct "Preemptive Fire for Destruction"», Suspilne, 3 de março de 2021.
23. «Ukraine: Purpose of Upcoming Defender Europe 2021 Exercise Is to Practice for War with Russia», *UAWire,* 4 de abril de 2021.
24. Evgeny Kizilov, «Russia Draws Troops to the Border With Ukraine – Khomchak», *Ukrainska Pravda,* 30 de março de 2021.
25. «Russia Transfers Ships From the Caspian Sea to the Black Sea», mil.in.ua, 19 de janeiro de 2021.
26. «Russia is Not a Threat to Ukraine, The Movement of Russia's Army Should Not Be a Concern», Rádio Europa Livre/Rádio Liberdade, 5 de abril de 2021.
27. «NATO Secretary General: It is Not Up to Russia to Decide Whether Ukraine Will Be a Member of The Alliance», *Evropeiskaya Pravda,* 14 de junho de 2021.
28. Shane Harris, Karen DeYoung, Isabelle Khurshudyan, Ashley Parker e Liz Sly, «Road to War: U.S. Struggled to Convince Allies, and Zelensky, of Risk of Invasion», *The Washington Post,* 16 de agosto de 2022.
29. Entrevista ao autor, Moscovo, junho de 2022.
30. Entrevista ao autor, Moscovo, fevereiro de 2022.
31. Entrevista ao autor, Moscovo, junho de 2022.
32. Entrevista ao autor, Londres, fevereiro de 2022.
33. Harris *et al.,* «Road to War».

34. Harris *et al.*, «Road to War».
35. Harris *et al.*, «Road to War».
36. Entrevista ao autor, Moscovo, 2008.
37. Harris *et al.*, «Road to War».
38. Entrevista ao autor, Londres, fevereiro de 2022.
39. Harris *et al.*, «Road to War».
40. Harris *et al.*, «Road to War».
41. Entrevista ao autor, Quíive, junho de 2022.
42. Harris *et al.*, «Road to War».
43. Vladimir Solovyov e Marina Kovalenko, «For Our Neighbouring Country», *Kommersant,* 3 de dezembro de 2021.
44. Entrevista ao autor, Londres, fevereiro de 2021.
45. Entrevista ao autor, Moscovo, junho de 2022.
46. David Batashvili, «Geostrategic Activities», *Rondeli Russian Military Digest,* n.º 118, 30 de janeiro de 2022.
47. Entrevista de Ekaterina Gordeeva com Aleksei Venediktov.
48. Entrevista ao autor, Istambul, março de 2022.
49. Greg Miller e Catherine Belton, «Russia's Spies Misread Ukraine and Misled Kremlin as War Loomed», *The Washington Post,* 19 de agosto de 2022.
50. Entrevista de *Ukrainskaya Pravda* com Oleksandr Vikul, 10 de maio de 2022.
51. «Fishman» com Mikhail Fishman, YouTube, 4 de abril de 2022.
52. Miller e Belton, «Russia's Spies Misread Ukraine and Misled Kremlin as War Loomed».
53. Entrevista ao autor, Moscovo, janeiro de 2021.
54. Entrevista ao autor, Moscovo, maio de 2022.
55. Entrevista ao autor, Londres, maio de 2022.
56. Entrevista ao autor, Londres, maio de 2022.
57. Entrevista ao autor, Istambul, março de 2022.
58. Entrevista ao autor, Istambul, março de 2022.
59. Harris *et al.*, «Road to War».
60. Harris *et al.*, «Road to War».
61. Harris *et al.*, «Road to War».
62. Entrevista ao autor, Londres, fevereiro de 2022.
63. Entrevista ao autor, Londres, fevereiro de 2022.
64. Harris *et al.*, «Road to War».
65. Mia Jankowicz, «Rare Video Shows France's Macron Trying to Talk Putin Down From Invading Ukraine. 4 Days Later, He Attacked», *The Insider,* 4 de julho de 2022.

66. Entrevista ao autor, Istambul, março de 2022.
67. Mark Galeotti, «The Personal Politics of Putin's Security Council Meeting», *The Moscow Times,* 22 de fevereiro de 2022.

Capítulo 7: Semear a destruição

1. «Putin Decided to Conduct an Operation to De-Nazify and Demilitarise Ukraine», TASS, 24 de fevereiro de 2022.
2. Entrevista ao autor, Quíive, junho de 2022.
3. David M. Herszenhorn e Paul McLeary, «Ukraine's "Iron General" Is a Hero, But He's No Star», *Politico,* 8 de abril de 2022.
4. Entrevista ao autor, Quíive, junho de 2022.
5. Serhiy Nuzhnenko, «Unlocking Kyiv's Soviet-Era Bomb Shelters», RFE/RL, 21 de dezembro de 2021.
6. Glenn Kessler, «Zelensky's Famous Quote of "Need Ammo, Not a Ride" Not Easily Confirmed», *The Washington Post,* 6 de março de 2022.
7. Livia Gerster, «Sie Wollen Seine Worte Nicht Hören», *Frankfurter Allgemeine Zeitung,* 28 de março de 2022.
8. Entrevista ao autor, Quíive, junho de 2022.
9. «Zelensky Signs Decree Declaring General Mobilization», Interfax-Ukraine, 25 de fevereiro de 2022.
10. Luke Mogelson, «How Ukrainians Saved Their Capital», *The New Yorker,* 9 de maio de 2022.
11. «Kyiv Residents Take Up Arms as Russia Advances», BBC News, 25 de fevereiro de 2022.
12. Entrevista ao autor, Quíive, junho de 2022.
13. Entrevista ao autor, Quíive, junho de 2022.
14. Entrevista ao autor, Quíive, junho de 2022.
15. Sam Denby e Tristan Purdy, «The Failed Logistics of Russia's Invasion of Ukraine», Wendover Productions, YouTube, 5 de março de 2022.
16. «Zelensky Hastily Fled Kiev, Russian State Duma Speaker Claims», TASS, 26 de fevereiro de 2022.
17. Iuliia Mendel, *The Fight of Our Lives: My Time with Zelenskyy,* Signal Books, 2022.
18. Manveen Rana, «Volodymyr Zelensky: Russian Mercenaries Ordered to Kill Ukraine's President», *The Times,* 28 de fevereiro de 2022.

19. Luke Mogelson, «How Ukrainians Saved Their Capital».
20. James Beardsworth e Irina Shcherbakova, «"Are There Even Any Left?" 100 Days of War in Ukraine For An Elite Russian Unit», *The Moscow Times,* 4 de junho de 2022.
21. James Beardsworth e Irina Shcherbakova, «"Are There Even Any Left?"».
22. Tim Robinson, «Air War Over Ukraine – The First Days», www.aerosociety.com, 2 de março de 2022.
23. Craig Hoyle, «Ukraine Claims Russian Aircraft Losses as Invasion Begins», *Defence News,* 24 de fevereiro de 2022.
24. James Beardsworth e Irina Shcherbakova, «"Are There Even Any Left?"».
25. James Beardsworth e Irina Shcherbakova, «"Are There Even Any Left?"».
26. CaucasusWarReport @caucasuswar, vídeo publicado no Twitter, 1 de junho de 2022.
27. Entrevista ao autor, Quíive, junho de 2022.
28. Entrevista ao autor, Quíive, junho de 2022.
29. Entrevista ao autor, Quíive, junho de 2022.
30. Entrevista ao autor, Quíive, junho de 2022.
31. Entrevista ao autor, Quíive, junho de 2022.
32. Entrevista ao autor, Quíive, junho de 2022.
33. Svyatoslav Khomenko e Nina Nazarova, «"Things Just Turned Out that Way": The Journey of Russian Soldier Vadim Shishimarin From the Ukrainian Border to a Life Sentence», Serviço Russo da BBC, 28 de maio de 2022.
34. Svyatoslav Khomenko e Nina Nazarova, «"Things Just Turned Out that Way"».
35. Mykhailo Tkach, «It Is Important that They Look at Themselves in the Mirror More Often», *Meduza,* 18 de maio de 2022.
36. Mykhailo Tkach, «It Is Important that They Look at Themselves in the Mirror More Often».
37. Mykhailo Tkach, «It Is Important that They Look at Themselves in the Mirror More Often».
38. Svyatoslav Khomenko e Nina Nazarova, «"Things Just Turned Out that Way"».
39. Svyatoslav Khomenko e Nina Nazarova, «"Things Just Turned Out that Way"».
40. Svyatoslav Khomenko e Nina Nazarova, «"Things Just Turned Out that Way"».

41. Svyatoslav Khomenko e Nina Nazarova, «"Things Just Turned Out that Way"».
42. Svyatoslav Khomenko e Nina Nazarova, «"Things Just Turned Out that Way"».
43. Svyatoslav Khomenko e Nina Nazarova, «"Things Just Turned Out that Way"».
44. Svyatoslav Khomenko e Nina Nazarova, «"Things Just Turned Out that Way"».
45. Svyatoslav Khomenko e Nina Nazarova, «"Things Just Turned Out that Way"».
46. Svyatoslav Khomenko e Nina Nazarova, «"Things Just Turned Out that Way"».
47. Svyatoslav Khomenko e Nina Nazarova, «"Things Just Turned Out that Way"».
48. Entrevista ao autor, Pchemichle, junho de 2022.
49. Entrevista ao autor, Pchemichle, junho de 2022.
50. Greg Miller e Catherine Belton, «Russia's Spies Misread Ukraine and Misled Kremlin as War Loomed», *The Washington Post,* 19 de agosto de 2022.
51. Entrevista ao autor, Pchemichle, junho de 2022.
52. Yaroslav Trofimov, «A Ukrainian Town Deals Russia One of the War's Most Decisive Routs», *The Wall Street Journal,* 16 de março de 2022.
53. Yaroslav Trofimov, «A Ukrainian Town Deals Russia One of the War's Most Decisive Routs».
54. Yaroslav Trofimov, «A Ukrainian Town Deals Russia One of the War's Most Decisive Routs».
55. Yaroslav Trofimov, «A Ukrainian Town Deals Russia One of the War's Most Decisive Routs».

Capítulo 8: As coisas desmoronam

1. Entrevista ao autor, Moscovo, março de 2022.
2. Entrevista ao autor, Moscovo, março de 2022.
3. Entrevista ao autor, Moscovo, março de 2022.
4. Entrevista ao autor, Moscovo, março de 2022.
5. Entrevista ao autor, Moscovo, março de 2022.
6. «Exile, Fines or Jail: Censorship Laws Take Heavy Toll on Anti-War Russians», *The Moscow Times,* 26 de agosto de 2022.

7. @vkaramurza, Twitter, 26 de agosto de 2022.
8. Entrevista ao autor, Moscovo, fevereiro de 2022.
9. «Poll Shows 81 per cent of Russians Trust Putin», TASS, 26 de agosto de 2022.
10. Entrevista ao autor, Moscovo, fevereiro de 2022.
11. Giulia Carbonaro, «Russian TV Viewing Figures Falling Amid Coverage of Ukraine Invasion», *Newsweek,* 24 de agosto de 2022.
12. «Exile, Fines or Jail», *The Moscow Times,* 6 de março de 2022.
13. «Exile, Fines or Jail», *The Moscow Times.*
14. Michael Warren Davis, «Why Are Putin's Propagandists So Bad at Their Jobs?», *Spectator US,* 13 de maio de 2022.
15. Peter Beaumont, «British Pro-Kremlin Video Blogger Added to UK Government Russia Sanctions List», *The Guardian,* 26 de julho de 2022.
16. Sonia Smith, «War of Words: Meet the Texan Trolling for Putin», *Texas Monthly,* abril de 2018.
17. Gonzalo Lira @GonzaloLira1968, Twitter.com.
18. Michael Warren Davis, «Why Are Putin's Propagandists So Bad at Their Jobs?'
19. Entrevista ao autor, Moscovo, março de 2022.
20. Entrevista ao autor, Moscovo, março de 2022.
21. Entrevista ao autor, Moscovo, março de 2022.
22. «Vkhod-Vykhod» com Stanislav Kryuchkov, Khodorkovsky Live, YouTube, 9 de maio de 2022.
23. Entrevista de Ekaterina Gordeeva com Aleksei Venediktov, Tell Gordeeva, YouTube, 10 de março de 2022.
24. Entrevista ao autor, Moscovo, março de 2022.
25. Jeffrey Sonnenfeld *et al.,* «Business Retreats And Sanctions Are Crippling the Russian Economy», Yale Chief Executive Leadership Institute, agosto de 2022.
26. Martin Farrer, Andrew Roth e Julian Borger, «Ukraine War: Sanctions-Hit Russian Rouble Crashes as Zelenskiy Speaks of "Crucial" 24 Hours», *The Guardian,* 28 de fevereiro de 2022.
27. Entrevista de Ekaterina Gordeeva com Aleksei Venediktov, Tell Gordeeva.
28. Entrevista ao autor, Moscovo, março de 2022.
29. Entrevista ao autor, Moscovo, março de 2022.
30. Entrevista ao autor, Moscovo, março de 2022.
31. Entrevista ao autor, Moscovo, março de 2022.

32. Entrevista ao autor, Moscovo, março de 2022.
33. Entrevista ao autor, Moscovo, março de 2022.
34. Entrevista ao autor, Moscovo, março de 2022.
35. Entrevista ao autor, Moscovo, março de 2022.
36. Entrevista ao autor, Moscovo, março de 2022.
37. Entrevista ao autor, Moscovo, março de 2022.
38. Relatório da Frontex sobre os dados de passagem da fronteira, DPA, 25 de agosto de 2022.
39. «TASS: More than 1M Ukrainians Taken to Russia», Associated Press, 3 de maio de 2022.
40. Entrevista ao autor por telefone, março de 2022.
41. Entrevista ao autor, Roma, abril de 2022.

Capítulo 9: Passar das marcas

1. Paul Sonne, Isabelle Khurshudyan, Serhiy Morgunov e Kostiantyn Khudov, «Battle for Kyiv: Ukrainian Valor, Russian Blunders Combined to Save the Capital», *The Washington Post,* 24 de agosto de 2022.
2. Iuliia Mendel, *The Fight of Our Lives: My Time with Zelenskyy,* Signal Books, 2022.
3. Sonne *et al.,* «Battle for Kyiv: Ukrainian Valor, Russian Blunders Combined to Save the Capital».
4. «Germany to Ship Anti-aircraft Missiles to Ukraine – Reports», Deutsche Welle, 3 março de 2022.
5. James Marson, «Zelensky Says Russia Is Striking Military and Civilian Targets», *The Wall Street Journal,* 26 de fevereiro de 2022.
6. «Putin Tells Xi that Russia Willing to Hold High-Level Talks with Ukraine – China's CCTV», *Financial Post,* 25 de fevereiro de 2022.
7. «Putin Says Ukrainian Neutrality Key to any Settlement», Reuters, 28 de fevereiro de 2022.
8. «"No Progress" as Top Russia, Ukraine Diplomats Talk in Turkey», Al Jazeera, 10 de março de 2022.
9. «Volodymyr Zelensky Says He Accepts There Is "Not an Open Door" to Ukraine Joining NATO», *Independent,* 15 de março de 2022.

10. Max Seddon, Roman Olearchyk e Arash Massoudi, «Ukraine and Russia Draw Up Neutrality Plan to End War», *Financial Times,* 16 de março de 2022.
11. Entrevista ao autor, Quíive, junho de 2022.
12. Entrevista ao autor, Londres, março de 2022.
13. Entrevista ao autor, Londres, março de 2022.
14. Lingling Wei, «China Declared Its Russia Friendship Had "No Limits." It's Having Second Thoughts», *The Wall Street Journal,* 3 de março de 2022.
15. Entrevista ao autor, Londres, março de 2022.
16. Blake Herzinger, «Sending Old Fighter Jets to Ukraine Is a Terrible Idea», *Foreign Policy,* 14 de março de 2022.
17. Christopher Nehring, «Debate About Polish Fighter Jets for Ukraine Was Divisive – and Distracting», Deutsche Welle, 11 de março de 2022.
18. Entrevista ao autor, Londres, março de 2022.
19. «Defence Secretary Says UK Buys Soviet, Russian Weapons Across Globe to Send to Ukraine», Fans News Agency, 13 de maio de 2022.
20. Masha Gessen, «The Prosecution of Russian War Crimes in Ukraine», *The New Yorker,* 1 de agosto de 2022.
21. Página em memória de Irina Filkina, *website* Epitsentr K, 6 de março de 2022.
22. Entrevista ao autor, Bucha, junho de 2022.
23. Masha Gessen, «The Prosecution of Russian War Crimes in Ukraine».
24. Tara John, Oleksandra Ochman, Eoin McSweeney e Gianluca Mezzofiore, «A Ukrainian Mother Had Plans to Change Her Life This Year. Russian Forces Shot Her as She Cycled Home», CNN, 7 de abril de 2022.
25. Masha Gessen, «The Prosecution of Russian War Crimes in Ukraine».
26. John *et al.,* «A Ukrainian Mother Had Plans to Change Her Life This Year».
27. John *et al.,* «A Ukrainian Mother Had Plans to Change Her Life This Year».
28. «Pentagon: Russian Troop Movement Near Kyiv Area Likely "a Repositioning, Not a Real Withdrawal"», CNN, 29 de março de 2022.

29. John *et al.*, «A Ukrainian Mother Had Plans to Change Her Life This Year».
30. «Ukraine: Apparent War Crimes in Russia-Controlled Areas», Human Rights Watch, 3 de abril de 2022.
31. «Biden Says Putin Should Face War-Crimes Trial for Alleged Bucha Atrocities», Bloomberg, 4 de abril de 2022.
32. Entrevista ao autor, Quiive, junho de 2022.
33. Andrei Soldatov e Irina Borogan, «From Bad Intel to Worse. Putin Reportedly Turns on FSB Agency that Botched Russia's Ukraine Prep», *Meduza,* 11 de março de 2022.
34. Entrevista ao autor, Moscovo, maio de 2022.
35. «12 National Guards Appeal Dismissal for Refusing to Invade Ukraine. They Will Later Decide to Resign from the National Guards or Stay», *The Moscow Times,* 25 de março de 2022.
36. «How Is the Special Operation Progressing?», OSN.ru, 26 de março de 2022.
37. Entrevista ao autor, Moscovo, maio de 2022.
38. Entrevista ao autor, Moscovo, maio de 2022.
39. Entrevista ao autor, Moscovo, maio de 2022.
40. Entrevista ao autor, Quiive, junho de 2022.
41. «Mayor of Kharkiv Says Nowhere in Ukraine's Second City "Safe"», France 24, 28 de julho de 2022.
42. «Even Before They Took the Bag off His Head I Said Straight Away It's Him», *Meduza,* 16 de junho de 2022.
43. «Even Before They Took the Bag off His Head I Said Straight Away It's Him».
44. «Опубликовано видео, где, предположительно, украинские солдаты стреляют по ногам пленным россиянам. Бастрыкин велел начать проверку», [«Publicado vídeo que mostra alegados soldados ucranianos a disparar nas pernas de soldados. Bastrykhin manda investigar», *Meduza,* 27 de março de 2022.
45. «Even Before They Took the Bag off His Head I Said Straight Away It's Him».
46. Isabel van Brugen, «Russia-Installed Kherson Leader Has Fled to Russia, Video Analysis Suggests», *Newsweek,* 30 de agosto de 2022.
47. Entrevista ao autor, Pchemichle, junho de 2022.

Capítulo 10: Impasse

1. Yevgeny Tarle, *Krymskaia voina,* Moscovo e Leninegrado, 1950.
2. Ian Traynor, «Putin Claims Russian Forces "Could Conquer Ukraine Capital in Two Weeks"», *The Guardian,* 2 de setembro de 2014.
3. Entrevista ao autor, Londres, abril de 2022.
4. «Fishman» com Mikhail Fishman, YouTube, 17 de abril de 2022.
5. «Fegin Live» com Oleksiy Arestovych, YouTube, 18 de fevereiro de 2022.
6. Pjotr Sauer, «"I Could Not Be Part of this Crime": The Russians Fighting for Ukraine», *The Moscow Times,* 14 de junho de 2022.
7. «Putin Addresses Mothers of Russian Soldiers», YouTube, 8 de março de 2022.
8. «Russian Defense Ministry Confirms Presence of Conscripts in Ukraine War for First Time», RFE/RL's Russian Service, 9 de março de 2022.
9. Entrevista ao autor, Londres, março de 2022.
10. Paul Wood, «Cornered: Could Putin Go Nuclear?», *The Spectator,* 24 de setembro de 2022.
11. «Russian Casualties in Ukraine», contagem de Mediazona, atualizada em 16 de junho de 2022.
12. «Commander Shot at Military Enlistment Office in Ust-Ilimsk, Russia», News.az, 26 de setembro de 2022.
13. «Chechen Lawmaker Says Mariupol "Destroyed" on Putin's Orders», *The Moscow Times,* 22 de abril de 2022.
14. «Chechen Commander Awarded "Hero of Russia" for Mariupol Siege», *The Moscow Times,* 26 de abril de 2022.
15. Emma Graham-Harrison e Vera Mironova, «Chechnya's Losses in Ukraine May Be Leader Ramzan Kadyrov's Undoing», *The Guardian,* 22 de março de 2022.
16. Igor Girkin, Telegram, 16 de julho de 2022.
17. «Conscripts from Donbas Launch a Video Declare [*sic*] that They Won't Fight for Russia in Ukraine Near Sumy», YouTube, 28 de março de 2022.
18. Owen Matthews, «Putin's Secret Armies Waged War in Syria Where Will They Fight Next?», *Newsweek,* 17 de janeiro de 2018.
19. Pjotr Sauer, «"We Thieves and Killers Are Now Fighting Russia's War": How Moscow Recruits from Its Prisons», *The Guardian,* 20 de setembro de 2022.

20. «Russia's Wagner group says sending blood-stained sledgehammer to EU Parliament», *The Moscow Times,* 24 de novembro de 2022.
21. Atualização de Segurança do Ministério da Defesa do Reino Unido, 17 de fevereiro de 2023.
22. Anton Troianovski, Ivan Nechepurenko e Richard Pérez-Peña, «Calling off Steel Plant Assault, Putin Prematurely Claims Victory in Mariupol», *The New York Times,* 21 de abril de 2022.
23. «Bloody River Battle Was Third in Three Days – Ukraine Official», BBC, 13 de maio de 2022.
24. «Severodonetsk: Ukrainian Forces Told to Retreat from Key Eastern City», BBC, 24 de junho de 2022.
25. Entrevista ao autor, Quíive, junho de 2022.
26. Idrees Ali, «In First Since Ukraine Invasion, Pentagon Chief Speaks with Russian Counterpart», Reuters, 13 de maio de 2022.
27. Entrevista ao autor, Londres, junho de 2022.
28. Idrees Ali, «In First Since Ukraine Invasion, Pentagon Chief Speaks with Russian Counterpart».
29. «Task And Purpose – Can US Artillery Stop the Russian War?», YouTube, 7 de junho de 2022.

Capítulo 11: O preço da ilusão

1. «GoodFellows: Conversations from the Hoover Institution», YouTube, 5 de abril de 2022.
2. Sessão plenária do Fórum Económico Internacional de São Petersburgo, Kremlin.ru, 17 de junho de 2022.
3. Anatoly Kurmanaev e Stanley Reed, «How Russia is surviving the tightening grip on its oil revenue», *The New York Times,* 7 de fevereiro de 2023.
4. Fareed Zakaria, «The West's Ukraine Strategy Is in Danger of Failing», *The Washington Post,* 5 de julho de 2022.
5. Entrevista ao autor, Roma, maio de 2022.
6. Sonnenfeld *et al.,* «Business Retreats and Sanctions Are Crippling the Russian Economy».
7. «Russia's Version of Starbucks Reopens with a New Name and Logo», Reuters, 19 de agosto de 2022.
8. Sonnenfeld *et al.,* «Business Retreats and Sanctions Are Crippling the Russian Economy».

9. Christiaan Hetzner, «Russia's Largest Tank Manufacturer May Have Run Out of Parts», *Fortune,* 22 de março de 2022.
10. Jeanne Whalen, «Sanctions Forcing Russia to Use Appliance Parts in Military», *The Washington Post,* 11 de maio de 2022.
11. Yevgenia Albats, «Six Months of War: What Putin Wanted; What Putin Got», *The Moscow Times,* 1 de setembro de 2022.
12. Sonnenfeld *et al.,* «Business Retreats and Sanctions Are Crippling the Russian Economy».
13. «Russia Needs Huge Financial Resources for Military Operation – Finance Minister», Reuters, 27 de maio de 2022.
14. Alexander Ward e Joseph Gedeon, «What Biden Means by "Sanctions Never Deter"», *Politico,* 25 de março de 2022.
15. Entrevista ao autor por telefone, maio de 2022.
16. Sonnenfeld *et al.,* «Business Retreats and Sanctions Are Crippling the Russian Economy».
17. Entrevista ao autor, Londres, janeiro de 2023.
18. Entrevista ao autor, Moscovo, setembro de 2022.
19. «Average Monthly Nominal Wage in Russia from 1998 to 2021», Statista, 1 de setembro de 2022.
20. James Beardsworth, «Russian Schoolchildren Return to Classrooms Changed by War», *The Moscow Times,* 2 de setembro de 2022.
21. Valery Kizilov, «Not Collapse, But Decay. Why Russians Don't Notice the Economic Crisis and How It Will Develop», *The Insider,* 19 de julho de 2022.
22. Jeff Mason, «Trump Lashes Germany Over Gas Pipeline Deal, Calls It Russia's "Captive"», Reuters, 11 de julho de 2018.
23. «Canada Exempts Russian Gas Turbine from Sanctions Amid Europe Energy Crisis», *The Guardian,* 10 de julho de 2022.
24. Kate Connolly, «Germany Braces for "Nightmare" of Russia Turning off Gas for Good», *The Guardian,* 10 de julho de 2022.
25. Patrick Wintour, «Costs of Ukraine War Pose Tests for European Leaders – and Things May Get Worse», *The Guardian,* 18 de julho de 2022.
26. Ministro alemão dos Negócios Estrangeiros @ABaerbock, Twitter, 28 de agosto de 2022.
27. Alex Lawson, «Wholesale Gas Prices Fall as Europe's Plan to Avert Winter Energy Crisis Takes Shape», *The Guardian,* 1 de setembro de 2022.

28. Elliot Smith, «European natural gas prices return to pre-Ukraine war levels», CNBC, 29 de dezembro de 2022.
29. Anna Ringstrom e Terje Solsvik, «Nord Stream leaks confirmed as sabotage, Sweden says», Reuters, 18 de novembro de 2022.
30. «Russia Wants to Destroy Europeans' Normal Life, Zelensky Warns», BBC News, 4 de setembro de 2022.
31. «Meeting on Current Situation in Oil and Gas Sector», Novo-Ogaryovo, Kremlin.ru, 14 de abril de 2022.
32. Mikhail Krutikhin, «Power of Siberia or Power of China?», Al Jazeera, 19 de dezembro de 2019.
33. Sonnenfeld *et al.*, «Business Retreats and Sanctions are Crippling the Russian Economy».
34. Entrevista ao autor, Roma, setembro de 2022.
35. «UnionPay ограничила прием в России своих карт, выпущенных за рубежом» [«UnionPay restringe o uso na Rússia dos seus cartões emitidos no estrangeiro], RBK, 2 de setembro de 2022.
36. Mark Almond, «Vladimir Putin Is Forging a New Alliance of Pariah States that'll Be a Graver Threat to the West than the Old Soviet Bloc», *Daily Mail,* 19 de julho de 2022.
37. «Putin Visits Iran for First Trip Outside Former USSR Since Ukraine War», Reuters, 19 de julho de 2022.
38. Patrick Wintour, «Lavrov Walks Out of G20 Talks after Denying Russia Is Causing Food Crisis», *The Guardian,* 8 de julho de 2022.
39. Shannon Tiezzi, «Wang's G20 Meetings Highlight China's Ukraine Messaging», *The Diplomat,* 8 de julho de 2022.
40. «Putin Holds Meetings in Tehran with Iranian, Turkish Leaders», RFE/RL, 19 de julho de 2022.
41. «UN Resolution against Ukraine Invasion: Full Text», Al Jazeera, 5 de março de 2022.
42. «Russia Journalist Who Made TV Ukraine War Protest Arrested and Has Home Raided», Euronews, 11 de agosto de 2022.
43. Yevgenia Albats, «Six Months of War: What Putin Wanted; What Putin Got», *The New Times,* 22 de agosto de 2022.
44. Yevgenia Albats, «Six Months of War».
45. Yevgenia Albats, «Six Months of War».
46. Yevgenia Albats, «Six Months of War».
47. Yevgenia Albats, «Six Months of War».
48. «Mikhail Fishman on Why Ilya Yashin Refused to Leave and Went to Prison», TV Rain, YouTube, 22 de julho de 2022.
49. Yevgenia Albats, «Six Months of War».

50. Entrevista ao autor, Moscovo, março de 2022.
51. Francesca Ebel e Mary Ilyushina, «Russians abandon wartime Russia in historic exodus», *The Washington Post,* 13 de fevereiro de 2023.
52. Entrevista ao autor, janeiro de 2023.
53. Yevgenia Albats, «Six Months of War».
54. Entrevista ao autor, Moscovo, junho de 2022.
55. Andrei Kolesnikov, «The Unique Banality of Vladimir Putin», *The Moscow Times,* 13 de julho de 2022.
56. Entrevista ao autor, Roma, maio de 2022.

Capítulo 12: Até Valhala

1. «Vkhod-Vykhod» com Stanislav Kryuchkov, Khodorkovsky Live, YouTube, 9 de maio de 2022.
2. Fareed Zakaria, «It's Time to Start Thinking about the Endgame in Ukraine», *The Washington Post,* 16 de junho de 2022.
3. Peter Arnett, «Report on Battle of Ben Tre», Associated Press, 8 de fevereiro de 1968.
4. «Putin Says if West Wants to Defeat Russia on Battlefield, "Let Them Try"», AFP, 7 de julho de 2022.
5. Shaun Walker, «Putin's Annexation Speech: More Angry Taxi Driver than Head of State», *The Guardian,* 30 de setembro de 2022.
6. Jason Lemon, «Putin Thinks U.S. "Attention Deficit Disorder" Will Help Him Win War: CIA», *Newsweek,* 21 de julho de 2022.
7. Vladimir Putin, Discurso Presidencial à Assembleia Federal, kremlin.ru, 21 de fevereiro de 2023.
8. @mfa_russia, Twitter, 18 de julho de 2022.
9. «Meeting with State Duma Leaders and Party Faction Heads», Kremlin.ru, 7 de julho de 2022.
10. Entrevista ao autor, Moscovo, junho de 2022.
11. Andrei Kolesnikov, «The Unique Banality of Vladimir Putin», *The Moscow Times,* 13 de julho de 2022.
12. Adolf Hitler: «Fui para a guerra com 25 anos e regressei com 31, e hoje, com 42 anos, sou apoiado por milhões.» «Mit 25 Jahren bin ich ins Feld, mit 31 kam ich zurück, und heute, mit 42 Jahren stehen Millionen hinter mir.» Discurso em Darmestádio, 13 de novembro de 1931.

13. Nicholas Farrell, «Do Russians Support Putin's War?», *The Spectator,* 5 de março de 2022.
14. Timothy Frye, *Weak Strongman: The Limits of Power in Putin's Russia.*
15. Timothy Frye, *Weak Strongman,* Princeton University Press, 2021.
16. Mary Chesnut, «5 Polls that Contextualize the Russia-Ukraine Crisis», Russiamatters.org (Centro Belfer de Assuntos Internacionais, Escola Kennedy de Harvard), 17 de fevereiro de 2022.
17. Owen Matthews, «Vladimir Putin's Secret Weapon», *Newsweek,* 15 de junho de 2016.
18. Nicholas Farrell, «Do Russians Support Putin's War?».
19. Katharina Buchholz, «Levada see 75 percent of Russians supporting war», Statista.com, 23 de fevereiro de 2023.
20. Erin Doherty, «Biden Says Putin "Cannot Remain in Power"», *Axios,* 26 de março de 2022.
21. Entrevista ao autor, Moscovo, maio de 2022.
22. Entrevista ao autor, Roma, maio de 2022.
23. Entrevista ao autor, Quíive, junho de 2022.
24. Entrevista ao autor, Moscovo, junho de 2022.
25. Entrevista ao autor, Quíive, julho de 2022.
26. «Ukraine Will Win the War», entrevista de David Petraeus a Jim Sciutto da CNN, 18 de setembro de 2022.
27. Entrevista ao autor, Moscovo, março de 2022.
28. NextaTV, 27 de julho de 2022.
29. Entrevista ao autor, Londres, agosto de 2022.
30. «Macron Vows to Prevent Russia from Winning War in Ukraine», Associated Press, 1 de setembro de 2022.
31. Dan Sabbagh, «Russian army has lost up to half of key battle tanks, analysts estimate», *Guardian,* 15 de fevereiro de 2023.
32. Jon Henley, «"Justice" for Ukraine Overshadowed by Cost of Living Concerns, Polling Shows», *The Guardian,* 15 de junho de 2022.
33. «One year in, global public opinion about the war in Ukraine has remained remarkably stable», Ipsos, 20 de janeiro de 2023.
34. Owen Matthews, «China's Ukraine Diplomacy», *The Spectator,* 19 de fevereiro de 2023.
35. Entrevista ao autor, Londres, agosto de 2022.
36. Michael McFaul, «GoodFellows: Conversations from the Hoover Institution», YouTube, 5 de abril de 2022.

37. Entrevista ao autor, janeiro de 2023.
38. Entrevista ao autor, janeiro de 2023.
39. Entrevista ao autor, Quíive, maio de 2022.
40. Entrevista ao autor, Quíive, maio de 2022.
41. «Remarks by President Biden on the United Efforts of the Free World to Support the People of Ukraine», Whitehouse.gov, 26 de março de 2022.
42. Entrevista ao autor, janeiro de 2023.
43. «"We knew": NATO chief looks back at Russia's Ukraine invasion», France 24, 16 de fevereiro de 2023.
44. Entrevista ao autor, janeiro de 2023.
45. Shashank Joshi, correspondente do *Financial Times*, @shashj, Twitter.com, 26 de agosto de 2022.
46. Entrevista ao autor, Quíive, maio de 2022.
47. @nexta_tv, Twitter.com, 4 de setembro de 2022.
48. Entrevista ao autor, Roma, agosto de 2022.
49. Justin Bronk, «The West shouldn't underestimate Russia in Ukraine», *The Spectator*, 19 de fevereiro de 2023.

Agradecimentos

1. Svyatoslav Khomenko e Nina Nazarova, «"Things Just Turned out that Way": The Journey of Russian Soldier Vadim Shishimarin from the Ukrainian Border to a Life Sentence», Serviço Russo da BBC, 28 de maio de 2022.
2. Yaroslav Trofimov, «A Ukrainian Town Deals Russia One of the War's Most Decisive Routs», *The Wall Street Journal*, 16 de março de 2022.

Agradecimentos

Gostaria de agradecer aos meus velhos amigos e colegas Andrew Kramer, do *The New York Times*, Anna Nemtsova, do *Daily Beast*, e Yaroslav Trofimov e Allan Cullison do *The Wall Street Journal* a ajuda inestimável, e conselhos, com respeito a Quíive — uma cidade que conhecem muitíssimo melhor do que eu. E também a Andrew Meier e Mark Franchetti, que foram de grande ajuda na revisão do manuscrito. Andrew Jeffreys e Orlando Mostyn-Owen deram-me abrigo em Úmbria quando estava a escrever, coisa de que precisava muitíssimo. Imogen Gordon Clark, da Harper-Collins, foi infinitamente paciente com mudanças nos prazos de entrega e notícias de última hora que nunca mais acabavam, e Martin Redfern e Diane Banks, da Northbank, e Joel Simons, da HarperCollins, tornaram possível este livro.

Muitas das fontes citadas neste livro pediram anonimato ou fizeram os seus comentários em conversas sociais, não oficiosas. Consequentemente, é provavelmente mais circunspecto mencionar todas as pessoas que me ajudaram a compreender a Rússia, tanto antes como depois da invasão, sem identificar quem falou comigo acerca da guerra. Anos de entrevistas oficiais, oficiosas ou não, assim como conversas privadas com as seguintes pessoas, ensinaram-me tudo o que sei sobre a Rússia. Os erros e a ignorância que persistirem são todos meus.

Do Kremlin, gostaria de agradecer a Dmitry Peskov (porta-voz de Putin desde 2012) pelas conversas que tivemos no seu gabinete do Kremlin e ao jantar, que foram façanhas de uma atitude de desafio adamantina face à realidade tal como a entendo. Pelos seus comentários oficiais e sobretudo não oficiais, estou também agradecido a Sergei Kiriyenko (primeiro-ministro de março a agosto de 2008 e primeiro chefe-adjunto de pessoal da administração presidencial desde 2016); Sergei Stepashin (diretor do Serviço Federal de Segurança de 1994 a 1995 e primeiro-ministro entre maio e agosto de 1999); Igor Shuvalov (adjunto principal do primeiro-ministro de 2008 a 2018); o já desaparecido Sergei Prikhodko (adjunto do primeiro-ministro de 2013 a 2018 e principal diretor-adjunto do Gabinete do Governo da Rússia de 2018 a 2021); Oleg Sysuyev (adjunto do primeiro-ministro de 1997 a 1998); e Aleksandr Voloshin (diretor da administração presidencial de Boris Ieltsin que contratou Vladimir Putin e que, posteriormente, ajudou a instalá-lo como presidente). Habitualmente, as coisas mais significativas em qualquer entrevista são ditas depois de fechar o caderno de apontamentos. Agradeço também a Gleb Pavlovsky e Stanislav Belkovsky, propagandistas veteranos do Kremlin, que me ajudaram a compreender as fundações do projeto de Putin.

Da Duma e do Conselho da Federação, agradeço as ideias perspicazes e os conselhos do senador Oleg Morozov (membro do Conselho da Federação pelo Tartaristão de 2015 a 2020 e diretor do gabinete presidencial para a política interna de 2012 a 2015); de Aleksandr Khinshtein (deputado na Duma do Rússia Unida desde 2003 e conselheiro de Viktor Zolotov, diretor da Rosgvardia); de Leonid Slutsky (secretário-geral do Comité de Assuntos Exernos da Duma estatal e dirigente do Partido Democrático Liberal da Rússia desde 2022); de Sergei Zheleznyak (deputado pelo Rússia Unida de 2016 a 2021); e de Gennady Zyuganov (secretário-geral do Partido Comunista da Rússia desde 1993). O já desaparecido Vladimir Zhirinovsky — líder do Partido Liberal Democrático da Rússia de 1992 a 2022 — ameaçou «enviar-me para o *gulag*», em direto, na televisão, mas no decurso de um árduo debate individual de duas horas frente a todo o seu partido parlamentar, nos seus gabinetes da Duma, aprendi quase tanto com respeito à mentalidade dos políticos russos como durante duas décadas de trabalho de repórter. O já desaparecido Boris Nemtsov — que conheci quando era adjunto do primeiro-ministro de Boris Ieltsin — sempre formulou ideias perspicazes destemidamente claras e inteligentes com respeito ao funcionamento do poder, que ele vira tanto do interior como do exterior, antes de ser morto a tiro à frente do Kremlin por atiradores chechenos, em 2015.

Dos serviços de segurança russos e das forças armadas, gostaria de agradecer ao corajosamente franco coronel Mikhail Khodaryonok (chefe do 1.º Grupo da 1.ª Direção-Geral da Direção-Geral Operacional Principal do Estado-Maior de 1998 a 2000); ao major-general Yury Kobaladze (porta-voz dos Serviços Secretos Exteriores de 1992 a 1999); ao major Valery Velichko do clube de veteranos do KGB; aos coronéis Aleksandr Lebedev, Mikhail Lyubimov e Oleg Gordievsky, que foram todos oficiais da Primeira Direção-Geral de Londres do KGB; ao major-general Oleg Kalugin; ao coronel Aleksandr Klubnikov do Serviços Secretos Exteriores, que me salvou no Afeganistão; ao major Aleksandr Koshelev das Forças Russas do Ministério do Interior, que me recebeu na Chechénia; e ao reformado tenente-general Evgeny Buzhinsky, cuja análise dos fracassos militares russos revelou uma dedicação admiravelmente robusta aos factos, em detrimento da propaganda. Boris Bondarev, o único diplomata russo a demitir-se devido à guerra, foi imensamente franco quanto às suas perspectivas sobre as insuficiências dos seus concidadãos.

Vários homens de negócios foram generosos com a sua hospitalidade e tempo. Entre eles, Aleksei Miller, adjunto do secretário-geral da Gazprom; Pyotr Aven e Mikhail Fridman do Grupo Alfa; Roustem Tariko da Russky Standart; o fundador da Yandex, Arkady Volosh; e Stuart Lawson, o antigo diretor executivo de cinco bancos russos.

Muitos jornalistas russos, dos dois lados da divisão ideológica, deram-me uma ajuda inestimável — e ideias perspicazes sobre o funcionamento interno da máquina de propaganda muitíssimo sofisticada do Kremlin. Olga Skabeeva e Evgeny Popov convidaram-me mais de 40 vezes para o *60 Minut,* o programa de debates políticos mais conceituado da Rossiya 1. Andrei Norkin, de *Mesto*

Vstrechi, da NTV, e Vladimir Solovyov — que depois se tornou um dos mais vis e histéricos dos cães de ataque da máquina de propaganda do Kremlin — também me receberam nos seus programas de televisão. A experiência foi desagradável, mas educativa quanto aos métodos da máquina de propaganda do Kremlin e quanto aos pressupostos e às obsessões da classe política russa. Konstantin Ernst, diretor executivo do Canal Um Rússia desde 1999, é uma das pessoas mais inteligentes e talentosas da máquina mediática do Kremlin. As conversas com ele foram sempre reveladoras — tanto com respeito à maneira como a propaganda é criada como em relação à mentalidade de antigos liberais como Ernst, que encontrou um novo lar ideológico no coração do novo regime. O apresentador Vladimir Pozner foi gracioso e invariavelmente fascinante com respeito à maneira de pensar da elite de Putin. Ekaterina Shevchenko, chefe de redação da Rossiya 24, e Maria Baronova, que anteriormente trabalhava na RT, deram-me também importantes vislumbres do interior do animal propagandístico.

Outros apoiantes apaixonados do Kremlin merecem os meus agradecimentos — ainda que na opinião da maior parte dos liberais russos se tenham tornado, na expressão pungente da era soviética, *nerukopozhatniye,* ou pessoas a que já não se pode apertar a mão. O cineasta Nikita Mikhalkov, vencedor de um Óscar, tem uma dacha vizinha e é um velho amigo da família da minha esposa; a sua filha é madrinha do meu filho. Considero detestáveis as suas perspectivas fundamentalistas ortodoxas, ultranacionalistas e abertamente imperialistas. Mas estou-lhe agradecido pela sua hospitalidade e franqueza discursiva. Não tem papas na língua. Algumas coisas — as piores — precisamos de ouvi-las sem rodeios. O ideólogo ultranacionalista Aleksandr Dugin — uma das poucas pessoas que entrevistei que usa com aprovação a palavra «fascista» — pertence também a esta categoria, tal como o já desaparecido Eduard Limonov. E, é claro, o escritor Zakhar Prilepin, que me deu um vislumbre de um dos possíveis futuros da Rússia.

No lado liberal, gostaria de agradecer a Ksenia Sobchak, uma personalidade da televisão, afilhada de Vladimir Putin.

Aleksei Venediktov, fundador e diretor da estação de rádio Echo Moskvy, é, de longe, o jornalista político com mais contactos da Rússia. Natalia Sindeyeva, fundadora da independente Dozhd TV, o antigo chefe de redação Mikhail Zygar, a apresentadora Anna Mongayt e o antigo repórter da Dozhd no Kremlin, Anton Zhelnov, foram também incrivelmente prestativos. Mikhail Fishman, meu antigo colega na *Newsweek,* fez um trabalho extraordinário de reportagem da guerra a partir do exílio, em Tel Aviv. O conhecimento que Yevgenia Albats e Andrei Soldatov têm dos serviços de segurança russos é há muitos anos uma pedra de toque. Andrei Vasiliyev e Konstantin Remchukov, antigos chefes de redação do diário moscovita de negócios *Kommersant Daily* e da *Nezavisimaya Gazeta,* respetivamente, estiveram sempre impressionantemente bem informados e sempre foram generosos com os rumores. Aleksandr Chernykh, do *Kommersant,* é um dos repórteres de guerra russos mais corajosos e que veem com maior claridade, e partilhou generosamente as suas observações privadas em Donetsque e Mariópolis.

Na Ucrânia, gostaria de agradecer a Iuliia Mendel, a secretária de imprensa de Volodymyr Zelensky até dezembro de 2021, e a Serhiy Leshchenko, conselheiro de Andriy Yermak, o chefe de pessoal da presidência, pela sua franqueza. Também Evgeny Kisilev, que foi o mais famoso apresentador de notícias da televisão de Moscovo e que é agora de Quíive; a minha velha amiga e analista política Olesya Yakhno; Yulia Mostovaya, chefe de redação da revista *Zerkalo Nedeli.* O incomparavelmente talentoso Vlad Troitsky, os membros do grupo Dakh Daughters, os artistas Ilya Yusupov, Ilya Chichkan e a sua esposa Masha Shubina, mostraram-me, de diferentes maneiras, o espírito espantoso de Quíive e, depois, a sua animada resistência.

Boroslav Bereza, que, apesar de ser orgulhosamente judeu, foi o diretor-adjunto do Sector da Direita, um movimento político ucraniano ultranacionalista, e também uma milícia, e desfez muitos estereótipos. O mesmo aconteceu com Anatoly Ivanov, um juiz de discurso suave de Omul e um oficial voluntário do Sector de

Direita, que estava muito longe da caricatura do «fascista» da propaganda russa.

Para lá das linhas da frente da República Popular de Donetsque (DNR), Fyodor Berezin — autor de romances de fantasia que se tornou adjunto do ministro da Defesa — ofereceu as melhores e perspicazes ideias sobre a mentalidade da ala nacionalista-romântica da liderança da DNR. Boris Litvinov, secretário-geral do Soviete Supremo da República Popular de Donetsque, e Aleksandr Kalyusskiy, adjunto do primeiro-ministro da DNR, demonstraram, respetivamente, o lado da burocracia dos sovietes e o lado (para ser delicado) dos negócios da liderança da república rebelde.

Tentei basear este livro tão de perto quanto possível em fontes e vozes russas e ucranianas. Contudo, muitos peritos ocidentais — incluindo académicos, políticos, diplomatas e jornalistas — foram extremamente prestativos de várias maneiras e em diferentes momentos. Gostaria de agradecer ao antigo ministro polaco dos Negócios Estrangeiros e da Defesa, Radosław Sikorski, aos antigos embaixadores norte-americanos de Moscovo, o professor Michael McFaul e o senador John Huntsman, e aos antigos embaixadores britânicos, *Sir Rodric Braithwaite e Sir Andrew Wood, assim como à anterior subsecretária de estado dos EUA Rose Gottemoeller e ao tenente-general Ben Hodges. O professor Timothy Garton Ash não partilha o meu pessimismo geral quanto ao resultado da guerra, e espero que tenha razão e que eu esteja enganado.*

Não conseguiria contar uma história tão complexa sem me basear também fortemente na obra de vários colegas brilhantes, cujo trabalho árduo de despiste de fontes, tanto na Rússia como na Ucrânia, está subjacente a muitas das narrativas pessoais usadas neste livro. A reportagem de Anne Nivat, do Le Point, a partir do interior do Dombás ocupado, a investigação da história do sargento Vadim Shishimarin, levada a cabo ao longo de dois meses por Svyatoslav Khomenko e Nina Nazarova para o Serviço Russo da BBC[1], a reconstrução cuidadosa dos acontecimentos de Bucha no primeiro mês da guerra levada a cabo por Yousur Al-Hiou, Masha Froliak, Evan Hill, Malachy Browne e David Botti para o *The New York Times*, e a reconstrução da batalha de Voznesensque nos primeiros dias da guerra, levada a cabo por Yaroslav Trofimov para o *The Wall Street Journal*[2], e os contactos no Grupo Wagner de Manveen Rana, do *The Times* de Londres, são apenas alguns exemplos de reportagens brilhantes nas quais me baseei.